全国高等教育自学考试指定教材

小学课程与教学设计

（含：小学课程与教学设计自学考试大纲）

（2024 年版）

课程代码　14449

全国高等教育自学考试指导委员会　组编

主编　曾文婕

中国教育出版传媒集团

高等教育出版社·北京

图书在版编目（ＣＩＰ）数据

小学课程与教学设计:2024 年版 / 全国高等教育自学考试指导委员会组编;曾文婕主编,-- 北京：高等教育出版社,2024.7. --ISBN 978-7-04-062513-4

Ⅰ.G622.3

中国国家版本馆 CIP 数据核字第 2024UV9893 号

小学课程与教学设计
Xiaoxue Kecheng yu Jiaoxue Sheji

| 策划编辑 | 雷旭波 | 责任编辑 | 雷旭波 | 封面设计 | 李小璐 | 版式设计 | 杜微言 |
| 责任绘图 | 李沛蓉 | 责任校对 | 高 歌 | 责任印制 | 赵义民 | | |

出版发行	高等教育出版社	网 址	http://www.hep.edu.cn
社 址	北京市西城区德外大街 4 号		http://www.hep.com.cn
邮政编码	100120	网上订购	http://www.hepmall.com.cn
印 刷	北京中科印刷有限公司		http://www.hepmall.com
开 本	787mm×1092mm 1/16		http://www.hepmall.cn
印 张	17.75		
字 数	400 千字	版 次	2024 年 7 月第 1 版
购书热线	010-58581118	印 次	2024 年 7 月第 1 次印刷
咨询电话	400-810-0598	定 价	54.00 元

物 料 号 62513-00

组编前言

21世纪是一个变幻莫测的世纪,是一个催人奋进的时代。科学技术飞速发展,知识更替日新月异。希望、困惑、机遇、挑战,随时都有可能出现在每一个社会成员的生活之中。抓住机遇、寻求发展、迎接挑战、适应变化的制胜法宝就是学习——依靠自己学习、终身学习。

作为我国高等教育组成部分的自学考试,其职责就是在高等教育这个水平上倡导自学、鼓励自学、帮助自学、推动自学,为每一个自学者铺就成才之路。组织编写供读者学习的教材就是履行这个职责的重要环节。毫无疑问,这种教材应当适合自学,应当有利于学习者掌握和了解新知识、新信息,有利于学习者增强创新意识,培养实践能力,形成自学能力,也有利于学习者学以致用,解决实际工作中所遇到的问题。具有如此特点的书,我们虽然沿用了"教材"这个概念,但它与那种仅供教师讲、学生听,教师不讲、学生不懂,以"教"为中心的教科书相比,已经在内容安排、编写体例、行文风格等方面都大不相同了。希望读者对此有所了解,以便从一开始就树立起依靠自己学习的坚定信念,不断探索适合自己的学习方法,充分利用自己已有的知识基础和实际工作经验,最大限度地发挥自己的潜能,达到学习的目标。

欢迎读者提出意见和建议。

祝每一位读者自学成功。

全国高等教育自学考试指导委员会
2022年12月

目　录

全国高等教育自学考试

小学课程与教学设计自学考试大纲

全国高等教育自学考试指导委员会　制定

大纲前言

为了适应社会主义现代化建设事业的需要,鼓励自学成才,我国在 20 世纪 80 年代初建立了高等教育自学考试制度。高等教育自学考试是个人自学、社会助学和国家考试相结合的一种高等教育形式。应考者通过规定的专业课程考试并经思想品德鉴定达到毕业要求的,可获得毕业证书;国家承认学历并按照规定享有与普通高等学校毕业生同等的有关待遇。经过 40 多年的发展,高等教育自学考试为国家培养造就了大批专门人才。

课程自学考试大纲是规范自学者学习范围、要求和考试标准的文件。它是按照专业考试计划的要求,具体指导个人自学、社会助学、国家考试及编写教材的依据。

为更新教育观念,深化教学内容方式、考试制度、质量评价制度改革,更好地提高自学考试人才培养的质量,全国考委各专业委员会按照专业考试计划的要求,组织编写了课程自学考试大纲。

新编写的大纲,在层次上,本科参照一般普通高校本科水平,专科参照一般普通高校专科或高职院校的水平;在内容上,及时反映学科的发展变化以及自然科学和社会科学近年来的研究成果,以更好地指导应考者学习使用。

全国高等教育自学考试指导委员会

2023 年 12 月

Ⅰ 课程性质与课程目标

一、 课程性质和特点

"小学课程与教学设计"是小学教育专业（专升本）的必修课，是帮助考生掌握小学课程与教学设计领域的基本概念、原理与方法，发展小学课程与教学设计的能力而设置的一门专业基础课。

本课程围绕小学课程与教学设计领域的重点问题进行阐述，主要内容包括小学课程与教学目标设计、内容设计、实施设计、环境设计与评价设计等，注重结合小学实际案例、体现小学教育特点和反映小学课程与教学改革的新动向。

二、 课程目标

本课程设置的目标是使考生能够：

（1）理解小学课程与教学设计的基本概念与基本原理。

（2）掌握开展小学课程与教学设计的基本方法。

（3）应用基本概念、基本原理与基本方法，分析和解决小学课程与教学设计的实际问题，提升小学课程与教学设计的能力，为日后在本职工作中开展小学课程与教学设计奠定知识和能力基础。

三、 与相关课程的联系与区别

"小学课程与教学设计"课程与小学教育专业开设的"发展与教育心理学""小学综合性学习与跨学科教学""小学教师专业发展"等课程有着密切联系。对"发展与教育心理学"课程的学习，有助于考生在把握小学生心理发展状况的基础上分析和解决小学课程与教学设计的实际问题。本课程中的小学课程与教学目标设计、内容设计、实施设计和评价设计的原理与方法等能运用到小学综合性学习与跨学科教学的设计和实施之中，为"小学综合性学习与跨学科教学"课程的学习奠定基础。本课程能够帮助考生在学习"小学教师专业发展"课程时对自身的专业发展方向形成更为清晰的认识。

四、 课程的重点和难点

根据一线小学教师的工作特点及专业要求，考生应掌握在小学教育教学工作中较为常用的课程与教学目标设计、内容设计、实施设计、环境设计和评价设计的相关内容，故将本课程的重点确定为：第二章"小学课程与教学设计概述"，第三章"小学课程与教学目标设计"，第四章"小学课程与教学内容设计"，第五章"小学课程与教学实施设计"，第六章"小学课堂教学设计"，第七章"小学校本课程设计"和第九章"小学课程与教学评价设计"；次重点内容有：第八章"小学课程与教学环境设计"和第十章"小学作业设计"；一般理解、初步掌握的是第一章"导论"。学习难点与考生已有的背景知识及学习能力有关。本门课程要求考生应具备一定的心理学、教育学基础，而且课程与教学设计的相关理论较为抽象，部分考生较难理解，故将难点确定为第一、第二、第三、第四、第九章。

Ⅱ　考核目标

大纲在考核目标中,按照识记、领会、应用三个层次规定其应达到的能力层次要求。三个能力层次是递进关系,各能力层次的含义是:

识记(Ⅰ):能够识别和记忆大纲各章的知识点,如对课程设计、教学设计、课程目标、教学内容等概念的含义以及小学课程与教学资源的类型、校本课程纲要的主要栏目、小学课程与教学的评价主体等内容有准确的记忆并能正确认识和表述。

领会(Ⅱ):在全面把握大纲各章的基本概念、基本原理与基本方法的基础上,根据考核的具体要求对相关内容进行理解和分析,如基于建构主义学习理论的教学设计要点、小学课程与教学目标的设计技巧等。

应用(Ⅲ):能够将所掌握的基本概念、基本原理与基本方法,正确运用到分析和解决小学课程与教学设计相关的实际问题之中,如分析小学中的课程结构问题并提出解决策略与思路,根据课题内容设计一份规范的课堂教学方案等。

Ⅲ　课程内容与考核要求

第一章　导　　论

一、学习目的与要求

通过对本章的学习,掌握课程的定义与教学的定义,理解课程(论)与教学(论)的关系、中国和西方课程与教学发展的历程及其特点、中国和西方课程与教学理论的主要内容,掌握小学课程的类型及其划分标准,能够对小学课程实例中的课程类型加以评析。

二、课程内容

第一节　课程与教学的基本概念

(一)课程的概念

课程的中文、英文词源;课程的含义。

(二)小学课程的类型

以课程决策层次为标准,可将课程划分为国家课程、地方课程和校本课程三种类型;以课程组织形式为标准,可将课程划分为学科课程、活动课程和整合课程;以学生选择的自由度为标准,课程可划分为必修课程和选修课程;以课程影响形式为标准,课程可划分为显性课程和隐性课程。

(三)教学的概念

教学的中文、英文词源;教学的定义。

(四)课程(论)与教学(论)的关系

"大"教学观;并列观;"大"课程观;整合观。

第二节　课程与教学的发展阶段

(一)中国的课程与教学发展

中国古代的课程与教学;中国近代的课程与教学;中国现代的课程与教学。

(二)西方的课程与教学发展

西方古代的课程与教学;西方近代的课程与教学;西方现代的课程与教学。

第三节　课程与教学理论

(一)中国课程与教学理论

启发式教学;主体性教学;情境课程与教学。

(二)西方课程与教学理论

进步主义;要素主义;人本主义;后现代主义。

三、考核知识点与考核要求

(一)课程与教学的基本概念

1. 识记:(1)课程的含义;(2)教学的定义。
2. 领会:(1)小学课程的类型及其划分标准;(2)课程(论)与教学(论)的关系。

3. 应用:评析小学课程实例中的课程类型。

（二）课程与教学的发展阶段

领会:(1)中国课程与教学的发展历程及其特点;(2)西方课程与教学的发展历程及其特点。

（三）中国课程与教学理论

领会:(1)启发式教学的主要内容;(2)主体性教学的主要内容;(3)情境课程与教学的主要内容。

（四）西方课程与教学理论

领会:(1)进步主义的主要内容;(2)要素主义的主要内容;(3)人本主义的主要内容;(4)后现代主义的主要内容。

四、 本章重点、难点

本章重点:(1)课程与教学的基本概念;(2)小学课程的类型及其划分标准。

本章难点:课程(论)与教学(论)的关系。

第二章　小学课程与教学设计概述

一、 学习目的与要求

通过对本章的学习,掌握课程设计的含义、教学设计的含义和课程设计的任务,理解学科中心设计、学习者中心设计、问题中心设计的主要内容和教学设计的理论基础,以及基于不同理论进行教学设计的要点,能对小学课程设计实例所使用的课程设计模式、小学教学设计实例所使用的理论基础加以评析。

二、 课程内容

第一节　课程与教学设计的概念

（一）课程设计的概念

课程设计的含义;课程设计的主要任务。

（二）教学设计的概念

教学设计的含义;教学设计与备课的区别与联系。

第二节　课程设计的模式

（一）学科中心设计

科目设计;大范围设计;关联设计。

（二）学习者中心设计

（三）问题中心设计

生活情境设计;改造主义设计。

第三节　教学设计的理论基础

（一）学习层次理论

学习的基本层次;基于学习层次理论的教学设计。

（二）建构主义学习理论

建构主义学习理论的主要内容与特点;基于建构主义学习理论的教学设计。

（三）学习风格理论

学习风格的定义;学习风格的分类;基于学习风格理论的教学设计。

三、 考核知识点与考核要求

（一）课程与教学设计的概念

1. 识记:(1)课程设计的含义;(2)教学设计的含义。

2. 领会:课程设计的主要任务。

（二）课程设计的模式

1. 领会:(1)学科中心设计的类型及其内涵;(2)学习者中心设计的内涵及主要内容;(3)问题中心设计的类型及其内涵。

2. 应用:评析小学课程设计实例所使用的课程设计模式。

（三）教学设计的理论基础

1. 识记:(1)学习的基本层次;(2)学习风格的含义;(3)学习风格的类型。

2. 领会:(1)基于学习层次理论的教学设计要点;(2)建构主义学习理论的特点;(3)基于建构主义学习理论的教学设计要点与局限;(4)基于学习风格理论的教学设计要点。

3. 应用:评析小学教学设计实例所使用的理论基础。

四、 本章重点、难点

本章重点:(1)课程设计的模式;(2)教学设计的理论基础。

本章难点:评析小学课程与教学实例中的课程设计的模式与教学设计的理论基础。

第三章 小学课程与教学目标设计

一、 学习目的与要求

通过对本章的学习,掌握课程目标与教学目标的概念,理解课程与教学目标的功能、课程与教学目标分类理论的主要内容、我国课程与教学目标分类探索的历程及其特点,能够评析小学课程与教学目标设计实例所运用的课程与教学目标分类理论,掌握小学课程与教学目标的主要来源、筛选维度,熟悉小学课程与教学目标设计的常见问题与技巧,设计适宜的小学课程与教学目标。

二、 课程内容

第一节 课程与教学目标概述

（一）课程与教学目标的概念

课程目标的含义;教学目标的含义。

（二）课程与教学目标的功能

标准功能;激励功能;导向功能。

第二节 课程与教学目标分类理论

（一）布卢姆的教育目标分类理论

认知领域的目标;情感领域的目标;动作技能的目标。

（二）加涅的学习结果分类理论

态度;动作技能;言语信息;智力技能;认知策略。

（三）安德森的认知目标新分类理论

知识维度;认知过程维度。

（四）我国的课程与教学目标分类探索

第三节　小学课程与教学目标的设计

（一）小学课程与教学目标的主要来源

小学课程与教学目标的主要来源有:对学生的研究;对当代社会生活的研究;学科专家的目标建议;对生态需要的研究。分析和确定小学课程与教学目标的来源,要考虑学生、社会生活、学科和生态的需要。

（二）小学课程与教学目标的筛选维度

教育哲学维度;学习心理学维度。

（三）小学课程与教学目标设计的常见问题

目标意识淡薄;目标缺乏阶段性;目标缺乏整体性;目标缺乏针对性。

（四）小学课程与教学目标设计的技巧

整体平衡;体现层次;表述明确;注重转化。

三、　考核知识点与考核要求

（一）课程与教学目标概述

1. 识记:(1)课程目标的含义;(2)教学目标的含义。

2. 领会:课程与教学目标的功能。

（二）课程与教学目标分类理论

1. 领会:(1)布卢姆的教育目标分类理论的主要内容;(2)加涅的学习结果分类理论的主要内容;(3)安德森的认知目标新分类理论的主要内容;(4)我国的课程与教学目标分类探索的历程及其特点。

2. 应用:评析小学课程与教学目标设计实例所运用的课程与教学目标分类理论。

（三）小学课程与教学目标的设计

1. 领会:(1)小学课程与教学目标的主要来源;(2)小学课程与教学目标的筛选维度;(3)小学课程与教学目标设计的常见问题;(4)小学课程与教学目标设计的技巧。

2. 应用:根据对小学课程与教学目标主要来源、筛选维度、目标设计常见问题与技巧的认识,设计适宜的小学课程与教学目标。

四、　本章重点、难点

本章重点:(1)小学课程与教学目标的主要来源;(2)小学课程与教学目标的筛选维度。

本章难点:(1)课程与教学目标分类理论;(2)小学课程与教学目标的设计。

第四章　小学课程与教学内容设计

一、　学习目的与要求

通过对本章的学习,掌握课程与教学内容的概念、小学课程与教学内容的具体构成,理解小学课程与教学内容的层次、小学课程与教学内容取向的争论,以及当前小学课程与教学内容的主要取向,掌握课程结构原理,会分析小学中的课程结构问题并提出解决的策略与思路,构建一所小学的课程结构体系。

二、 课程内容

第一节　小学课程与教学内容概述

(一)课程与教学内容的概念

教育内容;课程内容;教材内容;教学内容;学习内容。

(二)小学课程与教学内容的层次

小学课程内容;小学教材内容;小学教学内容;小学学习内容。

第二节　小学课程与教学内容的构成

(一)小学课程与教学内容的主要取向

小学课程与教学内容取向的争论主要表现为:形式教育与实质教育的分歧;人文主义教育与科学主义教育的分野;显性知识与隐性知识的对峙。

当前小学课程与教学内容的主要取向表现为:全面性与基础性兼顾;确定性与灵活性共生。

(二)小学课程与教学内容的具体构成

德育内容、智育内容、体育内容、美育内容和劳动教育内容。

第三节　小学课程结构

(一)课程结构的概念

课程结构的含义;课程结构涉及的课程内容、课程设置与课程平衡问题;优化课程结构的要求。

(二)课程结构的原理

横向结构与纵向结构;形式结构与实质结构。

(三)课程内容结构化走势

课程内容结构化的含义;课程内容结构化走势的背景及改革重点。

三、 考核知识点与考核要求

(一)小学课程与教学内容概述

1. 识记:(1)教育内容的概念;(2)课程内容的概念;(3)教材内容的概念;(4)教学内容的概念;(5)学习内容的概念。

2. 领会:小学课程与教学内容的层次。

(二)小学课程与教学内容的构成

1. 识记:小学课程与教学内容的具体构成。

2. 领会:(1)小学课程与教学内容取向的争论;(2)当前小学课程与教学内容的主要取向。

(三)小学课程结构

1. 识记:课程结构的含义。

2. 领会:(1)横向结构的内涵与类型;(2)纵向结构的内涵与类型;(3)形式结构

的内涵与优化形式结构的要求;(4)实质结构的内涵。

3.应用:(1)运用课程结构原理,分析一所小学的课程结构存在的不足并提出改进建议;(2)运用课程结构原理,构建一所小学的课程结构体系。

四、 本章重点、难点

本章重点:(1)小学课程与教学内容的具体构成;(2)当前小学课程与教学内容的主要取向。

本章难点:课程结构的原理。

第五章 小学课程与教学实施设计

一、 学习目的与要求

通过对本章的学习,掌握课程实施与教学实施的含义,理解课程与教学实施的影响因素、课程实施模式的主要内容以及课程变迁阻力消除的主要内容,掌握小学课程与教学实施的推进策略,能分析一所小学课程与教学的实施现状并提出改进建议,熟悉小学课程与教学资源的类型,理解小学课程与教学资源开发的理念,掌握小学课程与教学资源开发的策略,能够合理开发和利用小学课程与教学资源。

二、 课程内容

第一节 课程与教学实施概述

(一)课程实施的概念

课程实施的含义;课程实施与课程规划、课程实施与课程评价之间的关系;课程实施的三个环节。

(二)教学实施的概念

教学实施的含义;课程实施与教学实施的区别。

(三)课程与教学实施的影响因素

历史文化背景;主体;对象;管理;环境。

第二节 课程实施的模式

(一)研究—开发—推广模式

(二)关注为本采纳模式

(三)兰德变迁模式

(四)组织发展模式

(五)情境模式

第三节 小学课程与教学实施的推进

(一)课程实施的推进策略

钦和本恩的三维策略;麦克尼尔的三维策略。

(二)教学实施的推进策略

做好备课管理;提升上课质量;解决教师关切的问题。

(三)课程实施中的教师改变

为了促进课程实施中的教师改变,需要关注:教师对课程改革的认同感;教师在课程改革中的效能感;教师在课程改革中的情绪。

（四）课程变迁的阻力消除

课程变迁理论;课程变迁类型;课程变迁阻力;促进课程变迁认同的策略。

第四节　小学课程与教学资源开发

（一）小学课程与教学资源的类型

以空间分布为依据,可分为校内资源和校外资源;根据载体形式不同,可分为文字性资源和非文字性资源;根据功能特点不同,可分为条件性资源和素材性资源;根据价值取向不同,可分为教授化资源和学习化资源。

（二）小学课程与教学资源开发的理念

教材是基本的课程与教学资源;教师是重要的课程与教学资源;多样化开发课程与教学资源。

（三）小学课程与教学资源开发的策略

敏于发现;勤于研究;善于捕捉。

三、 考核知识点与考核要求

（一）课程与教学实施概述

1. 识记:(1)课程实施的含义;(2)教学实施的含义。

2. 领会:(1)课程与教学实施的影响因素及其内涵;(2)课程实施与教学实施的区别。

（二）课程实施的模式

领会:(1)研究—开发—推广模式的主要内容;(2)关注为本采纳模式的主要内容;(3)兰德变迁模式的主要内容;(4)组织发展模式的主要内容;(5)情境模式的主要内容。

（三）小学课程与教学实施的推进

1. 领会:(1)课程实施的推进策略;(2)教学实施的推进策略;(3)课程实施中的教师改变;(4)课程变迁的阻力消除。

2. 应用:分析一所小学的课程与教学实施推进现状并提出改进建议。

（四）小学课程与教学资源开发

1. 识记:小学课程与教学资源的类型及其划分标准。

2. 领会:(1)小学课程与教学资源开发的理念;(2)小学课程与教学资源开发的策略。

3. 应用:合理开发和利用小学课程与教学资源。

四、 本章重点、难点

本章重点:(1)小学课程实施与教学实施的推进策略;(2)小学课程与教学资源开发的理念与策略。

本章难点:(1)课程实施的模式;(2)课程变迁的阻力消除。

第六章 小学课堂教学设计

一、学习目的与要求

通过对本章的学习,熟悉小学课堂教学设计的基本步骤、教学方案的主要栏目,掌握分析教学背景的要点、小学常用的教学方法、组织教学过程的要点,理解小学常用教学原则的内涵,掌握小学常用的教学策略和小学的学习方式,能根据课题内容设计一份规范的课堂教学方案。

二、课程内容

第一节 小学课堂教学设计的基本步骤

(一)分析教学背景

课程标准分析;教学内容分析;学生情况分析。

(二)确定教学目标

(三)开发教学资源

(四)选用教学方法

根据教学方法的媒介特征及学生学习活动的特点,可以将教学方法分为以语言传递信息为主的方法、以直接感知为主的方法、以实际训练为主的方法、以欣赏活动为主的方法和以引导探究为主的方法。

(五)组织教学过程

教学过程的含义;教学过程的相关理论基础;教学过程的七个基本环节,包括明确教学目标,激发学习动机,感知教学材料,理解教学材料,巩固知识经验,运用知识经验,测评教学效果。

(六)形成教学方案

教学方案的类型主要有:根据篇幅大小,教学方案可分为详细方案和简要方案;根据形式不同,教学方案可分为条目式方案和表格式方案。教学方案主要包括以下栏目:课题名称、教学目标、重点难点、教学方法、教学用具、教学时间、教学过程和板书设计等。

第二节 小学常用的教学原则与教学策略

(一)小学常用的教学原则

教学原则的含义;小学常用的教学原则,包括科学性和思想性相统一原则,理论联系实际原则,传授知识与发展能力相统一原则,教师主导作用和学生自觉性积极性相结合原则,直观性与抽象性相统一原则,系统性和循序渐进性相结合原则,理解性和巩固性相结合原则,统一要求与因材施教相结合原则。

(二)小学常用的教学策略

教学策略的含义;学习策略;教授策略;互动式教学策略。

第三节 小学的学习方式

(一)常用的学习方式

自主学习;合作学习;探究学习。

（二）新兴的学习方式

项目式学习;深度学习。

三、 考核知识点与考核要求

（一）小学课堂教学设计的基本步骤

1. 识记:教学方案的主要栏目。

2. 领会:(1)小学课堂教学设计基本步骤的组成及其内涵;(2)分析教学背景的要点;(3)小学常用的教学方法分类及其内涵;(4)组织教学过程的要点。

3. 应用:能根据课题内容设计一份规范的课堂教学方案。

（二）小学常用的教学原则与教学策略

1. 识记:(1)教学原则的含义;(2)教学策略的含义。

2. 领会:(1)科学性和思想性相统一原则的内涵;(2)理论联系实际原则的内涵;(3)传授知识与发展能力相统一原则的内涵;(4)教师主导作用和学生自觉性积极性相结合原则的内涵;(5)直观性与抽象性相统一原则的内涵;(6)系统性和循序渐进性相结合原则的内涵;(7)理解性和巩固性相结合原则的内涵;(8)统一要求与因材施教相结合原则的内涵;(9)学习策略的类型及其内涵;(10)教授策略的类型及其内涵;(11)互动式教学策略的类型及其内涵。

（三）小学的学习方式

领会:(1)自主学习;(2)合作学习;(3)探究学习;(4)项目式学习;(5)深度学习。

四、 本章重点、难点

本章重点:(1)小学课堂教学设计的基本步骤;(2)小学常用的教学原则;(3)小学常用的教学策略;(4)小学常用的学习方式。

本章难点:(1)课堂教学方案的设计;(2)小学新兴的学习方式。

第七章 小学校本课程设计

一、 学习目的与要求

通过对本章的学习,掌握校本课程设计的概念,了解校本课程设计的兴起,熟悉校本课程纲要的主要栏目、校本课程设计的流程以及小学校本课程设计常见的问题与对策,掌握小学校本课程设计的模式,能对实例中的小学校本课程设计模式进行评析,设计一份规范的校本课程设计方案。

二、 课程内容

第一节 校本课程设计概述

（一）校本课程设计的兴起

校本课程设计的兴起;校本课程设计的含义。

（二）校本课程设计的流程

成立机构;情境分析;确定课程目标;选择和组织课程内容与结构;对课程实施与评价提出建议;拟定学校课程管理文件。

（三）小学校本课程设计常见的问题与对策

避免"价值迷失"的设计,推动"价值引领"的设计;避免"流于粗放"的设计,推动

"追求精细"的设计;避免"闭门造车"的设计,推动"巧借外力"的设计;避免"独立割裂"的设计,推动"整体关联"的设计。

第二节 小学校本课程设计的模式

(一)按设计性质划分的模式

课程选择模式;课程整合模式;课程创新模式。

(二)按主导因素划分的模式

学校条件主导模式;学生需求主导模式;问题解决主导模式;办学目标主导模式。

三、 考核知识点与考核要求

(一)校本课程设计概述

1. 识记:(1)校本课程设计的含义;(2)校本课程纲要的主要栏目。

2. 领会:(1)校本课程设计的流程;(2)小学校本课程设计常见的问题与对策。

3. 应用:设计一份规范的校本课程设计方案。

(二)按设计性质划分的小学校本课程设计模式

1. 领会:(1)课程选择模式的主要内容;(2)课程整合模式的主要内容;(3)课程创新模式的主要内容。

2. 应用:能对实例中按设计性质划分的小学校本课程设计模式进行评析。

(三)按主导因素划分的小学校本课程设计模式

1. 领会:(1)学校条件主导模式的主要内容;(2)学生需求主导模式的主要内容;(3)问题解决主导模式的主要内容;(4)办学目标主导模式的主要内容。

2. 应用:能对实例中按主导因素划分的小学校本课程设计模式进行评析。

四、 本章重点、难点

本章重点:(1)校本课程设计的流程;(2)小学校本课程设计常见的问题与对策。

本章难点:(1)小学校本课程设计模式;(2)校本课程设计方案的设计。

第八章 小学课程与教学环境设计

一、 学习目的与要求

通过对本章的学习,掌握课程环境与教学环境的概念,理解小学课程与教学环境设计的基本要求,熟悉常见的小学课程与教学环境分类,掌握小学课室环境设计与校园环境设计的要求、技术支持下小学学习环境设计的主要特点,能够评析一所小学的课程与教学环境特点和建设状况并提出优化策略。

二、 课程内容

第一节 小学课程与教学环境概述

(一)课程与教学环境的概念

教育环境;课程环境;教学环境;学习环境。

(二)小学课程与教学环境设计的基本要求

发挥育人功能;促进学生学习;线上线下混合;注意调节与控制;兼顾预设与生成。

第二节　小学常见的课程与教学环境设计

（一）常见的小学课程与教学环境分类

根据存在形态划分,可分为物质环境和社会心理环境;根据空间要素划分,可分为课室(实验室、教学场地)环境、宿舍环境、校园环境、家庭环境和社区环境。

（二）小学课室环境设计

课室空间的设计;课堂情境的创设;重视环境中的物理与心理因素。

（三）小学校园环境设计

注重将教育寓意融入校园环境;建设促进非正式学习的校园公共空间。

第三节　技术支持下的小学学习环境设计

（一）计算机网络技术支持下的小学学习环境设计

小学学习环境信息化;小学学习环境的延展。

（二）移动互联技术支持下的小学学习环境设计

信息设备进入小学学习环境;构建线上线下混合的小学学习环境。

（三）大数据技术支持下的小学学习环境设计

为个体定制个性化学习环境;为群体定制协作学习环境。

（四）人工智能技术支持下的小学学习环境设计

虚拟现实和增强现实技术丰富学习环境;智能导学系统优化学习环境;人工智能教师营造新型学习环境。

三、考核知识点与考核要求

（一）小学课程与教学环境概述

1. 识记:(1)课程环境的概念;(2)教学环境的概念。

2. 领会:小学课程与教学环境设计的基本要求。

（二）小学常见的课程与教学环境设计

1. 识记:常见的小学课程与教学环境分类。

2. 领会:(1)小学课室环境设计的要求;(2)小学校园环境设计的要求。

3. 应用:评析一所小学的课程与教学环境特点和建设状况并提出优化策略。

（三）技术支持下的小学学习环境设计

领会:(1)计算机网络技术支持下的小学学习环境设计的主要特点;(2)移动互联技术支持下的小学学习环境设计的主要特点;(3)大数据技术支持下的小学学习环境设计的主要特点;(4)人工智能技术支持下的小学学习环境设计的主要特点。

四、本章重点、难点

本章重点:小学课程与教学环境设计的基本要求。

本章难点:(1)小学课室环境设计的要求;(2)小学校园环境设计的要求。

第九章　小学课程与教学评价设计

一、学习目的与要求

通过对本章的学习,掌握小学课程与教学评价的含义、功能、对象、主体与主要类型,理解小学课程与教学评价模式的主要内容,了解小学课程与教学评价的发展趋势,掌握小学课程与教学评价的实施步骤、小学教学与学习评价的常见方式,能够结合小学课程与教学实际进行相应的评价活动设计,运用小学学习评价方式对学生的学习进行评价。

二、 课程内容

第一节 小学课程与教学评价概述

(一)小学课程与教学评价的含义

(二)小学课程与教学评价的功能

检查功能;反馈功能;激励功能;管理功能。

(三)小学课程与教学评价的对象

小学课程文本材料;小学教师的教学;小学学生的学习;小学的课程与教学环境;小学课程与教学系统;小学课程与教学评价。

(四)小学课程与教学评价的主体

教师;学生;学校领导;教育行政部门;家长与社会人士。

(五)小学课程与教学评价的主要类型

按照评价作用的不同,分为诊断性评价、形成性评价和终结性评价;按照评价标准的不同,分为相对评价、绝对评价与个体内差异评价;按照评价主体的不同,分为内部评价和外部评价。

(六)小学课程与教学评价的实施步骤

明确对象,研制标准;制订计划,确定方案;收集信息,整理资料;分析资料,做出判断;形成报告,推广反馈;进行元评价,反思提升。

第二节 小学课程与教学评价的模式

(一)目标达成评价模式

(二)差异评价模式

(三)全貌评价模式

(四)背景—输入—过程—成果评价模式

(五)"法庭"评价模式

(六)目标游离评价模式

第三节 小学教学与学习评价的常见方式

(一)小学教学评价的方式

观课评课;学生评教。

(二)小学学习评价的方式

测验;表现性评价;档案袋评价。

第四节 小学课程与教学评价的发展趋势

(一)改进结果评价,关注完整的学习结果

转变对学生学习结果的认识,在关注显性素养的同时重视隐性素养;加强评价结果的形成性运用,在鉴别的同时重视改进师生的教与学。

（二）强化过程评价,促进教—学—评的融合

将评价融入教与学,凸显教—学—评一致;提升教师反馈质量,促进学生优化学习。

（三）探索增值评价,引导学生成为评价者

淡化横向比较,鼓励学生关注自己的进步;避免安于现状,唤醒学生自觉发展的意识。

（四）健全综合评价,运用智能技术赋能评价

有效落实综合素质评价;运用智能技术采集和分析海量数据。

三、 考核知识点与考核要求

（一）小学课程与教学评价概述

1. 识记:(1)小学课程与教学评价的含义;(2)小学课程与教学评价的功能;(3)小学课程与教学评价的对象;(4)小学课程与教学评价的主体;(5)小学课程与教学评价的类型及其划分标准。

2. 领会:小学课程与教学评价的实施步骤。

3. 应用:结合小学课程与教学实际进行相应的评价活动设计。

（二）小学课程与教学评价的模式

领会:(1)目标达成评价模式的主要内容;(2)差异评价模式的主要内容;(3)全貌评价模式的主要内容;(4)背景—输入—过程—成果评价模式的主要内容;(5)"法庭"评价模式的主要内容;(6)目标游离评价模式的主要内容。

（三）小学教学评价的常见方式

领会:(1)观课评课的任务与方式;(2)学生评教的含义与方式。

（四）小学学习评价的常见方式

1. 领会:(1)测验题型及其特点,测验的优势与不足;(2)表现性评价的含义、实施步骤、优势与不足,表现性任务的类型与设计要求;(3)档案袋评价的含义、内容要求、实施步骤、优势与不足。

2. 应用:运用小学学习评价的常见方式对学生的学习进行评价。

（五）小学课程与教学评价的发展趋势

1. 识记:(1)增值评价的含义;(2)综合评价的含义。

2. 领会:小学课程与教学评价发展趋势的主要内容。

四、 本章重点、难点

本章重点:(1)小学课程与教学评价的主要类型;(2)小学课程与教学评价的实施步骤;(3)小学学习评价的方式。

本章难点:(1)小学课程与教学评价的模式;(2)小学课程与教学评价活动的设计。

第十章　小学作业设计

一、 学习目的与要求

通过对本章的学习,掌握作业的含义、作业设计的含义,理解作业设计的功能、素养导向小学作业的特点,了解作业设计的常见问题,掌握作业设计的有效策略,能分析小学作业设计实例存在的问题并进行小学作业设计。

二、 课程内容

第一节 作业设计概述

(一)作业的概念

(二)作业的功能

巩固功能;诊断功能;学情分析功能;改进功能。

(三)作业设计的概念

(四)作业设计的思想

作业即游戏活动;作业即教学巩固;作业即学习活动;作业即评价任务。

第二节 作业设计的常见问题与有效策略

(一)作业设计的常见问题

作业设计取向偏差;作业数量过多;作业内容脱离生活;作业形式单调统一;作业批改刻板简单。

(二)作业设计的有效策略

重塑作业设计理念;加强作业内容设计;注重作业形式设计;重视作业评价设计;深化作业资源建设;借助技术减负增效。

第三节 素养导向的小学作业设计

(一)素养导向小学作业的常见形态

在作业设计思路上,以单元作为单位,设计单元作业;在作业完成方式上,强调学生主动探究,设计探究性作业;在作业完成周期上,注重促进学生持续学习,设计长周期作业。

(二)素养导向小学作业设计的基本流程

研制单元作业目标;设置单元作业情境与任务;编排单元作业内容;开发单元作业评价标准;开展作业审查与改进。

三、 考核知识点与考核要求

(一)作业设计概述

识记:(1)作业的含义;(2)作业的功能;(3)作业设计的含义。

(二)作业设计的常见问题与有效策略

1. 领会:(1)作业设计的常见问题;(2)作业设计的有效策略。

2. 应用:(1)运用作业设计的有效策略进行小学作业设计;(2)分析小学作业设计实例存在的问题。

(三)素养导向的小学作业设计

领会:(1)单元作业的优势;(2)探究性作业的特征;(3)长周期作业的特征。

四、 本章重点、难点

本章重点:(1)作业的功能;(2)作业设计的有效策略。

本章难点:小学作业的设计。

Ⅳ　关于大纲的说明与考核实施要求

一、 课程自学考试大纲的目的和作用

"小学课程与教学设计"课程自学考试大纲是根据小学教育专业自学考试计划的要求,结合自学考试的特点而确定的,其目的是对个人自学、社会助学和课程考试命题进行指导和规定。

"小学课程与教学设计"课程自学考试大纲明确了考生学习本课程的内容、深度以及广度,规定了本课程自学考试的范围和标准。因此,它是编写自学考试教材和辅导书的依据,是社会助学组织进行自学辅导的依据,是自学者学习教材及掌握课程内容、知识范围和程度的依据,也是进行自学考试命题的依据。

二、 课程自学考试大纲与教材的关系

课程自学考试大纲是进行学习和考核的依据,教材包含考生应掌握的课程知识的基本内容与范围,教材的内容是大纲所规定的课程知识和内容的扩展与发挥。课程内容在教材中可以体现一定的深度或难度,但在大纲中对考核的要求一定要适当。

大纲与教材所体现的课程内容应基本一致,大纲里面的课程内容和考核知识点,教材里一般都要有;但教材里有的内容,大纲里不一定体现。

三、 关于自学教材

《小学课程与教学设计》,全国高等教育自学考试指导委员会组编,曾文婕主编,高等教育出版社,2024 年版。

四、 关于自学要求和自学方法的指导

本大纲的课程基本要求是依据专业考试计划和专业培养目标而确定的。课程基本要求明确了课程的基本内容,以及对基本内容掌握的程度。基本要求中的知识点构成了课程内容的主体部分。因此,课程基本内容掌握程度、课程考核知识点是高等教育自学考试考核的主要内容。

为有效地指导个人自学和社会助学,本大纲已指明了课程的重点和难点。

本课程共 7 学分,其中包含 1 学分实践性环节考核。实践性环节考核由省级高等教育自学考试委员会组织主考学校编制大纲并实施。

基于成人学习的特点,结合本专业和本课程的特点,建议自学者:

（一）通读教材,系统把握课程整体结构

自学者学习本课程时,需要先通读教材,从总体上把握其框架,弄清楚各部分之间的逻辑关系,再去掌握基本概念、基本原理与基本方法,注意区分相近的概念和相类似的问题并掌握它们之间的联系。切忌在没有弄清本门课程知识框架的情况下去学习一些具体的概念、原理与方法。

（二）重点突出,深入理解课程内容

在全面系统学习的基础上,自学者需要把握课程的重难点内容及其学习要求,对课程内容加以深入理解。具体有如下两条途径:第一,可以结合教材章前的学习目标,把握各知识点的能力层次要求,以便在阅读教材时心中有数,有的放矢。第二,可以结

合自学考试大纲指明的学习重难点,认真自学教材。自学者不仅要多阅读、勤思考,力求熟练掌握重点内容和攻克难点内容,而且还要完成教材各章思考题并加以反复研读和领会,以便掌握学习难点并巩固所学知识。

(三)联系实际,运用所学知识解决问题

自学者应注重联系实际,将小学课程与教学设计的相关知识用于解决实际问题。主要有如下两条途径:其一,教材选取了众多典型、前沿的教学案例并在章内"案例导读""案例分析"栏目和各章二维码资源中呈现,自学者可以阅读这些教学案例,构建所学内容与小学教育教学实践的联系。其二,自学者可以尝试将所学内容在自己的工作、学习实践中加以应用,提高自己分析与解决问题的能力。

五、 对考核内容的说明

(1)本课程要求考生学习和掌握的知识点内容都作为考核的内容。课程中各章的内容均由若干知识点组成,在自学考试中成为考核知识点。因此,课程自学考试大纲中所规定的考试内容是以分解为考核知识点的方式给出的。由于各知识点在课程中的地位、作用以及知识自身的特点不同,自学考试将对各知识点分别按识记、领会与应用三个能力层次确定其考核要求。

(2)从考试之日起 6 个月前,由全国人民代表大会和国务院颁布或修订的法律、法规都将列入相应课程的考试范围。凡大纲、教材内容与现行法律、法规不符的,应以现行法律、法规为准。命题时也会对我国经济建设和科技文化发展的重大方针政策的变化予以体现。

六、 关于考试方式和试卷结构的说明

(1)本课程的考试方式为闭卷、笔试,满分 100 分,60 分及格。考试时间为 150 分钟。

(2)本课程在试卷中对不同能力层次要求的分数比例大致为:识记占 20%,领会占 30%,应用占 50%。

(3)要合理安排试题的难易程度,试题的难度可分为:易、较易、较难和难四个等级。必须注意试题的难易程度与能力层次有一定的联系,但二者不是等同的概念。在各个能力层次中对于不同的考生都存在着不同的难度。在大纲中要特别强调这个问题,应告诫考生切勿混淆。

(4)课程考试命题的主要题型一般有单项选择题、名词解释题、简答题、论述题和案例分析题等。

在命题工作中必须按照本课程大纲中所规定的题型命制,考试试卷使用的题型可以略少,但不能超出本课程对题型的规定。

附录 题型举例

一、单项选择题:在每小题列出的备选项中只有一项是最符合题目要求的,请将其选出。

1. 课程作为独立研究领域诞生的标志是美国学者博比特出版的( )。

A.《课程》
B.《学记》
C.《大教学论》
D.《民主主义与教育》

2. 主张把课程评价的重点从"预期的课程结果"转向"实际的课程结果",倡导重点评价课程产生的"非预期结果",这种课程与教学评价模式是( )。

A. 目标达成评价模式
B. 目标游离评价模式
C. 差异评价模式
D. 全貌评价模式

二、名词解释题

1. 课程结构
2. 小学课程与教学评价

三、简答题

1. 简述教学过程的基本环节。
2. 简述小学课程与教学环境设计的基本要求。

四、论述题

1. 论述以建构主义作为理论基础进行教学设计的基本要求与局限。
2. 论述小学课程与教学资源开发的理念。

五、案例分析题

【案例】 一位经验丰富的教师针对小学课程与教学目标设计的现状,抒发了如下的感慨:前不久,有三位教师分别要参加校、县、市三级课堂教学展示,当他们将教案初稿递交给我时,三份教案上竟然都没有写"教学目标"。问其原因,说"那个好凑合,几句话就能搞定,关键是教学过程要请你把脉"。在各级各类的教学常规检查或教学展示资料袋中,虽然教案无一不写教学目标,然而很多教师撰写的教学目标假、大、空痕迹明显,他们似乎并不在意写出的教学目标含金量有多少。

【问题】 (1)结合课程与教学目标的功能,分析为什么要重视小学课程与教学目标设计。

(2)阐述小学课程与教学目标的主要来源与筛选维度。

大纲后记

　　《小学课程与教学设计自学考试大纲》是根据《高等教育自学考试专业基本规范(2021年)》的要求,由全国高等教育自学考试指导委员会教育类专业委员会组织制定的。

　　全国高等教育自学考试指导委员会教育类专业委员会对本大纲组织审稿,根据审稿意见由编者做了修改,最后由教育类专业委员会定稿。

　　本大纲由华南师范大学曾文婕教授编写。参加审稿并提出修改意见的有深圳大学靳玉乐教授、山东师范大学车丽娜教授和北京师范大学周序副教授。

　　对参与本大纲编写和审稿的各位专家表示感谢。

全国高等教育自学考试指导委员会

教育类专业委员会

2023 年 12 月

全国高等教育自学考试指定教材

小学课程与教学设计

全国高等教育自学考试指导委员会　组编

编者的话

中国特色社会主义已经进入新时代,面向新征程、新使命,需要培养高素质、专业化、创新型的小学教师。本书积极落实国家教材委员会关于印发《习近平新时代中国特色社会主义思想进课程教材指南》的通知要求,推进党的二十大精神进入教师头脑,引导教师扎根中国大地,提升专业水平,为小学教育的高质量发展贡献力量。党的二十大报告提出,要加快建设高质量教育体系,培养高素质教师队伍。教师是教育工作的中坚力量。有高质量的教师,才会有高质量的教育。小学课程与教学设计是小学教师的一项重要工作,高质量的教师应具备课程与教学设计的理论功底与实施能力。本书依据全国高等教育自学考试指导委员会制定的《小学课程与教学设计自学考试大纲》进行编写,帮助考生掌握小学课程与教学设计的基本概念、基本原理和基本方法,培育和发展小学课程与教学设计的能力,解决实际工作中所遇到的相关问题,为下一步更深入地开展课程与教学实践创新打下良好的基础。本书内容安排上兼顾经典理论、前沿研究与实践案例,行文风格上通俗易懂、深入浅出,体例设计上更加丰富多彩,体现实用,提供拓展学习资源并有效支持考生自学。整体而言,本书适合于考生自学,有利于提高考生的小学课程与教学设计理论素养与实施能力。全书共十章,分六部分。

第一部分(第一、第二章)着眼于为考生从整体上认识小学课程与教学设计奠定基础。第一章"导论",介绍课程与教学的基本概念、发展阶段以及中国课程与教学的理论流派。第二章"小学课程与教学设计概述",介绍小学课程与教学设计的概念、课程设计模式和教学设计的理论基础。

第二、第三、第四、第五、第六部分,分别阐述小学课程与教学的"目标""内容""实施""环境"和"评价"设计。第二部分(第三章)"小学课程与教学目标设计",介绍课程与教学目标的概念与功能、课程与教学目标的分类理论以及小学课程与教学目标的设计思路与常见问题等。第三部分(第四章)"小学课程与教学内容设计"介绍小学课程与教学内容的概念、层次与构成以及小学课程结构。第四部分(第五、第六、第七章),先整体概述小学课程与教学实施设计,再分别探讨小学课程与教学实施的重要工作"小学课堂教学设计"和"小学校本课程设计"。第五章"小学课程与教学实施设计"介绍课程与教学实施的概念与影响因素、课程实施的模式、小学课程与教学实施的推进以及小学课程与教学资源的开发。第六章"小学课堂教学设计"介绍小学课堂教学设计的基本步骤、小学常用的教学原则与教学策略以及小学学习方式。第七章"小学校本课程设计"介绍校本课程设计的兴起、流程、常见问题与对策以及小学校本课程设计的模式。第五部分(第八章)"小学课程与教学环境设计"介绍课程与教学环境的概念、小学课程与教学环境设计的基本要求、小学常见的课程与教学环境设计以及技术支持下的小学学习环境设计。第六部分(第九、第十章),先整体概述小学课程与教学评价设计,再聚焦到评价的一项重要工作"作业设计"上加以探讨。第九章"小学课程与教学评价设计"介绍小学课程与教学评价的含义、功能、对象、主体、主要类型、实施步骤,小学课程与教学评价的模式,小学教学与学习评价的常见方式以及小学课程与教学评价的发展趋势。在基础教育课程教学改革深化背景下,作业设计已成为教师开展教学与学习评价的一项重要能力。第十章"小学作业设计"介绍小学作业设计的概念、功能、思想、常见问题、有效策略以及素养导向小学作业设计的常见形态和基本流程。

遵照全国高等教育自学考试的有关规定和小学教育专业教学计划的要求,根据本专业和自学考试的特点,在编写教材时突出以下一些特点:

第一,考虑自考生的可接受度,在内容结构上突出小学课程与教学设计的核心问题和主要范畴。以小学课程与教学设计的结构要素和活动过程为基本线索,形成涵盖"导论与概述""目标设计""内容设计""实施设计""环境设计"和"评价设计"的内容体系。这些都是经过精选的、小学教师必须掌握的基本内容。本书既以传统经典内容为根基,又注重跟踪当代小学课程与教学研究的发展前沿,帮助考生了解国内外新近研究成果。

第二,立足自考专业人才培养要求,在选材上致力于实现理论与实践、传统与新论的统一。本书既体现"基础性",以基本原理为主线,帮助考生形成对小学课程与教学设计的理论认识;又体现"实用性",反映当下小学课程与教学设计的改革实践进展,如介绍教育部印发的《义务教育课程方案和课程标准(2022年版)》的主要理念和内容,介绍丰富的评价方法,回应《深化新时代教育评价改革总体方案》提出的新要求,促进学习者发现、分析和解决小学课程与教学设计领域的实际问题。

第三,结合自考生的学习特点,在体例上满足学习者多样化的学习需要并为自学提供有力支持。章前设有:(1)学习目标,便于学习者把握各章的学习要求,有针对性地进行自学;(2)建议学时,便于学习者规划自学时间;(3)案例导读,展现有吸引力的小学一线课程与教学情境,激发学习者的兴趣并引发思考。章内设有:(1)案例分析,引导学习者将理论与实践相结合,运用所学内容分析实际案例;(2)拓展阅读,阐述理论研究与实践的前沿问题。章后设有:(1)本章小结,帮助学习者把握本章主要内容;(2)思考题,支持学习者巩固与检测本章学习情况;(3)推荐书目,提供值得进一步学习的相关论著。本书还配有辅助自学的资源,以二维码形式呈现,主要包括案例、思考题答案和其他类型的文献材料,有利于学习者开阔视野,活跃思维,深入理解重点内容并突破学习难点。

本教材由曾文婕设计框架并统稿,在统稿过程中研究生邝艺敏、周子仪协助主编做了大量的文字校对、细节补遗工作。在编写过程中,本书参考和引用了大量的中外文论著,特此向作者表示衷心感谢!

本教材在修改和定稿过程中,得到了深圳大学靳玉乐教授、山东师范大学车丽娜教授和北京师范大学周序副教授的指导和中肯建议,同时得到了全国高等教育自学考试指导委员会教育类专业委员会秘书长赵宏老师的帮助,在此一并表示衷心的感谢!也恳请各位专家和广大读者就本书的不足之处提出宝贵的建议。

主　编

2023年12月

第一章　导论

1. 识记
◆ 课程的词源和定义
◆ 教学的词源和定义
2. 领会
◆ 小学课程的类型及其划分标准
◆ 课程(论)与教学(论)的关系
◆ 中西方课程与教学论的发展阶段
◆ 中国课程与教学理论
◆ 西方课程与教学理论
3. 应用
◆ 能够应用本章学习的概念和原理,建构自己的课程与教学概念谱系,并分析一
所小学中存在的多种课程类型

6 学时

课程究竟是什么?

一次,几位小学老师共同探讨一个问题:课程究竟是什么?

有人笑而不答。追问之下,才说:"如果不问'时间是什么',我大概还知道'时间'
是什么;一旦问起'时间是什么',我倒不知道'时间'是什么了。'课程是什么'这个
问题,大抵如此。"

有人说:"课程还是可以做出实质性界定的,课程就是课表上安排的各门课。"

有人说:"课程就是上课的内容。"

有人则说:"我和你们的看法不尽相同。我曾经看过一则资料,上面谈道:'课程并
不仅仅是文本形态的课程标准、方案或内容,更是实践形态的活生生的学生学习活动过
程。从课堂层面来界定,课程就是用"课"的方式规范、引导学生学习的过"程",就是要
让学生更想学、更会学、学得更多、学得更有意义。'我觉得这个观点既新颖又深刻。"

然而,一位老师提出:"听你的解释颇受启发,不过有一个问题需要考虑,'过程'
毕竟由活动构成,活动主要关注的是形式而不是内容,在我印象中,课程的关注点还主
要是在内容层面上。"

这时,另一位老师说道:"'程'突出'过程','课'则是突出内容,课程正是二者的
整合呢!"这位老师开始上网查资料,查到了如下一段话:"课程的逻辑是从'期望学生
学会什么'开始的,经历'需要什么样的素材或活动''如何组织这些素材或活动以教
给特定的学生',最后确定'学生真的学会了吗',这是课程的四个经典问题。依据课
程的逻辑,从教师的视角看,课程思维需要一致性地思考'为什么教''教什么''怎样
教'和'教到什么程度';从学生的视角看,课程思维需要一致性地思考'我要到哪里
去''我需要什么样的资源''我怎样去'和'我真的到那里了吗'。换言之,课程思维

本来就需要一致性地思考在目标统领下的教学、学习和评价问题,所有单一或点状的思考都不是课程思维。"

听到这段话,大家纷纷表示有所领悟,并陷入了思考。

一接触课程与教学,自然会想到"课程与教学是做什么的"这一基本问题。本章主要介绍课程与教学的概念、课程(论)与教学(论)的关系,梳理课程与教学论的发展阶段,介绍中国和西方的课程与教学理论。

第一节　课程与教学的基本概念

长期以来,人们对课程和教学等基本概念形成了多种多样的认识。深入理解这些基本概念,有助于更好地把握课程与教学领域纷繁复杂的各种要素及其关系。

一、课程的概念

正如本章"案例导读"所反映的那样,对"课程究竟是什么"有许多争论。自"课程"一词出现后,人们频繁地对其定义进行修正甚至替换,到1973年这一概念已有119种定义。[1] 近年来,课程定义正随着课程领域的不断扩张而逐渐扩展。[2] 就此状况,派纳(Pinar, W. F.)说:"成熟的学者与初学者一样,都为太多的课程定义而叹息。但是,我们并不将之视为可怕的问题。一个复杂的领域必将会以复杂的,有时甚至是矛盾的方式运用其核心概念。定义的多元化,不是需要解决的紧迫问题,正好相反,它是需要被认可的形势。"[3]在一定意义上,课程研究之所以成为最为活跃的教育研究领域之一,就在于课程概念所含意蕴的无限丰富和界定的灵活多样。小学课程的概念,可以从词源、定义和类型等方面加以分析。

(一)课程的词源

一般来说,一个词最初的本义往往决定着其后来可能衍生或引申出来的派生义。对课程词源的探析,有助于理解课程的定义。

1. 课程的中文词源

"课"和"程",在我国早被使用,有较为确定的含义。许慎《说文解字》言:"课,试也。"试,乃检验、考核、考试。《管子·七法》称:"成器不课不用,不试不藏。"即对于人才,不经过考核不加以任用,不经过试用不作为人才储备。白居易《与元九书》云:"苦节读书。二十已来,昼课赋,夜课书,间又课诗,不遑寝息矣。"这里的"课"指读书、学习。由此,"课"的基本含义为,按规定的内容和分量学习并加以考核。"程"的本义是长度计量单位,十根毛发并在一起为一程,《说文解字》有:"程,品也。十发为程,十程为分,十分为寸。"后来,"程"一方面被引申为事物或事情的发展进程如"过程",或先后步骤如"程序",另一方面被引申为典范和法律,如法程、章程等。至宋代,官编《广韵》中将"程"解释为:"程,期也。""程"又有"期限"之义。

---

①　[美]比彻姆.课程理论[M].黄明皖,译.北京:人民教育出版社,1989:169.

②　[美]派纳,等.理解课程:历史与当代课程话语研究导论[M].张华,等,译.北京:教育科学出版社,2003:25.

③　[美]派纳,等.理解课程(影印本)[M].北京:中国轻工业出版社,2004:26.

学界一般认为,在我国,"课程"一词最早出现于唐代。《诗经·小雅·巧言》曰:"奕奕寝庙,君子作之。"直译为:"大的宗庙,君子造它。"唐孔颖达疏:"以教护课程,必君子监之,乃得依法制也。"意思是,修造宗庙有法度,有工作规程,一定要由懂得这些法度和规程的君子来监督修造工作。此处的"课程"指有规定数量和内容的工作规程。而"课程"指学习或课业及其进程,则始于南宋的朱熹。《朱子语类·卷十·学四》提出:"宽著期限,紧著课程。""宽著期限",指完成特定学习任务的总时间应该尽可能地多给一些;"紧著课程",则指在规定时间内应该完成的每一部分学习任务必须按时完成。《朱子语类· 卷十九· 论语一》论读书之法:"尝作课程,看《论语》日不得过一段。"《论语》是学习内容,"日不得过一段"就是学习的进程。

后有学者考证,"课程"一词早在南北朝时期翻译的佛经中就已经出现。北魏凉州沙门慧觉翻译的《贤愚经·阿难总持品第三十八》中说:"尔时有一比丘,畜一沙弥,恒以严敕,教令诵经,日日课程。其经足者,便以欢喜。"大意为:大和尚教小和尚读经,总是严格要求,每天要背诵多少多少,小和尚完成了规定的功课,大和尚便高兴。[1]

从词源来看,在中文语境中,"课程"的基本含义是指人们学习规定内容的进程,并伴随着严格的检查和考核。

2. 课程的英文词源

《韦氏词典》(Merriam-Webster Dictionary)指出,curriculum 一词在英文中的使用最早出现于 1824 年,来源于拉丁语 currere,开始时突出其拉丁语词根意为"跑道"(racecourse),故对学生而言,学校课程就是奔跑竞赛,就是一系列需要越过的障碍或跨栏。后来,currere 的动词不定式(to run)意蕴被挖掘出来,以凸显课程的"奔跑活动"(running)即"生活经验"(lived experience)的含义,进而张扬课程内含的通过"自传方法"(autobiographical method)以"自学"(self-study)的价值。所以,《国际课程百科全书》开篇就将课程的含义阐释为"作业计划与学习进程"(schedules of work and courses of study)。[2]

可见,从名词意义上理解"课程",其意为"跑道",重在强调"道",即为学生预先设计好的轨道,如学习的目标、任务与计划等;从动词意义上理解"课程",其意为"奔跑",重在强调"跑",即关注学生认识的独特性和经验的自我建构,重视课程的生成性、动态性、过程性和个体性等。基于以上两种不同的理解,就会产生完全不同的课程理论和相应的课程实践。[3]

 拓展阅读

课程定义的视角

人们总是基于一定的视角来界定课程的概念。面对庞杂的课程定义,我们可以通

---

① 姜国钧."课程"与"教学"词源小考——兼与章小谦先生讨论[J].华东师范大学学报(教育科学版),2006,(4):68-71.

② 黄甫全.现代课程与教学论[M].3 版.北京:人民教育出版社,2014:57.

③ 胡乐乐,肖川.再论课程的定义与内涵:从词源考古到现代释义[J].教育学报,2009,(1):49-59.

过梳理这些视角来进行整体性的认识和把握。

◎五种视角说。有学者将界定课程概念的视角归纳为五种。

1. 形式逻辑界定课程的视角。通过属概念加种差的方式下定义。比如,课程是指学校里开设的所有学科的总和;课程是学生在教师指导下从事的各种自主性活动及其体验的总和;课程是由一定育人目标、基本文化成果及学习活动方式组成的、用以指导学校育人的规划和引导学生认识世界、了解自己、提高自己的媒体。

2. 揭示课程本质的视角。形式逻辑要求给概念下定义时既要揭示本质,又要找出属概念。有的学者择一而行,只揭示课程的本质特性。比如,课程即过程;课程的本质是计划或方案;课程的核心是教育内容,即教育内容的选择和编排。

3. 限定课程外延的视角。从内涵或外延两个方面来定义一个概念。前一种定义法叫内涵定义法,即将一个事物与其他事物之间不同的所有特征列举出来。后一种是外延定义法,即描述一个概念的外延,实际上就是对概念进行划分或分解,即按照一定的标准把一个概念的外延分为几个小类的逻辑方法。比如,课程包括课程计划、课程标准、教材和课程资源。

4. 追求课程新价值的视角。比如,课程是一种"反思性实践"。

5. 形象化界定的视角。比如,课程是过渡性的桥梁。

资料来源:但武刚.课程概念界定的五种视角评析[J].教育研究与实验,2011,(4):27-32.

(二)课程的含义

有三种课程的定义产生了较大的影响。第一,"内容说"。课程是教学内容,教育是内容的传输。这是从获得知识的角度来考虑课程,内容是课程的核心。第二,"成果说"。课程是一种成果,教育是出产成果的工具。这是从要实现的目的来考虑课程,无论是经济的目的还是行为的目的,无论知识具有的是其内在的价值还是经济上的有用性,它要求人们将目的或目标作为课程的核心,并将其分解成一系列子目的或子目标。第三,"过程说"。课程是一个过程,教育是为了促进过程的改进。这是出于对儿童天性和对其作为一个人的发展的考虑,发展是它所关心的核心。这就要求人们最好把课程目的转化为程序原则。"过程说"将个人视为主动的人,可以控制自己命运的人。它将课程视为一种过程,通过这个过程,每个人都可以把控制自己命运的权利最大化。[①]

不同的视角赋予课程不同的定义。以"文化"的角度观照"课程",是一种整合型思路。"人者,爪牙不足以供守卫,肌肤不足以自捍御,趋走不足以从利逃害,无毛羽以御寒暑。"[②]但是,人类文化可以弥补人的生物性之不足。从根本上看,课程源于人的学习需要。人不是已经预成的存在,而是持续生成的存在,人类需要不断学习以求得生存和发展。文化所蕴含的真、善、美的特质,能够使人的学识得以增进、德性得以锤炼、境界得以提升。在一定意义上,"人生"乃是不断"文化成人"的动态过程。然

---

① [英]凯利.课程理论与实践[M].吕敏霞,译.北京:中国轻工业出版社,2007:49-109.

② 王力波.列子译注[M].哈尔滨:黑龙江人民出版社,2003:188.

而,文化浩瀚无边,人却身心有限。那么,如何从浩瀚无边的文化世界中"选择"出适合学习者学习的文化,并想方设法将这些人类共同经验"转化"为学习者的个体经验?这就成了"课程"的"历史使命"。课程需要通过"文化选择"和"经验转化"的双重机制,解决"文化的无限性"与"人的有限性"之间的矛盾。"文化选择"和"经验转化",赋予课程"文化本性"。

从"文化"角度看"课程",不同的课程定义分别揭示了"课程"的不同侧面。课程的"文化本性"决定着课程必须实现"文化选择"和"经验转化",这就必然内蕴着预先设计、目标、内容、过程和结果等多重要素,同时外显为这些要素之间的动态融合和平衡共生。如果仅仅突出其中的一个要素并希望通过一个要素去整体性地解释课程,势必困难重重;如果仅仅以静态的眼光看待并规定课程,往往成效不彰;如果仅仅以"教"为取向并僭越"学"的需要,更是舍本求末。

基于文化立场,小学课程主要指小学生通过小学教育环境获得的旨在促进其身心全面发展的所有学习经验。具体而言,小学课程主要具有六个特征:

(1)经验性。课程不仅仅局限为前人积累的间接经验,也包括学生亲身体验的直接经验。知识并不是课程内容的唯一要素,课程既有间接经验组成的文本知识体系,也要重视小学生的个体感受、心理体验和各种经历等。这些经验的共同特征是促进学生身心的全面发展。

(2)学习性。小学课程需要完成一定人类经验向小学生个体经验的转化,这是一个"学习"的过程。这种"学习"不是小学生个体简单机械地将人类经验复制到自己的头脑之中,而是小学生调动自己的已有经验、理解能力、情绪情感等对人类经验进行内化和再创造的过程。因此,课程不再仅仅是静态预设的内容文本,更体现为动态生成的学习过程。

(3)选择性。学习"一定"的内容,意味着人们需要从浩瀚无边的文化中有效"选择"出一些适宜于小学生学习的内容。

(4)目的性。小学课程这种学习过程的展开,其目的是使小学生经由"向文而化"而不断"成人",旨在促进小学生的身心全面发展。

(5)计划性。为了实现促进小学生身心全面发展的目的,需要精心设计与组织学习的过程及其所关涉的各种要素。因此,不论课程的存在形式如何,总脱离不了一定的结构系统,包括横向的组织和纵向的序列。

(6)结果性。课程最终要在小学生个体身上产生各种学习结果,以预期或非预期的知识获得、能力提升和经验形成等表现出来。

人们通常会从自己的立场出发,去理解课程的概念进而表达课程的定义,这往往意味着自身课程意识的成熟。但对课程的定义,在结构层面从仅注重预先设计、目标、内容、过程和结果等单一要素的"单向度认识"走向关注多重要素的"整体把握",在过程层面从对课程的"静态规定"走向"动态观照",在价值层面从追求"教授为本"走向"学习为本",是一种必然的趋势。

(三)小学课程的类型

我国小学课程发展至今,课程类型呈现出多样化的特点。虽然课程具有多样性和复杂性,但基于不同的标准,可以划分出不同的课程类型。明确这些课程类型,有利于更为深入地理解课程的概念。

1. 以课程决策层次为标准划分

以课程决策层次为标准,可将课程划分为国家课程、地方课程和校本课程三种类型。我国构建的是以国家课程为主体、地方课程和校本课程为重要拓展和有益补充的基础教育课程体系。

国家课程,是由国家教育主管部门制定、颁布和组织实施的课程,其主导价值在于满足公民基本素质发展的一般要求,体现国家的教育意志。

地方课程,是由地方教育行政部门制定、颁布和组织实施的课程。省级教育行政部门统筹设置地方课程,确定开发主体;依据义务教育培养目标,把握地方课程的功能定位,充分调研当地资源优势,全面了解学生发展需求,进行科学设计和专业论证,组织研制地方课程纲要;重视课程开发中的试用和修订环节,加强评估与改进。地方课程要强化综合性和实践性。强化综合性,要求注重不同学习领域、不同学科知识的内在关联,注重课程内容与学生经验、社会生活的联系;强化实践性,要求加强课程与生产劳动、社会实践的结合,注重实践体验过程的设计和指导。

校本课程,是指学校在实施国家课程与地方课程的前提下,通过对本校学生的需要进行科学评估,充分利用当地社区和学校的课程资源,根据学校的办学思想和原则,自行设置和开发的课程。学校要有专人负责,建立健全教师、社会专业人士以及家长等多方参与的校本课程开发机制。小学阶段的校本课程,要注重反映学生丰富多样的成长需求,采取学生喜闻乐见的形式,避免内容和形式单一。

2. 以课程组织形式为标准划分

以课程组织形式为标准,可将课程划分为学科课程、活动课程和整合课程。

学科课程,又称分科课程,是从各门学科领域选择部分内容,分门别类地组织起来的课程形态,如语文、数学和外语等。

活动课程,又称经验课程或学生中心课程,是指以学生的发展需要和兴趣爱好为中心、以活动为组织形式的课程形态。如在杜威(Dewey,J.)指导下,芝加哥大学实验学校从 1896 年起试行的"活动课程",即以人类衣食住之类的基本活动(纺织、缝纫、烹饪和木工等)为小学课程的中心。

整合课程,又称综合课程,是采用各种有机整合的形式,使学校教学系统中分化了的各要素及其各成分之间形成有机联系的课程形态。首先,整合课程超越了学科课程。它克服了学科课程分科过细的缺点,打破了原有学科间的界限,将过去条块分割的知识融为一体。其次,整合课程超越了学生中心课程。它克服了学生中心课程主张一切从学生出发的偏激立场,明确强调课程的社会价值与本体价值的整合。

 拓展阅读

五个层面的课程整合

整合课程,可以区分出五个层面的整合。

(1)相邻知识系列的整合。比如,代数、几何和三角等知识系列的整合,植物、动物、生理卫生和生态环境等知识系列的整合等。

（2）性质相近学科的整合。比如，历史、地理和道德等整合形成"社会科"，音乐、美术和舞蹈等整合形成"艺术科"等。

（3）人文、自然和社会学科的整合。比如，为了理顺和帮助人类正确理解人、社会、科学和技术之间的价值与非价值、正功能与负功能、意义的确定性与不确定性共存的复杂关系，人们整合出"STS（Science，Technology & Society）课程"。

（4）文化的整合。长期以来形成和流行的学科课程，对文化发展在具有选择性的同时也强化了封闭性，使学校里的教育内容与文化发展之间出现了严重的割裂。鉴于此，整合课程着力构建课程的开放与选择相统一的机制，从而保证新知识能及时进入课程，与已有知识形成有机整体，实现教育内容变化与文化发展之间的整合。

（5）学生与文化的整合。为了解决教育内容的割裂带来学生发展的片面化等问题，整合课程追求的最高理想就是实现学生与文化的整合，让教育内容成为学生自由和谐发展的优化的环境、土壤和养料。

资料来源：黄甫全.整合课程与课程整合论[J].课程·教材·教法，1996，（10）：6-11.

3. 以学生选择的自由度为标准划分

以学生选择的自由度为标准，课程可划分为必修课程和选修课程。

必修课程，即要求学生必须学习的课程。必修课程具有强制性，同时，它也是课程大众化、民主化的表现，是所有受教育者享有平等受教育权利的保证。

选修课程，即学生可以按照一定规则来选择学习的课程。选修课程一般分为限定选修课程与任意选修课程两类。限定选修课程，是指在规定范围内学生按一定规则选择学习的课程，比如学生必须在若干组课程中选修一定组数的课程，或在若干门指定的课程中选修一定门数的课程。任意选修课程，则是不加限制，让学生自由选择学习的课程。选修课程体现了对学生学习兴趣和需要的尊重，为学生个性的自由发展提供了空间。过去，小学中少有选修课。目前，人们已经开始重视小学选修课程建设，希望借此进一步促进学生的个性发展。

4. 以课程影响形式为标准划分

以课程影响形式为标准，课程可划分为显性课程和隐性课程。

显性课程是指学校情境中以直接的、明显的方式呈现的课程。[1] 比如，为实现一定的教育目标而在学校课程计划中明确规定的学科以及有目的、有计划、有组织的课外活动，都属于显性课程。

隐性课程又称"潜在课程""潜课程"和"隐蔽课程"等，指学校情境中以间接的、内隐的方式呈现的课程。[2] 隐性课程的表现方式包括教材隐含的文化偏见、师生关系和校园文化等。隐性课程与显性课程是相伴相随的关系，隐性课程这一概念的意义在于彰显课程影响的复杂性。也就是说，在学校教育领域，总有一些暗自涌动的力量在

---

[1]　施良方.课程理论——课程的基础、原理与问题[M].北京：教育科学出版社,1996:273.
[2]　施良方.课程理论——课程的基础、原理与问题[M].北京：教育科学出版社,1996:272.

发挥着无形的却举足轻重的影响。隐性课程的影响,既可能是积极的,也可能是消极的。因此,如何尽可能发挥隐性课程的积极影响作用,这是课程开发者应该重视的问题。

 拓展阅读

悬 空 课 程

悬空课程(null curriculum),又称空白课程或空无课程,指学校课程中所缺乏的、"应有"而"实无"的、"应教"而"未教"的、"应学"而"未学"的课程。这一现象和概念是由美国教育家艾斯纳(Eisner, E. W.)首先提出来的。艾斯纳说:"阐述并不存在的课程,是一件包含着自相矛盾的事情。然而当涉及学校计划的排列的时候,我就意识到要建议大家,不仅应该考虑学校里显性和隐性的课程,而且也应该考虑学校没有教什么。我的意思是,学校没有教的与已经教的一样重要。"无论是显性课程还是隐性课程,都是学校内实实在在存在的课程,都是在学校中实际发生或体验到的内容或活动等,都是"实有课程",与其相对的,便是"悬空课程"。"悬空课程"这一概念的意义在于启发人们从正向和反向两方面来思考课程问题,不仅需要考虑课程"有了什么"及其影响,而且需要考虑课程"缺少什么"以及这种缺少产生了什么影响。

资料来源:(1)Eisner, E. W. Educational imagination: On the design and evaluation of school programs[M]. New York: MacMillan Publishing Company, 1984:97.

(2)黄甫全. 现代课程与教学论[M]. 3 版. 北京:人民教育出版社,2014:273-274.

二、 教学的概念

理解教学这一概念,可以从分析其词源和代表性定义入手。

(一)教学的词源

"教学"的词源较为丰富。① 明确教学的词源,有助于深化对教学概念的认识。

1. 教学的中文词源

在汉语中,"教学"涉及了"教""学"与"教学"三个词。

单音词"敩(学)"和"敎(教)",在造字之初就包含了教师的教和学生的学,本为一字,后来分为二字。故而,"教"字最初的意思就是教学。《说文解字》:"教,上所施,下所效也。从攴,从孝。"②"攴,小击也。从又,卜声。"③"孝,从老省,从子。"④"子,十一月,阳气动,万物滋。"⑤徐锴系传:"攴,所执以教道人也……言……以言教之。"由此看出,一个"教"字,教学内容、教学对象、教学方式、教学手段全包括在里面,是一幅生动的教学场景。"爻"代表教学内容,"子"乃教学对象,"孝"是教学方式,"攴"及其

① 对教学词源的分析,参考:黄甫全. 现代课程与教学论[M]. 3 版. 北京:人民教育出版社,2014:66-67.
② 〔汉〕许慎. 说文解字[M]. 〔宋〕徐铉,等,校. 上海:上海古籍出版社,2007:152.
③ 〔汉〕许慎. 说文解字[M]. 〔宋〕徐铉,等,校. 上海:上海古籍出版社,2007:147.
④ 〔汉〕许慎. 说文解字[M]. 〔宋〕徐铉,等,校. 上海:上海古籍出版社,2007:413.
⑤ 〔汉〕许慎. 说文解字[M]. 〔宋〕徐铉,等,校. 上海:上海古籍出版社,2007:740.

"言"是教学手段或媒介。

再看"教学"。《尚书·兑命》:"斅学半。"《礼记·学记》:"学然后知不足,教然后知困。知不足,然后能自反也;知困,然后能自强也。故曰:教学相长也。""斅学半"和"教学相长"中的"教学"是两个词。"建国君民,教学为先。"这里的"教学"是一个词。至宋代,欧阳修《胡先生墓表》云:"先生之徒最盛……其教学之法最备。"这里"教学之法"中的"教学"与我们今天的含义接近。① 可见,教与学不可分割的思想依然存在并得到发扬。

"教学"有三层含义:① 指教育,如《礼记·学记》所云;② 指教师教学生读书、学习的"教"的活动,这种活动是"上所施,下所效"的双边活动,既能觉人,也能觉己;③ 与现代汉语中的"教学"相近。"教学"的今义较早出现在《战国策》中。《战国策·秦五》云:"王使子诵,子曰:'少弃捐在外,尝无师傅所教学,不习于诵。'王罢之,乃留止。"这里的"教学",就是指师傅教徒弟习诵之事。汉末曹魏以后,"教学"一词开始大量出现在文献中。

尽管在造字之初本为一字的"教"和"斅"就是指教和学的双边活动,从孔子到王夫之,许多教育思想家都认为教和学不可分割,但确实找不到陶行知以前有谁明确说过"教学"一词是指教师的教与学生的学的双边活动的证据。因此,指教和学的双边活动的"教学"一词到 1920 年以后才出现②,从论证的逻辑来讲,是一种严密的说法。③

2. 教学的英文词源

在英语里,教学概念涉及了 teaching、learning 和 instructing/instruction 三个词。

teach(教)和 learn(学)两词同源,系派生自中古英语 lernen。而 lernen 一词源自盎格鲁—撒克逊语的 leornian,词根为 lore。④ lore 的原意为 learning 或 teaching,现在则指所教内容,特别是指传统事实与信念。

instruction/instructing 源于拉丁语动词 instruere,词根为 struct,原意为建设(build),在后期拉丁语中其意延伸为教学。⑤ instruere 的过去分词为 instructus,衍生出法语 instruction 一词,并为今天英文所借用。⑥ 因此,instruction/instructing 的词源意义是建设,进而引申为传授知识,即教学。

对 teaching 与 instructing 的释义一直存在分歧。⑦ 在英国,instructing 往往指特定技能的训练,意义接近 training,而 teaching 则是指知识的传递和能力的培养。有学者

---

① 姜国钧."课程"与"教学"词源小考——兼与章小谦先生讨论[J].华东师范大学学报(教育科学版),2006,(4):68-71.

② 章小谦,李屏.改"教授法"为"教学法"考[J].华东师范大学学报(教育科学版),2005,(2):87-95.

③ 姜国钧."课程"与"教学"词源小考——兼与章小谦先生讨论[J].华东师范大学学报(教育科学版),2006,(4):68-71.

④ Partridge, E. Origins:A short etymological dictionary of modern English[M]. London:Routledge, 2006:1739.

⑤ Ayto, J. Word origins:The secret histories of English words from A to Z(2nd ed)[M]. London:A & C Black, 2005:289.

⑥ Partridge, E. Origins:A short etymological dictionary of modern English[M]. London:Routledge, 2006:3274-3275.

⑦ 崔允漷.课程与教学[J].华东师范大学学报(教育科学版),1997,(1):54-60.

认为,teaching 的范围很广,除了包括 instructing 的含义外,还有训练和灌输等意思。所有 instructing 都可称为 teaching,反之则不然。也有学者持相反观点,认为 instructing 包含 teaching,后者仅仅是前者的一个要素,即课堂行为和相互作用。不过,许多人都认为这两个词可以相互代替,是同义的。

（二）教学的定义

从不同的角度出发,对教学的定义也不同。从内涵指称看,对教学的定义存在四种不同的取向:① 突出"教"。强调教师的教,而且,经常突出的是"教"的"传授"或"传递"知识经验的特征。② 重视"学"。从"学"的角度来界定和使用教学概念。③ 强调"教"与"学"相统一。明确指出教学是教师和学生的共同、双方或统一的活动。④ 揭示"教学生学"。有人指出,教与学具有共同性或统一性,但不是简单并列的"教师教与学生学"。教学系统中的活动具有层次性,教师的教是一个层次的活动,学生的学是另一个层次的活动。教与学的共同协调关系,是通过教(高层次)对学(低层次)实行有效组织与控制而实现的,教学就是"教师教学生学习"。

 拓展阅读

教学定义的"认识活动说"和"交往活动说"

有学者认为,学生掌握知识的过程类似于科学家的科学认识活动过程,因此,将教学活动归属于"认识活动"。比如,教学作为认识活动具有特殊性,它是教师教学生主要学习现成知识从而认识世界和发展自身的活动,它是特殊的个体认识方式,简称教学认识。

还有学者将"交往理论"引入教学领域考察教学活动,发现了教学的交往活动特征,主张将教学活动归属于"交往活动"。关于教学和交往的关系,有多种不同的认识。有的把交往视为单纯的教学背景条件,有的把交往视为教学手段和方法,有的把交往视为教学内容、对象和目标,有的把交往视为教学本身。教学交往说的基本观点是,教学是一种特殊的交往活动;主张的是,交往就是教学,教学即交往;强调的是,从关系角度来把握教学本质,师生关系是教学的基本关系,师生交往是教学的前提条件。不过,有人的地方就有交往,教学交往的特殊性在哪里,需要加以思考。

资料来源:(1)王本陆.课程与教学论［M］.3 版.北京:高等教育出版社,2017:122-123.

（2）李定仁,徐继存.教学论研究二十年（1979—1999）［M］.北京:人民教育出版社,2001:71-72.

教师教的行为与学生学的行为同时发生、延续并合乎逻辑地匹配与组合。但若把教学简单地拆解为"教师教"和"学生学"两部分,则只看到了教和学表面的分工,没有看到教和学内在的协同一致。从发生机制上看,教学是教与学的相辅相成,是为了促进学生发展而由两者协同所引起的双向互动过程。教师的教和学生的学真正地相互作用,在合目的、一体化的方向上适当地能动展现,才能成就教学的存在,才有教学的真正发生。"教师教学生学"强调了"教师教"和"学生学"的相互作用,深入到了教学存在及其发生与运行机制内部,更能表达教学的内涵。教学的立足点和归宿是培养人,即丰富人的知识与技能、发展人的能力、提升人的品格。综合而言,教学就是教师教学生学的活动,是学生在教师指导下,掌握科学文化知识与技能,进而发展能力、增强体质、形成思想品德的教育活动。

 案例分析

◎**案例**

鲁迅小说《一件小事》的两次教学

钱梦龙老师在教学鲁迅小说《一件小事》时,在两个班进行对比。

对照班完全由教师讲授,讲解力求深透,语言力求生动,让学生听得"津津有味",学生在听讲的过程中都做了记录,随后,学生完成课后习题,做习题前教师还做了详细的指导,答案的正确率很高。整个教学过程(包括课内作业)共用了四个课时。

实验班由学生自读、思考、讨论,教师只做重点指导。首先,学生根据课后"思考和练习"的提示自读、理解课文,并提出疑难问题。然后,教师将学生的提问集中到一个问题上:"文章里的'我'是不是一个自私的剥削者?"随后,学生进一步细读课文,以《〈一件小事〉中的"我"是一个怎样的人?》为题写出发言稿并进行辩论。最后,学生修改、充实自己的发言稿,写成文章《谈〈一件小事〉中的"我"》。整个教学过程,教师在学生争论不休的时刻提出启发性的问题供学生思考,时间也用了四个课时,没有做课后练习,但完成了一篇作文。

一个学期后,教师用课后练习题及少量补充题"突然"测验两个班学生,结果发现,没有做过练习题的实验班学生成绩,超过了做过练习题的对照班。实验班优秀答卷占全班学生数的70%,对照班仅占38%。尤其在对课文内容记忆的准确程度以及对某些问题理解的深度上,实验班都超过对照班。

在事后的访谈中,对照班学生说:"这篇课文是一个学期前听老师讲的,时间隔得这么长,测验前也不让我们复习一下,怎么记得住?"实验班学生说:"当时为了弄明白课文里的'我'是怎样一个人,大家拼命到文章里去找根据,双方争得面红耳赤,现在还清楚记得那时争论的内容。"

◎**分析**

教学常被解释为教师的教和学生的学共同构成的双边活动,它包容了教师的教和学生的学,却并不是两者的简单相加。由师生构成的教学双边活动,形式多样,差异甚大,优劣俱存。

钱梦龙老师的研究表明,并非教师的讲课越深透,对学生的指导越具体,学生就会学得越好。学生是学习的主体,他们的学习活动要通过自己的实践和感知,在自己的头脑里进行,旁人替代不了。

资料来源:钱梦龙.钱梦龙与导读艺术[M].北京:北京师范大学出版社,2006:11-15.

三、课程（论）与教学（论）的关系

课程（论）与教学（论）的关系是困扰现代教育理论与实践的重大问题。对此，人们已形成"大"教学观、并列观、"大"课程观和整合观等多种认识。

（一）"大"教学观

"大"教学观主张，教学论包含课程论，课程就是"教学内容"。1949年以后，我国各条战线开始学习苏联，教育理论研究与实践也渐渐"苏化"。这样的引进，强调了对学生基础知识、基本技能的培养和教材编辑的科学性、思想性，但造成了一些不良结果，如忽视和脱离我国的实际，全盘否定和拒绝了西方国家的课程、教材研究成果。[1] 苏联是不用"课程"这一术语概念的，而用"三教"概念即教学计划、教学大纲和教科书，这"三教"都是由国家统一规定，教师不可更改。从实质上说，"教学内容"代替了"课程"。1953年以后，我国照搬苏联的教学理论体系，弃用"课程"概念，废除"课程论"研究，导致到了20世纪70年代末期，课程意识、概念和研究基本处于"缺位"状态。

（二）并列观

并列观明确提出，把"课程论"作为教育学的一门分支学科，同"教学论"并列。[2] 1987年的全国教学论第二届学术年会将课程论的学科位置列为重要课题并集中讨论了以下两个问题：① 课程论是不是一门独立的学科？对此，人们的看法比较一致，认为课程论作为一门独立学科是客观存在的，无庸置疑。② 课程论是教学论的一部分，还是与教学论并列而同属教育科学体系范围？对此，有学者认为，课程观与教学论是并列的学科。[3]

（三）"大"课程观

"大"课程观主张，课程论包含教学论，教学属于"课程实施"。1997年3月，中国教育学会教育学分会正式批准成立全国课程专业委员会，这是我国第一个专门从事课程研究的学术性团体。1997年11月，由全国课程专业委员会和课程教材研究所等单位主办的首届全国课程学术研讨会在广州华南师范大学召开。全国性课程研究学术团体的成立和大批课程论专著的问世表明，课程论作为教育学的一个正式分支学科的重建已基本完成。[4] 在课程论重建与深化的过程中，"大"课程观逐渐建立起来。

世纪之交，基于对课程论与教学论关系再思考而提出的"大"课程观，努力揭示和建构课程包含教学、课程论包含教学论的新图景。[5] 在"大"课程观看来，课程实施的主要活动或途径实际上就是教学，课程是课程设计、教学实施与课程评价循序组成的有机连续体。[6] "大"课程观，有利于在重视"文本形态课程"的基础上，关注课程设计、课程实施与课程评价的关系，进而以"设计—实施—评价"一体化的整体视野来观照与改进课程系统中的各种要素。

---

① 张敷荣,张武升.建国以来课程理论与实践的回顾与展望[J].华东师范大学学报（教育科学版）,1990,（4）:57-64.
② 陈侠.课程论的学科位置和它同教学论的关系[J].课程·教材·教法,1987,（3）:24-27,3.
③ 张敷荣,张武升.建国以来课程理论与实践的回顾与展望[J].华东师范大学学报（教育科学版）,1990,（4）:57-64.
④ 张廷凯.我国课程论研究的历史回顾:1922—1997（上）[J].课程·教材·教法,1998,（1）:8-13.
⑤ 黄甫全.大课程论初探——兼论课程（论）与教学（论）的关系[J].课程·教材·教法,2000,（5）:1-7.
⑥ 黄甫全.现代课程与教学论[M].3版.北京:人民教育出版社,2014:11.

20多年前,新一轮自上而下推进的基础教育课程改革启动。这场改革使"课程"成为基础教育领域的主导话语。《基础教育课程改革纲要(试行)》提出了课程改革的六大具体目标,①前三条主要涉及课程功能、结构和内容的定位与设计,第四条涉及课程实施(主要是学习方式)改革,第五条涉及课程评价改革,第六条涉及课程管理改革。有学者指出,随着中小学课程改革的深化,"大"课程观由纯粹的言说走向具体的行动。② 课程设计、实施与评价相整合的视野和进路,已成为课程改革的框架。

(四)整合观

整合观认为,课程与教学不能分离,整合课程与教学已成为时代精神的要求。纵观现代教育的发展历程,当教育为"科技理性"或"工具理性"支配时,容易导致课程与教学分离;当课程与教学在"实践理性"基础上加以整合时,教育开始呈现出前所未有的生机;当课程与教学在"解放理性"基础上加以整合时,人的主体性在教育情境中获得充分发挥。③

 拓展阅读

新时代课程论发展的命题

我国新时代社会背景、教育背景和学科背景的深刻变化,赋予了课程论发展新的使命,也为其指明了新的发展方向和路径。

1. 落实立德树人的根本任务。新形势下课程论必须强化顶层设计,准确把握立德树人根本任务,实现教育质量的跨越式提升。需要研究的主题有:(1)积极践行社会主义核心价值观;(2)加强课程教材建设;(3)深化新时代教师队伍建设。

2. 基于核心素养的课程改革。学校如何在课程改革中落实核心素养培育将是未来研究的重点。应注重以下几方面:(1)融合理论研究与实证研究,加强核心素养的实证研究;(2)理清核心素养与学科核心素养的关系,全面研究核心素养的学科实施路径;(3)注重核心素养在课程实践中的落地。

3. 提升课程论发展的内涵与品质。主要包括:(1)合理进行哲学思辨研究,澄清学科基本问题;(2)科学的量化与质性研究;(3)适切地选择研究范式,解决研究难题;(4)加强合作,注重协同创新;(5)及时回应课程改革中的新矛盾、新问题。

4. 弘扬民族文化,增强课程研究的民族性。如何深入挖掘中华传统教育财富,打好中国底色,是当前课程论面临的重要历史任务和重大时代要求。需要研究:(1)将优秀传统文化全面融入课程教材体系;(2)关照课程现实,实现传统文化的创造性转化;(3)革新优秀传统文化的实施方式。

5. 构建中国特色的课程理论。主要包括:(1)强化课程论学科自觉;(2)彰显课程理论的本土文化自信;(3)明晰关键问题,总结研究经验;(4)基于本土实践的课程话语体系建构;(5)增强与国外课程理论的交流对话。

---

① 教育部.关于印发《基础教育课程改革纲要(试行)》的通知[Z].教基[2001]17号,2001-6-8.
② 杨小微.在"大课程"语境中探讨"大教学"[J].湖北教育,2013,(2):57-58.
③ 张华.课程与教学整合论[J].教育研究,2000,(2):52-58.

6. 拓展课程论研究新视域。主要包括:(1)秉持跨界思维,积极吸纳其他新兴学科的研究成果;(2)深化考试招生制度改革进程中的课程建构研究;(3)加强课程史研究;(4)加强现代信息技术与课程的深度融合研究。

7. 秉持共享理念,贡献课程论发展中国方案。为此,课程论未来的开放发展将注重以下方面:(1)重视课程论原创性研究;(2)聚焦全球性课程问题;(3)精心打造课程论国际影响力平台。

资料来源:靳玉乐,罗生全. 新中国课程论发展70年[M]. 北京:人民出版社,2020:174-205.

第二节 课程与教学的发展阶段

了解课程与教学的发展过程,有助于形成历史意识,更好地审视现在和观照未来。

一、 中国的课程与教学发展

我国有着悠久的历史,课程与教学形态丰富多样。古代课程与教学受儒家思想影响较大,近代课程与教学表现出继承传统和借鉴西方的特点,现代课程与教学随着经济繁荣和技术兴起掀起改革浪潮(见表1-1)。

表1-1　中国课程与教学发展史[①]

时期		课程与教学概况
古代	夏、商、西周时期	• 学校教育产生,代表我国教育的真正开创 • 分科课程设置产生并获得发展,形成课程主体"六艺"
	春秋战国时期	• 孔子首开私人讲学先河,编写"六经" • 教育专著《学记》论述了课程安排和教学内容,阐述教与学的矛盾统一,提出极具影响力的教学原则
	秦汉时期	• 秦朝"焚书坑儒"使先秦时期官学和私学遭遇摧残,这一时期出现关于课程实践的记载 • 西汉"罢黜百家,独尊儒术",恢复对"儒学"的尊崇,汉武帝专设五经博士,"五经"成为官方正式课程
	魏晋南北朝时期	• 百家争鸣探讨社会应培养什么样的人才,玄学盛行,不同学者对课程内容主张各异 • 儒家经学仍是学校课程的主要内容
	隋唐时期	• 学校类型多样,除一般官学,还有算学、律学和医学等学校 • 课程内容更丰富,教学方法包含讲授法、观察法、实验法等
	宋、元、明、清时期	• 理学成为治国、治家和育人的标准。朱熹作为理学集大成者,多次使用"课程"一词,对小学阶段系统设置课程进行了专门论述

[①] 改编自:李森,陈晓端. 课程与教学论[M]. 北京:北京师范大学出版社,2015:插页. 内容有增加.

时期		课程与教学概况
近代	旧民主主义革命时期	• 近代教育思想出现"中学"与"西学"的论争 • "中体西用"对课程内容、教学目的、教学方式和教学评价等多方面产生影响
	新民主主义革命时期	• 壬戌学制颁布,而后近代学校课程模式初步形成 • 杜威教学思想产生深远影响,西方教育测量方法被引进
现代	社会主义过渡时期(1949—1956 年)	• 1952 年,《小学暂行规程(草案)》颁发,明确小学教育宗旨,形成较为全面的课程体系 • 1956 年,教育部颁发《中小学各科教学大纲(修订草案)》,成为新中国成立以来第一套较为齐全的教学大纲
	社会主义探索时期(1957—1966 年)	• 1963 年,教育部颁布《全日制小学暂行工作条例(草案)》,强调语文和算术课程的教学 • 同年,教育部颁布中小学各学科教学大纲和《全日制中小学新教学计划(草案)》
	"文化大革命"时期(1966—1976 年)	• 1967 年,中共中央、国务院、中央军委、中央文革发布《关于大、中、小学校复课闹革命的通知》,要求学校开学进行教学和改革 • 学校或师生自定课程、自选教学内容等
	改革开放和社会主义现代化建设新时期(1978—2012 年)	• 1981 年,教育部颁发《全日制五年制小学教学计划(修订草案)》 • 中国特色的基础教育课程体系逐步建立 • 2001 年,《基础教育课程改革纲要(试行)》印发,标志新一轮基础教育课程改革启动
	中国特色社会主义新时代(2012 年至今)	• 2014 年,《教育部关于全面深化课程改革 落实立德树人根本任务的意见》出台 • 2017 年,国家统一编写的历史、语文和道德与法治三科教材启用 • 2020 年,《中共中央 国务院关于全面加强新时代大中小学劳动教育的意见》和《深化新时代教育评价改革总体方案》颁布 • 2022 年,《义务教育课程方案和课程标准(2022 年版)》颁布

(一)中国古代的课程与教学

我国古代虽尚未形成完整独立的课程与教学理论,但夏、商、西周时期已有相关思想萌芽,在春秋战国、秦汉、魏晋南北朝时期得到不断发展。

1. 夏、商、西周时期的课程与教学

我国原始社会末期的教育内容相对零散,教育手段以口耳相传和观察模仿为主,教育未能从社会生产和生活中独立出来。到了夏代,奴隶制学校教育创立。该时代的学校除了"庠"之外,还出现"序"和"校",学校类别开始多样化。有学者推测,小学教

育的独立形态可能就萌生于夏代中后期。① 商代教育已出现学制萌芽,西周教育则进一步形成系统学校制度。② 我国历史上最早的分科课程体系"六艺"即礼、乐、射、御、书、数,也在西周时期形成。不论小学还是大学,都以"六艺"为基本课程内容,但重点有所区别。小学以书、数为主,大学以诗、书、礼、乐为主。

2. 春秋战国时期的课程与教学

春秋战国时期,孔子开创私学,于晚年完成《诗》《书》《易》《礼》《乐》《春秋》的编纂和校订工作。③ 这些教材被后世称为《六经》,其中涵括小学识字、常识和品德教育等内容。孔子在德育方面的思想对当时乃至当下的小学德育都产生了深刻影响。孔子在教育目的、教育对象、教学内容和教学方法等方面有独到见解,如提出"有教无类",倡导"不愤不启、不悱不发"等。《学记》则以精悍短小的篇幅,讨论了教育的本质、教育目的、学校教育制度、教学内容、教学过程、教学原则、教学方法、教学组织形式等内容。④《学记》提出的教学相长、启发诱导、长善救失等原则,至今仍有重要参考价值。

3. 秦汉时期的课程与教学

秦始皇统一中国,奉行法家主张,颁布"焚书坑儒"的文化专制政策,学校教育严重受挫。西汉时期,汉武帝继位后肯定了董仲舒等人的建议,重新推崇儒家思想,武帝专设五经博士,"五经"成为官方正式课程。"独尊儒术"在一定程度上导致小学教育内容呈现凝固化和单一化特征。

4. 魏晋南北朝时期的课程与教学

魏晋南北朝时期社会动荡,儒家独尊地位丧失,玄学风行。儒学、佛学、道学、玄学并存,相互论争又相互吸收,教学内容得到丰富,教学方式受到影响。此时,儒家经学仍是学校课程的主要内容。北朝时期,私家小学规模较大,教学方法重亲身游历和自由讨论。"课程"一词普遍认为最早出现于唐朝,经学者考察,在南北朝时期翻译的佛经中已使用该词。北魏凉州沙门慧觉翻译的《贤愚经·阿难总持品第三十八》中提到的"课程"与今天日常语言中的"课程"含义相近。

5. 隋唐时期的课程与教学

隋唐时期,经济繁荣,教育也得到发展。官学为主、私学为辅的教育体系较为完备,其中包含官立小学教育。以韩愈为代表的"重振儒术"实践使得儒家思想成为学校课程的主要内容。《师说》中"弟子不必不如师,师不必贤于弟子"对师生关系提出新的思考,主张学无常师。

6. 宋、元、明、清时期的课程与教学

理学成为新的儒家思想体系。朱熹作为理学的代表人物,多次使用"课程"一词,

① 吴洪成.中国小学教育史[M].太原:山西教育出版社,2006:3-4.
② 毛礼锐,沈灌群.中国教育通史(第1卷)[M].济南:山东教育出版社,1985:54,60.
③ 孙培青.中国教育史[M].3版.上海:华东师范大学出版社,2009:30.
④ 吴定初,张鸿.关于中国教育学源头的探讨——《学记》为"源头"之客观性分析[J].四川师范大学学报(社会科学版),2005,(6):7-13.

如"宽著期限,紧著课程"①和"小作课程,大施功力"②等。宋代官学中设置贵胄小学和州县小学,私学走向基层的特点更加明显,包含私塾、义塾和村塾等。官办小学和私立小学的教学内容基本包含识字、诗赋和经术。

(二)中国近代的课程与教学

我国近代课程与教学受"中学为体,西学为用"等社会思潮影响较大。

1. 旧民主主义革命时期的课程与教学

鸦片战争后,随着龚自珍和林则徐等人提出改革旧教育,"中学"与"西学"之争拉开序幕。1878年,张焕纶在上海创办我国近代第一所新式小学"正蒙书院",教学内容涵括"经艺"和"治事",教学组织以班级为单位。以教会学校为代表的新式学堂早期多为小学,课程内容一般包含宗教、外语、西学和儒家经典等。戊戌变法后,清政府制定"壬寅学制",未及实行便被"癸卯学制"取代。"癸卯学制"的初等教育阶段包含蒙养院、初等小学堂和高等小学堂。其中,初等小学堂的课程主要有修身、读经讲经、中国文字、算术、历史、地理、格致和体操,高等小学堂的课程主要有修身、读经讲经、中国文学、算术、中国历史、地理、格致、图画和体操等。③ 该时期的教学方法主要受夸美纽斯(Comenius, J. A.)和赫尔巴特(Herbart, J. F.)影响,其中,赫尔巴特的"五段教学法"受到推崇。

2. 新民主主义革命时期的课程与教学

1922年,"壬戌学制"颁布,小学修业年限为六年,分为初、高两个级别。④ 随后建立起与学制相应的学校课程体系,小学授课开始以分钟计算。总体而言,这一时期的课程体现了"五四运动"崇尚科学和民主的思想。随着杜威教育思想的传播,"教育即生活""学校即社会"和"做中学"等思想为我国广泛接受。自然科学成为学校教育的主要课程,观察和实验等教学方法受到关注。西方关于知识与技能等的测量方法也被引入教学评价领域。

(三)中国现代的课程与教学

我国现代的课程与教学受国家政治和经济等多方面因素的影响,主要可划分为五个时期。

1. 社会主义过渡时期的课程与教学

1949年之后,我国面临的主要问题之一就是如何正确对待旧教育,建设适合国情的新教育。1952年,《小学暂行规程(草案)》颁发,提出小学实施"智育、德育、体育、美育全面发展的教育"。其中,智育目标是儿童掌握社会、自然的基本知识,具备读、写、算的基本能力;德育目标是儿童爱国、有公德、有诚实和勇敢等优良品质;体育目标是儿童具有强健的身体、活泼、愉快的心情和卫生的基本知识与习惯;美育目标是儿童具有爱美的观念和欣赏艺术的初步能力。⑤ 课程内容重视基础性和基本性,关注科学性和思想性的结合。而后,各科教学大纲陆续出台,1956年,教育部颁发《中小学各科

---

① 黎靖德.朱子语类(一)[M].杨绳其,周娴君,校.长沙:岳麓书社,1997:148.
② 黎靖德.朱子语类(一)[M].杨绳其,周娴君,校.长沙:岳麓书社,1997:149.
③ 璩鑫圭,唐良炎.中国近代教育史资料汇编 学制演变[M].上海:上海教育出版社,2007:302,317.
④ 璩鑫圭,唐良炎.中国近代教育史资料汇编 学制演变[M].上海:上海教育出版社,2007:1008-1009.
⑤ 小学暂行规程(草案)[J].山西政报,1952,(7):103-107.

教学大纲(修订草案)》。这一时期的课程与教学受苏联影响较大,初步形成了较为统一的小学课程体系。

2. 社会主义探索时期的课程与教学

随着国际形势的变化,我国开始探索更符合国情的教育发展路径,马克思关于人的全面发展思想对我国教育产生了深远影响。1958—1960年,教育领域过度追求进度和速度,教学计划如同虚设,教材编写工作混乱。直至1963年,教育部颁布《全日制小学暂行工作条例(草案)》和《全日制中学暂行工作条例(草案)》,尝试纠正教育领域出现的问题,建立"国定制"和"审定制"相结合的教科书制度。[①] 而后,又颁布教学大纲和教学计划,助力教学秩序的恢复。

3. "文化大革命"时期的课程与教学

1966年"文化大革命"爆发,使得全国大多数学校处于停课状态,课程与教学体系受到极大破坏。1969年,上海市崇明县试点的"口算、笔算和珠算结合"教学实验表现突出,有助于学生理解抽象的数的概念,掌握数学运算方法,培养分析问题和解决问题的能力,[②]顺应了学制缩短和教育革命的呼声。

4. 改革开放和社会主义现代化建设新时期的课程与教学

1976年"文化大革命"结束,我国在社会主义事业百废待兴的情况下于1977年恢复高考,强调尊重知识和人才,开始通过考查知识的掌握情况来评判和选拔人才。[③]经过课程领域的拨乱反正,课程发展已趋正常化。1978年,党的十一届三中全会召开,开启改革开放和社会主义现代化建设新时期。同年,教育部颁布《全日制十年制中小学教学计划试行草案》,恢复了分科课程模式,在小学阶段开设政治、语文、数学、外语、自然常识、体育、音乐和美术8门课程,并进科目5~8门。[④] 1981年,教育部颁发《全日制五年制小学教学计划(修订草案)》,将"政治课"改为"思想品德课",地理和历史课恢复,并增设劳动课。[⑤] 该时期的教学改革实验也得到推进。例如,邱学华在常州师范学校兴办"小学数学教学研究班",进行系统的"尝试教学法"实验。[⑥] 随着我国社会主义现代化建设的全面展开,基础教育课程与教学迈向新阶段。1992年,《九年义务教育全日制小学、初级中学课程计划(试行)》将"教学计划"更名为"课程计划",把全部课程划分为学科类和活动类。[⑦] 1993年发布的《中国教育改革和发展纲要》明确提出,中小学要由"应试教育"转向全面提高国民素质的轨道。[⑧] 步入21世纪,教育部印发《基础教育课程改革纲要(试行)》,明确"为民族复兴、为每位学生发展"的改革理念,建立相应的课程体系。

5. 中国特色社会主义新时代的课程与教学

---

① 何东昌.中华人民共和国重要教育文献(1949年—1997年)[M].海口:海南出版社,1998:1149-1155.

② 人民教育出版社.三算结合[M].北京:人民教育出版社,1975:1.

③ 张西云,黄甫全.我国教育改革政策及价值的演进[J].全球教育展望,2017,(8):110-118.

④ 课程教材研究所.20世纪中国中小学课程标准·教学大纲汇编:课程(教学)计划卷[M].北京:人民教育出版社,1999:328.

⑤ 何东昌.中华人民共和国重要教育文献(1949年—1997年)[M].海口:海南出版社,1998:1916.

⑥ 邱学华.邱学华的数学课堂[M].上海:华东师范大学出版社,2016:13.

⑦ 国家教委.九年义务教育全日制小学、初级中学课程计划(试行)[J].人民教育,1992,(9):2-8.

⑧ 中共中央,国务院.中国教育改革和发展纲要[J].人民教育,1993,(4):4-11.

党的十八大以来,以习近平同志为核心的党中央领导中国特色社会主义事业进入新时代。2014年,《教育部关于全面深化课程改革 落实立德树人根本任务的意见》出台,旨在落实党的十八大和十八届三中全会关于立德树人的要求,充分发挥课程在人才培养中的核心作用,提升综合育人水平。该意见明确了研制学生发展核心素养体系和学业质量标准、修订课程方案和课程标准等任务。2017年秋季,历史、语文和道德与法治三科统编教材正式启用,我国课程教材的编写和管理迈入新的历史阶段。2020年,《中共中央 国务院关于全面加强新时代大中小学劳动教育的意见》出台,提出设置劳动教育课程,要求整体优化学校课程设置,将劳动教育纳入中小学国家课程方案,形成具有综合性、实践性、开放性、针对性的劳动教育课程体系。同年,《深化新时代教育评价改革总体方案》指出,改进结果评价、强化过程评价、探索增值评价和健全综合评价,以评价方法改革促进学生全面发展。2022年,《义务教育课程方案和课程标准(2022年版)》颁布。新的课程方案完善了培养目标,明确义务教育阶段时代新人培养的具体要求;优化了课程设置,落实"双减"政策要求;细化了实施要求,增加课程标准编制与教材编写基本要求等内容。新的课程标准强化了课程育人导向,将党的教育方针具体化、细化为各门课程应着力培养的核心素养,体现正确价值观、必备品格和关键能力的培养要求;优化了课程内容结构,增强内容与育人目标的联系,设立跨学科主题学习活动,加强学科间的相互关联;研制了学业质量标准,整体刻画不同学段学生学业成就的具体表现特征,为教材编写、教学实施和考试评价等提供依据;增强了指导性,针对"内容要求"提出"学业要求"和"教学提示",细化评价与考试命题建议;加强了学段衔接,帮助学生更好地适应各学段的学习。[①]

二、 西方的课程与教学发展

西方古代课程和教学思想主要停留在经验和实践层面,尚未形成系统的理论体系。近代开始摆脱神学控制,涌现出大批教育家,形成众多课程与教学理论。现代的课程与教学也在不断变革中得到发展(见表1-2)。

表1-2　西方课程与教学发展史[②]

时期		课程与教学概况
古代	古希腊与古罗马时期	• 西方最早的课程实践可追溯至古希腊时期,古希腊的课程分为雅典体系和斯巴达体系 • 古罗马的课程设置和教学方式继承古希腊教育传统,又体现了教育中的民族特色
	中世纪与文艺复兴时期	• 中世纪时期,课程充斥宗教和道德内容,《圣经》禁锢思想,致使学校教学理论和实践止步不前 • 文艺复兴时期,打破宗教对学校课程的垄断,学科门类增多

---

① 中华人民共和国教育部.义务教育课程方案(2022年版)[M].北京:北京师范大学出版社,2022:3-4.
② 改编自:李森,陈晓端.课程与教学论[M].北京:北京师范大学出版社,2015:插页.

时期		课程与教学概况
近代		• 自然科学课程备受重视,课程结构打破古典主义格局,人们强烈要求学校增设支持工业技术发展的数学、物理学、化学和动物学等课程 • 随着 19 世纪西欧民族国家形成和民主政治发展,出现现代母语和外国语、历史和地理等新人文学科课程
现代	19 世纪末至 20 世纪 50 年代	• 欧洲"新教育运动"和美国"进步主义教育运动"兴起,课程与教学实验展开
	20 世纪 50 年代至 70 年代	• 美国颁布《国防教育法》,推动全国范围课程改革 • 布鲁纳(Bruner, J. S.)领导结构主义课程改革未获得理想效果,而后主张课程内容从"科学立场"转向"人的立场" • 人本主义课程实验在各国兴起
	20 世纪 80 年代以来	• 面向 21 世纪,各国课程与教学表现出一些共同特点:建立国家课程标准;提倡课程设置综合化;培养目标指向培养跨世纪人才;课程内容关注学生经验,反映社会和科技新发展;教学方式不断变革;拓展传统教材观,加强课程资源开发

(一)西方古代的课程与教学

西方古代学校的课程以古典学科为主,教学方法重讲演和问答,教学纪律严明。受外部因素影响,不同时期的课程与教学呈现出一定差异。

1. 古希腊与古罗马时期的课程与教学

古希腊的雅典课程体系强调文法学习,设置文化、艺术和体育等课程。古希腊的斯巴达课程体系则强调身体锻炼,设置跳跃、跑步和角力等军事体育课程。以国家对学校具有控制权为依据,可以说,公立学校在古希腊时期就已经出现,斯巴达人将教育视为国家的事业,儿童必须在国家开办的教育机构中接受教育。[①] 该时期的教学思想起源于雅典的智者派,教学方法主要有讲演和辩难等。苏格拉底(Socrates)提出的教学法,被习以为常地称为"产婆术",多数外国教育史教材都认为"产婆术"由"讥讽、助产术、归纳和定义"四个步骤构成。[②]

古罗马注重培养政治家和管理者,共和早期的教育类似于斯巴达教育,共和后期的小学教学内容包含读书、写字和计算等,教学方法注重文字记诵。古罗马人对青少年进行的理性教育领先整个时代,孕育出丰硕成果。共和后期至帝国早期,古罗马在人文科学和自然科学领域名人辈出,成绩斐然。[③] 到了帝国时期,小学教学重点从文

---

① 单中惠.外国中小学教育问题史[M].济南:山东教育出版社,2005:19-20.
② 刘莉,刘铁芳.重审苏格拉底的"产婆术"[J].全球教育展望,2021,(9):46-62.
③ 秦治国.古罗马共和时期的青少年教育及当代启示[J].当代青年研究,2020,(3):111-117.

学的学习转移到文法分析上。为借鉴希腊人文科学,古罗马人开始学习希腊语,并开创学校中进行外语教学的先河。昆体良(Quintilianus, M. F.)是公元一世纪罗马最有成就的教育家,是夸美纽斯以前西方最杰出的教学法学者,他撰写的十二卷巨著《雄辩术原理》系统论述了年轻一代的教育问题。[①] 昆体良提出了分班教学的初步设想,主张根据学生的资质和能力开展教学。他认为教育的终极目的在于培养演说家和雄辩家,真正的雄辩家应该是明智的、善于演说的,教育内容应聚焦于文法、修辞和逻辑,但也应涉及算术、几何、天文和音乐等。

2. 中世纪与文艺复兴时期的课程与教学

中世纪初期,僧侣们获得知识教育的垄断地位,教育本身渗透了神学的性质。学校几乎为教会支配,学习内容以宗教教义为主,也进行简单的读、写、算的基本知识教育。教学方法基本为诵读牢记,也有辩论和问答法。中世纪中期,经院哲学盛行和中世纪大学的产生对文化教育思想发展产生很大影响。[②]

文艺复兴时期,新兴资产阶级开始反抗经院教育。该时期的教育弘扬人的价值和“人性”的重要性,期望培养健康、积极、乐观的人,将人的身心或个性全面发展作为教育目的,主张课程设置为培养“完美的人”服务。宗教对课程的垄断被打破。人文主义者还借助文法、修辞和哲学开发学生智力、培养学生道德人格。教学开始关注学生学习兴趣,注重理解,反对死记硬背,主张宽严结合的教学方法。[③]

(二)西方近代的课程与教学

自 17 世纪中期英国资产阶级革命开始,至 19 世纪末,西方课程与教学获得较大发展。随着 18 世纪中期至 20 世纪初,欧美等地相继爆发两次工业革命,自然科学越来越受重视,人们强烈要求将自然科学类课程纳入学校课程体系。例如,夸美纽斯倡导增加几何测量、自然常识、地理和历史等;赫尔巴特提出符合经验、思辨、审美、同情、社会和宗教兴趣的六类课程;斯宾塞(Spencer, H.)提出“什么知识最有价值”的命题,主张重视科学知识。课程结构已打破古典人文课程主导的局面。

近代学校的教学目的发生革新,学校逐渐重视儿童的实际活动,加强教育和生活之间的联系。教育家们还提出了一系列教学原则。例如,第斯多惠(Diesterweg, F. A. W.)提出启发性教学原则,赫尔巴特论证了“教育性教学原则”,主张不存在“无教育的教学”,也不存在“无教学的教育”。教学方法逐步摆脱古代的空洞说教,直观性教学被提出,实验法和观察法等受到青睐。教学组织形式由早期的个别施教转向班级授课制,以满足社会发展和教育规模扩大的需要。以标准化测验为主的评价方式也在这个时期兴起。《大教学论》和《普通教育学》等论著的产生,使这个时代的教育思想和理论熠熠生辉。

(三)西方现代的课程与教学

19 世纪末以来,教育在不断改革和变化。西方现代课程与教学的发展主要可以划分为三个时期。

---

① 昆体良. 昆体良教育论著选[M]. 任钟印,译. 北京:人民教育出版社,1989:译序 1.
② 吴元训. 中世纪教育文选[M]. 北京:人民教育出版社,2004:前言 4-5.
③ 吴元训. 中世纪教育文选[M]. 北京:人民教育出版社,2004:408,424-425.

1. 19 世纪末至 20 世纪 50 年代的课程与教学

欧洲兴起"新教育运动",美国开展"进步主义教育运动",一系列课程与教学实验伴随着教育革新运动展开。杜威创办芝加哥大学初等学校,经过八年办学实践,对理想学校的教育原则和路径有了愈发清晰的认识,形成了儿童本位立场的课程与教学思想。[①] 芝加哥大学初等学校的课程体系实现突破,开设手工劳动和农艺等课程。教学模式和方法也出现创新,如美国兴起"道尔顿计划",对以知识讲授为中心的班级教学模式和以学生经验发展为中心的教学模式进行协调。

2. 20 世纪 50 年代至 70 年代的课程与教学

第二次世界大战结束,西方各国开展人才竞争。1957 年,苏联第一颗人造卫星上天引起美国对教育的危机意识。1958 年,美国颁布《国防教育法》,首次将学校教育和国家安全相联系,[②] 划拨巨资推动课程改革。布鲁纳领导的结构主义课程改革倡导掌握学科基本结构,还提出了"螺旋式课程"的课程编制原则。20 世纪 60 年代末,结构主义课程改革未取得理想成效,新课程逐渐废止。在人本主义心理学影响下,人本主义课程实验开始兴起,主张教育追求个性目标和情感目标,关注学生在教学活动中的内心体验,意识到环境对学生的影响,倡导建构相互尊重和信任的师生关系。[③] 这一时期的教学思想蓬勃发展,出现了奥苏贝尔(Ausubel, D. P.)的"有意义学习理论"、瓦根舍因(Wagenschein, M.)的"范例教学理论"和洛扎诺夫(Lozanov, G.)的"暗示教学理论"等。

3. 20 世纪 80 年代以来的课程与教学

自 20 世纪 80 年代起,如何面向新世纪培养人才成为世界教育共同需要回应的问题。尽管各国教育体制存在差异,但在课程与教学方面呈现出一些共同趋势。英国、美国、新西兰、西班牙和瑞典等国家都纷纷规划或改革国家课程,统一对中小学课程的质量要求。课程设置开始倡导综合化,将多门学科综合起来进行教学,在一定程度上减少分科课程。培养目标由单一化走向综合化,注重引导学生适应社会。课程内容跟随时代发展,将计算机、科学与技术等内容纳入。教学方式基于信息技术发展而得到优化,越来越重视满足学生的个性化需要。教材的外延得到拓展,形式越来越丰富。

第三节　课程与教学理论

在历史长河中,课程与教学理论逐步萌芽、独立并持续发展,形成了理论流派林立的繁荣景象。

一、中国课程与教学理论

在我国教育发展过程中,形成了具有中国特色和影响力的课程与教学理论。此处主要介绍"启发式教学""主体性教学"和"情境课程与教学"。

(一)启发式教学

启发式教学历史悠久,源于我国古代儒家先贤孔子提出的"不愤不启,不悱不

① 黄书光.杜威教育理论的实验精神及其在中国的传扬回应[J].教育发展研究,2019,(22):10-14,22.
② 曹雅洁,张斌贤.美国全国教育协会与《国防教育法》[J].外国教育研究,2020,(3):94-107.
③ 李定仁,胡斌武.20 世纪西方课程实验的历史经验及其启示[J].教育研究,2003,(3):72-77.

发"。启发式教学有着丰富的含义,彰显着"道"与"术"的统一。① 一方面,"启发"是教学的基本原理或指导思想,即"道",教师的教学顺应学生的"学"势而"教",由此激发和促进学生自然且多样的学习活动;另一方面,"启发"体现在教学内容和教学方法的选择与运用等具体教学实践过程中,体现在教师的言行举止中,即"术"的层面。

具体而言,启发式教学的主要特征有:① 认为学生是学习的主体。启发式教学认为学生是具有"愤悱状态"之人,当学生欲知而不知、欲言而无言时,其"愤悱状态"便得以彰显。学生的"愤悱"学习状态正是通过自身主动的、积极的方式得到满足的。启发式教学要发挥学生的主体性,促进学生积极思维,帮助学生在发现和解决问题的过程中主动构建自身知识体系,养成良好的创新精神与思维品质。② ② 注重学生全面而有个性的发展。启发式教学不仅关注学生在知识方面的掌握情况,还关注学生情感、态度、体验和价值观的养成情况,这是实施启发式教学的核心。③ 重视让学生经历主动探究的过程。采用问答法和讨论法并不等同于启发式教学,采用讲授法也不等同于注入式教学。启发式教学的关键,并不在于学生外显行为参与程度的高低,而在于学生是否真正"动脑",是否真正开动脑筋思考问题、寻求解决问题的策略,是否经历"发现—分析—解决"问题的过程。③ 在一定程度上可以说,启发式教学的过程是学生"有疑—解疑—释疑"的主动探究过程。调动师生的主动性与自觉性并创设良好的问题情境,是实现启发式教学的重要前提、关键环节和原则。④

在传承启发式教学的过程中,也有人提出一些疑问,对此需要审慎对待。如,有人认为,启发式教学适合聪明的学生,对于"笨学生"而言是白费力气。又如,启发式教学占用过多的教学时间,使原本有限的时间变得更加紧张。事实上,启发式教学正是通过启发的方式提升学生的聪明才智,使学生学会独立分析和解决问题,发展学习力和创造力等。启发式教学的实际效果差异,在很大程度上取决于教师的运用水平。比如,霍懋征老师就善于使用启发式教学,在规定的教学时间内,不仅高质量完成原有的学习任务,还大大增加了学生的阅读量,拓宽了学生的视野,提升了学生的听说读写等能力,取得优质的教学效果。

启发式教学是源于中国本土的理论流派,至今仍具有强大的生命力,正在与核心素养培育相融合⑤,进而不断优化与创新。

(二)主体性教学

主体性教学产生于20世纪70年代末兴起的教育改革运动,源自"教学认识论"。教学认识论主张教学过程是学生的特殊认识活动,学生的认识是由教师领导着进行的,这种领导保证着教学的正确方向和质量。⑥

主体性教学揭示和凸显了教学的主体性本质,其具体内涵主要有四点:⑦① 教学

---

① 刘华.新课程召唤启发式教学[J].教育理论与实践,2009,(3):46-47.
② 张忠华.回归启发式教学的本真[J].中国高等教育,2008,(22):21-22.
③ 刘华.新课程召唤启发式教学[J].教育理论与实践,2009,(3):46-47.
④ 靳乃铮.启发式教学[M].西安:陕西人民出版社,1984:30-45.
⑤ 徐汀潇.核心素养视域下的启发式教学观[J].教育理论与实践,2018,(20):3-6.
⑥ 王策三.教学论稿[M].2版.北京:人民教育出版社,2005:114-125.
⑦ 和学新.主体性教学:内涵与特征[J].中国地质大学学报(社会科学版),2001,(3):44-50,59.

活动是教师、学生和课程内容三者间双重双向的对象化活动,是客体主体化和主体客体化的能动现实的统一活动。① ② 主体性教学是建构师生主体性的活动。在教师居于主体地位的教授活动中,学生和教学内容处于被动地位,但作为具有主体性的客体,学生仍处于变化发展状态中。在学生担任主体的学习活动中,教师处于相对被动的状态,但教师同样是具有主观能动性的特殊客体。③ 主体性教学是发挥师生主体性的活动。主体客体化与客体主体化活动不是自发的,而是参与活动的教师与学生主动开展的。师生的主体性不是借助外力建构的,而是双方主动自我建构的,是师生双方在了解自身现有能力与可能发展水平的基础上认识和改变客体的活动。④ 主体性教学是一种借助师生交往实现的活动。教师和学生互为对方存在的基础,无教师,便无学生,反之亦然。教师和学生是教学过程中不可缺少的两大要素,缺少任何一方均无法构成完整的教学活动。脱离师生双方的交往,教学关系便不复存在,完整的教学活动亦不存在。

主体性教学的主要特征有:② ① 凸显人的主体性。尊重人、信任人,重视教学活动中师生生动活泼的生命力、能动性与创造性,具有鲜明的时代价值取向。② 注重教学活动的完整性。这主要体现在教学目的、过程、内容和方法的完整性等方面。在教学目的上,注重师生主体性的建构;在教学过程中,强调发挥师生的主体性,双方通过交往、对话等方式达到和谐统一;在教学内容上,主张建立由学科课程、活动课程和隐性课程构成课程结构;在教学方法上,倡导通过课内和课外两条途径结合、技术和艺术两种手段结合、语言和非语言两种方式结合的"三结合"。③ 强调教学活动的自主性、开放性与创造性。主体性教学在目标、内容、过程、方法和结果等方面均表现出自主、开放的特征,倡导发展师生的主体性与主动性。④ 活动成为教学的基本原则。师生在"活动"中意识到自己是主体,持续发挥能动性与创造性。⑤ 以民主和谐的人际关系为支柱。师生、师师、生生彼此间以对话、理解、包容的关系相处,"你不控制我","我不限制你",形成民主和谐的氛围。

有研究者提出主体性教学的一般教学模式:激发学生的自主性与内在学习动机,达到定向的功能;学生自主阅读相关学习材料;采用讨论的方式,如全班讨论,小组讨论或结对讨论后再全班讨论;在切实了解学生学情的基础上有针对性地精讲重点和疑难点;学生独立练习或结对练习以加强巩固;借助自评或互评进行检测;最后开展自我总结或教师系统总结。③ 还有研究者探索了主体性教学的基本策略,主要包括:在教学过程中有意识地发挥教师的主导作用,引导学生自主全面发展;精心组织、筹划情知操作活动,充分发挥学生的积极性,促进学生获得成功的学习体验,激发其内在学习动机;发扬教学民主,促进师生的沟通合作,形成良好的师生关系;精心组织、实施教学活动,体现活动教学思想,让学生学习"听、说、读、写、思"等一系列兼具内隐性与外显性的操作活动。④

① 冯建军.教育的人学视野[M].合肥,安徽教育出版社,2008:275.
② 和学新.主体性教学:内涵与特征[J].中国地质大学学报(社会科学版),2001,(3):44-50,59.
③ 陈心五.主体性教学及其操作[J].课程·教材·教法,1999,(1):32-34.
④ 吴翠龄.简论主体性教学的策略[J].教育评论,2002,(6):33-35.

（三）情境课程与教学

在我国，情境教学的思想自古有之。小学语文老师李吉林为解决"为考而教"和"为考而学"的难题，克服小学语文教学"固化、繁琐和低效"等弊端，破除教学对儿童个性的压抑、对儿童发展的阻碍，吸收古代"意境说"等理论，创立了"情境课程与教学"。

情境课程与教学主要包括情感驱动、暗示倾向、角色转换和心理场整合四大基本原理。[①] ① 情感驱动原理。利用"移情"使学生产生真实感受，借助情感体验陶冶情操，最大限度发挥情感的纽带和驱动作用。② 暗示倾向原理。直指灌输式教学"传递—接受"式的弊端，通过图画和音乐等艺术化的手段或优化的现实场景，调动学生的多感官参与，激起学生强烈的情绪反应，使其自觉进入学习状态。③ 角色转换原理。通过优化的教育教学情境，历经"担当、理解、体验、表现、融入、顿悟"角色等阶段，使儿童由被动变为主动，积极投入教育教学过程，增强自我主体意识。④ 心理场整合原理。利用心理场，形成指向教育教学目标整合的"力"，即"正诱发力"，促使创设的情境更为丰富，激发儿童的主动性，用"心"学习，使儿童借助顿悟改变或优化自身认知结构与心理结构，使教师体会教学成功的快乐，加速"情境—教师—学生"三者形成正向交互的优化整合的心理场。情境课程与教学关注"怎么做"的问题，李吉林老师通过严格筛选，概括和建构了一套操作体系，包括：以"美"为突破口、以"情"为纽带、以"思"为核心、以"练"为手段和以"周围世界"为源泉。[②]

情境课程注重精心设计、组织学生的活动，将学科课程、活动课程和已优化的情境融合成有机联系的统一整体，克服单一学科课程存在的重讲解、轻练习、重知识、轻能力、少操作、弱应用等弊端，在一定程度上弥补了单纯活动课程容易陷入知识无系统性的窠臼。在情境课程的体系中，学科情境课程发挥着主体作用，大单元情境课程起到联动作用，野外情境课程发挥源泉作用，专项训练情境课程起到强化作用，而过渡情境课程则起到衔接的作用。情境课程主要包括以下五个方面的主张和做法：[③]

第一，构建学科情境课程。将学科课程与活动课程结合起来，从儿童出发，把他们带入优化的情境中，使他们在暗示、移情、角色、心理场"力"的作用下，主动地参与教育、教学过程，主动地进行感知的活动、语言的活动、思维的活动以及触摸、模仿、操作等身体的活动。加上通过图画、音乐、戏剧创设情境，于是又有了包括唱歌、跳舞、表演等在内的艺术活动。这类课程在小学课程体系中发挥着"主体"作用。

第二，构建大单元情境课程。该类课程每学期一般只有 2~3 次，以鲜明的主题横向沟通各个学科及活动，纵向贯穿于全学期的教育，巧妙地将显性课程与隐性课程结合起来，在同一主题下相互补充、相互促进。这类课程在小学课程体系中发挥着"联动"作用。

第三，构建野外情境课程。帮助儿童走出几十平方米的小课室，来到广阔的天地里，自由地呼吸新鲜的空气，看到广袤的天宇下的大千世界。这类课程在小学课程体

---

① 李吉林.情境教育的基本原理[J].河南教育,1999,(7):4-5.
② 李吉林."情境教学"的操作体系[J].课程·教材·教法,1997,(3):10-15.
③ 李吉林.情境课程的开发[J].课程·教材·教法,1997,(6):6-11.

系中发挥着"源泉"作用。

第四,构建专项训练情境课程。对小学生而言,无论是掌握工具,还是掌握技能技巧,都需要通过训练。为此,有必要结合学科特点及某些教材的特点,开设专项情境训练课程,以强化训练,引导学生"在做中学"。比如,就语文学科需要培养的精读、浏览、复述、表情朗读等能力,设有"区分主次速读课""学习鉴赏精读课""体验情感朗读课""扮演角色表演课""编写提纲复述课"等。这类课程在小学课程体系中发挥着"强化"作用。

第五,构建过渡情境课程。该课程致力于搞好学前教育和小学教育的衔接,为期三周。过渡情境课程根据"室内短课与室外观察相结合"的原则,安排儿童的学习生活,主要做法有:① 增设户外活动时间,定期开展野外活动。② 主要学科分设各种课型。语文设识字课、注音阅读课、观察说话课、"观察、说话、阅读"综合课等多种类型的课程。数学增设趣味数学课、野外数学启蒙课,使授课形式多样化。这一时期,十分注意各科间的渗透,必要时进行适当的融合。③ 各科教学均为室内30分钟的短课。室内短课运用各种手段,创设生动情境,把艺术的直观和感觉训练引进启蒙教育,增强课程内容的形象性、趣味性,增加实际操作的内容。这类课程在小学课程体系中发挥着"衔接"作用。

有学者指出:李吉林老师的情境课程设计以学习者为中心,课程实施建基于优化的学习情境,课程目标以发展儿童理解力为核心价值追求,重视儿童道德性、社会性和智力性的整合发展,善用非正式环境作为拓展的心智源泉以促进儿童的卓越。配合学习目标,选择特定的主题和活动,系统地设计活动序列,这是实现将"预设的课程"真正转化为学生在参与中"学的课程"的必由之路,也是李吉林情境课程设计的精髓。情境课程理念是儿童中心的,体现了当今国际上"学习者中心"的课程取向,为"学习者中心"赋予了独特的内涵,并且创造了有效的实践路径。[①]

2023年,习近平总书记在中共中央政治局第五次集体学习时强调,"引导广大教师坚定理想信念、陶冶道德情操、涵养扎实学识、勤修仁爱之心,树立'躬耕教坛、强国有我'的志向和抱负"。[②] 作为小学教师,需要不断深入学习和研究已有的课程与教学理论并将其运用于实践之中,同时力争在实践中创造出新的课程与教学理论,不懈钻研如何提升育人效果。

二、 西方课程与教学理论

长期以来,西方孕育产生了许多课程与教学理论。此处主要介绍"进步主义""要素主义""人本主义"和"后现代主义"。

(一)进步主义

杜威深刻批判了以赫尔巴特为代表的"传统教育"的落后与错误,旗帜鲜明地高呼"儿童是太阳",主张教育与课程必须适应儿童的本性,必须满足其特殊的学习需要。杜威在批判传统教育的基础上,倡导建设一种"进步教育"。在进步主义教育发

---

① 裴新宁,王美.为了儿童学习的课程——中国情境教育学派李吉林情境课程的建构[J].教育研究,2011,(11):89-94.

② 习近平.加快建设教育强国 为中华民族伟大复兴提供有力支撑[N].人民日报,2023-5-30(1).

展过程中,逐步形成了进步主义课程思潮。进步主义既强调教育的价值更多在于满足和促进社会发展的需要,也主张教育满足儿童发展的需要和满足社会发展的需要是内在统一的。为此,进步主义教育特别重视经验,强调经验就是活动,经验是从活动中来的。杜威提出,儿童代表的是不成熟的经验,课程代表的是成人的成熟经验,儿童与课程本质上是统一的,统一点就是儿童的经验与活动,课程应以儿童社会活动为中心。所以他主张,教育即生活,教育即生长,教育即经验的不断改造。杜威的课程理论,可以称为"儿童社会活动中心说"。

(二)要素主义

对进步主义的批判一直不绝于耳,其中"声音洪亮"的有要素主义。要素主义认为,人性有缺陷,经验靠不住,知识最有价值,必须突出教材的逻辑性。其代表人物巴格莱(Bagley,W. C.)和德米亚西克维奇(Demiashkevich,M.)认为人性从本质上讲是恶的,若不加控制,让其按欲望和感情行事,人总是倾向于胡作非为、捣乱和不守纪律的。因此,他们批判儿童中心就是放任儿童恶习的发展和泛滥,主张课程不能依靠经验而要传授知识,课程内容不应是经验而应是文化要素。他们指出,以儿童为中心和按心理逻辑组织教材很荒唐,必须坚持以学科为中心和以知识逻辑组织教材。

(三)人本主义

人本主义课程思潮主要以人本主义心理学为基础,是在批判布鲁纳结构主义课程理论的过程中逐步发展起来的,代表人物是马斯洛(Maslow,A. H.)和罗杰斯(Rogers,C. R.)。人本主义指出,结构主义课程追求培养社会和科技精英,培养出来的是人格不健全的人,导致了人的"畸形化",其大肆鼓吹的学科分化,其实是倒行逆施。因此,教育和课程的目的应当是培养人格健全、和谐发展和获得自由的"完人"。这样的"完人",首先是多种多样的潜能得以发挥,表现为各个层次的需要得以和谐实现;其次是情意发展与认知发展要和谐统一。

为了实现人本主义的教育价值和目的,需要建立和实施并行课程体系,包括学术性课程、社会体验课程和自我实现课程。进而,一种人本主义的并行课程整合模式应运而生,它由知识课程、情意课程和体验整合课程有机结合而成,通过并行课程,组织意义学习。

(四)后现代主义

人们对现代化负效应的反思批判,催生了后现代主义。20世纪70年代以来,欧美逐步孕育起了后现代主义课程理论,代表人物有派纳和多尔(Doll,W. E.)等。

后现代主义反对把人的本质理性化和抽象化,反对至高无上的理性主体,认为理性是重要的,但不是至上的,它只不过是"谋求人生幸福的工具"。[①] 后现代主义指出,现实生活世界的意义和价值,是人在亲身经验和体验中主动建构起来的。人们是以共同的历史为背景,参与到彼此之间的活动和对话之中,通过多重解释和转换去寻求或创造意义和价值。课程就是为了人们通过历史性的体验和反思,寻找和安置好自己在社会变化潮流之中的位置而创生与存在的。它允许学生和教师在会谈和对话之中,创造出比现有课程结构更为复杂和更有价值的课目秩序与结构。

---

① 曲萌.马克思主义哲学与后现代主义[J].新华文摘,1996,(2):27-31.

后现代主义认为,从深层次上看,过去的课程是封闭性的,现在需要建构其开放性,让人们探索并尊重彼此的思想和存在感,认可并尊重他人的"他性"。后现代课程有四个基本特点,即丰富性、回归性、关联性和严密性。课程的丰富性来自它的开放性和假设性,为合作性对话探索提供了多重领域;回归性像布鲁纳的螺旋型课程概念一样,一种丰富的课程产生于对自身予以反思所带来的丰富性和复杂性之中,而且为经验和体验的反思性再组、重构和转换提供了机会;关联性指的是对观点、意义和价值之间联系的不断寻求,并考虑历史和文化背景与关系感知方式之间的联系;严密性是对可供选择的关联和联系的有目的的寻求。

本章小结

小学课程主要指小学生通过小学教育环境获得的旨在促进其身心全面发展的所有学习经验。基于不同的标准,可以划分出不同的小学课程类型。以课程决策层次为标准,可将课程划分为国家课程、地方课程和校本课程三种类型;以课程组织形式为标准,可将课程划分为学科课程、活动课程和整合课程;以学生选择的自由度为标准,课程可划分为必修课程和选修课程;以课程影响形式为标准,课程可划分为显性课程和隐性课程。

从不同的角度出发,对教学的定义不同。从内涵指称分析,存在"突出'教'""重视'学'""强调'教'与'学'相统一"和"揭示'教学生学'"四种不同的取向。"教师教学生学"强调了"教师教"和"学生学"的相互作用,深入到了教学存在及其发生与运行机制内部,更能表达教学的内涵。综合而言,教学就是教师教学生学的活动,是学生在教师指导下,掌握科学文化知识与技能,进而发展能力、增强体质、形成思想品德的教育活动。

就课程(论)与教学(论)的关系,已形成"大"教学观、并列观、"大"课程观和整合观等多种认识。"大"教学观主张,教学论包含课程论,课程就是"教学内容";并列观明确提出,把"课程论"作为教育学的一门分支学科,同"教学论"并列;"大"课程观主张,课程论包含教学论,教学属于"课程实施";整合观认为,课程与教学不能分离,整合课程与教学已成为时代精神的要求。

中西方课程与教学的发展阶段各有差异。中国古代课程与教学受儒家思想影响较大,近代课程与教学表现出继承传统和借鉴西方的特点,现代课程与教学随着经济繁荣和技术兴起掀起改革浪潮。而西方古代课程和教学思想主要停留在经验和实践层面,尚未形成系统的理论体系。近代开始摆脱神学控制,涌现出大批教育家,形成众多课程与教学理论。现代的课程与教学也在不断变革中得到发展。

在我国教育发展历史长河中,形成了具有中国特色和影响力的课程与教学理论。启发式教学以学生为学习主体,注重学生全面而有个性的发展,并重视让学生经历主动探究的过程。主体性教学揭示和凸显了教学的主体性本质,其主要特征有:凸显人的主体性,注重教学活动的完整性,强调教学活动的自主性、开放性与创造性,活动成为教学的基本原则,以民主和谐的人际关系为支柱。情境课程与教学有情感驱动、暗示倾向、角色转换和心理场整合四大基本原理。在情境课程的体系中,学科情境课程发挥着主体作用,大单元情境课程起到联动作用,野外情境课程发挥源泉作用,专项训练情境课程起到强化作用,而过渡情境课程则起到衔接作用。

西方孕育产生了许多课程与教学理论。进步主义认为儿童代表的是不成熟的经验,课程代表的是成人的成熟经验,儿童与课程本质上是统一的,统一点就是儿童的经验与活动,课程应以儿童社会活动为中心。要素主义主张课程不能依靠经验而要传授知识,课程内容不应是经验而应是文化要素。人本主义认为教育和课程的目的应当是培养人格健全、和谐发展和获得自由的"完人",为此,需要建立和实施并行课程体系,包括学术性课程、社会体验课程和自我实现课程,以实现人本主义的教育价值和目的。后现代主义认为过去的课程是封闭性的,现在需要建构其开放性,让人们探索并尊重彼此的思想和存在感。后现代课程有丰富性、回归性、关联性和严密性四个基本特点。

一、单项选择题

1. 将课程划分为国家课程、地方课程和校本课程三种类型,所依据的分类标准是(　　)。

   A. 课程组织形式　　　　　　　　B. 课程影响形式

   C. 课程决策层次　　　　　　　　D. 学生选择的自由度

2. 在我国历史上最早的分科课程体系"六艺"中,小学的课程重点是(　　)。

   A. 射、御　　　　B. 礼、乐　　　　C. 美、善　　　　D. 书、数

3. "产婆术"教学法的提出者为(　　)。

   A. 苏格拉底　　　B. 柏拉图　　　　C. 亚里士多德　　　D. 卢梭

4. 在《雄辩术原理》中提出分班教学的初步设想,主张根据学生的资质和能力开展教学的教育家是(　　)。

   A. 亚里士多德　　B. 昆体良　　　　C. 西塞罗　　　　D. 第斯多惠

5. 论证了"教育性教学原则",主张不存在"无教育的教学",也不存在"无教学的教育"的教育家是(　　)。

   A. 夸美纽斯　　　B. 裴斯泰洛齐　　C. 杜威　　　　　D. 赫尔巴特

二、名词解释题

1. 校本课程

2. 隐性课程

三、简答题

1. 简述启发式教学的主要特征。

2. 简述主体性教学的具体内涵。

四、论述题

1. 论述课程(论)与教学(论)的关系。

2. 论述情境课程与教学的主张及做法。

1. 靳玉乐,罗生全.改革开放40年中国教育学科新发展:课程与教学论卷[M].北京:高等教育出版社,2019.

改革开放以来,课程与教学论学科发展经历了在恢复中重建、在开放中发展、在变革中创新和走进新时代四个时期。本书分别讨论了各时期课程与教学论学科发展的

背景、现状和特点，全面揭示了课程与教学论学科所面临的发展形势、任务及阶段差异，并选取各个时期对学科发展有重大贡献的代表性论文，为不同时期课程与教学论交锋观点提供证据支持，拓展了改革开放40年中国教育学科发展的新思路。

2. 陈佑清.学习中心教学论[M].北京:教育科学出版社,2019.

学习中心教学，是本书对国内中小学课堂教学改革方向或趋势的一种判断。书中对学习中心教学所涉及的一些基础理论问题进行了比较全面的讨论，主要包括:学习中心教学作为我国课堂教学转型的取向的原因、国内外学习中心教学思想和实践的发展历史、学习中心教学的基本特质及其教学过程组织、学习中心教学在我国中小学实际推进遇到的挑战及其解决策略等。

3. 柯政,等.从整齐划一到多样选择——课程改革发展之路[M].上海:华东师范大学出版社,2018.

改革开放40多年来，中国课程在方方面面都发生了巨大的变化，其发展的主线是从整齐划一到多样选择，即最初的学什么、学多少、怎么学都是国家统一定制，到不同学校学生可以进行多样化的课程内容与学习方式的选择。这主要体现在课程观、课程知识选择、课程知识组织传递、课程知识分配以及课程管理制度五方面的变化上。

4. 刘徽.概念的寻绎:中国当代课程研究的历史回顾[M].济南:山东教育出版社,2015.

概念史是课程思想史研究的一个视角,30多年间，课程、课程编制、课程评价、课程资源、课程实施等概念内涵都发生了变化，教学大纲等概念逐渐淡出，课程标准、课程领导、课程资源、课程意识、课程文化、校本课程开发、课程文化自觉等概念兴起，这些概念的变化和更迭为我们提供了审视当代中国课程研究历史演变路向的线索。本书力图以概念史的方法对改革开放以来中国当代课程领域进行全面梳理，考察课程研究发展的内、外原因，为推进课程研究现代化的进程提供参考。

第二章　小学课程与教学设计概述

1. 识记
◆ 课程设计与教学设计的含义
◆ 课程设计的任务
◆ 学习的基本层次
◆ 学习风格的定义和类型
2. 领会
◆ 课程设计的模式
◆ 基于学习层次的教学设计
◆ 基于建构主义的教学设计
◆ 建构主义学习理论的特点
◆ 基于学习风格的教学设计
3. 应用
◆ 能够应用本章学习的课程设计模式,评析小学课程设计的实例
◆ 能够应用本章学习的教学设计理论基础,评析小学教学设计的实例

6 学时

"一院四校"课程设计①

围绕幸福学校的核心理念"让学生自由而诗意地成长"(即尊崇学生天性、启迪学生灵性、发展学生个性),浙江省温岭市箬横镇中心小学建构起"1+N"幸福课程体系。"一院四校"课程是"1+N"幸福课程体系中基于学校办学特色所开发实施的 N 类课程,富有个性特征,其框架图如图 2-1 所示。

该校站在核心素养校本化表达的高度,对接学校的育人目标及课程目标,从学生的成长需要出发,确定"一院四校"课程建设的价值取向——关注人,关注人的生活,发挥生活元素,培养学生适应当下生活和未来生活的能力,让学生成为有积极情感和丰富智慧的幸福少年。

聚匠智造学院主要指向"科学精神""实践创新";少年税务学校、少年消防警校和少年交警学校主要指向"健康生活""责任担当";留守儿童成长学校主要指向"学会学习""人文底蕴"。"一院四校"课程设计,系统建构起学校特色的课程体系,带来了教与学方式的转变,提升了学生对学校的满意度,促进了学校内涵发展。

---

① 林涛,张建华. 院校课程:让幸福自由而诗意地生长[J]. 上海教育科研,2018,(11):56-58.

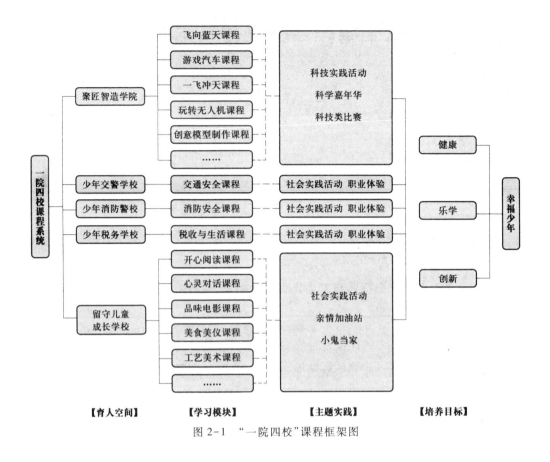

图 2-1 "一院四校"课程框架图

【育人空间】　　　【学习模块】　　　　【主题实践】　　　　【培养目标】

习近平总书记强调,"强教必先强师""支持和吸引优秀人才热心从教、精心从教、长期从教、终身从教"。① 精心从教的基本要求之一就是教师能够做好课程与教学设计。提起课程与教学设计,自然会想到"什么是课程设计"和"什么是教学设计"等基本问题。本章主要介绍课程与教学设计的概念、课程设计的模式和教学设计的理论基础等。

第一节　课程与教学设计的概念

通过长期的课程与教学研究,人们对课程设计与教学设计的概念形成了较为成熟的看法。

一、课程设计的概念

课程设计是人们根据一定的价值取向,按照一定的课程理念,以特定的方式组织安排课程的各种要素或各种成分,进而形成课程计划或方案、课程标准或纲要、课本和课程资源等的活动。

具体而言,课程设计的主要任务有:

(1)研制课程计划/方案。指在宏观上总结课程设计的成果,同时设计课程的横

---

① 习近平.加快建设教育强国 为中华民族伟大复兴提供有力支撑[N].人民日报,2023-5-30(1).

向结构和纵向结构,并使之成为统一整体,撰写和修改课程计划或课程方案文件。

（2）编制课程标准/纲要。指根据课程计划或课程方案的课程设置或课程框架,选择和确定相应课程内容或学习经验范围,并提出课程实施策略和评价建议,最终编制出课程标准或课程纲要文件。

（3）编写教材及相关资源。将课程原理、课程计划和课程标准的准则与要求等,融入教材编写之中,研制出纸质教材(必要时配套电子教材)以及相关的教师指南、补充材料、课程包或网络资源等。小学阶段的校本课程原则上不编写、出版教材,确需编写出版的应报教育行政主管部门备案。

 拓展阅读

课程设计的成分

课程设计,在清楚要设计哪些内容(课程设计的成分)的基础上,更要考虑各成分之间是如何关联的。一般而言,课程设计主要包括课程哲学、课程目标、课程内容、方法与组织、课程评价和课程管理六类(基本关系参见图 2-2)。

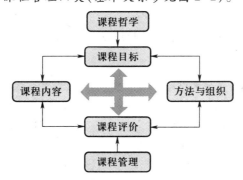

图 2-2　课程设计各成分的基本关系

资料来源:黄甫全. 现代课程与教学论［M］. 3 版. 北京:人民教育出版社,2014:219.

二、 教学设计的概念

教学设计是教师在一定理念的指引下,在分析教学背景的基础上,对教学目标、教学内容、教学资源、教学方法、教学过程和教学评价等进行策划和安排的活动。

“教学设计”和“备课”这两个概念是什么关系呢？对此,主要有两种看法。一种看法是“备课”就是“教学设计”。备课,是教师为上课而进行的计划和准备工作。很多时候,人们将这两个概念交替使用,不再严格加以区分。另一种看法是“备课”和“教学设计”是有区别的,主要表现为:①“备课”的核心目的是教师怎样讲好教学内容,重视对学生进行封闭式的知识传授和技能训练,其出发点是教师的“教”,存在“教学目的分析中的知识中心倾向”“学习内容确定中的教材中心倾向”和“教学策略制定中的教师中心倾向”等问题;“教学设计”的目的是怎样使学生学好,达到更好的教学效果,其出发点是学生的"学"。① ②"备课"的结果是形成"教学方案"(简称"教案");"教学设计"的结果是形成"教学设计方案"(简称"教学设计")。教案与教学设计的区别见表2-1。在一定意义上,从关注"具体的教材教法研究"转变为关注"促进学生学习的有效教学策略研究",是从教案走向教学设计的根本转折点。

表 2-1　教案与教学设计的比较表②

设计要素		教案	教学设计
设计理念	知识观	知识是客观的,可以传递给学生	知识不是纯客观的,是学生在与外在环境交互过程中建构起来的
	学生观	学生是接受知识的容器	学生是有生命意识、社会意识、有潜力和独立人格的人
	教学观	教学是课程传递和执行、教学生学的过程	教学是课程创生和开发、师生交往、积极互动并共同发展的过程
教学目标		以教师为目标叙写主体,使学生掌握知识与技能并培养学生的能力	以学生为目标叙写主体,在知识与技能、过程与方法、情感态度与价值观等方面都得到发展
教学分析		教材教法和教学重点难点分析	对任务、目标、内容和学情等方面做分析
策略制定和作业设计		(1)传统的策略和帮助学生记忆的策略 (2)以传统媒体为主 (3)以技能训练、知识(显性)记忆和强化作业设计为主	(1)学法指导、情境创设、问题引导、媒体使用和反馈调控等策略 (2)多媒体的教学设计 (3)根据不同需要如知识、技能、方法、态度和能力的提升来设计作业
教学过程		传授知识,鼓励学生模仿记忆的以教为中心的教学过程设计	创设情境鼓励学生在体验、探究、发现、思考、问题解决过程中获得自身提高和发展的教学过程设计
效果评价		掌握知识技能,解决问题	知、情、意都得到发展,为终身可持续发展奠定基础

　　综合以上看法,可以这样理解,"备课"是一个历史性的概念。随着教学理论的发展和教学实践的革新,在具体的历史时期,它有着不同的内在含义和外在表现。传统的备课就是备教材、备学生、备教法;当下的备课,则需要更加全面、深入和艺术地考虑各种教学要素及其优化组合。这样,教学设计不是对传统备课的全面否定、推倒重来,

　　① 江家发,杨浩文.新课程理念下的化学教学设计[J].中国教育学刊,2005,(8):37-40.
　　② 鲁献蓉.从传统教案走向现代教学设计——对新课程理念下的课堂教学设计的思考[J].课程·教材·教法,2004,(7):17-23.略有改动.

也不是对传统备课的称谓替换、形式改变,而是对传统备课的继承、发展、深化和提高。而且,随着人们认识的深入,教学设计的含义也会逐渐完善和优化。

 **拓展阅读**

教学设计的五种定义

教学设计的定义林林总总、纷繁复杂,归纳起来主要有五种:

(1)"计划"说。把教学设计界定为运用系统方法分析研究教学过程中相互联系的各部分的问题和需求,在连续模式中确立解决它们的方法步骤,进而评价教学成果的系统计划过程。

(2)"方法"说。将教学设计看作一种研究教学系统、教学过程和制订教学计划的系统方法。教学设计有明确的教学目标,着眼于激发、促进、辅助学生的学习,并以帮助每个学生的学习为目的。

(3)"技术"说。教学设计是一种旨在促进教学活动程序化、精确化和合理化的现代教学技术。

(4)"方案"说。教学设计是运用系统方法分析教学问题,确定教学目标,建立解决方案,评价试行结果和对方案进行修改的过程。

(5)"操作程序"说。教学设计是运用系统方法和步骤,对教学结果做出评价的一种计划过程与操作程序。

资料来源:林宪生.教学设计的概念、对象和理论基础[J].电化教育研究,2000,(4):3-6.

第二节　课程设计的模式

小学教育的基本规律包括遵循小学生身心发展的规律与适应社会发展的规律。[①]因此,小学课程设计不能仅依凭学科体系本身的逻辑,还要考虑小学生的身心发展和社会的发展要求。在长期的课程研究过程中,产生了多种课程设计模式。小学常用的课程设计模式主要有学科中心设计、学习者中心设计和问题中心设计。[②]

一、学科中心设计

学科中心设计是较为流行且使用广泛的课程设计模式,主要包括科目设计、大范围设计和关联设计。

(一)科目设计

科目设计(subject design),要求根据各学科领域中基本知识的发展情况来组织课程,比如将学校中的课程分为语言及其运用(阅读、写作、语法、文学)、数学、科学、历

---

① 谢维和,李敏.小学教育原理[M].北京:高等教育出版社,2021:54-55.
② 本部分内容参考:Ornstein, A. C., Hunkins, F. P. Curriculum: Foundations, principles, and issues(7th edition)(Global edition)[M]. London: Pearson Education, 2018:188-204.

史和外语等科目。而且,科目设计假设各学科的知识能够在教材中得到最好的概括,认为教师在讲授、指导、背诵和大组讨论中能够扮演积极的角色。

科目设计虽然运用广泛,但具有一些局限性。比如:科目设计阻碍课程的个性化;忽视学习者的需要、兴趣和经历;剥夺学生选择对他们最有意义的内容的权力;过分强调学科内容也不利于促进个体在社会、心理和身体方面的发展,在某种程度上,培养的是学术精英;倾向于割裂知识,强调死记硬背;课程实施的过程中,容易强化学生的被动性。

在科目设计的后续发展中,出现了学科设计(discipline design)。同科目设计一样,学科设计的基础也是知识内容的内在逻辑。两者的主要区别在于:科目设计对于用来确立科目究竟是什么的原则并不明显,诸如数学、家政、驾驶培训等多个领域都可接纳为“科目”;学科设计注重将标准专门化,强调把知识体系确立为学科。[①] 学科设计具有如下特点:

(1)学科设计强调对学科概念结构和过程的理解。在学科设计中,学生去体验学科,使自己能够理解相应的知识并使其概念化。而且,学科设计鼓励学生去寻找每门学科的基本逻辑或结构,如主要联系、概念以及原理,以便学生深入理解学科内容并知道它们如何运用。

(2)在指向上,学科设计明确关注学术性学科。学科设计的支持者认为学校是智力世界的缩影。学生学习内容的方法,由某一领域学者所运用的研究方法而来。历史学的学生像历史学家那样研究学科内容,生物学的学生要按生物学家所提倡的程序研究生物学问题。而且,学科设计重视帮助学生实际运用一些学科方法去处理信息。这种设计的支持者希望学生成为各个学科领域的“小”学者。熟练掌握研究方法的学生,能独立地继续他们在这个学科范围内的学习,这些学生不需要教师不断提供信息。

学科设计也具有一些局限性。比如:假定学生必须适应课程,而不是课程适应学生;这种设计会导致学校忽视大量不能归入学科的信息。

(二)大范围设计

大范围设计(broad-fields design),通常又称跨学科设计,是为解决由学科设计引起的课程内容割裂现象而产生的,实质上是把学校里的两门或两门以上的相关学科课程融合为一个跨学科领域供学生学习。比如,地理学、经济学、政治学、人类学、社会学、历史学融合为社会研究,语言学和文学融合为语言艺术。

针对大范围设计,最多的批评集中在广度与深度的问题上。比如,一些批评者认为,在运用大范围模式设计的课程中,学生所学的知识可能太表面了,学一年历史课就比学一年按大范围设计的社会研究课能获得更多和更深刻的历史知识。

(三)关联设计

关联设计(correlation design)虽然不同于大范围设计,但也意识到,为了减少课程内容的离散性,有时候独立学科之间也需要某种联系。关联设计试图建立一种途径,既让各学科彼此联系,又使其能够保留各自的特点。比如,当学生在历史课上学习某一阶段的历史时,学生会在英语课上读到同一时期的小说。

---

① 瞿葆奎,等.教育学文集 课程与教材(上册)[M].北京:人民教育出版社,1988:294.

在一定程度上，关联设计的想法很具有吸引力。但是，该设计需要不同学科的教师之间相互合作来规划课程，这是有难度的。

 **拓展阅读**

概念—过程课程设计模式

长期以来，美国基础学校践行的是"主题—行为"课程设计模式，即"以可检测的目标为出发点，基于主题来组织教学内容"。对大量事实的掌握和自然发展出的行为能力的养成，是这一设计模式的关键所在。它缺少了对知识深层理解的关注，遗漏了知识之间的关联方式，并把内容本身置于比问题提出、活动体验和知识应用更重要的地位。

1994年，克林顿政府颁布《2000年目标：美国教育法》，引起了新一轮的课程改革。诸多学科专业机构或团体，迅速组织力量制定了相关领域的课程标准，即"国家课程标准"。长期流行的"主题—行为"课程设计模式和在此基础上形成的教学，已很难适应和满足新的要求，"概念—过程"课程设计模式应运而生。

"概念—过程"课程设计模式的倡导者艾利克森（Erickson, H. L.）指出，美国基础教育走出困境、步入高质量教育行列的关键，是改变课程设计与教学的重心，从"讲授"主题转移到"使用"主题，从知识的浅层掌握发展为基于概念的深层理解，从关注技能的形成到关注思维品质和综合实践能力的养成。简言之，需要从"主题为本"转向"概念为本"的课程设计。他认为：在21世纪的教学中，如果没有一个对知识的概念图式，就如同建房没有规划图一样，不知道每一块材料应放在什么位置。如果直到高中、大学阶段才把主要概念和概念性观念"倾倒"给学生，那就为时太晚了。概念的发展是与人的一生并行前进的过程。概念、核心内容、深层理解力、综合思维能力、超越事实的教学和行为迁移能力等元素是这一课程设计模式的基础。归根结底，该模式的设计原理，就是实现知行结合，"概念"代表"知"的范围和层次，"过程"指学生需要发展出的连续性和复杂性的行为能力。

资料来源：兰英.美国"概念—过程"课程设计模式述评［J］.比较教育研究，2005，（2）：41-45.

二、 学习者中心设计

学习者中心设计，又称学生中心设计，认为学生在其学习环境中必须是积极的，学习不应脱离学生的生活，课程设计应该以学生的兴趣、动机和需要为中心。

杜威通常被认为是学习者中心设计的创始人，他的一部分想法在芝加哥大学的实验学校中付诸实践。该学校的课程根据人的本能进行设计，这些本能主要有：社会化本能、建构本能、探究本能、实验本能以及表达本能或艺术创造的本能。该课程设计在一些进步主义者的努力下开始繁荣，但是在后来受到一定的质疑。从根本上说，这种设计经常与学科中心课程设计相矛盾，因此，有人尝试通过协商课程的形式，让更多教育者接受这种设计。比如，教师和学生共同协商哪些内容应考虑学生的哪些兴趣，师生共同设计各单元的课程目标、中心内容和活动等。

　　学习者中心设计在发展过程中出现了经验中心设计(experience-centered design)。经验中心设计认为,课程设计者不能预见学生的需要,因此不能为所有学生设计一种课程框架。经验中心设计强调尊重学生的兴趣、创造力和自主性,教师的任务就是创造一种学习环境,让学生能够在这种环境里进行探究、与知识进行直接接触并观察他人的学习和行为。该设计认为,学习也是一种社会行为,其本质是学生设计自己的学习,通过直接参与和观察活动建构和修正自己的知识。经验中心设计的支持者认为,每个学生都是独一无二的而且有能力的,开放而自由的学校环境将使学生更加优秀,使学生能够自我激励,因此,教育者的工作是为学生提供机会,而不是告诉学生做出哪些行为。经验中心设计主张,学生只学习自己所经历的事情,只有那种与活动目的有关并且根植于经验的学习才会转换成行为变化。这并不意味着让学生随意"漂流",教师要为学生设计潜在的经验,学生被赋权在教师设定的环境中开展自己的学习。

　　经验中心设计具有"兴趣为本""师生合作"和"问题解决"三大特征。第一,课程的结构要由学习者的需要和兴趣来决定。教师的一项重要任务是发现学生的兴趣是什么。第二,师生合作规划课程实施。师生一道确立目标、规定查阅的资料、计划实施的活动并安排评价程序,这时,课程结构才会真正形成。第三,把重点放在所学问题的解决过程上。学生在追求兴趣的过程中,会碰到某些必须加以克服的困难和障碍。这些困难构成真正的、学生渴望去挑战的问题。在寻找解决办法攻克这些难题时,学生就实现了有价值的学习。①

　　经验中心设计具有"注重内在动机""适应个别差异"和"沟通校内外"等优点。但是,也存在如下不足:第一,难以保证为学生未来生活做好充分的准备。以学生当下感觉到的需要和兴趣为基础设计课程,容易忽视适应未来社会发展的关键目标。第二,课程设计缺乏稳定的内部结构,提倡课程以学生的兴趣为基础,并没有提供课程结构维度的清晰框架。第三,课程设计缺乏连续性。学生的兴趣由于受环境等多种因素影响在一段时间里漂游不定时,以学生兴趣为基础的课程设计难以保持学生学习的连续性。

三、 问题中心设计

　　问题中心设计把焦点放在个人和社会现实生活的问题上。有的问题中心设计将重点放在生活情境或社会问题上,有的则关注社会的改造问题。

(一) 生活情境设计

　　生活情境设计(life-situations design)有三种假设:① 围绕生活情境组织的课程具有教育意义;② 如果学科内容是根据社区生活各方面的情况而组织的,学生将能直接看到与他们正在学习的知识相关的生活情境;③ 通过让学生研究生活和社会情境,他们不仅能学习到如何去改善社会,并且能够直接参与到这样的改善活动中去。

　　生活情境设计关注学习中解决问题的程序,强调将学生过去和现在的经验用于分析基本生活领域,把学生直接关心的事以及当前社会紧迫的问题作为课程设计的起点。该设计整合了学科内容,跨越了独立学科的界限,鼓励学生学习问题解决的程序

---

　　① 黄甫全. 现代课程与教学论[M]. 3 版. 北京:人民教育出版社,2014:222-223.

并加以运用,学科内容与现实情况的结合也增加了课程的关联性。

(二)改造主义设计

改造主义设计(reconstructionist design)希望课程能够促进改善社会公平,认为课程应该培养改造社会的社会行动,应该促进社会、政治、经济的发展。改造主义课程设计的主要目的,是给学生提供改革社会、经济和政治现状所必需的知识,使学生批判性地分析当地、国家以及国际社会中的问题,进而尝试解决这些问题。

课程设计不管从概念上说,还是从实践上说,都是一项复杂的活动。设计课程时,需要对教育意义和目的有一个整体的观念,进而从学科中心设计、学习者中心设计和问题中心设计中选择出相应的模式。当前,许多学校把这些设计模式进行了融合,以满足学生和不同群体的特定需求。将来,可能会出现一些新的课程设计模式,但新模式会包含已有模式的一些共同而基础的要素。

 拓展阅读

课程研制的概念与模式

◎课程研制的概念

课程研制(curriculum development),是精心组织的设计、实施、评价并管理课程的动态过程,意在改进课程功能、提高教育质量和促进学生的成长与发展,主要包括课程规划(又称课程设计)、课程实施和课程评价三个阶段。

从20世纪50年代以来,欧美用 curriculum development 一词逐步代替以前常用的 curriculum making 一词。我国教育学界在20世纪20年代至40年代常用"课程编制"或"课程编订"。20世纪70年代末以来,在译介外国文献中,对 curriculum development 一词的译名有四种:① 沿用对 curriculum making 一词的旧译,译为"课程编制"或"课程编订";② 照字面通常含义,直译为"课程发展";③ 参照日本人的译名,转译为"课程开发";④ 按照它的深刻含义,意译为"课程研制"。

"课程研制"一词表明课程处于随着社会经济与文化等发展而不断变化和改革的过程之中,需要我们不断地去探索和研究、设计和编制并实施新的课程,同时经过评价反馈,不断地改进课程。

◎课程研制的模式

课程研制的模式主要有"目标模式""过程模式""情境模式""自然模式"和"实践折衷模式"。

1. 目标模式

目标模式是以教育目标为基础的课程研制模式。该模式由博比特(Bobbit, F.)首创,经现代课程理论之父泰勒(Tyler, R. W.)加以系统化而成为经典模式,因此,又称"泰勒模式"。在一定意义上,世界范围内影响最大的和应用最广的当属泰勒模式。尽管这一模式受到了大量的尖锐批判,但是至今仍然具有很强的生命力。泰勒说,如果我们要从事课程研制活动,就必须回答以下四个问题:

(1)学校应该达到哪些教育目标?

（2）如何选择可能有助于达到这些目标的学习经验？

（3）如何为有效的教学组织学习经验？

（4）如何评价学习经验的有效性？

在设计课程研制过程时，可以将以上四个问题看作是课程研制的四个步骤或阶段，即确定目标→选择经验→组织经验→评价结果。泰勒特别指出，不能以单向的、线性的方式来运用这一程序。比如，在组织经验的时候，常常会促使人们重新考察其他三个问题或步骤的处理是否恰当。换言之，以上四个问题或步骤，可以看作是一个"循环程序"的一部分，而不是"线性程序"的一部分。

2．过程模式

过程模式是在反思和批判目标模式的基础上确立和发展起来的，主要代表人物是斯腾豪斯（Stenhouse，L.）等。过程模式并不预先规定学习结果和行为目标，而是通过对知识和教育活动的内在价值的确认，鼓励学生探索具有教育价值的知识领域，进行自由自主的活动。它强调过程本身的教育价值，主张在教育过程中给学生以足够的活动空间，将学生视为一个积极的活动者，而教育的功能就在于发展学生的潜能，使他们自主而有能力地行动。

3．情境模式

情境模式强调通过社会的或学校的文化情境分析，着重于进行文化选择，使课程生成于时代文化之中的一种课程研制模式。它反对在脱离社会现实及学校具体氛围与情境的"真空"中研制课程方案，强调课程研究方法的跨学科性质，认为哲学、社会学或心理学都不能作为课程研制的唯一基础，只有在文化分析的基础上，阐明课程与文化的关系，才能准确地揭示课程的本质，制定出全面、合理的课程方案。

4．自然模式

自然模式强调对成功的课程研制自然过程的摹写，追求以自然科学的态度、思维和方法来认识和把握课程研制过程。自然模式包含"立场""研制"及"慎思"三个要素。立场包括概念、理论和目的。概念是关于什么是可教的、可学的和可能的信念；理论则是关于什么是真实的信念；而目的是关于什么是教育上希望达到的信念。立场的作用在于给研制决策提供事实和逻辑基础，表达课程小组的共同信念，而课程研制者可根据立场形成一系列透过慎思方式解决的特殊研制问题（或挑战）。

5．实践折衷模式

实践折衷模式以解决课程实践的具体问题为核心，着重解决课程探究的具体方法。课程探究方法，主要体现在对问题的实践来源及理论来源的处理艺术上，包括实践的艺术和折衷的艺术。"审议"，是课程探究及课程方案形成的重要方法，贯穿于整个课程探究过程。由学科专家、教师、学生、校长、心理学家、社会学家和社区代表等人组成集体审议小组，共同评议和确定课程方案，使之避免脱离实际情境，确保平衡。

资料来源：（1）泰勒.课程与教学的基本原理［M］.施良方，译.北京：人民教育出版社，1994：1-100，161-162.

（2）黄甫全.课程研制过程刍论［J］.华南师范大学学报（社会科学版），1998，（2）：44-48.

（3）黄甫全.现代课程与教学论学程（下册）［M］.北京：人民教育出版社，2006：

376-378.

第三节 教学设计的理论基础

教学设计需要有相关理论作为基础。学习层次理论、建构主义学习理论和学习风格理论,是小学教学设计的常用理论基础。

一、学习层次理论

学生在学习过程中,不可能立即达到所有学习目标,因此要对一门课程、一个单元等建立目标顺序,并在此基础上进行学习任务分析,进而确立完成终极目标任务之前需要掌握的先决条件。一个终极目标技能具有从属的先决技能。假如学生还没有掌握这一先决技能,它便成为"使能目标"。使能目标技能又有从属的先决技能……这样依次分析下去,从属的先决技能更加简单,直到它们已经为学生所掌握才停止。这种分析的结果形成了学习层次。[①] 基于学习层次理论的教学设计,值得关注和重视。

(一)学习的基本层次

加涅(Gagné,R. M.)对学习层次的研究较有代表性。他根据学习的繁简程度不同,提出了由低至高的八个学习层次:[②]

(1)信号学习。指学习对某种信号做出某种反应。经典性条件反射即是一种信号学习,其先决条件主要取决于有机体先天的神经组织。

(2)刺激—反应学习。主要指操作性条件作用或工具性条件作用,"强化"起到非常关键的作用。

(3)连锁学习。指学习一系列刺激—反应的联合。个体首先要习得每一个刺激—反应联结,并按照特定的顺序反复练习,同时还应接受必要的及时强化。

(4)言语联结学习。其实质是连锁学习,只不过它是语言单位的联结,如将单词组合为合乎语法规则的句子。

(5)辨别学习。指能识别各种刺激特征的异同,并做出不同的反应。它既包括一些简单的辨别,如对不同形状、颜色的物体分别做出不同的反应,也包括复杂的多重辨别,如对相似的、易混淆的单词分别做出正确的反应。

(6)概念学习。指对刺激进行分类,并对同类刺激做出相同的反应。这种反应是基于事物的某些特征而做出的,如对圆的概念和质量的概念的学习。

(7)规则学习。也称原理学习,指了解概念之间的关系,学习概念之间的联合,如自然科学中各种定律、定理的学习。

(8)解决问题学习。是高级规则的学习,指在各种条件下应用规则或规则的组合去解决问题。

加涅认为,(1)至(4)层次的学习为较低层次的学习,儿童在入学前吸取知识以认识周围环境的学习大部分可归属此列,入学后学校提供的学习经验大部分属于(5)到

[①] 中华人民共和国国家教育委员会电化教育司.教学媒体与教学设计[M].北京:高等教育出版社,1990:191.

[②] 姚梅林.学习规律[M].武汉:湖北教育出版社,1999:11-12.

(8)层次。每类学习都以上一层次的学习为前提,较高级、较复杂的学习建立在较低级、较简单的学习基础之上。例如,解答"求出一个三角形的面积"这一问题时(层次(8)),学生需要了解三角形的面积公式:$S = \dfrac{ah}{2}$(层次(7)),还要了解面积、高、底等概念,以及更下位的角的概念和三角形的概念等(层次(6))。

(二)基于学习层次理论的教学设计

学习层次是被组织起来的一系列智力技能,处于最高层的是目标技能。课程设计时,人们要从等级的最高层开始,弄清楚要掌握目标技能,必须先学会何种技能,或者说,什么技能是目标技能最接近的先决技能,以此类推,逐层分析每一个先决技能,一直分析到学习者现在所具备的技能为止。[①] 以下为四个整数相减的例子:[②]

① 473-342　② 2 132-1 715　③ 953-676　④ 7 204-5 168

这四个例子说明了整数减法技能的四个前提技能(规则)。例①最简单,是不借位的多位数减法;例②是不连续多次借位的减法;例③是连续多次借位减法;例④是跨0借位减法。这里的每一个前提技能,都表示了整数减法这个总体技能中的一个规则。如果没有事先学习这些前提技能,后者很难被学会。

具体而言,基于学习层次理论的教学设计需要重视以下三点:

(1)教学目标的设计要明确终点目标和使能目标。使能目标是达到终点目标的前提条件。教师需要注意分析出,为了达到终点目标,需要实现多少个使能目标。比如,教师必须问自己:学生必须具备什么技能才能学习这种新的技能?[③]

(2)教学内容的设计要对学生的学习内容进行任务分析,使每个主题的学习都建立在学生已经获得的知识、技能和态度的基础之上。

(3)教学评价的设计要关注"这个学生还没有掌握哪些先决技能",这一问题与"这个学生有哪些特殊学习缺陷"和"这个学生的智力如何"明显不同。

二、 建构主义学习理论

自20世纪90年代开始,建构主义学习理论逐渐兴盛,基于建构主义的教学设计也不断涌现。

(一)建构主义学习理论概述

瑞士的皮亚杰(Piaget, J.)和苏联的维果茨基(Vygotsky, L.)对建构主义的发展起到了至关重要的推动作用。关于"儿童的认知是如何发展的?""人的心理机能是怎样形成的?"等问题,皮亚杰认为是通过自我建构,维果茨基则认为是通过社会作用不断建构,即社会建构。[④] 建构主义学习理论主要有激进建构主义、社会性建构主义、社会文化认知论、信息加工建构主义、社会建构论和控制系统论六种流派,参见表2-2。

---

① [美]申克.学习理论:教育的视角[M].韦小满,等,译.南京:江苏教育出版社,2003:390.
② [美]加涅,等.教学设计原理[M].王小明,等,译.5版.上海:华东师范大学出版社,2007:157.
③ [美]加涅,等.教学设计原理[M].王小明,等,译.5版.上海:华东师范大学出版社,2007:150.
④ 邹艳春.建构主义学习理论的发展根源与逻辑起点[J].外国教育研究,2002,(5):27-29.

表 2-2　建构主义学习理论的主要流派与理论要点①

主要流派	理论要点
激进建构主义 （radical constructivism）	知识是由认知主体积极建构的,建构是通过新旧经验的互动而实现的;认知的功能是适应,它应有助于主体对经验世界的组织
社会性建构主义 （social constructivism）	强调群体甚于个体,将人与人之间的关系置于首位;强调意义的社会建构、学习的社会情境;强调社会互动、协作与活动等
社会文化认知论 （sociocultural cognition）	关注学习的社会方面,注重对一定社会文化背景中知识与学习的研究,将不同的社会实践视为知识的来源;提倡在真实情境中通过对专家活动的观察、模仿进行认知学徒式的学习
信息加工建构主义 （information processing constructivism）	坚持信息加工论的基本范型;强调知识是由主体积极建构的,外来信息与已知知识之间存在双向的、反复的相互作用。这一流派也称为弱的建构主义或折衷的建构主义
社会建构论 （social constructionism）	将社会置于个体之上;知识不存在于个体内部,而是属于社会的,是以文本形式呈现的,每个人都以自己的方式解释文本的意义
控制系统论 （cybernetic system）	强调认识主体是置身于行为之中的积极主动的观察者和反省型的参与者;特别重视不同观察者之间存在的复杂互动关系,重视交互的、协作的学习方式。

虽然建构主义学习理论异彩纷呈,但也有一些共同特点:

（1）建构主义认为,知识并不是对现实的准确表征,只是一种解释、一种假设,会随着人类的进步而不断地更新。

（2）建构主义认为,学习不是教师向学生传递知识的过程,而是学生建构自己的知识的过程,学生不是被动的信息吸收者,相反,学生要主动地建构信息的意义,这种建构不可能由其他人代替。

（3）建构主义强调,学生并不是空着脑袋来到课堂的,他们总是从自己的经验背景出发对问题进行解释。

（二）基于建构主义学习理论的教学设计

基于建构主义的教学设计,力争做到教师不是把知识传授给学生,而是创造条件让学生积极主动地建构自己的知识。具体而言,以建构主义作为理论基础进行教学设计需要重视以下四点:

（1）教学目标的生成性。教学目标不是完全预设好的,在教学情境中,可以随着问题的不断解决而生成一些目标。

（2）教学内容的意义建构性。教学内容并不提供现成的结论,而要帮助学生去体

---

① 钟志贤.建构主义学习理论与教学设计[J].电化教育研究,2006,（5）:10-16.

验和领悟,自主建构起自己的知识结构。

（3）教学活动的创生性。强调引导学生去亲身经历、去创造生成,进而实现学习经验重整和经验增值。

（4）教学评价的情境性。学生学习的评价建立在高度情境化的操作任务上,提倡采用真实性评价和表现性评价等方法。

建构主义促使教学设计发生了较大的变革,但也招致了一些批评。比如,过于强调情境的偶然性与重要性,忽视间接经验的学习;过于强调学生对意义的主动建构,而忽视了真理的绝对性;单方面强调学习知识时的意义建构,忽视了知识学习中外部技能训练的必要性等。基于建构主义学习理论进行教学设计时,需要尽量留意并设法避免该理论本身的一些局限。

三、学习风格理论

研究显示,大部分学困生并不缺乏基本的学习能力,而是因为他们的学习风格在课堂上被忽视了。当教师重视学生的学习风格时,学生的成绩将显著提高,并能建立起自信。① 基于学生的学习风格进行教学设计,需要得到关注和重视。

（一）学习风格的类型

学习风格的定义多种多样。一般来说,学习风格指学习者在长期的学习活动中表现出来的具有鲜明个性的学习方式和学习倾向,具有独特性、稳定性和一致性的特征。② 学习风格的分类也很多。比如,从学习者使用感官的不同,分为视觉型、听觉型和动觉型;从认知角度出发,分为场独立型和场依存型、分析型和综合型、审慎型和冲动型;从个性特质出发,分为内向型和外向型。这里重点介绍麦卡锡（McCarthy, B.）的分类以及席尔瓦和汉森（Silver, H. F. & Hanson, J. R.）的分类。

1. 麦卡锡的学习风格分类

麦卡锡从两个维度衡量学生,鉴别出了四种学习风格类型。这两个维度是:知觉（具体感觉/感受与较抽象思维）、加工（积极行动与反思性观望）。两两组合,就产生了以下四种学习风格:③

（1）以具体和观察方式为主的想象型风格。想象型学习者具体地知觉信息并反思地加工。他们倾听、分享,竭力将学校经验与自我经验整合起来。

（2）以抽象和观察方式为主的分析型风格。分析型学习者抽象地知觉信息并反思地加工。他们欣赏细节和观念,倾向于有序思考。

（3）以抽象和操作方式为主的常识型风格。常识型学习者抽象地知觉信息并积极加工。他们倾向于成为看重具体问题解决的实用主义学习者,喜欢动手尝试和做实验,通过发现来学习。

（4）以具体和操作方式为主的动态型风格。动态型学习者具体地知觉信息并积极加工,他们倾向于整合经验和应用,对新的学习极有热情,乐于参加试误学习,敢于冒险。

---

① ［美］席尔瓦,等.多元智能与学习风格［M］.张玲,译.北京:教育科学出版社,2003:38-39.
② 谭顶良.学习风格论［M］.南京:江苏教育出版社,1995:12-18.
③ ［美］布罗菲.激发学习动机［M］.陆怡如,译.上海:华东师范大学出版社,2005:193-194.

2. 席尔瓦和汉森的学习风格分类

席尔瓦和汉森认为,个体的差异植根于两种基本的认知功能:"感知"(如何获取信息)与"判断"(如何加工信息)。个体"感知"信息的方式有两种:"感官"与"直觉"。个体"判断"信息的方式也有两种:"思考"与"感受"。上述学习方式的组合,形成了四种基本的学习风格(参见图2-3)。①

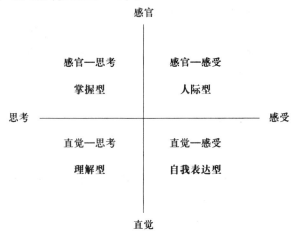

图2-3 席尔瓦和汉森的学习风格分类图②

（1）感官—思考型风格(掌握型学习者)。这类学习者追求实际效益与结果,追求掌握规定的内容和实际技巧,喜欢以有组织、有效率的方式完成任务,喜欢有明确对错的作业,不喜欢答案不确定的开放性作业。

（2）感官—感受型风格(人际型学习者)。这种学习者好交际,待人友善,重视人际关系,喜欢学习那些能够直接影响个人生活的事物,喜欢与他人合作,分享他人的观点与经验。他们渴望得到他人的关注,可以为取悦他人而不是出于自己的兴趣去完成某件事。

（3）直觉—思考型风格(理解型学习者)。这种学习者追求理论知识,喜欢对智力具有挑战性的复杂问题,对观念感到好奇。他们喜欢推理,寻求逻辑关系,喜欢通过抽象符号、公式、书面文字和技术性图解来收集资料。对他们而言,任何事情都必须符合逻辑与理性。

（4）直觉—感受型风格(自我表达型学习者)。这种学习者好奇,富有洞察力和想象力,寻求以独特的、富有创意的方式表达自己。他们喜欢开放式问题,喜欢采用与众不同的方法解决问题,喜欢自己解决问题,而不喜欢别人告诉他要做什么或怎么做。

（二）基于学习风格理论的教学设计

小学生的学习风格只有个体差异,没有好坏之分。就学习风格来说,最终的学习目标是在多种风格领域都均衡发展。下面介绍两种促进小学生学习风格均衡发展的教学设计,分别是基于麦卡锡学习风格分类的4MAT系统设计以及基于席尔瓦和汉森学习风格分类的学习矩阵设计。

---

① ［美］席尔瓦,等.多元智能与学习风格［M］.张玲,译.北京:教育科学出版社,2003:21—29.
② ［美］席尔瓦,等.多元智能与学习风格［M］.张玲,译.北京:教育科学出版社,2003:21—29.

1. 4MAT 系统设计

麦卡锡基于她对学习风格的分类,设计了 4MAT(4 Mode Application Techniques)系统。① 运用 4MAT 设计的学习单元,可以适应想象型、分析型、常识型、动态型这四种学习风格和脑半球偏好(左脑、右脑),共分八个步骤。四种学习风格中的每一种,都对应两步,一步设计来促进右脑学习,另一步设计来促进左脑学习。根据麦卡锡的观点,如果教师按此环节进行教学设计,那么任何一个学生的学习风格,都至少可在1/4 的教学时间里得到满足。在其他环节,学生将在教师引导下学习解决问题的其他方法,并因此形成一套问题解决技能。针对小学三年级里的一个以机器为主题的自然科学单元,教师的教学设计有如下八个步骤。②

步骤 1:学生想出他们在日常生活中碰到过的各种机器,然后将心中的这些意象画出来(针对想象型学习者的右脑模式课)。

步骤 2:学生组成小组,讨论他们画出来的机器怎样使人的工作变得更容易(针对想象型学习者的左脑模式课)。

步骤 3:学生观看一个日常生活中使用的、描绘了 6 种简易机械的幻灯片,然后画出该机器的图片。教师展示各种物品(如特型剪刀),学生指出与展示物品属同一类机械的图片(针对分析型学习者的右脑模式课)。

步骤 4:使用投影仪,教师逐个解释 6 种简易机械的特点。然后,学生用法兰绒板将单元中的词汇与它们的定义配起来(针对分析型学习者的左脑模式课)。

步骤 5:教师给学生读关于机器的书。然后学生完成 3 份作业,回顾步骤 4 和 5 中教的概念(针对常识型学习者的左脑模式课)。

步骤 6:将简易机械的木制模型、复杂机械的样例以及任务卡片,放在工作台上。学生 3 或 4 人一组,考察机器,讨论该怎样回答任务卡上的问题(针对常识型学习者的右脑模式课)。

步骤 7:给每个学生一个塑料袋,袋中装有 11 张单词卡片。教师提关于机器的问题,学生举起一张相应的单词卡片作为回答。然后,给每个学生一张透明的胶片,让他们画出一台能让工作变得轻松的复合的机器(针对动态型学习者的左脑模式课)。

步骤 8:学生画好的透明胶片,就是可向全班展示的幻灯片。轮到展示的幻灯片是某位学生画的,就由他向全班同学介绍他画的机器是怎样运作的(针对动态型学习者的右脑模式课)。

2. 学习矩阵设计

学习矩阵设计,重点在于设计出对应席尔瓦和汉森学习风格分类的教学活动。比如,在标点符号的学习单元中,一位三年级教师设计的教学目标是"学生在文章中正确使用以下四种标点符号:问号、句号、逗号和感叹号"。接下来,教师要考虑符合四种学习风格的教学活动。选定教学活动之后,就将其放入学习风格框架中。参见表 2-3。

---

① 4MAT 的更多内容参见:McCarthy, B. The 4MAT system[M]. Oakbrook, IL:Excel,1980. McCarthy, B. Using the 4MAT system to bring learning styles to schools[J]. Educational Leadership, 1990,48(2):31-37.

② [美]布罗菲.激发学习动机[M].陆怡如,译.上海:华东师范大学出版社,2005:194. 略有改动.

表 2-3　三年级标点符号单元学习风格①

掌握型的教学活动	人际型的教学活动
• 编制一个图表解释四种标点符号的使用 • 纠正有标点符号错误的文章 • 当教师读文章时,学生用肢体表演出适当的符号	• 采用小组游戏比赛的方式,来复习标点符号 • 互惠的学习:互相指导 • 作家俱乐部:对故事的编辑、反馈 • 利用所有学过的标点符号,写一篇有关个人的文章
理解型的教学活动	自我表达型的教学活动
• 概念的获得:通过正反例子让学生学会判断何时使用哪一种标点符号 • 归纳学习法:按照标点符号对句子进行分类,并给出标签	• 写一首节拍歌、广告短诗或五行诗,介绍各种标点符号的使用 • 为每一种标点符号创作一种自然界的比喻,如,句号像一块大石头 • 为各种标点符号画一幅图画,写一个故事并给它加上标点

以席尔瓦和汉森的学习风格分类为基础,美国一位五年级教师在"希腊神话"单元的教学设计中,整合了四种学习风格,使课堂教学体现风格的多样性与公平性。②

（1）教学目标设计。针对每一种学习风格的特点,专门为掌握型学习者设计的目标是"学生能够识别神话的构成要素",为理解型学习者设计的目标是"能够解释希腊神话与希腊文化之间的关系",为自我表达型学习者设计的目标是"学生能够通过创作神话,了解和欣赏希腊神话的艺术性",为人际型学习者设计的目标是"学生能够了解神话的跨文化性,以及这些神话主题与其生活的相关性"。

（2）教学活动设计。教师会设计和实施多种活动来实现教学目标(参见表 2-4)。

其一,为了达到掌握型的教学目标,教师设计了一场交互式的演讲,解释神话的构成要素,并介绍希腊文化。同时,为学生提供了一份直观的图表,学生可将演讲的重点填入适当的空格,以便加深记忆。

其二,当学生阅读神话选集时,教师向学生提供了一些关于希腊文明与神话之间关系的陈述,要求学生从课文中寻找证据来支持或反对这些陈述。通过这种方法,有利于达到理解型的教学目标。同时,教师还要求学生自选两个神话,并准备一份简短的评论,说明这些神话与文化之间的联系。

其三,自我表达型的教学目标为师生专门研究希腊神话的美学层面提供了很好的机会。学生分成小组或以全班讨论的方式,找出神话的艺术要素(隐喻、明喻、夸张、描述、拟人、想象),并解释这些要素如何影响他们的阅读。全班讨论的结果是创制一张由教师记录、全班都抄写下来的表格,列出各种艺术要素及其影响。学生以表格为引导,自己创造神话。比如,从当前时事中找出一位焦点人物,并用神话的方式讲述其人其事。

其四,为了达到人际型的教学目标,教师要求学生展开一场苏格拉底式的讨论会,通过讨论思考一个问题:"为什么神话可以跨越文化的界限?"经过讨论后,学生选出

①　[美]席尔瓦,等.多元智能与学习风格[M].张玲,译.北京:教育科学出版社,2003:82.
②　[美]席尔瓦,等.多元智能与学习风格[M].张玲,译.北京:教育科学出版社,2003:57-58.

两个神话主题,并写一篇心得,说明这些主题与其生活的联系。

表 2-4　基于学习风格的教学活动①

掌握型	人际型
• 交互式演讲 • 编制图表	• 苏格拉底式研讨会 • 根据自己的生活经验讨论两个神话的主题
理解型	自我表达型
• 支持和反驳一些陈述 • 评论	• 鉴赏艺术成分 • 以当前时事中的焦点人物来创作一篇神话

（3）教学评价设计。教师可以采用"任务轮换"这种多元评估策略。② 比如,教师提供一份任务轮换清单,上面提供与学习风格匹配的多种评估活动,可以让学生按特定顺序完成全部活动,也可以让学生按任意顺序完成某些活动,还可以让学生完成一部分指定任务和一部分自选任务,学生也可以自由选择他们想完成的任务。

本章小结

　　课程设计是人们根据一定的价值取向,按照一定的课程理念,以特定的方式组织安排课程的各种要素或各种成分,进而形成课程计划或方案、课程标准或纲要、课本和课程资源等的活动。教学设计是教师在一定理念的指引下,在分析教学背景的基础上,对教学目标、教学内容、教学资源、教学方法、教学过程和教学评价等进行策划和安排的活动。

　　小学常用的课程设计模式主要有学科中心设计、学习者中心设计和问题中心设计。学科中心设计是较为流行且使用广泛的课程设计模式,主要包括科目设计、大范围设计和关联设计。学习者中心设计主张以学生的兴趣、动机和需要为中心设计课程。问题中心设计把焦点放在个人和社会现实生活的问题上,包括生活情境设计和改造主义设计。

　　小学教学设计常用的理论基础有学习层次理论、建构主义学习理论和学习风格理论。基于学习层次理论的教学设计需重视以下三点:教学目标的设计要明确终点目标和使能目标、教学内容的设计要对学生的学习内容进行任务分析、教学评价的设计要关注学生还未掌握的先决技能。以建构主义作为理论基础进行教学设计时需重视以下四点:教学目标的生成性、教学内容的意义建构性、教学活动的创生性和教学评价的情境性。以学习风格为理论基础的教学设计主要有两种:一是基于麦卡锡学习风格分类的4MAT系统设计,二是基于席尔瓦和汉森学习风格分类的学习矩阵设计。

思考题

一、单项选择题

　　1. 将学校中的课程分为语言及其运用（阅读、写作、语法、文学）、数学、科学、历史和外语等科目,这种课程设计模式属于（　　）。

　　A. 关联设计　　　B. 大范围设计　　　C. 过程设计　　　D. 科目设计

---

① ［美］席尔瓦,等.多元智能与学习风格［M］.张玲,译.北京:教育科学出版社,2003:57.
② ［美］席尔瓦,等.多元智能与学习风格［M］.张玲,译.北京:教育科学出版社,2003:38.

2. 在加涅的学习层次中，"对不同形状、颜色的物体分别做出不同的反应""对相似的、易混淆的单词分别做出正确的反应"，属于(　　　)。

A. 辨别学习　　　　B. 刺激—反应学习　　C. 概念学习　　　　D. 信号学习

3. 在加涅的学习层次中，"了解概念之间的关系，学习概念之间的联合"，属于(　　　)。

A. 概念学习　　　　B. 解决问题学习　　　C. 连锁学习　　　　D. 规则学习

4. 认为儿童的认知发展、人的心理机能形成是通过社会作用不断建构的是(　　　)。

A. 皮亚杰　　　　　B. 杜威　　　　　　　C. 维果茨基　　　　D. 加涅

二、名词解释题

1. 课程设计

2. 教学设计

3. 学习风格

三、简答题

1. 简述课程设计的主要任务。

2. 简述建构主义学习理论的特点。

四、论述题

1. 论述以建构主义作为理论基础进行教学设计的基本要求与局限。

2. 论述小学课程设计的主要模式。

推荐书目

1. [美]威金斯,[美]麦克泰. 理解为先模式:单元教学设计指南[M]. 盛群力, 沈祖芸, 柳丰,等,译. 福州:福建教育出版社,2018.

该书介绍了 UbD 单元设计并指导读者了解整个设计过程。全书以一组单元设计模块为主线来安排内容，从基本思想(如"逆向设计"的三阶段)到单元设计的具体要素(如真实的学业表现任务)。各模块包括:各模块的关键思想的介绍;提供单元设计指导性练习、作业单和设计小建议;相应的设计实例的分析;提出包含自我评估在内的评估标准(设计标准);列出获取后续信息的资源列表。

2. 刘徽. 大概念教学:素养导向的单元整体设计[M]. 北京:教育科学出版社,2022.

该书重点回答"为什么要进行大概念教学?""它如何体现素养导向的课堂转型?"等问题。全书共分五章，第一章是大概念的理论阐述，分析时代转型背景下为什么要关注素养导向的教学，并引出素养导向的本质特征。后四章从教学设计的四个要素即目标、评价、结构和方法来具体勾勒大概念教学的实践框架。附录给出了大概念视角下的单元整体教学设计案例。

第三章　小学课程与教学目标设计

1. 识记
◆ 课程目标的概念
◆ 教学目标的概念
2. 领会
◆ 课程与教学目标的功能
◆ 课程与教学目标分类理论
◆ 小学课程与教学目标的主要来源和筛选维度
◆ 小学课程与教学目标设计的常见问题
3. 应用
◆ 应用本章所学内容评析小学课程与教学目标设计的实例
◆ 使用本章所学内容设计小学校本课程目标和课堂教学目标

9 学时

被"冷淡"的"教学目标"①

针对许多教师冷淡"教学目标"的情形，一位经验丰富的教师描述了如下的情况，并抒发了感慨：

前不久，有三位教师分别要参加校、县、市三级课堂教学展示，当他们将教案初稿递交给我时，我看到三份教案上竟然都没有写"教学目标"。问其原因，回答说："那个好凑合，几句话就能搞定，关键是教学过程要请你把脉。"

在各级各类的教学常规检查或教学展示资料袋中，我们所看到的教案无一不写教学目标。然而，客观地讲，很多教师撰写的教学目标也仅仅是一个形同摆设的"标签"而已，假、大、空痕迹明显。很多教师似乎并不在意写出的教学目标含金量有多少，教学活动依着教学过程设计照常进行，课后也极少顾及教学目标的达成情况。本应处在教学中心的教学目标就这样与实际教学活动"油水分离"，站到了教学的边缘。

这，是一种普遍的存在。

以上状况引发一系列的思考：教学目标真的不重要吗？它的功能究竟何在？事实上，课程与教学目标在整个课程与教学设计中处于举足轻重的地位。本章主要介绍课程与教学目标的概念、课程与教学目标分类理论、小学课程与教学目标的主要来源和筛选维度，分析小学课程与教学目标设计存在的常见问题并阐述教学目标的设计技巧。

---

① 许卫兵.教学目标的现实失落与应有追求——以小学数学学科教学为例［J］.课程·教材·教法，2010，（5）：49-53.

第一节　课程与教学目标概述

对课程与教学目标的概念和功能,已形成了一系列的观点。掌握这些观点,有利于开展小学课程与教学目标的设计。

一、课程与教学目标的概念

经过长期的探索,人们对课程与教学目标的概念有了一些共识,同时,也有一些争论。

(一)课程目标的含义

1918 年,美国学者博比特出版《课程》一书,一般认为这是课程作为独立研究领域诞生的标志。在书中,他提出了"课程目标"(objectives of curriculum),将其界定为那些儿童需要掌握和形成的能力、态度、习惯、鉴赏力和知识的形式。[①]《教育大辞典》将课程目标定义为:"课程本身要实现的具体目标。期望一定教育阶段的学生在发展品德、智力、体质等方面达到的程度。"[②]可见,虽然人们对课程目标内涵的表述各异,但基本倾向于认为:课程目标是每一门课程的具体目标,用来描述和规定一门课程的预期学习结果,主要涉及特定学科或学习领域在各个学段所要达到的基本要求。课程目标通常由课程专家制定,一般包括课程总体目标和课程学段目标。

(二)教学目标的含义

《教育大辞典》将教学目标定义为:"教学中师生预期达到的学习结果和标准。"[③]有学者认为教学目标是"教学活动主体预先确定的,在具体教学活动中所要达到的,利用现有技术手段可以测度的教学结果"[④]。也有学者认为,教学目标是"课程目标在学科领域的分解、细化与落实,是对学科或课程的具体内容进行教学所要达成的目标的描述"[⑤]。可见,教学目标是课程目标的进一步具体化,是一种预期的学习结果和标准,又可以分为学年教学目标、学期教学目标、单元教学目标和课时教学目标。

 拓展阅读

相关概念辨析

教育目标,是教育界使用最广的术语之一,出现了定位不同的各种变体,各有自己的特殊指称。不过,"教育目标"始终是一个概括性最强的用法。与教育目标密切相关的概念很多,如教育目的、培养目标、课程目标和教学目标等。所有这些概念,实际上是教育目标在不同层次上的具体表述。理清这些基本概念的关系,有利于深化对课程与教学目标的认识。

其中,教育目的,是依据一定社会需要和对人的认识而形成的关于教育对象的总

---

① Bobbitt, F. The curriculum[M]. Boston: Houghton Mifflin Company, 1918:42.
② 顾明远.教育大辞典(增订合编本)(上卷)[M].上海:上海教育出版社,1998:898.
③ 顾明远.教育大辞典(增订合编本)(上卷)[M].上海:上海教育出版社,1998:717.
④ 李如密.教学目标与目标教学[J].中国教育学刊,1997,(5):39-42.
⑤ 阳利平.厘清教学目标设计的三个基本问题[J].课程·教材·教法,2014,(5):86-91.

体发展规格的预期设想或规定,它以观念或思想的形式存在并发挥作用。概括来说,就是"培养什么样的人"。

培养目标,是不同级别、不同类型、不同层次和不同专业教育的具体目标。比如,教育部印发的《义务教育课程方案(2022年版)》规定了我国现阶段义务教育的"培养目标"。

课程目标,是每一门课程的具体目标。目前教育部颁布的各门课程的课程标准中,详细规定了本门课程的目标。

教育目的需要具体化为培养目标,培养目标需要具体化为课程目标,课程目标又需要具体化为学年(学期)教学目标、单元教学目标和课时教学目标,才能得以落实。这几者的具体关系可见图3-1。

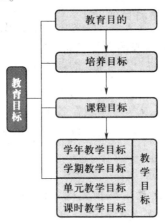

图3-1 相关概念的具体关系

资料来源:曾文婕.运筹帷幄:教学设计的方略[M].北京:北京师范大学出版社,2016:117-118.

二、 课程与教学目标的功能

课程与教学目标具有多重功能,概括起来主要有标准、激励和导向三大功能。

标准功能,是指课程与教学目标对课程与教学检查、考核、评价与评估产生的标准作用。简言之,课程与教学目标就是课程与教学评价的主要标准,具体包括两个方面:① 课程与教学目标是对学生学业成就进行测量和评价的基本标准。它规定了通过教学活动,学生的学习结果应达到的基本要求和水准。借此,可以衡量学生学习知识与技能、情感与价值观的状况,以调节教学进程。② 课程与教学目标是对教师的教学表现进行检查和评价的基本标准。教师的教学表现评价,也分为直接评价和间接评价。前者是以教师的教学表现为对象的评价,直接起着标准作用;后者则是通过对学生学业成就的评价间接地对教师教学进行的评价。①

激励功能,是指适宜的课程与教学目标对学生学习积极性和学习动力的激发作

---

① 黄甫全.现代课程与教学论[M].3版.北京:人民教育出版社,2014:246-247.

用。如果课程与教学目标符合学生的需要,使学生认识到通过努力达到目标是有价值的,那么这样的目标将产生良好的激励效果。

导向功能,是指课程与教学目标是课程与教学的方向标,对课程与教学设计和实施起着指明方向、引导进程和规定结果的作用。整个课程与教学设计和实施过程,都要受课程与教学目标的指导和制约。

由于课程与教学目标具有标准功能,因而能够激发和维持师生参与课程规划和教学实施等活动,发挥出激励功能。同时,能够规定、组织和协调师生的行为,发挥出导向功能。标准功能是课程目标的基本功能,激励功能和导向功能是其衍生功能。

第二节　课程与教学目标分类理论

多年来,人们对教育目标分类问题进行了深入研究,提出了相应的分类体系,形成了丰富的教育目标理论。这些各具特色的教育目标理论,许多被直接运用于课程与教学领域,成为课程与教学目标分类的基本理论,为认识、设计、实施、评价和进一步研究课程与教学目标奠定了坚实的基础。

一、布卢姆的教育目标分类理论

布卢姆(Bloom, B. S.)等人从 1948 年开始,就着眼于研究教育目标分类的各种问题,他们将教育目标分为认知、情感和动作技能三个领域。

(一)认知领域的目标

布卢姆等人将认知领域的教育目标从低级到高级分为知识、领会、运用、分析、综合和评价六个层次。[①]

知识(knowledge)。它是最基本的认知学习结果,所涉及的主要心理过程是记忆。一般分为三类:一是具体的知识,包括术语概念和具体事实的知识等;二是处理具体事物的方式方法的知识,包括惯例的知识、趋势和顺序的知识、分类和类别的知识、准则的知识及方法论的知识等;三是学科领域中的普遍原理和抽象概念的知识,包括原理和概括的知识、理论和结构的知识。

领会(comprehension)。注重于掌握材料的意义和含义,是最低层次的理解,超越了单纯的记忆。主要包括三种行为:一是转化,指能把所学内容转化为其他术语或另一种形式;二是解释,指把所学内容作为一种观念结构来处理;三是推断,指根据对所学内容中描述的趋势、倾向或条件的理解做出估计或预测。

运用(application)。指在某些特定的和具体的情境里使用抽象概念,是较高水平的理解。

分析(analysis)。指将所学内容分解成各种组成要素或部分,以便弄清所表达的各种观念之间的关系。分析要求既要理解材料的内容,又要理解其结构,主要包括要素分析、关系分析和组织原理分析三种类型。

综合(synthesis)。指把各种要素和组成部分组合成一个整体,包括进行独特的交流、制订计划或操作步骤、推导出一套抽象关系三种类型。

---

① [美]布卢姆,等.教育目标分类学:第一分册 认知领域[M].罗黎辉,丁证霖,石伟平,等,译.上海:华东师范大学出版社,1986:59-200.

评价(evaluation)。指为了某种目的,对观念、作品、答案、方法和资料等的价值做出判断,包括依据内在证据来判断和依据外部准则来判断两种途径。

（二）情感领域的目标

克拉斯沃尔(Krathwohl, D. R.)和布卢姆等人将情感领域的目标依据价值内化的程度,由低到高分为接受/注意、反应、价值评价、组织以及由价值或价值复合体形成的性格化五个层次,从而形成一个情感连续体。[①]

接受/注意(receiving/attending)。指学习者愿意接受或注意特殊的现象或刺激,包括觉察、愿意接受、有控制的或有选择的注意三个层次。

反应(responding)。指学习者不仅注意到某种现象或活动,而且充分参与并从中得到满足。这是"从做中学"过程的第一阶段,包括默认的反应、愿意的反应以及满意的反应三种类型。

价值评价(valuing)。指学习者将特殊的对象、现象或行为与一定的价值标准相联系,这不是受遵从或顺从的愿望所驱使,而是受个人对指导行为的基本价值的信奉所驱使。价值评价可分为三个层次:价值的接受、对某一价值的偏好和信奉。

组织(organization)。即价值的组织,指当学习者遇到各种与不止一种价值有关的情境时,把各种价值组织成一个体系,确定价值之间的相互关系,从而确立占主导地位的和普遍的价值。价值的组织可以分为价值的概念化和价值体系的组织两个层次。

价值或价值复合体形成的性格化(characterization by a value or value complex)。指各种价值已在学习者的价值层次结构中占有一席之地,并被组织成一种内部一致的体系,而且控制着学习者的行为,使其在相当长的时间内以这种方式行事。在这个层次上,可以分为泛化心向和性格化两种类型。

（三）动作技能领域的目标

布卢姆本人并没有提出动作技能领域的目标分类,这个领域出现了好几种分类法,其中比较著名的是哈罗(Harrow, A. J.)和辛普森(Simpson, E. J.)的研究成果。

哈罗将动作技能领域的目标由低到高分为六类:① 反射动作,指不随意的、与生俱来的本能,包括分节反射、节间反射和节上反射;② 基本—基础动作,指建立在学习者反射动作基础上的一些固有的动作形式,包括位移动作、非位移动作、操作动作、抓握和灵巧;③ 知觉能力,包括动觉辨别、身体觉察以及视听触觉的辨别和协调能力;④ 体能,指器官活力的机能特征,包括耐力、力量、韧性和敏捷性;⑤ 技巧动作,是从事复杂动作任务时,达到有效程度的结果,包括简单适应技能、复合适应技能和复杂适应技能;⑥ 有意沟通,包括表情和解释的动作,依赖于知觉能力、体能和技巧动作的发展。[②] 课程设计人员通常自第三层次起制定课程目标。

辛普森把动作技能领域的目标由低到高分为七类:① 知觉(perception),指通过感觉器官觉察客体、质量或关系的过程,分感觉刺激、线索的选择和转化三类;② 定势(set),指为某种特定的行动或经验而做出的预备性调整或准备状态,包括心理定势、

① [美]克拉斯沃尔,[美]布卢姆,等.教育目标分类学 第二分册 情感领域[M].施良方,张云高,译.上海:华东师范大学出版社,1989:97-208.

② [美]哈罗,[美]辛普森.教育目标分类学 第三分册 动作技能领域[M].施良方,唐晓杰,译.上海:华东师范大学出版社,1989:26-73.

生理定势和情绪定势;③ 指导下的反应(guided response),指个体在教师指导下,或根据自我评价(即学生有一种他可以借此评判自己操作水平的模式或准则)表现出来的外显的行为行动,包括模仿和试误,这是形成技能的第一步;④ 机制(mechanism),指已成为习惯的习得的反应,在这一层次,学习者对从事某种行动已有一定的信心和熟练程度;⑤ 复杂的外显反应(complex overt response),指个体有了所需要的动作形式,能够从事相当复杂的动作行动,包括消除不确定性、自动化的操作两类;⑥ 适应(adaptation),指个体能修正自己的动作模式以适应特殊的装置或满足具体情境的需要;⑦ 创作(origination),指个体根据在动作技能领域中形成的理解力、能力和技能,创造新的动作行动或操作材料的方式,如改进实验操作方法、创造新的艺术表演方式等。①

　　布卢姆教育目标分类体系较有特色,为区分学生的学习结果提供了一个操作框架,为课程设计、实施和评价等提供了较为科学的理论依据。然而,这一体系也存在一些问题,主要表现为:① 该分类体系中任何两个目标等级间的区分可能是含糊的;② 该体系不是系统分类,而是一套类别;③ 其理论依托是前后相因的序列,而这种序列是单一维度的(如复杂性或难度),因此,就显得不够成熟。② 这些不足,在一定程度上为目标分类学的进一步研究提供了新生长点。

二、 加涅的学习结果分类理论

　　加涅将学习结果区分为态度、动作技能、言语信息、智力技能和认知策略五种类型。③

　　态度(attitude),是通过学习形成的影响个体行为选择的内部状态。例如,某人可能更倾向于把打高尔夫球作为自己的娱乐活动。

　　动作技能(motor skills),是一种习得能力,如能写字母、做体操、跑步等。动作技能有两种成分:描述如何进行动作的规则,即动作的程序;因练习与反馈逐渐变得精确和连贯的实际肌肉运动。

　　言语信息(verbal information),是学习者通过学习以后,能记忆诸如事物的名称、符号、地点、时间、定义、对事物的细节描述等具体事实,并能够在需要时将它们表述出来。信息在知识体系中是最基本的"建材",是进一步学习的先决条件,是培养智力技能的基础。

　　智力技能(intellectual skills),是学习者通过学习获得了使用符号与环境相互作用的能力。言语信息回答"是什么"的知识,而智力技能与知道"怎么办"有关。智力技能由简单到复杂可分为辨别、概念、规则、高级规则四类。

　　认知策略(cognitive strategies),是学习者借以调节自己的注意、学习、记忆和思维等内部过程的技能。认知策略是学习者操纵管理自己学习过程的方式,是学生学会如何学习的核心成分。

---

　　① [美]哈罗,[美]辛普森.教育目标分类学 第三分册 动作技能领域[M].施良方,唐晓杰,译.上海:华东师范大学出版社,1989:155—160.
　　② [美]安德森,[美]索斯尼克.布卢姆教育目标分类学——40年的回顾[M].谭晓玉,袁文辉,等,译.上海:华东师范大学出版社,1998:223.
　　③ Gagne, R. M. The conditions of learning and theory of instruction[M]. Chicago: Holt, Rinehart and Winston, 1985:46—60.

加涅的学习结果分类较为简洁,适用面广。虽然这一分类框架不如布卢姆目标分类学那么有层次,但是它比较容易在课程与教学目标设计时加以应用。

三、 安德森的认知目标新分类理论

为了将一些新知识、新思想补充到布卢姆教育目标分类体系中去,并对该体系的一些不足之处进行改进与完善,同时促使人们重新关注该体系的价值,从1995年开始,布卢姆的学生安德森(Anderson, L. W.)带领团队对布卢姆认知目标分类体系进行了修正。他们对认知过程的具体层次做了修改和重新界定,每一层次的认知过程都与每一种类的知识相互作用,这样就构成了一个二维的目标分类体系,参见表3-1。表的行和列,分别是知识维度和认知过程维度,两种维度的交汇处构成了分类表的一个个方格,任何一个强调认知的教育目标都应该能够被归于该表的一个或多个方格之中。①

表3-1 安德森认知过程与知识二维分类表②

知识维度	认知过程维度					
	1. 记忆/回忆 (remember)	2. 理解 (understand)	3. 应用 (apply)	4. 分析 (analyze)	5. 评价 (evaluate)	6. 创造 (create)
A. 事实性 (factual)知识						
B. 概念性 (conceptual)知识						
C. 程序性 (procedural)知识						
D. 元认知 (metacognitive) 知识						

第一,知识维度。基于当代认知科学的观点和认知心理学关于知识表征的观点,安德森等人将知识的类别分为事实性知识、概念性知识、程序性知识和元认知知识四大类:① 事实性知识是相互分离的、孤立的内容要素——"信息片段"形式的知识,包括术语知识以及具体细节和要素的知识;② 概念性知识是更为复杂的、结构化的知识形式,包括分类和类别的知识、原理和通则的知识以及理论、模型和结构的知识;③ 程序性知识是关于"如何做某事"的知识,包括技能和算法的知识以及技术和方法的知识,还包括用来决定和判断在特定领域或学科中"何时使用适当程序"的准则知识;④ 元认知知识是关于一般认知的知识以及关于自我认知的意识和知识,包括策略性

---

① [美]安德森,等.布卢姆教育目标分类学:分类学视野下的学与教及其测评[M].蒋小平,等,译.北京:外语教学与研究出版社,2009:21.
② [美]安德森,等.布卢姆教育目标分类学:分类学视野下的学与教及其测评[M].蒋小平,等,译.北京:外语教学与研究出版社,2009:21.

知识、关于认知任务的知识（包括情境性知识和条件性知识）以及关于自我的知识。
这四类知识及其亚类参见表 3-2。

表 3-2　知识的四大类别及其亚类①

主类别及其亚类	例　子
A 事实性知识——学生通晓一门学科或解决其中的问题所必须了解的基本要素	
A1 术语知识	如：技术词汇、音乐符号
A2 具体细节和要素的知识	如：重要的自然资源、可靠的信息源
B 概念性知识——在一个更大体系内共同产生作用的基本要素之间的关系	
B1 分类和类别的知识	如：地质时期、企业产权形式
B2 原理和通则的知识	如：勾股定理、供求定律
B3 理论、模型和结构的知识	如：进化论、美国国会的组织构架
C 程序性知识——做某事的方法，探究的方法，以及使用技能、算法、技术和方法的准则	
C1 具体学科的技能和算法的知识	如：水彩绘画的技能、整数除法的算法
C2 具体学科的技术和方法的知识	如：访谈技巧、科学方法
C3 确定何时使用适当程序的准则知识	如：确定何时运用牛顿第二定律的准则；判断使用某一方法估计企业成本是否可行的准则
D 元认知知识——关于一般认知的知识以及自我认知的意识和知识	
D1 策略性知识	如：知道概述是获得教材中一课的结构的方法；使用启发法的知识
D2 关于认知任务的知识，包括适当的情境性知识和条件性知识	如：知道某一教师实施的测验类型；知道不同任务有不同的认知要求
D3 关于自我的知识	如：知道对文章进行评论是自己的长处而写作是自己的短处；知道自己的知识水平

　　第二，认知过程维度。安德森等人将认知过程按照复杂性递增的顺序，划分为记忆/回忆、理解、应用、分析、评价和创造六个类目，每个类目又涉及具体的认知过程，共有 19 种。① 记忆/回忆指从长时记忆中提取相关的知识，具体包括识别和回忆两个认知过程；② 理解指从包括口头、书面和图像等交流形式的教学信息中建构意义，包括解释、举例、分类、总结、推断、比较和说明七个具体的认知过程；③ 应用指在给定的情境中执行或使用某一程序，包括执行和实施两个认知过程；④ 分析指将材料分解成具体组成部分，并确定部分之间的相互关系以及各部分与总体结构或总目的之间的关系，包括区别、组织、归因三个认知过程；⑤ 评价指基于准则或标准做出判断，包括检查和评论两个认知过程；⑥ 创造指将要素组成新颖的、内在一致的整体，或者生成原创性的产品，包括产生、计划、生成三个认知过程。参见表 3-3。

———————————

① ［美］安德森，等.布卢姆教育目标分类学：分类学视野下的学与教及其测评［M］.蒋小平，等，译.北京：外语教学与研究出版社,2009:22.

表 3-3　认知过程的六大类别及其亚类①

主类别及其亚类	例　子
1 记忆/回忆——从长时记忆中提取相关的知识	
1.1 识别	如:识别美国历史中重要事件的日期
1.2 回忆	如:回忆美国历史中重要事件的日期
2 理解——从口头、书面和图像等交流形式的教学信息中建构意义	
2.1 解释	如:阐释重要讲演和文献的意义
2.2 举例	如:列举各种绘画艺术风格的例子
2.3 分类	如:将观察到的或描述过的精神疾病案例分类
2.4 总结	如:写出录像带所放映的事件的简介
2.5 推断	如:学习外语时从例子中推断语法规则
2.6 比较	如:将历史事件与当代的情形进行比较
2.7 说明	如:说明法国 18 世纪重要事件的原因
3 应用——在给定的情境中执行或使用某程序	
3.1 执行	如:两个多位数的整数相除
3.2 实施	如:在牛顿第二定律适用的问题情境中运用该定律
4 分析——将材料分解为具体组成部分,确定部分之间的相互关系,以及各部分与总体结构或总目的之间的关系	
4.1 区分	如:区分一道数学应用题中的相关数字与无关数字
4.2 组织	如:将历史描述组织起来,形成赞同或否定某一历史解释的证据
4.3 归因	如:依据其政治观点来确定文章作者的立场
5 评价——基于准则和标准做出判断	
5.1 检查	如:确定科学家的结论是否与观察数据相吻合
5.2 评论	如:判断解决某个问题的两种方法哪一种更好
6 创造——将要素组成内在一致的整体或功能性整体;将要素重新组织成新的模型或体系	
6.1 产生	如:提出解释观察现象的假设
6.2 计划	如:计划关于特定历史主题的研究报告
6.3 生成	如:有目的地建立某些物种的栖息地

① ［美］安德森,等.布卢姆教育目标分类学:分类学视野下的学与教及其测评［M］.蒋小平,等,译.北京:外语教学与研究出版社,2009:23-24.

根据安德森的目标分类理论,设计课程与教学目标时,可以从确定目标的动词和名词开始。首先,将动词放在认知过程的六个类别中进行审视,一开始就对准 19 种具体的认知过程而不是对准六个认知类别,这通常有助于人们将动词归入适当的类别。然后,将名词放在知识的四个类别中进行审视,一开始就对准知识类别的亚类。比如,对应于"应用"这一认知过程和"程序性知识"类别,可以设计出"学生学会应用'节约—重复使用—循环使用'的方法保护自然资源"这一目标。在实践运用中,可以将最初陈述的课程目标、课堂活动体现的目标以及评价针对的目标进行分类,检查这三种分类结果是否彼此一致。①

在布卢姆教育目标分类学出版 45 年之后,安德森的修订版面世,而且,这个修订版是由著名的教育心理学家、课程与教学专家、测量与评价专家组成的专家组与有经验的中小学教师合作,历经多年完成的,这在教育史上是罕见的。该修订版突破了布卢姆理论的一维分类逻辑,将认知领域的目标按知识与认知过程两个维度分类,六种认知过程水平分别与四种知识类型相互作用,这样,6×4 总共构成 24 个目标单元,每一个目标单元所指的就是某一类知识的某种掌握水平。安德森的修订版分类理论已被课程、教学和评价专家接受,正在产生越来越大的影响。

四、 我国的课程与教学目标分类探索

20 世纪 80 年代以来,我国课程与教学改革在原有的"双基"目标(基础知识、基本技能)基础上,提出"三基"目标(基础知识、基本技能和基本能力)。随着社会与教育的发展,进一步提出我国基础教育目标体系的"三基一个性"构建设想,包括授受基础知识、形成基本技能、发展基本能力和促进个性健康发展。

2001 年开始实施的课程改革强调从"知识与技能""过程与方法"以及"情感态度与价值观"三个维度拟定教学目标,这通常被称为"三维目标"。"知识与技能"目标,重视学生学习过程中基本知识的掌握和基本技能的形成;"过程与方法"目标,重视学生的学习经历和思维方式的变化发展;"情感态度与价值观"目标,重视学生内心的丰富体验,强调学生学习态度、科学态度、生活态度和人生态度的优化,倡导个人价值和社会价值的统一、科学价值和人文价值的统一、人类价值与自然价值的统一。三维目标既有各自明确的作用,又是相互依存的整体。

2022 年,新颁布的"义务教育课程标准"围绕各学科核心素养制定课程目标,提倡拟定"素养导向"的目标。"素养导向"的目标,是对学生在学习课程后应达到的价值观、必备品格和关键能力的综合表述,整合了"知识与技能""过程与方法"以及"情感态度与价值观"三个维度,体现了对"三维目标"的超越。例如,数学课程从学生"会用数学的眼光观察现实世界""会用数学的思维思考现实世界"和"会用数学的语言表达现实世界"三个方面,语文课程从"文化自信""语言运用""思维能力"和"审美创造"四个方面,对课程与教学提出具体要求。

---

① [美]安德森,等.布卢姆教育目标分类学:分类学视野下的学与教及其测评[M].蒋小平,等,译.北京:外语教学与研究出版社,2009:24.

中国学生发展核心素养总体框架

2014 年,《教育部关于全面深化课程改革 落实立德树人根本任务的意见》明确提出"依据学生发展核心素养体系,进一步明确各学段、各学科具体的育人目标和任务"。2016 年,中国学生发展核心素养总体框架正式发布。学生发展核心素养,以"全面发展的人"为核心,分为文化基础、自主发展、社会参与三个方面,主要包括人文底蕴、科学精神、学会学习、健康生活、责任担当和实践创新六大素养,如图 3-2 所示。这一总体框架以及各学科核心素养框架为拟定课程与教学目标提供了指引。

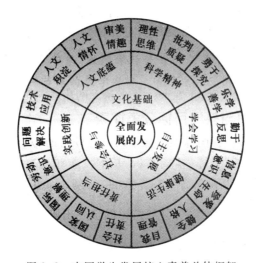

图 3-2　中国学生发展核心素养总体框架

资料来源:核心素养研究课题组.中国学生发展核心素养[J].中国教育学刊,2016,(10):1-3.

我国一些学者在借鉴西方课程目标分类理论的基础上,也进行了一些本土化的探索。比如,有学者针对布卢姆教育目标分类理论中情感领域分类在我国推广及应用的局限,将情感目标分为"乐情度""冶情度"和"融情度"三大维度,并在各维度上划分出由低到高逐级递进、逐步内化的四个层次。乐情度为接受、反应、兴趣、热爱,冶情度为感受、感动、感悟、感化,融情度为互动、互悦、互纳、互爱。在此基础上,编制了"情感目标测评问卷",经实验验证,信度和效度都比较理想。① 然而,我国课程与教学目标分类的理论研究还比较缺乏,特别是本土化的研究鲜见,迫切需要建构起具有中国文化亲和性的课程目标分类体系及其开发应用机制。

---

① 卢家楣.教学领域情感目标的形成性评价研究[J].教育研究,2007,(12):85-89.

案例分析

◎ **案例**

人际交往领域的目标分类

有研究者通过分析人际交往过程中需要用到的基本技能类型,将人际交往技能划分为知觉技能、沟通技能、合作技能、领导技能、自我调节技能。知觉、沟通是最基本的技能,是合作、领导的前提,合作技能是领导技能的前提,个体的自我调节技能是保证人际交往正常进行的基础。参见表3-4。

表3-4　人际交往领域目标分类表

维度	子维度	要点
知觉	感知	运用感官观察他人的外在特征、活动、行为
	推论	根据他人直接可观察到的活动和行为,来重建其隐含的品质和特性
沟通	表达	运用言语信息和其他非言语信息传递思维活动结果的能力
	理解	接收言语信息和非言语信息,进而通过思维活动达到认知、理解的全过程
合作	寻求与提供信息	能从他人那里获取有关事实、听取意见、获得解释、能为他人提供事实、发表自己的意见、解释(澄清)问题的能力
	提议	提出新概念、建议或行动方案的能力
	支持与扩充	对他人的建议或提出的想法表示拥护,并在其基础上进一步发展的能力
	引导和阻止	在讨论或谈话过程中组织其他人讲话或使其停止讲话的能力
	表示异议	能有意识地、直率地表达不同意见,或对他人的观点进行批评的能力
	总结	以简洁的形式复述前面所讨论的内容要点的能力
领导	组织	对资源进行分配,同时控制、激励和协调群体活动过程,使之相互融合,从而实现组织目标的能力
	协调	决策过程中的协调指挥才能
	决策	对某件事拿主意、做决断、定方向的综合能力
自我调节	自我认识	在人际交往的场合对自己及自己与周围环境关系的认识,包括对自己存在的认识,对个体身体、心理、社会特征等方面的认识
	自我激励	在人际关系的场合个体具有不需要外界奖励和惩罚作为激励手段,能为设定的目标自我努力的一种心理特征
	自我调整	在人际关系的场合个体对自己本身,对自己的目标、思想、心理和行为等表现进行的管理

◎ 分析

人际交往能力是学生应对 21 世纪复杂的生活情境的必备素养。人际交往如此重要，可经常在课程与教学目标中被泛泛表述为提升学生的人际交往能力或合作能力，导致教、学、评丧失针对性，最终造成目标达成度不佳。理论"不合用"时需要开展研究，理论"不够用"时仍需通过研究加以解决。因此，人际交往能力或合作能力究竟由哪些要素构成并体现出什么样的发展层级亟待研究。课程与教学目标设计时需要关注并运用这类成果。

资料来源：刘美凤，等. 人际交往领域教育目标——教育目标分类理论的新发展[J]. 中国电化教育，2017,（1）:105-111,120.

第三节　小学课程与教学目标的设计

设计小学课程与教学目标的基本思路是：先确定课程与教学目标的来源，主要从学生发展、社会发展、学科发展和生态发展四方面选取一般性的目标；然后用教育哲学和学习心理学作为两把"筛子"，对选出的一般性目标进行筛选，最终确定出具体的课程与教学目标并予以表述。在设计过程中，常会出现一些问题，对这些问题需要加以重视，力争避免。

一、 小学课程与教学目标的主要来源

人们经过长期的实践和探索，提出了关于课程与教学目标来源的不同看法。其中，被广泛引用的是"现代课程理论之父"泰勒（Tyler, R. W.）于 1949 年提出的三大来源："对学习者本身的研究""对校外当代生活的研究"和"学科专家对目标的建议"。[①]当代，人们逐渐接受和形成了生态主义的思维与行为方式，在设计目标时开始关注到生态需要这一维度。因此，分析和确定小学课程与教学目标来源，要考虑学生、社会生活、学科和生态的需要。

（一）对学生的研究

对学生的研究，就是要找出并确定人们期望学生发生的各种变化，主要是对学生的需要和兴趣进行研究，同时要让学生参与目标选择。

学生的需要存在文化、地域差异，有些需要可能是共同的，有些则可能是不同的。这就需要采用观察、访谈、问卷等多种方式进行深入的调查研究，以确定学生的共同需要以及学校某些儿童群体甚至是儿童个体的特殊需要。

如果课程与教学是学生感兴趣的活动，那么学生就会主动参与其中。因此，设计小学课程与教学目标，要重视对学生兴趣的调查研究。

学生赋权增能思潮的兴起以及学生有意义参与成效的显现，都推动教师开始提供机会让学生参与课程与教学决策，让学生在课程与教学目标设计时发出自己的声音。

（二）对当代社会生活的研究

当代社会生活日新月异，已经进入"知识爆炸"的时代，要把人们公认的重要知识

[①]　[美]泰勒. 课程与教学的基本原理[M]. 施良方，译. 北京：人民教育出版社，1994:3-25.

全部纳入课程与教学是不现实的。在这样的背景下,就要加强对当代社会生活的研究,进而从这一维度考虑相应的课程与教学目标,再由目标指引人们选取那些最重要的、最值得小学生学习的知识与技能等进入小学课程与教学。学习迁移研究表明,当学生能确认生活中遇到的情境与学习情境之间具有相似性时,迁移就较有可能发生。因此,需要重视当代社会生活的研究,以便把握课程与教学中学习情境的创设与社会生活情境的关系。

(三)学科专家的目标建议

学科专家谙熟自己的领域,能够为某一课程的目标设计提供专业建议。这些建议至少有两方面启示:一是该课程所能起到的主要功能,这是该课程的独特功能;二是该课程除以上主要功能之外的其他贡献,这不是该课程独有的功能。

泰勒特别指出,有人批评"学科专家提出的目标太专门化和专业化,或在其他方面对大多数在校学生不适宜",这是"由于人们没有对学科专家提出恰当的问题",专家们回答的其实是如下问题:"将来要在该领域从事更高深研究的学生应该接受什么样的基础教学?"因此,需要将提问方式加以转变,要提这样的问题:"你这门学科对那些不会成为这个领域专家的年轻人的教育有什么贡献?你这门学科对外行或一般公民有什么贡献?"[1]

(四)对生态需要的研究

第二次世界大战以来,出现了日益严重的生态危机,生态主义即是人类在寻找危机根源和寻求解决策略时发展起来的一种思维方式。生态主义认为世界是一个有内在联系的有机整体,人、自然和社会是一个动态发展的和谐的统一体,进而主张人与自然、社会之间建立一种新的伦理关系,并强调整体论的方法论。生态需要,也应成为课程与教学目标的主要来源。

二、 小学课程与教学目标的筛选维度

从上述四个主要来源,可以获得较多的一般性目标。它们与特定的课程与教学可能是相关的,也可能是不相关的,其中一些目标还可能会相互冲突。因此,需要从中筛选出数量适宜、相互一致且非常重要的目标,作为特定课程与教学的目标。筛选的工具就是教育哲学和学习心理学这两把"筛子"。

(一)教育哲学维度

一个国家、一个地区、一所学校或一位教师都有其信奉的教育哲学、教育追求或教育理念。根据这些哲学或隐含的价值观,可以对最初列出的一般目标加以鉴别,剔除那些与教育哲学相冲突的、不重要的目标,以便确定需要保留的目标。

对于一些学校或教师而言,其教育哲学往往处于自然的或无意识的状态,因此,为了使教育哲学这一把"筛子"较好地发挥效用,学校和教师需要深入地思考、明确地提炼和陈述自己信奉的哲学,并对其中隐含的要点予以详细说明。这种清楚明了的陈述,有利于用来考察所提出的每一条课程与教学目标同教育哲学是否吻合。

(二)学习心理学维度

学习心理学这一维度,能够在很大程度上确保课程与教学目标与学生的身心发展

---

① [美]泰勒.课程与教学的基本原理[M].施良方,译.北京:人民教育出版社,1994:19-20.

规律保持一致。比如,学习心理学的有关理论,能够帮助人们区分出哪些是特定年龄阶段可以实现的目标,哪些是特定年龄阶段几乎不可能达到的目标。

完成以上两个维度的筛选后,从四个来源得到的备用的一般性目标,数量上将会有所减少,内容上将会有所修正。

三、 小学课程与教学目标设计的常见问题

在实践操作中,小学课程与教学目标设计往往会出现一些问题,较为常见的问题有目标意识淡薄,目标缺乏阶段性、整体性和针对性等,需要留心加以避免。

(一)目标意识淡薄

在课程与教学设计的过程中,一些学校和教师较为缺乏目标意识,更遑论设计出优质的课程与教学目标了。比如,有学校开发儿童文学阅读校本课程,教师只是随意向孩子推荐读一些儿童文学作品,然后问孩子几个问题,让他们讨论讨论。至于为什么给孩子推荐这些作品,为什么让孩子讨论这些问题,通过阅读和讨论要达到什么目标,教师心里是没有数的。[①] 这就是缺乏课程与教学目标意识的典型表现,其结果通常是"少、慢、差、费"。没有适宜的课程与教学目标,就没有系统的课程与教学规划,走到哪里算哪里,必然影响课程实施成效。

(二)目标缺乏阶段性

小学课程与教学目标设计要体现阶段性,必须考虑不同年龄阶段儿童的生理、心理发展水平,知识、能力、品德等方面可能达到的程度。但是,一些学校设计的校本课程目标只有较为笼统的全校性课程目标,没有根据各学段或各年级学生的特殊学习需要拟定具体的课程目标,课程实施效果自然大打折扣。

(三)目标缺乏整体性

一些教师在设计课时教学目标时,机械套用三维目标分类,出现僵化、形式化和标签化的现象。比如,一节小学英语课的教学目标设计如下:[②]

(1)知识与技能:学习单词"rice, soup";学会运用句型"Do you like ...? Yes, I do. / No, I don't like ..."。

(2)过程与方法:在以学生为主体的前提下,引导学生主动思维,让学生学习词汇和句型的方法及口头准确表达的策略。

(3)情感、态度与价值观:引导学生主动表达对于食物的喜好。

这样的目标设计,从表面上看条理清晰、面面俱到,但问题在于忽视了三维目标之间的有机联系。知识与技能是教学的内容与对象,需要通过教学过程,运用一定教学方法来实现,并在教学过程中渗透思维和方法的学习,培养学生学习英语的爱好与兴趣。类似这样简单套用三维目标的设计比比皆是。殊不知,三维目标并不是教学目标设计的模板。将三维目标分三条列举,很容易导致教师把"过程与方法目标"和"情感、态度与价值观目标"当作单独的、额外的教学任务,认为难以在一节课中落实。

(四)目标缺乏针对性

有些目标没有清楚地说明经过学习后学生应该能做什么,削弱了目标的导向和评

---

① 刘华.儿童文学校本课程:目标及本质特征[J].江苏教育研究,2010,(10):28-30.
② 卜玉华.小学英语教学目标设计中的常见问题及对策[J].课程·教材·教法,2011,(9):67-71.

价功能。比如,就小学英语有关介词的一节课,两位教师分别设定了如下目标。[①]

教师 1:学生应理解介词的含义。

教师 2:学生能将新授介词 near, between, in front of ...结合句型 Something is/are behind/near/ ...和句型 Behind/Near/ ...,there is something 以及其他句型,灵活而连续地用 3~4 句话描述人或物所处的位置。

第一个目标无法确切地让教师知道什么是必须教的,学生在什么意义上算是达到了这节课的目标。第二个目标则确切地指出了学生必须用什么来证明他们已经达到了这节课的目标。因此,第二个目标就比第一个目标更有针对性,更便于检测。

教学目标缺乏针对性的问题不在少数。又如,有教师将一节语文课《莫高窟》的教学目标设计为:[②]

(1)学会本课生字新词。

(2)理解中国古代文化在世界历史上的地位,增强民族自豪感。

(3)正确、流利、有感情地朗读课文。

这三条目标几乎可以用于所有历史文化类型课文的教学,这些目标也没有针对学生的不同水平提出不同的要求。

除课时教学目标外,还常常可见表述空泛的校本课程的目标。如,有位教师这样叙述校本课程目标:"掌握基本知识与技能,提高动手与动脑能力,养成积极的劳动态度与习惯,分析并独自去解决一些实际问题。"[③]这样的目标不仅难以操作,还会滋生出不着边际、好高骛远的不良风气。

四、 小学课程与教学目标设计的技巧

课程与教学目标设计比较复杂,因而出现的问题较多。党的二十大报告指出,"必须坚持问题导向"。[④] 为了避免一些常见问题,在设计小学课程与教学目标时需要掌握"整体平衡""体现层次""表述明确"和"注重转化"等技巧。

(一)整体平衡

设计课程与教学目标,需要以一种系统分析的思维来加以整体把握。

1. 把握各层面课程与教学目标的联系

从小学阶段的课程总目标,到一门课程的目标,再到一个单元的教学目标和一堂课的课时教学目标,是逐级具体化形成的多层级目标体系。课时教学目标要体现一门课程的总目标和小学阶段课程总目标的原则和要求,但不是生拉硬套。例如,有教师将小学科学课"保温技术"的课时教学目标设计为:[⑤]

(1)通过观察交流,知道保温瓶的组成部分,知道保温瓶胆的基本构造。

(2)通过设计完善实验方案,进行实验,探究保温瓶瓶胆能保温的原因,并结合热传递的相关知识进行简单的解释。

---

① 卜玉华.小学英语教学目标设计中的常见问题及对策[J].课程・教材・教法,2011,(9):67-71.

② 张桂林,袁开文.小学语文教学目标设计中的问题与对策[J].教育与教学研究,2012,(3):107-109.

③ 崔允漷.校本课程开发:理论与实践[M].北京:教育科学出版社,2000:119.

④ 习近平.高举中国特色社会主义伟大旗帜 为全面建设社会主义现代化国家而团结奋斗——在中国共产党第二十次全国代表大会上的报告(2022 年 10 月 16 日)[J].党建研究,2022,(11):2-33.

⑤ 王月芬,徐淀芳.论三维目标的设计、实施与评价[J].上海教育科研,2010,(2):8-11.

（3）通过了解保温瓶的发明过程，体会技术产品的专利申请及策划推广的价值，以及保温技术不断进步给人类生活带来的便利。

以上目标没有明确列出三维目标，但从描述中不难发现对三维目标的落实。这种融合描述的方式能在一定程度上避免对三维目标的生硬肢解。

2. 兼顾知识、技能、方法、思维和情感等多维目标

在设计课程与教学目标时，不能仅仅注重知识与技能领域的目标，而忽视其他领域的目标。课程与教学目标的设计，兼顾认知维度与非认知维度，强调认知、情感和意志等在学习活动中整体发挥作用并获得发展，这将有利于将学生的学习结果定位得更加全面、高远和激励人心。核心素养是关于学生知识、技能、情感、态度、价值观等多方面要求的结合体，是适应个人终身发展和社会发展需要的必备品格与关键能力[1]，是个体在与各种真实情境持续的社会性互动中不断解决问题和创生意义的过程中形成的[2]。说到底，课程与教学目标的设计需要走向"素养导向"。核心素养在学生理解与运用已学内容解决问题的实践过程中生成，学生的学习结果也应广泛地体现为勇于探究、问题解决、责任担当和乐学善学等核心素养的发展而非单纯获得知识，这有利于发挥课程与教学的育人价值。

3. 处理好行为目标、生成性目标以及表现性目标之间的关系

行为目标是预设的，以具体的、可操作的行为指明课程结束后学生所发生的变化，具有较强的可操作性、精确性和具体性。但这类目标也具有不足，比如学生的价值观、情感、态度、欣赏、审美情趣等变化很难用外显的、可观察的行为来预先具体化，而且，学习过程是复杂多变、动态发展的，学习结果不可能都预料得到。

生成性目标是在课程实施的实际教学过程中随机提出的，具有现实性、随机性的特点，能够提高教学活动的针对性和实效性，但对教师的要求较高，需要教师在教学中敏锐捕捉契机，使之成为有价值的新目标。

表现性目标关注学生在完成某一学习任务时的首创性表现，对于培养学生的创造性具有重要意义，但其落实也面临很多问题。比如学生的首创性表现如何鉴别？标准是什么？教师如何关注每个学生的反应？如何捕捉学生的首创性表现？等等。

以上三类目标各有优势和不足，在课程与教学目标设计中，应处理好预设与生成的关系，力求促成三类目标的整合。生成性目标可在行为目标实现的过程中产生，生成性目标与行为目标可以相互影响；表现性目标的提出与实现则是以行为目标的达成为基础，像"发表对文学作品的看法"这样的表现性目标，应该以理解和掌握必要的文学知识为基础。

 拓展阅读

生成性目标之"长短"

英国著名课程论专家斯滕豪斯认为，泰勒的"目标模式"招致了太多的批评，进而

---

① 辛涛,姜宇,林崇德,等.论学生发展核心素养的内涵特征及框架定位[J].中国教育学刊,2016,(6):3-7,28.

② 郑葳,刘月霞.深度学习:基于核心素养的教学改进[J].教育研究,2018,(11):56-60.

从彼得斯(Peters, R. S.)那里吸收了"过程原则"。斯滕豪斯认为,学校教育主要包括三个过程,即"训练""教学"和"引导"。训练(training),是使学生获得动作技能的过程。训练成功了,学生会获得操作能力,如打字等。"教学"(instruction),是使学生获得知识信息的过程。"教学"成功了,意味着学生获得了一定的知识信息,如记住了元素周期表。"引导"(induction),是使学生获得以知识体系为支持的批判性、创造性的思维能力,这是使学生进入"知识的本质"的过程。真正的教育是使人类更加自由,更富于创造性,因而教育的本质是"引导"。教育即引导学生进入知识之中的过程,教育成功的程度即是它所导致的学生不可预期的行为结果增加的程度。比如知识或艺术领域中,学生学习的最重要结果是"尝试",尝试进行绘画、演奏音乐、设计、制作等。对这些"尝试"的评价应着眼于创造,而非根据事先规定的标准。

斯滕豪斯认为,"训练"和"教学"可以用"行为目标"来陈述,而"引导"的本质恰恰在于其不可预测性,故不能用"行为目标"表达,因为这会导致"质量标准的形式化而降低质量标准",也会使知识工具化而丧失内在价值,而且其所走的分析途径还会使知识变得支离破碎。不仅如此,在斯滕豪斯看来,与批判性、创造性的思维能力相比,技能和知识信息都是次要的和工具性的,故"训练"和"教学"理应服从"引导"的过程。因此,与泰勒不同,斯滕豪斯主张课程开发可以规定教师要做的事情,规定要处理的教学内容,关键是教师不能把这些规定看作教育的目的或结果,用以评价学生的成绩,而是在处理这些事情和内容的教学活动过程中,对学生的发展持一种审视、研究、批评的态度,从而引导其不断深入发展。

资料来源:张华.课程与教学论[M].上海:上海教育出版社,2000:174-176.

(二)体现层次

设计目标时,需要考虑学校内不同学段学生、班级中不同层次学生的不同基础和学习需要等。

1. 目标要体现阶段层次

要制定出各学段、各年段、各学期、各单元的阶梯式目标,而不应只是对整个一门课的预期学习结果做出笼统规定。国家课程对应的课程标准几乎都有学段目标或分级标准,然而很多校本课程目标设计和教学目标设计忽视了这一点。

2. 目标要体现水平层次

学习同一门课程、上同一堂课的学生可能基础不一,理解能力各异,因此,所设计的课程与教学目标既要包括较低层次的学习结果,又要包括较高层次的学习结果,前者可称为"基本目标",后者可称为"提高目标"。要求水平较低的学生达到"基本目标";要求水平较高的学生达到"提高目标";要求水平中等的学生完成"基本目标"并鼓励他们积极达成"提高目标"。这样,做到"上不封顶,下要保底",使所有学生都能在原有基础上得到较好的发展。比如一位教师上《在烈日和暴雨下》一课,为了让不同层次的学生能理解"景物描写"的作用,设计了三个层次的目标让学生自己选择:

目标1:找出文中描写"烈日"和"暴雨"的语句,并理解描写方法的运用。

目标2:体会文中景物描写对人物的烘托作用。

目标3:模仿课文,试以"在雨中走路的感觉"为题尝试口头作文。

学生选择适合自己的学习目标后,就围绕所选目标开始学习活动,然后教师检查学生是否达到了目标。

(三)表述明确

课程与教学目标的表述需要明确具体,同时,将目标的主体明确定位为学生。

1. 目标表述明确具体

在表述课程与教学目标时,应力求明确具体,便于评测。对此,不少学者提出了建议。加涅认为陈述能传递期望的目标具有五种成分:情境;所进行的学习的类型;行为表现的内容或对象;可观察的行为;适用于行为表现的工具、限制或条件。① 安德森等人提供了正确陈述目标的四点提示:考虑动词和名词的结合;将知识类型和过程相联系;确保使用正确的名词;依赖多种信息来源(如目标的陈述、教学活动、评估任务和评价标准)。② 我国有小学教师在实践操作中,提出用"以（　　）为载体,通过（　　）方式,达到（　　）目标"的形式来撰写目标。比如,一位教师就数学"年、月、日"设计了如下的课时教学目标:③

(1)以了解每个月的天数为载体,通过手势演示等方式,达到识记每月天数的目标。

(2)以计算全年的天数为载体,通过自主尝试、全班交流的方式,达到算法多样化基础上的合理优化的目标。

(3)以大月、小月、平月的区分为载体,通过观察、比较、分析的方式,达到渗透分类思想的目标。

(4)以理解2月份的特殊性为载体,通过自然常识、历史资料介绍的方式,达到传播数学文化的目标。

 案例分析

◎**案例**

《梅花魂》一课的目标

一位教师将《梅花魂》一课的目标确定为:① 体悟华侨老人眷恋祖国的情感,领会这种感情是怎样表达出来的;② 激发学生的爱国情和顽强不屈的精神;③ 有感情地朗读课文。

◎**分析**

每一条目标需要实在、具体、明晰,利教、利学、利评。因此,一定不能仅仅是笼统

---

① [美]加涅,等.教学设计原理(第5版)[M].王小明,庞维国,陈保华,等,译.上海:华东师范大学出版社,2007:121.

② [美]安德森,等.学习、教学和评估的分类学——布卢姆教育目标分类学修订版[M].皮连生,译.上海:华东师范大学出版社,2008:92-94.

③ 许卫兵.教学目标的现实失落与应有追求——以小学数学学科教学为例[J].课程·教材·教法,2010,(5):49-53.

地列出一些目标做做样子。以上目标中,第一条"领会这种感情是怎样表达出来的",就需要清楚地点明表达方式是托物喻志,还是以物自况,是正面表现,还是侧面烘托,是借景抒情,还是直抒胸臆。第三条"有感情地朗读课文"也需要明确阐释六年级的"有感情"是什么梯度水平,这里的"感情"究竟是什么,应当明确"如何有感情地朗读?重点训练哪种方法技巧?"

资料来源:窦桂梅.回到说课[J].江苏教育(小学教学版),2009,(4):23-25.

2. 目标主体明确定位为学生

表述明确,还要求课程与教学目标的主体明确定位为学生。在设计目标时,许多教师习惯采用"使学生……""提高学生……"和"培养学生……"等方式表述。比如:使学生理解多项式乘法法则及其推导;使学生能运用法则进行简单的整式乘法运算;渗透"转化"思想,培养学生的语言表达能力;等等。这些表述,其行为主体是教师。但是,从根本上说,课程与教学目标最终应体现为学生的变化。因此,课程与教学目标的行为主体不应是教师,而应是学生。上述目标若去掉"使学生"和"培养学生",将目标定位为"理解多项式乘法法则及其推导"和"能运用法则进行简单的整式乘法运算"等,其行为主体即成为学生。

还有一些教师习惯采用"讲述"和"讲解"等词语来表述目标,比如:讲述中共八大的主要内容并分析其积极意义;讲解数、字母和图表在生活中的简单应用;等等。这些表述,都是单纯站在教师立场上进行的。教师讲述了,教师讲解了,那么学生学到了吗?学生学到什么程度呢?这样的目标表述并没有予以体现。因此,课程与教学目标的确定,应当站在学生的立场,明确学生要学到什么程度,达到什么要求。

将课程与教学目标行为主体明确为"学生",绝不是简单的叙写方式的表面改变,它体现出教师课程观、教学观和评价观的更新和提升,体现出"以学生发展为本"由理念到实践的逐渐落实,体现出教师角色由控制者到帮助者、引导者的真正转变。

(四) 注重转化

教学目标,主要是教师根据课程标准、教材和学生学习实际等提出的预期的学生学习结果。学生能否把教师设计的教学目标作为自己的"学习目标",直接影响到教学目标的有效达成。因此,教学目标不能仅仅由教师掌控和把握,教师可以使用学生容易理解的方式,促进学生认识与理解相应的教学目标,弄清楚怎样才是成功的学习,从而将教师携带的"教学目标"转化为学生的"学习目标"。说到底,学业成功与否的关键还在于学生自身,其实是学生自己在真正决定要不要学、重点学习哪些知识以及投入多少时间与精力等。将"教学目标"转化为"学习目标"的策略主要有:

1. 不照搬课程目标表述,对目标适当加以解释

教师切忌从现成的课程标准中机械照搬一些条目呈现给学生,也不能将课程方案中的目标表述直接搬到学生面前,而是要使用更亲近学生的话语,以学生容易接受的语言将关于目标的想法和建议表达给学生,即需要是"用户友好型"的表述方式。比如,小学作文常见的目标有"清晰地组织文章结构",可进一步解读为"学生需要制作一个有条理的结构提纲,说明选择该结构的原因,并使用适当的证据加以论证"。如

果教师不能用学生可以理解的词语解释怎样学习才会有效和成功,学生就会失去学习的方向。很明显,这需要教师做很多额外工作。在解释目标的过程中,教师还要帮助学生认识"这个学习目标对我是否适宜""为什么需要这个目标"和"这个目标与未来学习有何关系",进而推动学生建构起当下与长远的学习目标之间的关系,积极探索学习活动与个人发展等之间的关系。

2. 精要使用象征物

有些目标较为抽象,解释和理解起来较有难度,教师需要开发一些象征物以便学生掌握其要义。比如,要让学生理解"意义建构"这一目标中的术语,可以启发学生将其与"飞鹰"联系起来。因为飞鹰翱翔在高空,能看清事物之间的组合,能从很高的地方看到更完整的图景,从而更好地理解世界。意义建构正是要求学生注重学习的前后连贯性,努力寻找正在学习的内容和已经掌握的内容之间的联系,同时试图去理解所学内容对自身发展的重要性。

3. 恰当呈现实例

在学生学习伊始,教师可向学生展示已有的优秀成果样品作为学习的榜样与范例,让他们知道经过努力最后得到的成果"是什么样的"。样品展示,能帮助学生随时评估自己学到了什么程度,离目标的达成还有多大差距。在必要的时候,为了完成目标"转化",教师还可以运用一些反面例子,提醒学生注意学习活动的结果"不是什么样的"。以上"是什么样"与"不是什么样"的对比,有助于学生深化对目标的正确理解并提炼出具体的成功标准。教师还可以更深入一步,启动师生关于教学目标的对话讨论,呈现优秀、良好或较差等各种例子,引导学生将其按水平高低排列,帮助学生明辨其好在何处、有何问题及原因为何,进而强化学生对成功标准的认识。教师平时要注意收集学生的书面作业、汇报材料、音像记录等,以便在适当的时候能加以展示和运用。

总之,课程与教学目标设计是一项要求很高的工作,需要设计者掌握相关理论和技巧,并在实践中不断探索和体悟,不断反思和改进,从而积累有效经验,使课程与教学目标的设计变得越来越合理、越来越有效。

本章小结

课程目标是每一门课程的具体目标,用来描述和规定一门课程的预期学习结果,主要涉及特定学科或学习领域在各个学段所要达到的基本要求。教学目标是课程目标的进一步具体化,是一种预期的学习结果和标准。课程与教学目标具有多重功能,概括起来主要有标准、激励和导向三大功能。

多年来,人们对教育目标分类问题进行了深入研究,提出了相应的分类体系,形成了丰富的教育目标理论。布卢姆的教育目标分类理论将教育目标分为认知、情感和动作技能三个领域;加涅的学习结果分类理论将学习结果区分为态度、动作技能、言语信息、智力技能和认知策略五种类型;安德森的认知目标新分类理论是在对布卢姆认知目标分类体系进行修正的基础上提出的,在该理论中,认知过程的具体层次做了修改和重新界定,每一层次的认知过程都与每一种类的知识相互作用,最终形成了一个由认知过程维度和知识维度构成的二维的目标分类体系。我国也在不断探索课程与教学目标的分类。20 世纪 80 年代以来,我国课程与教学改革在原有的"双基"目标上提出"三基"目标;2001年开始实施的课程改革强调"三维目标";2022年,新颁布的"义务教育课程标准"围绕各学科核心素养制定课程目标,提倡拟定"素养导向"的目标。

设计小学课程与教学目标的基本思路是:先确定课程与教学目标的来源,主要从学生发展、社会发展、学科发展和生态发展四方面选取一般性的目标;然后用教育哲学和学习心理学作为两把"筛子",对选出的一般性目标进行筛选,最终确定出具体的课程与教学目标并予以表述。在实践操作中,小学课程与教学目标设计往往会出现一些问题,较为常见的问题有目标意识淡薄,目标缺乏阶段性、整体性和针对性等。为了避免一些常见问题,在设计小学课程与教学目标时需要掌握整体平衡、体现层次、表述明确和注重转化等技巧。

一、单项选择题

1.课程作为独立研究领域诞生的标志是美国学者博比特出版的(　　)。

A.《课程》　　　　　　　　　　　B.《学记》

C.《大教学论》　　　　　　　　　D.《民主主义与教育》

2.根据加涅的学习结果分类理论,学习者借以调节自己的注意、学习、记忆和思维等内部过程的技能属于(　　)。

A.动作技能　　　　　　　　　　B.认知策略

C.言语信息　　　　　　　　　　D.智力技能

3.安德森的认知目标新分类理论包括认知过程维度和(　　)。

A.知识维度　　　　　　　　　　B.分析维度

C.理解维度　　　　　　　　　　D.评价维度

二、名词解释题

1.课程目标

2.教学目标

三、简答题

1.简述课程与教学目标的功能。

2.简述布卢姆认知领域目标的内容。

3.简述小学课程与教学目标的主要来源。

四、论述题

1.论述小学课程与教学目标设计的常见问题和设计技巧。

2.论述小学课程与教学目标设计的基本思路。

1.[美]泰勒.课程与教学的基本原理[M].施良方,译.北京:人民教育出版社,1994.

该书是"现代课程理论之父"泰勒的经典著作,作者在书中提出了课程研制原理即泰勒原理,在课程领域产生了深远影响,为现代课程研究开创了范式。

2.吴亮奎.小学语文教学设计:问题与方法[M].福州:福建教育出版社,2018.

本书对小学语文教学设计的基本问题进行了梳理,将理论阐述与案例分析相结合,共有十章,包括:小学语文教学设计的理论、影响因素、知识分类标准、类型、内容设计、教学目标设计、教学方法设计、教学过程设计、作业设计及评价设计。其中,第六章"小学语文教学目标的设计"提出,从三维目标到语文课堂教学目标必须进行"转化",较有启发性。

第四章　小学课程与教学内容设计

1. 识记
◆ 课程与教学内容的概念
◆ 小学课程与教学内容的具体构成
◆ 课程结构的概念
2. 领会
◆ 小学课程内容、教材内容、教学内容和学习内容之间的关系
◆ 小学课程与教学内容的主要取向
◆ 课程结构的原理
◆ 课程内容结构化走势
3. 应用
◆ 应用本章所学知识和理论,分析小学中的课程结构问题
◆ 应用本章所学知识和理论,尝试参与构建一所小学的课程结构体系

6 学时

小学生化身"小厨神"

2016 年,《广东省教育厅关于中小学地方综合课程的指导纲要(试行)》印发,要求小学 1—4 年级新增"广东菜系"专题,小学生要收集、整理广东粤菜、潮菜、客家菜代表性菜肴介绍,讨论广东菜系的特色和风味,开展广东美食品鉴和制作活动。2019 年,《广州市中小学劳动教育指导纲要》发布,要求小学 4—6 年级的学生能制作家常菜,如煎荷包蛋、番茄炒蛋、炒青菜和蒸排骨等;能尝试制作小凤饼;能简单制作广府特色美食。此纲要发布,引发家长和社会各界热议"烹饪是否应该纳入小学课程与教学内容"等问题。对"小学课程与教学究竟应该选择哪些内容"这一问题,需要持续深入思考。

小学课程与教学内容,是小学课程与教学系统运行的一个基本要素。本章主要介绍小学课程与教学内容的概念、构成和小学课程结构。

第一节　小学课程与教学内容概述

由于参与课程与教学内容选择的主体不同以及选择活动有先后,小学课程与教学内容的含义较为丰富。

一、 课程与教学内容的概念

在实际使用中,人们会选用教育内容、课程内容、教材内容、教学内容或学习内容等不同的术语,指涉教育、课程、教材、教学或学习等特定领域或层面的内容。由于这些领域或层面彼此交叠、难以分割,有时这些术语之间也交替使用。辨析相关概念,有利于深入理解课程与教学内容的含义。

（一）教育内容

教育内容是指"经选择而纳入教育活动过程的知识、技能、行为规范、价值观念、世界观等文化总体"①。广义的教育内容，涵盖学校教育、家庭教育、社会教育和自我教育的内容；狭义的教育内容专指学校教育内容，选择标准一般包括社会发展需要、个人发展需要和文化发展需要等。教育内容具有社会历史性，随着社会的变化发展而变化发展。党的二十大报告指出，"全面贯彻党的教育方针，落实立德树人根本任务，培养德智体美劳全面发展的社会主义建设者和接班人"②。从人的发展结构看，教育内容包括德、智、体、美、劳等方面。从社会结构看，则包括政治、经济、文化、科技和军事等方面。一般来说，教育内容包含课程内容、教材内容、教学内容和学习内容。

教育内容的载体，随历史发展而不断发生变化。我国古代的教育内容曾以"四书"和"五经"等经典著作为载体，到了 20 世纪上半叶主要以"课程标准"和"教材"为载体，20 世纪下半叶则主要以"教学计划""教学大纲"和"教材"等为载体，现在更多地以"课程计划""课程方案""课程标准"和"教材"等为载体。

（二）课程内容

在课程研究和开发领域，人们常用课程内容这一术语。《国际课程百科全书》认为："课程内容指课程所包含的具体事实、观点、原则、问题等。"③在我国，课程内容主要指国家在所制定和颁布的课程设置方案和各种课程标准里规定的所有学校应该组织教师与学生进行教学的内容范围，主要分为课程门类设置和每门课程的内容范围规定。广义的课程内容，包含教材内容、教学内容和学习内容；狭义的课程内容指课程方案（教学计划）和课程标准（教学大纲）规定的内容。

当下我国小学的课程门类设置，由《义务教育课程方案（2022 年版）》规定，在该方案的"课程设置"中有专门说明。小学每门课程的内容范围，主要由教育部制定的各门义务教育课程标准规定。比如，《义务教育艺术课程标准（2022 年版）》在"课程内容"部分规定了 5 项内容，包括：音乐，美术，舞蹈，戏剧（含戏曲），影视（含数字媒体艺术）。

（三）教材内容

教材，是"教师和学生据以进行教学活动的材料，教学的主要媒体。通常按照课程标准（或教学大纲）的规定，分学科门类和年级顺序编辑"④。教材内容则指由教材承载的内容。

（四）教学内容

教学内容这一术语，通常在教学设计与教学活动场景中使用，指某一科目、一单元、一节课或一次具体教学活动中，作为教师教学对象的具体知识、主题、概念和原理等。⑤ 随着人工智能时代的来临，教学内容的组织和呈现方式都得到延伸与扩展，其个性化和定制化特征也愈发明显。

---

① 顾明远.教育大辞典（增订合编本）（上卷）[M].上海：上海教育出版社，1998：765.
② 习近平.高举中国特色社会主义伟大旗帜 为全面建设社会主义现代化国家而团结奋斗——在中国共产党第二十次全国代表大会上的报告（2022 年 10 月 16 日）[J].党建研究，2022，（11）：2-33.
③ Lewy, A. The international encyclopedia of curriculum[M]. Oxford: Pergamon, 1991: 330.
④ 顾明远.教育大辞典（增订合编本）（上卷）[M].上海：上海教育出版社，1998：695.
⑤ 黄甫全.现代课程与教学论[M].3 版.北京：人民教育出版社，2014：98.

（五）学习内容

学习内容指每一位学生在学校与课堂的分科目或分领域教学活动中所学习和学得的内容。实际上，教学内容并不总是与学生的需求完美对接，当教学内容不能被学生理解、接受和内化时，就难以成为学生的学习内容，甚至会在一定程度上制约学生的发展。为了促进教学内容尽可能转化为学习内容，教师需要精心选择和加工教学内容，以便满足不同学生的多种需要。

 拓展阅读

教师教科书使用的问题表征与过程模型

优良的教科书并不能完全保证教育教学质量，因为其中牵扯到教科书如何使用的问题。

一、教师教科书使用的问题表征

教师对教科书的使用分别容易在认知、行为和内容层面出现问题。

1. 认知层面，教师教科书使用取向的价值导向存在风险性。教科书使用的创生取向存在一定风险，尤其是对新手教师和职前教师来说，他们易形成使用教科书就是"不好的"和"落后的"观点，对教科书内容持有轻视态度。这种取向下，教师极可能为了创生地使用教科书而舍弃原本较为合理优良的教科书内容，出现本末倒置的现象。

2. 行为层面，教师对教科书内容的改编具有随意性。部分教师对教科书内容的理解不深入，仅凭自己对内容的简单理解和自身教学习惯进行教学，还会根据教科书提出的要求进行随意简单化改编。随着课改深入，教科书质量不断提升，愈发能成为接续儿童经验的学习材料，愈发期望教师能忠实地使用教科书内容。

3. 内容层面，教师对教科书内容的使用脱离编写意图。教科书内容不仅包括课文和例题等易观察的显性内容，还包括教学线路和策略等隐性内容。教师往往对显性内容的忠实程度较高，但较少在领悟教科书编写意图的基础上开展教学。

二、教师教科书使用的过程模型

从教科书内容"使用前、使用中、使用后"的时序出发，贴合教师使用教科书内容的现实情景，可以构建立足主题单元模块的全景式教师教科书使用过程模型，如图4-1所示。

1. 从理解与审视教科书内容到选择与设计教学内容以形成教学方案。教师使用教科书从理解与审视教科书内容开始，形成是否认同教科书内容安排的初步观念。其后，进入选择与设计教学内容阶段。该阶段受教师自身、学生、教科书等方面因素的影响，并在这些影响下对教科书内容做出依照、调整、补充或替代等教学决策，最终形成供教师实施的教学方案。

2. 从教师与学生之间的互动到依照与调整教学方案以形成课后反馈。课堂教学中，师生无时无刻不在进行互动，这些互动能实时反映教师的教学效果和学生的学习效果。此时，教师使用教科书也步入依照与调整教学方案的阶段。关于这节课的学生学习掌握情况、教学过程处理情况、教学目标达成情况等方面的效果反馈，成为教师课后反馈的重要组成部分。

3. 从课后反馈回到下一轮教学设计以形成完整的主题单元循环系统。课后反馈

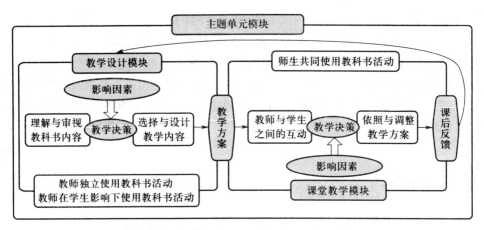

图 4-1　教师教科书使用过程模型

包含教师对教学效果的初步印象、教师课后进行的教学反思和学生的作业完成情况等,这些内容直接影响下一节课的教学安排。通过课后反馈再回到下一轮教学设计就形成不断深入、螺旋上升的主题单元循环系统。

资料来源:章全武.中小学教师教科书使用的问题表征、过程模型与优化路径[J].中国教育学刊,2022,(3):79-85.

二、 小学课程与教学内容的层次

小学课程与教学内容呈现出一定的层次结构,主要有小学课程内容、小学教材内容、小学教学内容和小学学习内容。

小学课程内容,就是指国家在制定的课程方案和课程标准里,规定的小学应该组织师生进行教学的内容范围,主要指向于小学课程"应该教学什么"。可以说,这是课程研制专家对理想的小学课程内容的预设,属于"应然"层面的描述,它会对课堂教学中"实然"的教学内容发挥价值引领作用。

小学教材内容,是按照小学课程内容所规定的范围,由教材专家或高水平教师专门编制并经有关教育行政部门组织专家审定和批准的、课堂教学所选用的教材所包含的内容,是用于师生课堂教学的详细内容,主要指向于小学师生在课堂活动中"使用什么教学"的问题。

教材内容仅仅是准备用于课堂教学的内容。小学教师在走进课堂开展教学活动之前,要综合考虑学生的学习状况、学校和课堂的环境条件等因素进行精心备课。所以,小学教学内容是小学教师依据课程内容、教材内容和学生的学习状况等,在开发使用各种有关资源的基础上,专门编制出的课堂教学方案所承载并据以在课堂上"实际教学"的内容,主要指向于小学课堂上"实际教了什么"的问题。

必须看到,同一位教师在课堂上组织全班学生开展相同的教学活动、学习相同的教学内容,但是,每一位学生真正学到的内容不会是完全一样的。长期以来,我国流行"重教轻学",在"学生主体"新思想的洗礼下,必须在课程与教学领域解放学生,彰显学习。如果只站在教师的角度,一味思考"应该教什么""用什么教"和"实际教了什么"等问题,便容易陷入以"教"僭越"学"的危险境地。因此,在小学课程内容解答"应该教学什么",小学教材内容解答"使用什么教学",小学教学内容解答"实际教了什么"的基础上,课程与教学内容的开发与研究还需要关注"学习内容"层次,重视和探索"学生实际学习了什么"这一关键问题。

第二节 小学课程与教学内容的构成

小学课程与教学内容的构成,受教育价值观、功能观和知识观等影响,呈现出不同的取向。当前,我国坚持五育并举,全面发展素质教育,小学课程与教学内容的构成主要包括德育、智育、体育、美育和劳动教育。

一、小学课程与教学内容的主要取向

关于小学课程与教学内容的构成,历史上有一些争议,形成了不同的取向。当前,小学课程与教学内容的构成呈现出"全面性与基础性兼顾"以及"确定性与灵活性共生"的主要取向。

(一)小学课程与教学内容取向的争论

人们对"什么内容最有价值"等问题的回答影响了小学课程与教学内容构成的取向,历史上主要表现为"形式教育与实质教育的分歧""人文主义教育与科学主义教育的分野"以及"显性知识与隐性知识的对峙"等。

1. 形式教育与实质教育的分歧

课程与教学应该注重知识传授还是官能训练?就这一问题,历史上存在着形式教育与实质教育之争。

形式教育,也称形式训练(formal discipline),又叫心智训练(mental discipline),明确提出教育的主要任务在于使学生的官能(faculty)或能力(power)得到发展,格外重视教育内容、课程内容和教材内容等的训练价值。形式教育依据官能心理学,经过长期发展和积累,形成了三大主张:[1]① 教育的任务在于训练心灵的官能。教育内容要能最有效地训练学生的各种官能。② 教育应以形式训练为目的。在教育中灌输知识远没有训练官能来得重要。如果人们的官能由于训练而发展了,任何知识随时都可以吸收。因此,不必重视课程和教材的实用性,而要重视它们的训练作用。③ 学习的迁移是心灵官能得到训练而产生的结果。官能的训练及其迁移作用和价值,是教育内容选择的一个重要依据。

实质教育(material education),也称实质训练(substantial discipline),与形式教育相对立,认为教育的主要任务在于使学生获得知识,格外重视教育内容、课程内容和教材内容等的知识传递价值。实质教育依据联想心理学,也形成了三大主张:[2]① 教育的任务在于提示适当的观念来建设心灵。心灵在初生时一无所有,心灵有赖于观念的联合,教育就是要以观念充实心灵的内容。② 教育应以知识传授为目的。建设心灵的原料是各种观念。提示外界事物,产生观念的课程和教材就处于首要位置。因而,教育不在于重视课程和教材的训练作用,或知识教学促进学生能力发展的作用,而是重视课程、教材的具体内容本身及其实用价值,使学生获得丰富的知识。③ 必须重视

---

① 瞿葆奎,施良方.“形式教育”与“实质教育”(上)[J].华东师范大学学报(教育科学版),1988,(1):9-24.
② 瞿葆奎,施良方.“形式教育”与“实质教育”(下)[J].华东师范大学学报(教育科学版),1988,(2):27-41.

课程和教材的组织。心灵要靠观念的联合以组成概念和范畴。课程和教材的组织和程序,直接影响心灵的组织和程序。

2. 人文主义教育与科学主义教育的分野

课程与教学内容究竟应当以人文学科知识为主还是以自然科学知识为主? 围绕这一问题,长期以来存在着人文主义教育与科学主义教育的分野。

人文主义教育主张,教育内容应该以人文知识为主,人文学科在课程中应该占支配地位,教育的宗旨在于把学生培养成有人文教养的、体面的绅士。人文知识是人类采取各种手段对人文世界的认识及其结果,主要具有"价值负载"和"解释依赖"的特性。① 人文知识承载着事实之外的价值,陈述的是经过价值解释、理解和选择的事实,是被意义化和价值化了的事实。人文知识的演进以人为解释为机制,人文领域的前沿问题和创新知识,与古老的历史文本的重新阐释解读相伴而生。人文知识的学习,使人们在获得价值的过程中,分享人类精神生命的意义;使人们在参与知识解释的过程中,创新人类精神生命的价值。

人文主义后来发展成为新人文主义,不再极端地排斥科学知识,而是主张有选择地吸收科学知识,并挖掘自然科学中的人文主义教育意义。20 世纪 60 年代开始兴起的人本主义,尽管与传统的人文主义有历史渊源关系,但是已经更新为以人为本的现代价值观。人本主义教育主张,教育要培养"完人"和"自我实现的人",教育内容要实现"认知"与"意动"的统一、"理智"与"情感"的结合。

科学主义教育主张,教育内容应该以科学知识为主,自然科学在课程中应该占支配地位,教育的目的是把学生培养成具有科学素养的现代人才。与人文知识相区别,科学知识坚持价值的中立性、理论的普遍性、结果的可检验性、逻辑的严密性和构造的简单性。科学主义教育是现代自然科学技术的发展及其在生产生活中广泛应用的产物。它发展到当代,已经开始超越极端化,注意吸收人文主义和人本主义教育的观点与主张,不断挖掘自然科学的人文精神。

3. 显性知识与隐性知识的对峙

知识,是基本的教育内容。长期以来,人们认为知识是可以明确表达的。进入教育领域的知识主要通过教育文件、课程方案、课程标准、教材以及各种教学媒体得到明确表达。但是,知识观的不断发展引发了对知识语言特征的批判。研究者发现,无论是人文活动还是科学活动,其过程和结果都存在能否清晰反思与表达的问题。在实践中发挥作用的,既有大量的能够明确表达的知识,也有许多不能明确表达的知识。前者是显性知识(explicit knowledge),就是人们通常所称的知识,一般以书面文字、图表和数学公式等加以表达。后者是隐性知识(latent knowledge),又称缄默知识或意会知识,是"只可意会不可言传"的知识。

在传统知识论的支配下,隐性知识很难被接纳为真正意义上的知识。这种状况到1959 年有所改观,这一年波兰尼(Polanyi, M.)出版著作《人之研究》,首次明确提出"缄默知识"的概念,并在后来的一系列著作中系统论述了这种知识的逻辑性质,论述了缄默知识在科学和其他社会实践活动中的重要作用。

---

① 张祥云. 人文知识的特性及其教育意蕴[J]. 教育研究,2004,(6):8-12.

在小学课程与教学内容领域,显性知识也占据着支配地位,隐性知识长期受忽视。相关研究发现,尽管隐性知识具有相当复杂的性质、功能和类型,但事实上,它们"是非常重要的一种知识类型,因为它们事实上支配着整个的认识活动,包括科学认识活动,为人们的认识活动提供了最终的解释性框架乃至知识信念"。①

(二)当前小学课程与教学内容的主要取向

由于可供学习的文化精华的无限性与学生学习时间的有限性这对矛盾始终存在,人们一直在思考如何更好地处理小学课程与教学内容的范围问题。随着人们认识的发展,当前小学课程与教学内容呈现出"全面性与基础性兼顾"以及"确定性与灵活性共生"的主要取向。

1. 全面性与基础性兼顾

小学课程与教学内容的全面性,体现为形式教育与实质教育的融通,人文主义教育与科学主义教育的整合以及显性知识与隐性知识的并举。

(1)形式教育与实质教育的融通。形式教育与实质教育都是一定历史的产物,它们的产生、盛衰都有其客观的社会条件。说到底,它们的争论是课程与教学内容的知识取向与能力取向之争。时至今日,形式教育已然衰落,实质教育已成陈迹,但其内在的理论精华已经积淀到教育理论之中,汇聚为人们理解课程与教学内容的思想基础。目前,人们普遍认为,知识取向与能力取向应当整合融通,学生是在掌握知识的过程中发展能力的。

(2)人文主义教育与科学主义教育的整合。人文知识和科学知识,对人类的生存和发展是不可缺少的,对小学生的学习和成长而言也是不可替代的。人文知识的学习,弘扬的是人文精神;科学知识的学习,发展的是科学精神。两者缺一不可。

(3)显性知识与隐性知识的并举。在显性知识占据主导地位的小学教育中,隐性知识的提出为创新小学课程与教学内容提供了新的视角。怎样加强显性知识的选择与组织,怎样提高显性知识的教学效率,是小学课程与教学内容领域的主导性问题;同时,怎样认识和开发隐性知识,以改善小学课程与教学内容的品质,提高新时代小学教育的质量,则是值得引起重视和加强研究的一个问题。

在把握小学课程与教学内容全面性的基础上,需要注意"全面"并不意味着"全部",并不是所有的人类文化精华都要成为小学课程与教学内容,都要提供给小学生学习。小学教育是打基础的阶段,应选择最基础层面的文化精华,将其组织成适合小学生学习的内容,做到"全面性"与"基础性"兼顾。

2. 确定性与灵活性共生

小学课程与教学内容的确定性,主要表现为小学教育目标决定着小学教育内容的基本定位,有关小学教育的课程标准和小学教材等都规定了基本的小学课程与教学内容。比如,《义务教育科学课程标准(2022年版)》在"课程内容"部分规定了13项内容,包括:① 物质的结构与性质,② 物质的变化与化学反应,③ 物质的运动与相互作用,④ 能的转化与能量守恒,⑤ 生命系统的构成层次,⑥ 生物体的稳态与调节,⑦ 生物与环境的相互关系,⑧ 生命的延续与进化,⑨ 宇宙中的地球,⑩ 地球系统,⑪ 人类活动与环境,⑫ 技术、工程与社会,⑬ 工程设计与物化。

---

① 石中英.知识转型与教育改革[M].北京:教育科学出版社,2001:226-227.

但是,"确定"并不排斥"灵活"。不同地区、不同小学的发展状况有所不同,小学生的学习需要是种类多样的,既有普遍、一般的需要,也有具体、特殊的需要。因此,在统一确定的课程与教学内容之外,针对不同地区、不同小学乃至不同班级学生的具体学习需要,灵活开发出相应的课程与教学内容,以增强和保证课程与教学内容的针对性与适切性,就十分必要。这就决定了当前小学课程与教学内容的主要取向还表现为确定性与灵活性共生。

 案例分析

◎案例

霍懋征老师的教学内容改革试验

霍懋征老师在20世纪70年代末开始进行试验。她在小学三年级上学期的语文教学中,除完成课本中原有的26篇课文外,还和学生一起学习了26篇补充的寓言、童话、散文、说明文、应用文和议论文等以及43首古诗和现代诗,一共学习了95篇课文。学生的阅读量增加了,这有助于学生丰富知识,开阔视野和思路,提高读写能力。

这些补充的内容,并不是随意增加的文章,而是根据学生实际精心选择的,同时,精讲和略讲相结合,有的精讲,有的略讲,有的让学生自学。

需要特别说明的是,这些原有课本内容和补充内容的学习,都在已有语文课时内完成,不占用课外时间,不多留作业,学生每天的语文作业在半小时内可以做完,课外时间留给学生自己支配。

◎分析

要落实小学教育内容确定性与灵活性共生,小学教师的作用很关键。小学教师具备了课程意识、知识与能力,有利于实现基于确定性小学课程与教学内容的灵活创生。霍懋征老师能够带着学生"多、快、好、省"地学习,这样,学生可以多学一点,学快一点,学好一点,但又不加重学生的负担。

资料来源:霍懋征.尊重规律 事半功倍[J].人民教育,1979,(3):23,29.

二、 小学课程与教学内容的具体构成

2019年,中共中央、国务院发布《关于深化教育教学改革 全面提高义务教育质量的意见》,强调"突出德育实效""提升智育水平""强化体育锻炼""增强美育熏陶"和"加强劳动教育",以坚持五育并举,全面发展素质教育。我国小学课程与教学内容主要包括德育、智育、体育、美育和劳动教育的内容。

(一) 德育内容

德育即"旨在形成受教育者一定思想品德的教育",在中国一般包含思想教育、政治教育和道德教育,在西方通常指伦理道德教育和与之相关的价值观教育。[①] 小学阶段学生的人生观、世界观和价值观都在不断发展,通过学校德育要培养学生学会用科学的世界观看待问题,树立积极的人生观,形成正确的价值观支持他们做选择和判断。

---

① 顾明远.教育大辞典(增订合编本)(上卷)[M].上海:上海教育出版社,1998:249.

2013 年,中共中央办公厅印发《关于培育和践行社会主义核心价值观的意见》,明确要求"推动社会主义核心价值观进教材、进课堂、进学生头脑"①。2022 年,党的二十大报告指出,"用社会主义核心价值观铸魂育人"②。有学者曾在《人民教育》撰文《价值观教育的阶梯——北京市中小学校社会主义核心价值观教育阶段性目标框架研制》,专论与各学段适配的社会主义核心价值观目标,凸显德育目标的进阶性。③ 相应的德育内容要注重承接性,小学各年级的德育内容之间要承接,小学与初中、高中乃至大学的德育内容之间也要加强承接。小学德育内容的选择还应体现一定生动性和趣味性,充分挖掘学生身边的素材,引导学生认识自我、认识社会,逐渐提升道德水平。

　　德育内容不仅存在于小学道德与法治课程中,还存在于语文、数学、英语等各科课程中。上海市将社会主义核心价值观教育与大中小学德育内容体系进行对接,构建出以"政治认同、国家意识、文化自信和公民人格"为重点的德育内容体系,在对中小学现行课程标准和教材做逐节逐段的德育要素分析基础上,尝试修订课标和教材,强调结合课程特点融入社会主义核心价值观教育。④

　　(二)智育内容

　　智育可以理解为向学生传递科学文化知识和探索问题的方法,发展学生智力,促进思维发展,培养创新意识、精神与能力的活动。⑤ 智育主要包含三方面内容:第一,传授基础知识与基本技能。学生在掌握知识的同时,学习掌握知识的方法。第二,发展智力和培养能力。智力包含观察力和记忆力等内容,能力即能够运用所学知识解决实际问题。第三,培养创新意识、精神和能力。学生能够在掌握一定方法的基础上,积极尝试开展探究和创新活动。国家政策文件对学校智育工作提出明确要求,即着力培养学生认知能力、促进思维发展并激发创新意识。⑥

　　(三)体育内容

　　概括而言,体育的核心内容主要有三点:第一,体育认知、体育运动与锻炼的技能;第二,体育精神和品格,如勇敢顽强、坚持不懈、积极进取等精神,遵守规则、文明礼貌和团结友爱等品格;第三,健康的行为习惯,如积极参与体育锻炼、注重规律饮食和作息、自主调适心理状态等。

　　为建构大中小学一体化体育课程衔接体系,应把握好课程内容这一核心要素。其中,对课程内容深度和广度的把握尤为重要。研究指出,"窗口期"理论能够为一体化体育课程体系建构提供指导,为体育课程内容中的运动项目设置提供合理依据。⑦

---

　　①　中共中央办公厅.关于培育和践行社会主义核心价值观的意见[N].人民日报,2013-12-24(1).

　　②　习近平.高举中国特色社会主义伟大旗帜 为全面建设社会主义现代化国家而团结奋斗——在中国共产党第二十次全国代表大会上的报告(2022 年 10 月 16 日)[J].党建研究,2022,(11):2-33.

　　③　石中英.价值观教育的阶梯——北京市中小学校社会主义核心价值观教育阶段性目标框架研制[J].人民教育,2019,(24):31-41.

　　④　陈克宏.核心价值观教育走到深处是融合[J].人民教育,2015,(23):17-20.

　　⑤　冯建军.构建德智体美劳全面培养的教育体系:理据与策略[J].西北师范大学学报(社会科学版),2020,(3):5-14.

　　⑥　中共中央,国务院.中共中央 国务院关于深化教育教学改革 全面提高义务教育质量的意见[EB/OL].(2019-07-08)[2021-07-11].http://www.gov.cn/zhengce/2019-07/08/content_5407361.htm.

　　⑦　于素梅.一体化体育课程的旨趣与建构[J].教育研究,2019,(12):51-58.

"窗口期"理论包含三个层次的结构体系。第一层"存在形式"是核心层,它指引体育工作者根据学生开展各项动作技能学习的最佳时间选取课程内容;第二层是"本质特征"层,揭示学生动作技能发展的"稳定性"、动作技能学习应遵循的"叠加性"和"递进性";第三层是"内部规律"层,它与"本质特征"一一对应,明确动作技能学习应服务于学生发展需求,按先易后难、由简至繁的规律选取和排列动作技能学习内容,关注动作技能学习的功能重合度。① 培养小学生体育精神与品格、行为与习惯的课程与教学内容选择,也需要以相应理论为依据。

(四)美育内容

美育面向每位学生,主要任务有以下三点:第一,学生接触音乐和美术等艺术作品,初步认识和感受什么是美;第二,学生辨别和鉴赏美,形成健康的审美观和高雅的审美情趣;第三,学生发展创造美和表达美的能力,能够创造美的生活,丰富美的体验。美育可以通过多途径开展,相应的课程内容选择与开发具有多样性和灵活性。

美育有利于培养"优雅生活者"。有校长指出,学业负担不应也不会成为"优雅生活"的阻碍,学生生活在落后地区,依然可以欣赏山川自然,欣赏文艺作品,聆听美妙音乐,发展审美素养。② 美育内容面向所有学生,只是内容载体需要因时因地制宜。

(五)劳动教育内容

过去的劳动教育受时代背景因素所限,更多重视培养学生在"工农业"方面的素养和能力。新时代的劳动教育,开始关注联通教育、生活和职业的世界。③

在选择劳动教育内容时,应充分考虑儿童特征,使内容具备科学性和进阶性。④ 例如,小学低学段将重心放在学生劳动意识的启蒙,引导学生实现日常生活的自理。小学中高学段,可以尝试组织创新性劳动,关注学生劳动习惯的养成,引导学生坚持参与班级与校园的值日活动,自觉分担力所能及的家务,并自愿参与校内外公益实践活动。

为了清晰地理解小学教育内容的构成,以上分别从德育内容、智育内容、体育内容、美育内容和劳动教育内容入手论述,但在小学课程与教学设计时不能忽略"五育"内容之间的联系,也不能将德智体美劳的内容进行简单拼凑或叠加,而要秉承"五育并举"的理念,注意"五育"内容的相互联结、渗透和融通,发挥"五育"的整合效应,增强整体育人功能。比如,可以考虑建构"大美育"课程体系,推进"以美修德、以美怡心、以美益智、以美健体、以美雅兴",打通美育与各育之间的关系,彰显五育的统整性;也可以考虑以劳动教育为突破口,推进"以劳辅德、以劳增智、以劳强体、以劳育美、以劳养心",发挥劳动教育对其他各育的促进作用。

第三节 小学课程结构

好的结构有助于发挥出好的功能,课程结构的研究历来较受重视。经过选择进入

---

① 于素梅.动作技能学习"窗口期"及理论建构——基于一体化体育课程建设的核心理论[J].体育学刊,2019,(3):8-13.

② 唐江澎.培养优雅生活者[N].人民政协报,2021-12-15(11).

③ 徐长发.新时代劳动教育再发展的逻辑[J].教育研究,2018,(11):12-17.

④ 侯红梅,顾建军.我国小学劳动教育课程的时代意蕴与建构[J].课程·教材·教法,2020,(2):4-11.

小学教育领域的内容,需要组织为较好的课程结构,以便更好地发挥育人功能。

一、 课程结构的概念

课程结构,是课程的各种类型、各个组成成分或要素按照预定的一定准则形成的相对稳定的相互联系,体现着课程系统组织化和有序性的程度。

课程结构主要涉及课程内容、课程设置和课程平衡等。课程结构问题,实质上是课程内容的选择和排列等问题。从人类文化精华中选择进入课程的内容,如何进行组织和排列,是课程结构设计要思考的关键问题。要解决这个问题,就要进行课程设置。课程设置,实际上就是一组有内在联系的科目或主题,根据一套预定准则而有机结合在一起,意在恰当地覆盖整个学习领域。[1] 在一定程度上,可以将课程设置理解为一种较为宏观的构架,是构成整个课程体系的各门具体课程或各个具体主题及其相互关系。教育部发布的《义务教育课程方案(2022 年版)》中,规定了我国现阶段的小学课程设置,如表 4-1 所示。在课程系统中,总是存在多种类型的课程,相互之间需要协调与和谐,以达到课程平衡。课程平衡是指选入学校教育活动中的各类课程以及每门课程所含内容等主次分明、比例适当,满足学生的潜在需要并合乎社会价值观标准。

表 4-1 义务教育课程设置及比例表[2]

	年 级									九年总课时（比例）
	一	二	三	四	五	六	七	八	九	
国家课程	道德与法治									6%~8%
	语文									20%~22%
	数学									13%~15%
			外语							6%~8%
							历史、地理			3%~4%
	科学						物理、化学、生物学（或科学）			8%~10%
			信息科技							1%~3%
	体育与健康									10%~11%
	艺术									9%~11%
	劳动									
	综合实践活动									
地方课程	由省级教育行政部门规划设置									14%~18%
校本课程	由学校按规定设置									

---

[1] Marsh. C. J. Key concepts for understanding curriculum [M]. 4th ed. London:Routledge,2009:36.

[2] 中华人民共和国教育部. 义务教育课程方案(2022 年版)[M]. 北京:北京师范大学出版社,2022:9.

	年　　　级									九年总课时（比例）
	一	二	三	四	五	六	七	八	九	
周课时	26	26	30	30	30	30	34	34	34	
新授课总课时	910	910	1 050	1 050	1 050	1 050	1 190	1 190	1 122	9 522

说明:本表按"六三"学制安排,"五四"学制可参考确定。

 拓展阅读

课程结构的重要性

人们采用多种方式凸显了课程结构的重要性。比如,古德莱德(Goodlad,J.I.)等人曾打比方说:"组织要素可以比作一座高楼大厦中的钢筋结构,尽管看不见,但对大厦的强固是极为必要的。"

麦克尼尔(McNeil,J.D.)曾引用诗歌来说明课程结构的意义:

在这智慧的年代
亦有无知的时刻
大量闪烁发光的事实
自天倾盆而降
未经质疑,互不联系
睿智每日萌生
足以消除人间祸患
但至今未有编织机
将它梳理成章……

课程结构恰如智慧的"编织机",将零散的课程要素编织成课程智慧的彩缎,以更好地促进人的发展。

资料来源:张华.课程与教学论[M].上海:上海教育出版社,2000:229-230.

优化课程结构,必须加强其有序性。几十门课程杂乱地堆放在一起,是无所谓结构的。只有在它们之间建立一种量的比例关系以及横向的空间关系和纵向的时间关系,才形成一定的课程结构。上述关系的优化,即有序性的增强,这是课程结构优化的一个重要方面。然而,课程结构的优化不仅要求课程有序性的增强,而且要求"序变能力"的增强。序变能力,体现着一个系统的活力和发展的内在潜力,并不是有序性越高,系统的序变能力就越强。有的系统虽然有序性很高,但序变能力很低。如赤壁之战中,曹军号称80万人马,全军高度有序,连战船都连成一体。但正因战船相连,使全军失去了灵活性和机动性,缺乏必要的应变能力,火攻之下,最终惨败。由此可见,课程结构有序性的增强,不能以结构的僵化为代价。优化的课程结构,既应是有序的,也应是灵活的、有广阔序变空间和多样序变方式的。这就要求人们在考察课程有序性的时候,不仅要考察其有序的程度,更要考察这种"序"的性质。①

二、 课程结构的原理

课程结构的研制,需要精心规划横向结构与纵向结构,合理平衡形式结构与实质结构。

(一) 横向结构与纵向结构

课程的横向结构设计,主要解决使课程内容中的一部分与其他部分结合并达至平衡的问题,涉及不同学习科目之间、不同内容系列之间、不同学习领域之间的整合与平衡。课程的纵向结构设计,意在使整个课程中的内容具有连贯性,使具体课程中的概念等逐步深入。一门课程的纵向组织,要依据学生的学习心理等来建立连贯性的学习结构。

1. 横向结构

课程的横向结构,又叫水平结构,是指课程不同成分之间在横向上或水平面上的结构过程及其结果。

对于小学课程而言,在课程的横向结构设计上,要关注和体现课程的整合。课程整合是使分化了的教育系统的各要素及其各成分形成有机联系、成为整体的过程和结果。② 课程整合已有"科目中心整合"和"儿童中心整合"两类不同的观点。科目中心整合,主要是针对分科课程的局限而提出的,主张以某个或某些科目为中心进行整合,旨在建构学校里多种分科课程之间的有机联系。儿童中心整合,主张整合中心不应是科目,而应是学生的活动。为了调和以上两种课程整合观的矛盾并吸收两者的优势,"注重学科与儿童心理统一的整合"也开始兴起。

2. 纵向结构

小学生在小学教育不同阶段身心发展的水平是不同的,在不同阶段或不同学期安排哪些课程,这些课程相互之间如何衔接等,需要予以关注。课程的纵向结构,又叫垂直结构,是指各种课程要素在纵向上或垂直维度上的结构过程及其结果,主要有"直线型"和"螺旋型"等类型。

直线型课程,就是对课程内容以环环紧扣、直线推进的方式加以安排。如"环境保护"校本课程的内容,按水资源的利用与保护、矿产资源和土地资源的利用与保护、大气的污染与治理、噪声的环境污染等主题顺序展开,就基本属于直线型排列。

螺旋型课程,就是在不同阶段安排主题相同的课程内容,但逐渐扩大范围和加深程度。如小学数学课程中的四则运算按"整数四则运算→小数四则运算→分数四则运算"安排,就基本属于螺旋型排列。

(二) 形式结构与实质结构

对课程结构的设计,既要考虑形式性问题,更要深入关注实质性问题,平衡好课程的形式结构与实质结构。③

1. 形式结构

课程的形式结构是指课程的形式性构成要素及其相互关系。优化课程的形式结

---

① 廖哲勋,田慧生.课程新论[M].北京:教育科学出版社,2003:240.

② 黄甫全.整合课程与课程整合论[J].课程·教材·教法,1996,(10):6-12.

③ 郭晓明.整体性课程结构观与优化课程结构的新思路[J].教育理论与实践,2001,(5):38-42.

构,一是要处理好各课程要素间的比例关系,诸如国家课程、地方课程和校本课程的课时比例,必修课程与选修课程的课时比例,学科课程与活动课程的课时比例,综合课程与分科课程的课时比例等;二是要处理好各课程要素间的衔接关系,诸如必修课与选修课的前后衔接,综合课程与分科课程的前后衔接等。

2. 实质结构

过去,人们讨论课程结构时,关注较多的是形式结构。但是,形式结构终究只是课程的表层结构,是人们在实践层面即可知可感的。形式结构的真正优化,还必须以一些更深层次问题的解决为基础。这些问题不只是设置哪几大类课程以及它们的关系如何处理的问题,而是更具基本性和概括性的问题,即不只是课程存在的形式问题,而是课程的质的规定性问题。例如,知识与经验的关系,知识、情意、人性在课程中的地位问题,课程应如何保证人的整体性发展的问题,等等。根据对这些问题的不同理解,人们曾提出种种不同的课程框架(图4-2即为其中一例),这就是课程的实质结构,即课程的实质性构成要素及其相互关系。

如果说形式结构只是课程的外显形态,那么实质结构就是课程内在的精、气、神。相同的形式结构之下,往往掩盖着完全不同的实质结构。因此,课程结构的优化必须兼顾实质结构和形式结构。而且,后者以前者为基础,两者又都与对课程总体目标的把握相沟通。

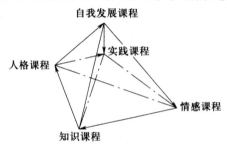

图4-2　课程实质结构设想示意图①

随着对课程结构认识的日渐深入,人们对课程质量的期待越来越高,许多小学走上了革新学校课程结构的探索之路。小学课程结构创新孕育出三个焦点:一是弥补国家课程的不足,结合学校的办学理念,在课程结构中补充一些拓展类的校本课程,已成为普遍做法;二是关注课程之间的整合,正在成为优化课程结构的一条重要途径;三是基于学生核心素养的课程整合,是革新课程结构的一种新兴取向。

 案例分析

◎案例

和雅课程结构

成都实验小学在学校"雅教育"理念指引下,形成了"和雅"的课程观念,即实现人

---

① 冯国文.构建现代学校课程结构模式[J].课程·教材·教法,1999,(5):7-10.

文与科学、理论与实践、共性与个性、知识与行为的完美协调。"和"为坚持课程是综合能力、综合知识的集合体,形成综合性课程内容,课程结构科学合理,课程实施适应社会发展需要、适应国家的总体要求;"雅"即课程同时是承载学校文化特色的主要载体,通过以校为本的课程开发,使学生在交互式活动中获得积极的情感体验,成长为"文雅"学生。

和雅课程以培养"文雅学生"为目标,由身心健康类、艺术修养类、综合实践类、语言文化类和科学思维类课程组成立体式、多维度的校本课程体系,力争培养"勤学、守正、尚礼、求活"的文雅学生,体现学校"雅文化"对学生综合素质的熏陶和培养。和雅课程结构示意图参见图4-3。按照国家课程计划,结合学校课程理念,学校实行了个性化的课程安排。学校从一年级到四年级设置了琴、棋、书、画、国际理解、运动技能、科技创新等校本特色课程。通过多方面的努力,学校形成了较成熟的课程结构。

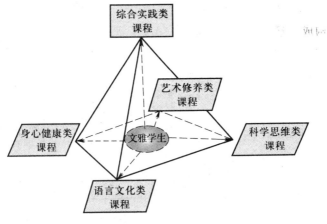

图4-3 "和雅"课程结构示意图

◎分析

该案例中的小学结合"雅教育"的办学理念,在遵循国家课程计划的基础上,在课程结构中设置了一些校本特色课程,注重课程之间的整合,形成涵括身心健康类、艺术修养类、综合实践类、语言文化类和科学思维类课程的校本课程体系,以支持"文雅学生"的培养。

资料来源:陆枋,等.小学校 大雅堂:成都市实验小学教育创新研究[M].北京:教育科学出版社,2012:45-48.

三、 课程内容结构化走势

当前,世界上很多国家中小学都开设了母语、数学、自然科学、体育、艺术和外语等核心课程,还根据时代发展需要增设了信息科技类和工程实践类课程。虽然开设的课程类型相似,但是,每门课程选择什么样的内容?内容如何排列?等等,这些问题的回答不同就会产生课程育人功能的差别。在这样的背景下,课程内容结构化成为人们重点关注的一个问题。课程内容结构化是指在某一门课程中,对课程选取内容的逻辑结构不断调整,使课程要素在更优化的范畴与序列中实现育人目标的课程设计动态过程,或者说是按照知识观、儿童观、社会发展观等原则不断地调整课程内容要素的倾向或努力。①

面对人类知识总量激增而学生学习时间有限的状况,学校里的课程只能选择部分内容让学生学习。怎样在精选内容甚至是删减内容的同时增强课程育人功效?这是课程内容结构化必须面对的问题。课程内容结构化改革的一个重点,就是在精选和有效组织课程内容的同时增强育人功效。2022年公布的义务教育课程标准,用核心概念、主题或任务作为线索串联课程内容,突破课程内容"碎片化"的困境,帮助学生开展整体性和系统化的学习。比如,语文课程以任务群的形式串联内容,数学以主题为线索构建内容体系,科学用13个学科核心概念和4个跨学科概念统整内容(参见图4-4)。

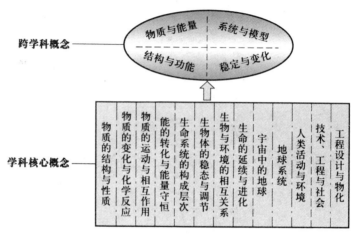

图4-4　科学课程的内容结构②

不管是核心概念、主题还是任务串联起来的一组内容,都强调由能够支撑它的重要的事实、核心的原理或概念、相关的思维方式或方法、价值观念等多种类型知识、多维度的内容构成。以下列举两例。③

《义务教育化学课程标准(2022版)》④中的"物质的性质与应用"主题,内容包含物质的多样性、常见的物质、认识物质性质的思路与方法、物质性质的广泛应用及化学品的合理使用、学生必做实验及实践活动。这些内容既包括对于氧气、二氧化碳、水等物质的性质、成分的知识,也包括"知道可以通过物质类别认识具体物质的性质,了解通过物质的共性和差异性认识一类物质性质的方法"等学科思维方式,以及"认识合理使用化学品对保护环境的重要意义"等学科本质知识和学科伦理知识。这些不同类型的知识围绕着"物质的性质与应用"这一主题被组织起来,有利于学生在认识不同物质性质的同时,明白为什么要对物质进行分类、怎样对物质进

①　吕立杰.课程内容结构化:教育现代化的议题[J].教育研究,2023,(4):57-65.
②　中华人民共和国教育部.义务教育科学课程标准(2022年版)[M].北京:北京师范大学出版社,2022:16.
③　吕立杰.课程内容结构化:教育现代化的议题[J].教育研究,2023,(4):57-65.
④　中华人民共和国教育部.义务教育化学课程标准(2022年版)[M].北京:北京师范大学出版社,2022:18-20.

行分类以及分类之后对人类生产生活的意义是什么。由此,对氧气、二氧化碳、水等物质的性质、成分的认识不再是孤立的知识点,而成为活的知识,能够在需要的时候调取使用的知识。

《义务教育生物学课程标准(2022版)》在主题之下鲜明地提出学生学习该主题应该建立的学科大概念,即应有的学科观念性的理解,应产生的学习意义。主题"生物体的结构层次"中的大概念"生物体具有一定的结构层次,能够完成各项生命活动"①是基于学科内容看待世界、理解知识价值、解决问题的思想,提供了一种思路来统整学习内容的要素与重点,使片段的信息、知识和技能变得富有意义。

本章小结

小学课程与教学内容含义丰富,在实际使用中,人们会选用教育内容、课程内容、教材内容、教学内容或学习内容等不同的术语,指涉教育、课程、教材、教学或学习等特定领域或层面的内容。小学课程与教学内容呈现出一定的层次结构,包含小学课程内容、小学教材内容、小学教学内容和小学学习内容。

小学课程与教学的内容构成在历史发展过程中形成了不同的取向,主要表现为"形式教育与实质教育的分歧""人文主义教育与科学主义教育的分野"以及"显性知识与隐性知识的对峙"。当前小学课程与教学内容呈现出"全面性与基础性兼顾"以及"确定性与灵活性共生"的取向。在具体构成方面,小学课程与教学内容主要包括德育、智育、体育、美育和劳动教育的内容。

课程结构,是课程的各种类型、各个组成成分或要素按照预定的一定准则形成的相对稳定的相互联系,体现着课程系统组织化和有序性的程度。研制课程结构,需要关注两方面内容:一是精心规划横向结构与纵向结构。课程的横向结构设计,主要解决使课程内容中的一部分与其他部分结合并达至平衡的问题,涉及不同学习科目之间、不同内容系列之间、不同学习领域之间的整合与平衡。课程的纵向结构设计,意在使整个课程中的内容具有连贯性,使具体课程中的概念等逐步深入。二是合理平衡形式结构与实质结构。课程的形式结构是指课程的形式性构成要素及其相互关系。课程的实质结构指课程的实质性构成要素及其相互关系。课程结构的优化必须兼顾实质结构和形式结构。后者以前者为基础,两者又都与对课程总体目标的把握相沟通。

当前,课程内容结构化受到重点关注。课程内容结构化是指在某一门课程中,对课程选取内容的逻辑结构不断调整,使课程要素在更优化的范畴与序列中实现育人目标的课程设计动态过程,或者说是按照知识观、儿童观、社会发展观等原则不断地调整课程内容要素的倾向或努力。课程内容结构化改革的一个重点,就是在精选和有效组织课程内容的同时增强育人功效。

① 中华人民共和国教育部. 义务教育生物学课程标准(2022年版)[M].北京:北京师范大学出版社,2022:9.

一、单项选择题

1. 明确提出教育的主要任务在于使学生的官能或能力得到发展,格外重视教育内容、课程内容和教材内容等的训练价值,这种课程与教学内容的取向属于( )。

A. 科学主义教育　　　　　　B. 实质教育

C. 人文主义教育　　　　　　D. 形式教育

2. 主张教育要培养"完人"和"自我实现的人",教育内容要实现"认知"与"意动"的统一、"理智"与"情感"的结合,这种课程与教学内容的取向属于( )。

A. 科学主义教育　　　　　　B. 实质教育

C. 人本主义教育　　　　　　D. 形式教育

3. 1959 年出版著作《人之研究》,首次明确提出"缄默知识"这一概念的是( )。

A. 皮亚杰　　　B. 波兰尼　　　C. 维果茨基　　　D. 布卢姆

4. 课程不同成分之间在水平面上的结构过程及其结果是( )。

A. 形式结构　　　B. 实质结构　　　C. 横向结构　　　D. 纵向结构

5. 不同阶段安排主题相同的课程内容,但逐渐扩大范围和加深程度,这种课程结构属于( )。

A. 直线型　　　B. 螺旋型　　　C. 形式结构　　　D. 实质结构

二、名词解释题

1. 教育内容
2. 课程结构

三、简答题

1. 简述实质教育的基本主张。
2. 简述小学课程与教学内容的具体构成。
3. 简述优化课程形式结构的基本要求。

四、论述题

1. 论述全面性与基础性兼顾取向的主要表现和注意事项。
2. 论述课程内容结构化走势的背景及改革重点。

推荐书目

1. 石中英. 知识转型与教育改革[M]. 北京:教育科学出版社,2001.

该书从"知识""知识型"和"知识转型"等概念讲起,考察从古至今的知识类型和知识更迭,从纵、横两方面进行多视角考察和研讨,对"原始知识型(神话知识型)""古代知识型(形而上学知识型)""现代知识型(科学知识型)"和"后现代知识型(文化知识型)"四个知识型发展阶段及三次知识转型的分析,为研究人类知识增长和教育思想演化提供了理论基础。该书对现代知识客观性、普遍性和价值中立性的批判,为知识创新和教育改革提供了指导。其对缄默知识和本土知识的讨论,使人们更深入地思考知识的多样性和传统文化的重要性。该书是一部理论联系实际、具有时代特点的专著。

2. 陈先云. 小学语文教科书选文标准研究[M]. 北京:人民教育出版社,2018.

该书共五章,分别从"小学语文教科书选文标准的基本认识""小学语文教科书选文标准的语言文字取向""小学语文教科书选文标准的价值取向""小学语文教科书选文标准的教学取向"和"小学语文教科书选文标准的思考与启示"等方面展开讨论。

3. 李亮. 课程内容的文化选择[M].北京:人民出版社,2016.

该书指出课程内容的文化选择不仅是一个"选择什么"的问题,同时还应考虑"选择的释放效果",也就是课程与教学的互动以及由这种互动所生成的教育文化生态。课程内容的选择必须是一个"饱满的文化过程",它包括政治学与社会学层面、课程的层面以及教学的层面。该书还提出教材文化的选择需要工程思维的视角,考虑多方面的因素,进行更多的有价值的文化复合和文化创意。

第五章　小学课程与教学实施设计

学习目标

1. 识记
◆ 课程实施的概念
◆ 教学实施的概念
◆ 小学课程与教学资源的类型
2. 领会
◆ 课程与教学实施的影响因素
◆ 课程实施的模式
◆ 小学课程与教学实施的推进
◆ 小学课程与教学资源开发的理念与策略
3. 应用
◆ 应用本章所学内容,分析一所小学的课程与教学实施现状并提出改进建议
◆ 应用本章所学内容,开发和利用小学课程与教学资源

建议学时

9 学时

案例导读

美妙的构想,无奈的收场

1957 年秋天,苏联发射了世界上第一颗人造地球卫星,美国政府为之震惊。1959
年,美国科学院邀请了 35 位科学家、教育家、心理学家汇集在一起,讨论中小学课程改
革问题,制订详细的课程改革计划,这就是轰动于 20 世纪 50—60 年代的美国"新课程
运动"。本次运动突出数学、科学和外国语这"新三艺"。据说,当时投入了十几亿美
元的经费,十几个诺贝尔奖获得者参与,但最后还是以失败告终。

"新课程运动"充满理论魅力和美妙构想的课程计划,最终以"无奈"收场。这次
运动的第二号旗手、美国著名课程理论家施瓦布(Schwab,J.)经过反思后提出了一个
症结所在:事实上,新的课程计划在许多学校和教师那里,根本就没有被付诸实施。

在 20 世纪 60 年代以前,课程实施是一个不太受人们重视的领域。只要课程计
划、课程方案等优质完善,自然会被教师接纳并在学校和课堂中实施,这是过去人们普
遍持有的观点。受此影响,人们重视的是课程目标和课程内容的设计。然而,美国新
课程运动的失败警示人们,关注课程实施,已经刻不容缓。而且,在进行课程设计的时
候,要充分考虑和周全处理课程实施的各种有关事项,才能保证新的课程设计能够得
到顺利实施。

不论多么周密的课程改革计划,在付诸实践的过程中,总会不可避免地遇到各种
阻力。课程与教学实施,应该引起人们的重视。

第一节　课程与教学实施概述

通过多年的研究,课程与教学实施领域已经积累起一系列成果,主要涉及课程与

教学实施的概念和影响因素等。

一、 课程实施的概念

课程实施这一概念有多种界定,影响较大的有三种观点:

(1)课程实施是将课程方案付诸实践的过程。课程实施是达到预期课程目标的基本途径,需要聚焦达到课程目标的程度及其影响因素。如果文件规定的课程没有得到完全落实,那么"规定课程"与"实施课程"之间就出现了悬空课程。

(2)课程实施就是教学。这种观点可以较好地解决课程与教学割裂的问题,理顺二者的关系。

(3)课程实施是课程变迁。这种观点重视新课程方案实施时实施者观念、思维和行为方式所发生的一系列变化,关注课程变迁阻力和课程变迁认同等问题。

将课程实施放到课程研制的整个过程中,分析课程规划、课程实施与课程评价之间的关系,有利于把握课程实施这一概念。从课程规划与课程实施的关系看,前者与后者是理想与现实、预期结果与取得结果的过程的关系;从课程实施与课程评价的关系看,课程实施为课程评价提供内容,课程评价会考察课程实施的有效性及其价值等,为课程实施提供反馈信息,以便及时对课程实施进行调整。

具体而言,课程实施包括课程采纳、课程调适和课程应用三个环节。"采纳"不等于实施的完成,"调适"代表一种努力,"应用"的方案才是实际运作的课程方案。而且,应用的方案与最初的方案相比,已经发生了变化,是一种发展了的或在发展中的课程行动计划。因此,课程实施既是课程研制的一个关键环节,是课程研制必须关注的一个重点工作,又是一项复杂的系统工程。

课程实施受到诸多因素的影响,会带有一定程度的不可预测性和不确定性。总体而言,课程实施是指在现实意义上,调和与平衡影响课程实施的诸多因素,采纳、调适与应用课程方案,创造教育新文化的过程。具体包括三层含义:

(1)在目标维度上,课程实施是在众多复杂性中求得诸多影响因素的调和与平衡的过程。这就需要课程实施主体系统考虑实施的诸多影响因素,尽可能地协调各种因素,使课程实施取得较好的成效。

(2)在操作维度上,课程实施是采纳、调适与应用课程方案的再创造过程。这就需要课程实施主体主动参与实施过程,有效开发和运用各种课程资源,积极而富有创造性地调适与应用课程方案。

(3)在结果维度上,课程实施是落实课程理想以创造教育新文化的过程。课程实施带动生成了由课程研制者创新的课程文化、由教师创新的教师文化、由学生创新的学生文化、由校长带领师生创新的学校文化以及由教育行政人员创新的管理文化,进而整合创新出"教育新文化"。

二、 教学实施的概念

教学实施这一概念有多种界定。有学者提出,教学实施是师生旨在完成教学目标的活动过程。从教学设计的角度看,教学实施可以理解为教师将教学方案落实为课堂教学活动的过程。从教学过程的角度看,教学实施宏观上是建立在教学计划的基础上,负责落实规定的教学计划,以保证教学的长远质量;微观上是建立在教学预备的基础上,负责落实最具有操作性的教学方案,以保证教学的即时效果。[1] 也有学者认为,教学实施是按照系统化备课的要求,对教学活动进行实际展开的过程。[2] 概括而言,教学实施是指将具体教学方案付诸实践的过程,旨在将教学理想有效转化为教学现实。

课程实施和教学实施虽是两个不同的概念,但是,两者在内涵上有一些交叠。因此,有必要对课程实施和教学实施的区别进行梳理。其一,课程实施涉及的范围比教学实施更广。课程实施涉及教育行政管理体制的创新、课程与教学管理的更新、教学活动的改变、校长和师生角色的变化以及教师培训的革新等。在一定意义上,课程实施涉及整个教育系统的变化以及对教育系统提供支持的社会系统的相应变化。教学实施主要涉及课堂教学,比课程实施涉及的范围窄一些。值得注意的是,教学实施是课程实施的核心环节和基本途径。离开了教学实施,课程实施就无从谈起。其二,课程实施与教学实施的研究侧重点有较大的区别。课程实施研究侧重于课程方案的实施程度、影响课程实施的因素、课程实施的模式以及课程变革计划与实践情境的相互适应机制等。教学实施研究侧重于分析教师的教学行为、学生的学习行为以及二者之间的互动等。

在实际使用中,人们会选用课程实施或教学实施等不同的术语,指涉课程或教学等特定领域或层面的实施活动。由于这些领域或层面彼此交叠、难以分割,有时这些术语之间也交替使用。

 拓展阅读

课程实施的取向

对课程实施的不同认识以及支配这种认识的相应课程价值观,形成了"课程实施取向"。有学者划分出课程实施的三种取向,即"忠实取向""相互调适取向"和"创生取向"。这三种取向构成了一个连续体,在理论上具有广泛的解释力。

1. 忠实取向(fidelity orientation),指课程实施是按部就班地执行预定课程方案的过程。

2. 相互调适取向(mutual adaptation orientation),指课程实施是预定课程方案与学校情境之间相互适应的过程。

3. 创生取向(enactment orientation),指课程实施是师生在具体情境中,联合缔造新的教育经验的过程。

资料来源:Snyder, J., Bolin, F., Zumwalt, K. Curriculum implementation[A]. Jackson, P. W. Handbook of research on curriculum: A project of the American educational research association[C]. New York: Macmillan Publishing Company, 1992: 404-418.

---

① 王维臣.现代教学——理论和实践[M].上海:上海教育出版社,2012:203.
② 盛群力,褚献华.现代教学设计应用模式[M].杭州:浙江教育出版社,2002:205.

三、 课程与教学实施的影响因素

综合多种不同的看法,课程与教学实施的影响因素主要可以归纳为历史文化背景、主体、对象、管理和环境五类。

(一)历史文化背景

课程与教学实施的历史文化背景,主要涉及学校及社区的历史文化等,这是课程与教学实施的历史限定因素。学校历史上都存在着改革的良好氛围,就会对推进新的课程与教学改革大有帮助;而学校缺乏改革的风气,或者积淀着一些不利于课程与教学改革的阻碍因素,则会在推进相应改革中遭遇各种阻力。因此,要推进课程与教学实施,必须研究学校既成的历史文化,分清其中的有利与不利因素,进而有针对性地加以利用或控制。同时,学校总是处于一定的社区之中。如果社区人士多年来都对学校教育改革表现出热诚的态度,就有利于课程与教学实施,至少在开发社区课程与教学资源方面不会遇到太多的阻碍。

 拓展阅读

学校文化对课程实施的影响

如果说课程改革的实施状况如何依赖于教师的所思和所为,那么教师为什么会如此思考、如此作为,则需要到学校文化那里寻找原因,因为教师的任何教育行为,都无法脱离具体的情境进行抽象的探讨。学校文化不仅对教师的专业发展有着巨大的作用,而且也是教师生活与工作以及课程改革的意义来源。从这个意义上来说,对学校文化的关注,实际上是对课程实施的具体情境的关注。

对于如何构建有利于课程实施的学校文化氛围,人们进行了大量的研究,相应结论主要集中在三个方面:

(1)构建分享的愿景,塑造学校的灵魂。

(2)构建专业学习共同体,使教师保持开放的心态,能够从同事以及领导那里获得有用的知识,也能够从自我的实践中创造知识、不断成长,这些都可以促进教师迅速适应变革,积极参与变革,而不是趋向专业的保守立场。

(3)构建支持性、开放性的学校环境。这种氛围鼓励教师进行尝试和标新立异,并且对一时的失误给予原谅,使教师在遇到困难的时候能够得到及时的帮助。更重要的是,这种氛围使教师更愿意做改革的主人,积极投入到改革当中去,而不是做改革的被动适应者。

资料来源:于泽元,靳玉乐.课程实施研究:理论转向与研究焦点[J].全球教育展望,2007,(1):63-68,39.

(二)主体

课程与教学实施的主体,主要包括教师、校长和学生等。教师是课程与教学实施的决定因素,校长是课程与教学实施的保障因素,学生是课程与教学实施的重要参与者。

1. 教师是课程与教学实施的决定因素

课程与教学改革的方案可能是理想的,问题在于教师是积极实施还是消极应付。

可以说,课程与教学实施的成效依赖于教师的思维和行动。为了提升课程与教学实施的成效,需要教师不断学习,以便理解与把握新的课程方案的理念、目标、内容和方法等,还需要教师之间加强相互支持与合作,以便协力解决课程与教学实施中遇到的问题。

2. 校长是课程与教学实施的保障因素

校长是教师群体动力激发的关键,是学校教育哲学确立的关键,在课程与教学实施中的作用不容忽视。人们较为关注校长的领导风格对课程与教学实施的影响。研究发现:校长的远见、推动力和决策的一致性等,均是促使教师实施课程创新的重要因素。[①] 校长要重视课程与教学实施并加以持续关注和鼓励,尽可能解决课程与教学实施所必需的时间、空间、材料和设备等问题。

3. 学生是课程与教学实施的重要参与者

过去,通常把学生当作课程变革的潜在受益者,很少将学生视为课程与教学实施的参与者,很少去了解和倾听学生对课程与教学实施的感受和意见,更不用说在实施过程中或修订方案时采纳他们的建议了。事实上,课程与教学实施的成效最终都体现在学生的学习结果上,学生的有效参与有利于课程改革走向成功。而且,学生也具有参与课程与教学实施的能力。有研究表明,即使是很小的儿童也对课堂公平、学生评价等学校生活的重要方面有着比较成熟的看法,这些看法极大地影响着学生的学习动机。[②] 因此,课程与教学实施的促进者和研究者应该把小学生的意见作为相关决策的一项重要基础。

(三) 对象

课程与教学实施的对象,主要就是预先规划与设计出的课程与教学方案和课程与教学材料等。课程与教学方案的清晰度、课程与教学材料的质量以及新课程对旧课程革新的范围和程度等,都是影响课程与教学实施的因素。如果课程方案的清晰度不够,教师就会感到非常复杂、含糊不清,不知道实际上应该做些什么,从而造成回避方案实施的状况。课程与教学材料的难度、实用性、与学生接受水平之间的适切性等,影响着教师实施新课程以及学生学习新课程的态度。如果新课程改革的力度大、范围广,而课程与教学资源的开发、教师队伍的整体素养和数量等配套条件不能很快跟进,新课程实施就会面临巨大挑战。

(四) 管理

课程与教学实施需要有力的管理保障。地方教育当局对课程与教学实施的管理,直接影响着课程与教学实施的水平。如果教育当局实行优先发展教育的策略,并将课程改革置于教育发展的核心地位,那么对课程与教学实施的经费和人力投入就会较为充足,从而为课程与教学实施奠定坚实的基础。而且,教师聘用制和校长聘任制的有效实施,可以增强教师和校长参与课程实施的紧迫感和积极性;师资队伍建设与发展体制的合理健全,可以提升课程实施的质量;督导机制的科学化,可以指引课程实施朝

[①] Hord, S. M., Hall, G. E. Three images: What principals do in curriculum implementation [J]. Curriculum Inquiry, 1987, 17(1): 55-89.

[②] Thorkildsen, T. A., Nolen, S. B., Fournier, J. What's fair? Children's critiques of practices that influence motivation[J]. Journal of Educational Psychology, 1994, 86(4): 475-486.

着科学的方向前进。这些体制与机制的建立与完善,都需要强有力的管理革新才能达成。教育行政部门应该制定有关规章制度,从人、财、物、信息等各方面,为课程与教学实施提供支持。

（五）环境

课程与教学实施的环境,主要包括学校现有教育条件和社区课程与教学资源等。学校现有教育条件,诸如活动场所与设施、教育媒体和教育辅助手段等,是课程实施的必要保证。需要注意的是,并非教育条件越好,课程与教学实施水平就越高。当环境条件达到一定程度之后,真正决定课程与教学实施水平的还是教师和学生等主体开展相应实施活动的水平。社区课程与教学资源,无论是博物馆、科学馆、图书馆、教育网络资源中心、青少年活动中心,还是学校周边的自然环境等,都是课程与教学实施的有力保障。这些课程与教学资源的存在,对于学校开展综合实践活动等十分有利。

 拓展阅读

课程实施的水平

按照预定课程方案在实践中的使用程度,课程实施可分为"未使用""定向""准备""机械使用""例行化""精致化""整合"和"更新"八种水平。

1. 未使用。指实施者对于课程改革缺乏了解,或了解甚少,尚未涉入课程改革工作,也未准备涉入。

2. 定向。指实施者开始获取课程改革的资料与信息,探讨课程改革的价值取向及其对使用者的要求。

3. 准备。指实施者正在为第一次将预定课程方案的要求付诸实践进行准备。

4. 机械使用。指实施者逐渐熟悉课程改革要求完成的任务,但任务的完成往往是肤浅且不连贯的。

5. 例行化。指对实施者来说,完成课程改革所要求的任务,已经成为"例行公事"或生活中的"习惯",他们很少自觉地考虑改革的效果。

6. 精致化。指实施者依据短期或长期的结果进行课程评价,并对课程改革方案和实践进行调整改进,以提升改革的效果。

7. 整合。指实施者之间互相接触,彼此协作,共同努力,力求使课程对学生产生更大的影响。

8. 更新。指实施者再度进行课程评价,试图对课程改革的方案和实践做出大幅度的调整改进,以加强对学生学习的积极影响。

资料来源:黄政杰.课程设计[M].台北:东华书局,1991:406-408.

第二节 课程实施的模式

由于人们所持的课程观、知识观和课程实施取向等不同,课程实施模式的种类也是多种多样的。其中,有代表性的课程实施模式主要有研究—开发—推广模式、关注为本采纳模式、兰德变迁模式、组织发展模式和情境模式。

一、 研究—开发—推广模式

研究—开发—推广模式(research,development and dissemination model),把课程实施视为一种理性化和技术化的过程,认为课程改革就是由学科专家与课程专家针对具体的学科或课程问题进行研究,并根据研究结果开发新课程方案,然后把方案投入学校推广使用。

研究—开发—推广模式包括研究、开发、推广和采用四个按计划线性展开的步骤:① 通过研究,确立课程与教学的基本原理,它们是课程改革的基本价值取向和指导原则;② 依据研究得出的基本原理,设计和开发出新的课程方案;③ 将开发出的新课程方案推广到学校,系统地传递给学校中的教师;④ 教师采用新课程并将其整合到学校课程之中,但是无权对课程方案进行修改或调整。

研究—开发—推广模式具有其特定的基本内涵:

(1)课程方案由专家设计,力争使其臻于完美,并且假定这样的方案能适合不同的学校情境,教师很少有机会进行现场修改。

(2)认定课程实施所需的技能,既可以具体化,又是可以学习的。

(3)认定课程目标会得到课程开发者、教师和学生的认同,这些目标会成为评价学生的主要基础。

(4)评价课程实施的成功与否,以对课程方案的"忠实"程度作为标准,课程方案的使用者是课程改革的被动接受者。

二、 关注为本采纳模式

关注为本采纳模式(concern-based adoption model)认为,所有的变革都起源于人的变革。人变化了,组织和制度才会改变。该模式由三个关键维度组成:① 关注阶段,即教师对变革的个人关注程度;② 使用水平,即教师使用变革方案的情况;③ 革新形态,即教师对变革的理解与认识。该模式既可以被用作推进课程实施的参考模式,也被称为以忠实取向评定课程实施程度的最综合与最清晰的理论。该模式提出,教师随课程实施的推进,所关心的事项存在规律性变化。教师的关注可以按顺序分为无关关注、自我关注、任务关注和影响关注四个阶段。

第一,无关关注。在这一阶段,教师没有意识到自己与课程变革之间的关系。比如,某校正在设置一门新的科学课程,该校某位教师会认为这需要有人为之付出努力,但与自己无关。此时,教师不会抵制课程变革,因为他们没有意识到变革对自己的专业领域和个人生活所产生的影响。

第二,自我关注。在这一阶段,教师将自己与课程变革联系起来,他们关心新的课程与现行课程的异同之处,意识到自己必须投入到课程实施中去,从而面临着怎样教好这门课程的问题。这个阶段,教师内心深处可能产生应付或抵制新课程的想法。

第三,任务关注。在这一阶段,教师关注课程变革在课堂上的实际推行。教师关心的是怎样实施这门新课程,比如新课程的教学需要花多少时间? 提供的材料足够了吗? 教学新课程的最佳方法是什么?

第四,影响关注。在这一阶段,教师关注的是课程变革对学生、同事和教育团体等的影响。教师会考虑,新课程是否有助于学生的未来生活? 学生学习新课程需要什么新的有效方法？

　　关注为本采纳模式启示人们，要推进小学课程实施，就要解决好小学教师在第二、三、四阶段所关注或忧虑的事项，否则，教师不仅不会认同课程实施，而且会以与实施不相关的方式进行工作。因而，课程领导者不仅应该让全体教师了解课程变革的情况，让教师在变革一开始就参与决策，而且应该让教师聚在一起彼此交流所关注或忧虑的事情，共同找出解决问题的方法。当教师彼此倾诉，分担各自的忧虑并找出相应的解决方法之后，那些对课程变革存有疑虑的教师就会打消疑虑，鼓起勇气积极投入到改变旧的教学策略和开始新的课程内容教学等课程实施工作之中，而且会充满信心地去努力实施和推广相应的课程改革。

三、兰德变迁模式

　　兰德社团于 1973—1977 年对美国联邦政府资助的教育改革展开研究，发现成功的课程实施，实际上是一个相互调适的过程，进而提出了兰德变迁模式（Rand change model）。

　　兰德变迁模式由启动、实施和合作三个阶段组成。① 启动（initiation）。课程变革的发起者致力于让变革得到所有参与者（如教师、行政人员等）的理解和支持，这就需要对变革的目标等做出解释。② 实施（implementation）。新课程方案与学校组织之间相互调适，既定的课程方案、教职员工的观念与能力以及学校的组织结构等都可能有所改变。③ 合作（incorporation）。所实施的课程方案已经成为现行课程体系的一部分，需要课程专家、教育行政管理人员、教师、社区代表甚至家长等密切合作，从而保证所实施的方案不断得到人力与财力上的支持。

　　兰德变迁模式明确提出了一系列主张：① 课程实施的关键在于课程专家、校长与教师等方面的相互适应；② 良好的教学知识是缄默知识，最好是让教师通过观摩相互学习，而不是让有关专家或顾问来传授知识；③ 课程实施并非由一套预设目标指引，而是由一套与学生、教学方式、教学内容以及学校教育等有关的信念指引；④ 教师可以根据特定的教育情境对课程方案进行调适，课程实施是教师对课程方案的多元诠释过程，他们会从多个侧面来认识与实践课程方案。

四、组织发展模式

　　有学者提出，许多课程实施没有成功的原因，就在于把课程实施视为一种理性化的过程，过于强调进行技术层面的推广，忽视了实施过程中学校组织需要进行不断的发展与更新，进而提出了组织发展模式（organizational-development model）。① 组织发展模式强调学校组织的发展，强调提升学校组织解决问题与自我更新的能力，强调进行团队工作并形成组织文化。

　　组织发展，不同于较为传统的组织介入。组织发展有七大特点：① 重视团队在处理问题中的作用；② 重视团体及团体间的活动过程；③ 运用行动研究；④ 强调组织内部的合作，并视其为主流文化；⑤ 文化被视为整个组织系统的核心；⑥ 让组织的负责人成为顾问兼促进者；⑦ 赞赏组织在不断变化的环境中所表现出来的动态性。

---

　　① Ornstein, A. C., Hunkins, F. P. Curriculum: Foundations, principles, and issues (7th edition) (Global edition) [M]. London: Pearson Education, 2018: 272-273.

组织发展模式具有动态性与形成性等特点,被视为课程实施创生取向的具体体现。该模式基于"个体是关注未来的"这一主要假设,认为人们渴望积极地参与到设计、发展、实施和评价教育系统的活动中去,他们期望通过实施新课程达到师生的预期目标,并最终促进社会的进步。因此,该模式认同课程实施者的主体性,赞同教师与学生对课程知识进行个性化处理,认为课程实施是人类的社会活动,是一个新观点不断产生、新材料和新方法不断涌现的永无休止的过程,而不是使人像齿轮般转动的机械活动。通过不断地实施与创生课程,教师与学生在丰富多彩的学习活动中得以发展,并达至最佳的学习状态。

五、 情境模式

持创生取向的美国学者帕里斯(Paris,C.)提出了课程实施的情境模式(contextuality model)①。情境模式基于以下三个假设:① 课程知识包括情境知识,这些情境知识是教师在教学实践过程中创造出来的;② 课程变革体现为一种个体在思想和行动方面的成长与变化过程,并不体现为一种课程设计与实施的组织程序;③ 教师不论是调整和创造自己的课程,还是对别人创造和推行的课程做出反应,他们的课程实践总是基于他们对特殊情境的知觉。这些假设使帕里斯运用解释学的方法来研究课程实施。

在情境模式看来,应该把课程作为教师在复杂的情境中所创生出来的东西加以考察,应该用对教师有意义的观点来解释课程实施的过程、结果与情境。如此,就必然视教师为课程知识的创造者而非接受者。从这一观点出发,创生课程所需要的知识与技能等就不能是静态的真理,而是情境性和具体化的,是教师通过探究性的教学实践而不断获取与更新的。创生课程的最佳途径是课堂探究、与同事讨论及共同观察等。通过这些途径形成的课程与教学理念,不再是别人强加于自己的,而是隶属于自己正身处其中的不断前进着的实践活动。

第三节 小学课程与教学实施的推进

经过多年的研究,人们已经总结出一些推进课程与教学实施的策略,可以灵活地加以应用。为了推进小学课程与教学实施,还需要关注课程实施中的教师改变和课程变迁的阻力消除。

一、 课程实施的推进策略

关于课程实施的推进策略,比较有代表性的观点有钦和本恩(Chin,R. & Benne, K.D.)、麦克尼尔分别提出的三维策略。② 这些策略为人们推进课程实施进程提供了可选择的方式,为分析课程实施现象提供了一个框架,还对剖析课程实施受到抵制的原因有一定的参考价值。

(一)钦和本恩的三维策略

关于课程实施的策略,钦和本恩认为有以下三种基本类型。

---

① 张华.课程与教学论[M].上海:上海教育出版社,2000:351-352.
② 课程实施策略部分参考:尹弘飚,靳玉乐.课程实施的策略与模式[J].比较教育研究,2003,(2):11-15.

1. 实证—理性(empirical-rational)策略

该策略相信人是理性的,只要使实施者相信改革是合乎理性的,他们就会服从并加以实施。因此,该策略强调的是实施者的能力与主观上要求改革的迫切程度,其操作关键在于澄清实施者对改革必要性的认识,对实施者进行培训以增强其效能。20世纪五六十年代的美国"新课程运动"曾普遍运用这一策略。

2. 权力—强制(power-coercive)策略

该策略要求个体遵从权力掌握者的意愿。拥有权力的人们可以通过提供各种物质的或符号的奖赏,强迫人们接受新计划。这种策略往往利用制度优势,通过法律或行政命令,迫使无权力的一方顺从。

3. 规范—再教育(normative-reeducative)策略

该策略视人的理智为社会、文化的产物,受他们的态度、信念、价值观以及所处情境、人际互动的影响。这种策略考虑到了改革过程中的一些不确定因素,看到了课程实施不只是行政和技术工作,还必须关心教师对课程改革的认同感、情绪和理解,看到了文化氛围对教师课程实施观念和行为的塑造和引领作用。

(二)麦克尼尔的三维策略

考虑到课程改革可能由处于不同层面的(如国家、地方、学校、课堂)机构、集体或个人发起,麦克尼尔提出了三种课程实施策略。

1. 自上而下(top-down)策略

该策略的技术性很强。课程变革是由国家或地方一级的教育机构发起,在实施中强调学校中的因素与变革保持一致,否则这种技术上的变革难以进行或维持。这种策略又表现为两种形式:一种是强调国家或地区等教育机构要创设条件使学校管理者和教师充分认识改革的价值;另一种是更多地关注政治的、社会的与经济的因素,主张利用三种组织要素——社会准则、教师意念与技术来克服单因素变革的局限。

2. 自下而上(bottom-up)策略

在这种策略中,主导变革的机构试图促使教师检视学校中的问题,让教师成为革新者而引入变革,作为个体的教师是变革的发起人。该策略主要包括"整合发展策略"与"教师作为变革动力的策略"。"整合发展策略"主张处理教师当下关心的问题,借此发动学校系统内的组织变革。这种方式认为课程变革必须消除教师的疑虑,因此要帮助教师识别与分析问题,然后促使其采取变革行动。"教师作为变革动力的策略"认为课程开发应始于教师对教学单元的设计,这将为其以后进行全面的课程开发奠定基础。

3. 自中而上(middle-up)策略

与前两种策略相比,这种策略选择了一条中间路线。它认为从上而下的策略过多地依赖于外部的奖赏,从下而上的策略又必须以个人或群体倾向改革为前提,但事实上,学校文化总是相对保守的,不愿主动变革。该策略主张学校是发起变革的最适当的机构。学校要成为课程实施的主体,一方面联合校外人士推广革新,另一方面要创造有利条件,促使教师参与变革。

以上课程实施的策略,很难判断哪一种策略一定优于其他策略。在推进小学课程实施的过程中,需要考虑到每一种策略各自的局限性以及地方、学校、班级、课堂等层面的特殊情况,灵活而综合地采取弹性的策略加以实施。

二、 教学实施的推进策略

因应新课程改革的要求,可以从做好备课管理、提升上课质量和解决教师关切的问题等方面入手推进教学实施。

(一) 做好备课管理

基础教育新课程改革在倡导学生合作探究学习的同时,要求教师展开同伴互助、合作研究,形成研讨氛围,发挥"集体效应"的优势。集体备课作为教师合作研讨的一种有效形式,对于发挥教师团队合作精神,集思广益、取长补短,具有不可或缺的作用。但是,许多学校的集体备课存在形式化严重的问题,集体备课成为"网上资料的拼盘","个人独裁"等现象也屡见不鲜,从而导致教师视集体备课为"负担"。

 拓展阅读

"集体备课"前需要澄清的问题

第一,"集体"是个什么概念?是指包括所有同学科教师的教研组,还是使用同教材教师组成的备课组?同一教研组有多少教师?使用同教材的教师是否够得上成为一组?其中新老教师配置的情况如何?教师课业负担如何?一个教师只教一门课还是兼教其他课?只教一个年级的一门课还是兼教其他年级的同一门课?

第二,必须经过集体准备的"课"是个什么概念?是指一门课程的课程标准、教材分析、学期的课程计划,或是指按教材中的单元组合的若干课,还是一节一节的课?是专指公开课还是指日常课?是有选择的集体备课还是无例外的集体备课?

资料来源:陈桂生."集体备课"辨析[J].中国教育学刊,2006,(9):40-41.

集体备课可以按"准备材料""集中探讨"和"教后反思"三个步骤展开。

(1)准备活动。备课组长明确主备教师和辅备教师。主备教师设计出教案,在集中探讨前 2~3 天把教案发给组内每位教师,同时,准备好主讲内容,交给备课组长。辅备教师认真阅读和思考主备教师的教案,为集中探讨做好充分准备。

(2)集中探讨。一是交流上一次集体备课的教后反思以及备课存在的问题,备课组长可有针对性地进行主题发言或以讲座辅导的形式,给予其他教师专业引领和指导。二是主备教师结合主备教案,阐述主讲内容。三是主备教师和辅备教师就主备教案进行充分交流。四是在参考他人发言的基础上,每位教师根据本班实际情况,形成个性化、特色化的教案。

(3)教后反思。每位教师对自己的教后情况进行总结,同时,重新设计教案中不切合学生需求的环节。

 拓展阅读

集体备课中的"四度调整"

为了充分彰显集体备课的实效,已经获得成功经验的学校提出,在管理上应注重落实集体备课中的"四度调整"。

1. 一度调整,即辅备教师在集体备课活动前,一定要抽时间浏览主备教案,注上个人见解,对主备教案做教前的设想调整。

2. 二度调整,即在集体备课集中活动时,主备教师发言后,辅备教师根据主讲内容从不同角度、不同侧面谈个人见解,并在听取大家对主备教案的调整意见的基础上,积极思考,博采众长,对教案做一些修改调整,以便形成一个合理的、个性化的教案。这是集体智慧的结晶,也是个人智慧的激活。

3. 三度调整,即做好平时的教后反思。尽管教学预案对学生可能遇到的问题做了充分考虑,但事先的设计与具体的实施之间总会有一定的距离,加上教学之后教师也常会发现预设教案的某些美中不足。因此,要将自己课后的反思分析也记到教案中。教师可以记录成功的经验,也可记录教案的修改,还可以记录学生的创新和问题,包括一些突发事件的应对以及分析处理的成败得失。三度调整还可以教学案例的形式,记录教师在教学活动中的经历与思考。

4. 四度调整,即在下一次集中探讨开始时,一般要针对上次的集体备课,由教师交流各自的教后反思。大家就教学处理、习题设计、学生学习表现等情况做交流。这是教案运用于课堂教学后的深刻感悟。在交流的过程中,要求教师及时跟进思考,广纳众长,对教案做进一步的补充调整。

为强化教师"四度调整"的意识,并学会运用"四度调整"改进教学,学校可以要求教师在集体备课纸上采用不同颜色的文字来标注每次的调整,如一、二度调整用蓝色,三度调整用黑色,四度调整用红色。

资料来源:瞿梅福.集体备课:从"减负"到"能力提升"——记一所小学的四次探索[J].人民教育,2007,(10):47-49.

(二) 提升上课质量

提升上课质量,涉及的维度多、范围广。在基础教育新课程改革的背景下,需要对教师上课的理念和行为进行有针对性的指导和引领。

新课程对教师的教学方式、学生的学习方式都有新的要求,随着新课程实施的推进,教师对上课产生了许多的疑惑,也导致了诸多的问题。比如,新课程改革倡导合作学习,在许多课堂上,合作学习似乎成为一种时尚。但调查发现,小组合作学习流于形式的较多。经常出现的教学场面是:讨论时,学生各说各的,学生讨论后,教师依次听取汇报,汇报完毕,活动便宣告结束。[①] 又如,新课程倡导让学生动起来,让课堂活起来。然而,有的课从表面上看学生是动起来了,课堂气氛也很活跃,但仔细观察便会发现,这些课只停留在形式上的热热闹闹,没有真正激发学生深层次的思维。课堂上,学生一会儿忙这,一会儿忙那,教室里乱糟糟、闹哄哄,为活动而活动;教师不善于捕捉学生发言中有价值的东西,引导学生深入讨论,只满足于课堂此起彼伏的热烈场面。鉴于类似这些情况,为了推进教学实施,需要帮助教师明确一堂好课的基本要求。而且,

---

① 李建平.小组学习≠合作学习——课堂教学改革难题及对策分析之六[N].中国教育报,2003-11-4(2).

学校应该根据自己的生源状况、师资力量和发展期望,在管理层面研制出具体的好课标准,进而制定出相应的管理目标和方法,渗透到具体的管理活动之中。除了让教师知道好课的标准之外,还需要创设条件使教师明白如何去上好课,这就需要与教师培训相结合,以多种有效的方式组织教师进行观摩研讨、评课和议课。

 拓展阅读

什么样的课算一堂好课

一般来说,一堂好课的基本要求有:

(1)有意义。在一堂课中,学生的学习是有意义的。初步的意义是学生学到了新的知识;再进一步是锻炼了学生的能力;再往前发展是学生在上课过程中有良好的、积极的情感体验,产生了进一步学习的强烈要求;再发展一步,学生会越来越主动地投入到学习中去。

(2)有效率。一堂课对全班学生中的多少学生是有效的,如果没有效或者只是对少数学生有效,那么这堂课都不能算是好课。

(3)有生成性。一堂课不完全是预设的,而是在课堂中有师生真实的、情感的、智慧的、思维的、能力的投入,有互动的过程,气氛相当活跃。在这个过程中既有资源的生成,又有过程状态的生成,这样的课可称为丰实的课。

(4)常态性。即平实的课,平平常常、实实在在的课。这种课是平时都能上的课,而不是很多人帮忙准备,然后才能上的课。

(5)有待完善的课。课不可能十全十美,十全十美的课作假的可能性很大。公开课要上成是没有一点点问题的课,那么这个预设的目标本身就是错误的,这样的预设给教师增加了很多的心理压力,然后做大量的准备,最后的效果是出不了"彩"。生活中的课本来就是有缺憾的、有待完善的,这样的课称为真实的课。

扎实、充实、丰实、平实、真实,说起来好像很容易,真正做到却很难,但正是在这样的追求过程中,教师的课程实施水平才能得到提高,教师的心胸也才能变得博大起来,同时,教师也才能够真正享受到教学作为一种创造过程的全部欢乐和智慧体验!

资料来源:叶澜.什么样的课算一堂好课[J].福建论坛(社科教育版),2005,(11):4-6.

(三)解决教师关切的问题

为了推进教学实施,需要尽力帮助教师解决教学实施过程中关切的问题。比如,新一轮基础教育课程改革强调在教学中培育学生的核心素养,教师们提出了一系列问题:培育核心素养的教学是什么样的?它和以往的教学存在哪些显著区别?在教学中应该怎么做才能体现核心素养培育的要求和方向?义务教育阶段核心素养导向的教学与其他学段有什么不同?"旧教材"如何培育出"新素养"?新课标和旧教材的内容该如何取舍?如何实现同一教学主题的循序渐进和螺旋上升?等等。针对教师的困惑,通过样本示范,让教师知道什么是培育素养的教学、如何实施培育素养的教学,引导教师理解新课标的要求,明确如何教学就是落实了这些要求,就成为破解这些问题的关键。①

为了帮助教师解决所关切的问题,可以采取"说课及指导—试教及指导—正式教学及指导"的分步策略。②

（1）说课及指导。由上课教师根据自己原有的教学经验和对新课标的理解进行说课;接着,由专家和教研员等根据新课标的要求进行有针对性的指导,提出修改建议;随后,上课教师据此修改完善教学方案,准备试教。

（2）试教及指导。上课教师进行试教,将教学设计方案运用于实际课堂教学;之后,进行第二次说课,主要阐述根据第一阶段专家和教研员的指导自己"改了什么""为什么改""还有什么需要继续改";专家和教研员再次予以指导;上课教师根据指导意见再次修改教学方案,准备正式教学。

（3）正式教学及指导。上课教师将修改后的教学方案完整落实为课堂教学;之后,上课教师进行第三次说课,围绕"改了什么""为什么改""还有什么需要继续改"等问题进行再次反思;专家和教研员第三次提出教学改进的指导意见;上课教师根据指导意见再次完善教学方案,形成教学方案的最终定稿。

基于这样的步骤,最初的说课稿、教学方案和试教课堂与最终教学方案定稿、正式教学课堂等的对比,就成为教师理解培育核心素养的课堂教学的典型样本。

 拓展阅读

教学实施策略与行为

教学实施策略发生在课堂教学中,是教师为实现教学计划所采用的策略。它又分为主教行为、助教行为与管理行为三种策略(见表5-1)。

表5-1　课堂教学实施行为分类表

课堂教学实施行为				
教学行为				管理行为
主教行为			助教行为	
呈示行为	对话行为	指导行为		
• 语言呈示 • 文字呈示 • 声像呈示 • 动作呈示	• 问答 • 讨论	• 阅读指导 • 练习指导 • 活动指导	• 动机的培养与激发 • 有效的课堂交流 • 课堂强化技术 • 积极的教师期望	• 课堂规则 • 行为问题管理 • 课堂管理模式 • 课堂时间管理

资料来源:施良方,崔允漷.教学理论:课堂教学的原理、策略与研究[M].上海:华东师范大学出版社,1999:27-28.

主教行为是指教师作为教师角色在课堂中发生的主要行为,这种行为是以目标或

①② 李晓东,张珊珊.义务教育道德与法治课程标准的教学实施推进策略[J].基础教育课程,2023,(6):17-23.

内容为定向的,它包括教师的呈示、对话与指导。

助教行为是指使主要教学行为产生更好的教学效果而在课堂中发生的教师行为,它是以学生或具体的教学情境为定向的,包括学生学习动机的培养与激发、有效的课堂交流、课堂强化技术和积极的教师期望等。

管理行为是为教学顺利进行创造条件,是教师实现教学所不可或缺的一种行为,它主要涉及课堂行为问题的管理与时间的管理。

三、 课程实施中的教师改变

2016 年,习近平总书记在北京市八一学校考察时强调,"广大教师要做学生锤炼品格的引路人,做学生学习知识的引路人,做学生创新思维的引路人,做学生奉献祖国的引路人"①。课程计划、课程设计都要具体的人来落实。教师作为参与并投入这一过程的人,直接关系到课程实施的质量。随着课程改革的深化,教师改变正逐渐成为课程实施中的一个研究焦点。教师改变包括"教师外显的行为变化"和"内隐的心理变化"。比起行为变化,教师在课程实施过程中的心理变化更抽象和复杂。为了促进课程实施中的教师改变,需要关注教师对课程改革的认同感、教师在课程改革中的效能感和教师在课程改革中的情绪。

(一)教师对课程改革的认同感

教师认同感,也称教师接受度,指教师面对课程改革表现出的正面评价和行为意向。为了提升教师对课程改革的认同感,可以从以下几方面入手:① 突出课程改革对学生的价值,即新课程对学生发展的意义;② 彰显课程改革对教师的价值,增加教师之间合作的机会和教师发展的机会;③ 加强学校对课程改革的管理,包括通过适当的培训增加教师对课程改革的理解,让教师能进行参与性决策,提供支持帮助教师缓解对改革的忧虑等。

(二)教师在课程改革中的效能感

教师效能感是指教师对自身具有积极影响学生学习能力发展等的信念。这是预测课程改革是否成功的重要变量之一,与课程目标的达成、教师个人发展、学生学习改善以及改革方法的持续等呈显著正相关。教师效能感通过影响教师的课程决策、目标设定、策略选择和对待课程改革的态度等,最终影响课程实施。随着研究的深入,人们对教师效能感的理解从"个体效能感"走向了"集体效能感"。也就是说,教师的效能感不仅是教师个体层面的心理现象,也是教师群体互动的产物。② 为了提升课程实施的成效,需要采用专题研修等有效策略提升教师在课程改革中的个体和集体效能感。

(三)教师在课程改革中的情绪

课程实施是受到教师情绪驱动的过程。课程实施不只是一套基于理性分析的技术工作和行政程序,还关涉到教师内心的情感体验及其赋予改革的个人意义。课程实施中除了一个由技术、策略、知识、信念组成的理性世界之外,还包含着一个由情绪、动机、意志、意义组成的价值世界。课程变革迫使教师走出舒适地带,这会使教师产生担

---

① 霍小光,张晓松.习近平在北京市八一学校考察时强调 全面贯彻落实党的教育方针 努力把我国基础教育越办越好[J].人民教育,2016,(18):6-9.

② 尹弘飚,李子建.课程实施与教师心理变化[J].全球教育展望,2006,(10):20-25,77.

忧和不确定感。试想,即使教师对课程变革有全面的认识和深刻的理解,如果缺乏足够强烈的动机、克服困难的意志以及相应的情绪激励,也很难在课程实施中走出舒适地带、拥抱不确定,进而发生真正的改变。因此,需要重视引导教师在课程改革中的情绪,帮助教师感受到,虽然改革的出现破坏了原有的稳定性和舒适感,但改革的到来也意味着教师具有了更多的可选择性和自由空间。同时,要帮助教师纾解改革过程中产生的疑虑、担忧和焦虑等情绪,帮助教师尽可能体验到通过改革走向成功和个人价值实现的愉悦和欣喜。

四、 课程变迁的阻力消除

课程实施,需要将新课程方案付诸实践。而新课程方案总是蕴含着对原有课程的革新,从根本上说,课程实施要力图在教育实践中实现课程变迁。从变迁理论、变迁类型、变迁阻力和变迁认同四方面对课程变迁进行分析,有助于理解怎样消除课程变迁过程中的阻力,保证课程实施顺利进行。

(一)课程变迁理论

被誉为"变迁理论之父"的勒温(Lewin,K.)从"变迁原因"与"变迁过程"的角度构建了一种较为简明的理论。勒温指出,个体、群体和组织都处于力量场之中。在力量场中,存在着两种相互冲突的力量:① 推动力量,主要包括政府干预、社会价值观、科技革新、知识爆炸和管理进程;② 阻碍力量,主要包括对未知事物的担心、对权势的畏惧、过时的知识和技能、传统价值观和有限的资源。如果推动力量与阻碍力量相当,就出现平衡的状态,维持稳定的现状。当推动力量开始强于阻碍力量的时候,变迁随之出现。推动力量持续保持强势,变迁会一直继续下去。当阻碍力量重新强于推动力量的时候,变迁随之放缓。一旦阻碍力量超过推动力量到一定程度,变迁就会停止。[①]

根据大量的实证研究,勒温把变迁过程分为解冻、努力和稳定化三个阶段。[②]

(1)解冻阶段。主要目标是使人们业已形成的"像冰一样"相对凝固的思想、观念和态度等"融化",打破固有模式,对变迁产生要求和渴望。在这一阶段,要引发变迁,减弱阻碍力量比增加推动力量更加重要,因为在阻碍力量减弱的情况下,推动力量能够更加自如地发挥作用。

(2)努力阶段。主要目标是形成新观念、新态度和新行为方式等,力求实现所期望的变迁,这是变迁的关键阶段。

(3)稳定化阶段。主要目标是对变迁的成果进行巩固与深化,使已被接受的新观念、新态度和新行为方式等扎根。

为了推进小学课程实施,首先是让小学校长和教师对本校课程的旧有状态有比较全面和深入的认识,并基于这些认识意识到课程变迁的必要性,以实现"解冻",从而为引发变迁奠定现实基础;接着是让课程变迁进入学校和课堂,让校长与教师们为之付出努力;进而,将课程变迁的成果转化为学校和教师新的专业生活方式。

(二)课程变迁类型

课程变迁可以出现在班级、学校或者整个教育系统的各个层级上,需要教育系统

---

① ② Ornstein, A. C. , Hunkins, F. P. Curriculum: Foundations, principles, and issues(2nd ed.)[M]. Boston: Allyn and Bacon,1993:304.

为教师和学校提供持续的支持,也需要教师和学校付出持续的努力。按变迁中的权力分配状况以及变迁目标、方案的清晰度不同,课程变迁可以分为计划性变迁、强制性变迁、互动性变迁和随机性变迁四类。[①]

（1）在计划性变迁中,通过事先规定,参与变迁过程的人们拥有平等的权力,行使相应的职能,可以清楚地认识并遵循特定的程序。

（2）在强制性变迁中,变迁的目标由某一团体确定,权力主要集中在少数人手里,其他人基本上没有参与决策的可能性,只能服从并执行相关指令。

（3）在互动性变迁中,变迁的目标由多个团体共同确定,权力在多个团体之间均衡分配,但是由于对行动缺乏深思熟虑,往往没有形成有效的实施程序与步骤,人们或多或少有些自行其是。

（4）随机性变迁在学校的日常课程运转中很普遍,它没有固定的计划和目标,变迁只是为了响应某个突发事件,比如某个利益集团的需求、相关法律的变化等。

在这些变迁类型中,计划性变迁合理性较强,是理想的变迁类型。

（三）课程变迁阻力

课程变迁必然遭遇多重阻力,主要包括教育系统的内部阻力和外部环境阻力两大类。尽管各种阻力盘根错节,难以准确分类,但是新的课程方案最终要由教师来落实,来自实施者的阻力仍然具有决定意义。参与新课程改革的一些教师教育者经常沮丧地发现,无论参与了多少次教师培训,有些教师的教学行为还是达不到课程改革的要求。在一些极端的案例里,有些教师可能会树立表面顺从的假象,同时采用权谋策略来拒绝甚至暗中破坏新课程的实施。来自实施者的阻力主要体现在以下方面:

（1）教师有保持原样的惯性。当教师原有的信念和行为仍然在发挥效力的时候,课程变迁要求的改变就威胁到了教师的身份认同等。

（2）教师专业发展水平各异,有些教师的专业发展水平还达不到课程变迁的要求。新课程的理念、实施流程让一些教师感到复杂而陌生,不少教师也没有多少兴趣学习新课程的理论。

（3）教师有不同的专业倾向。新课程的价值取向、目标追求很可能与教师本人所秉持的专业信念相冲突。

（4）课程变迁给教师造成倦怠感。有的教师视课程变迁为超负荷工作的信号。为了新课程的实施,教师需要增加关于新课程内容的知识储备,了解关于教学法的新知识,提升关于教学设计的理解,通晓关于学生如何学习的最新理论,这些高要求,让许多教师对课程变迁望而却步。

除上述内容之外,还有多种力量都通过教师阻碍着课程变迁的进行。比如,过于频繁的变迁,使得一些教师采取"以不变应万变"的策略。还有,在一些偏远地区,各种资源的短缺让教师得不到应有的支持,甚至日常教学都难以为继,更勿奢谈课程变迁。以上这些阻力是客观存在着的,重视并研究这些阻力,将有助于课程变迁的顺利开展与实现。阻力的存在,在一定意义上对课程变迁也是有利的,它要求改革的倡导

---

① Ornstein,A.C.,Hunkins,F.P. Curriculum:Foundations,principles,and issues(7th ed.)(Global ed.)[M]. London:Pearson Education,2018:263-265.

者必须进行审慎思考,避免心血来潮的课程变迁或考虑不周的课程变迁。

(四)课程变迁认同

为了促进人们对课程变迁的认同,可以采用团队合作、转化反对意见、优化进程和把握时机等策略。

第一,实现团队合作。所在团队具备使命感和信心,有利于教师接受课程变迁的理念,提高对课程变迁的认同。同时,合作式团队让教师可以就比较关心的与变迁有关的主题进行讨论与交流,做出有价值的课程决策,也可以就变迁过程中遇到的疑难问题进行探索,找到解决方法,还可以获得“互动生成”的学习机会,丰富知识、提升专业素养并创生出新智慧。

第二,积极转化反对意见。梳理人们的反对意见有哪些,然后分析造成这些反对意见的原因是什么,在此基础上,才能提出减少或消除人们反对意见的相应措施。

第三,不断优化变迁进程。新课程的出现是特定时代与环境的产物,随着时间的推移与环境的改变,需要予以调整和较大幅度的更新。因此,就课程变迁而言,需要不断地进行评价与反思,以便及时对变迁的方向与具体任务等做出调整与更新,使变迁过程得以持续优化。正是通过评价、反思、调整与更新,课程变迁才能越来越有助于提升课程的质量,有助于提升学生的学习结果,也才能越来越得到人们的认同。

第四,善于把握时机。如果课程变迁是针对学校课程领域中客观存在的问题而提出的,那么新的课程就能够在满足人们需要的基础上得到人们的普遍认同。相反,如果在人们对现行课程比较满意的情况下,仍要勉强进行较大规模的课程变迁,那么,要得到很好的认同势必很难。而且,如果教师刚刚完成一项较大规模的课程变迁,那么也不宜让他们马上投入另一次课程变迁之中,否则容易造成教师倦怠并让教师产生不满情绪,就谈不上对变迁的认同。

课程改革是一次旅程,而不是一张蓝图。因为是一次旅程,因为“在路上”,所以,在课程实施过程中遇到困难和矛盾在所难免。但是,不能用逃避上路的方式,来免除障碍与挫折。可以说,前景越辉煌,过程中的不确定性就越多,复杂程度就越高,然而,人们追求这一前景的激情就越强烈。因此,在课程实施这条崎岖不平、充满荆棘的道路上,如何保持践行和研究的激情,并运用理论与实践的智慧,不断发现问题和解决问题,在过程中收获,在校正中前行,这既是富有挑战的问题,也是值得努力的方向。

第四节　小学课程与教学资源开发

如果没有课程与教学资源支持,再美好的改革设想也难以落地。因此,提升课程与教学实施的质量,要重视课程与教学资源的开发与利用。

一、 小学课程与教学资源的类型

按照不同的分类依据,小学课程与教学资源可以划分为不同的类型。每类资源,都有自身的价值。

(一)校内和校外资源

以空间分布为依据,对小学课程与教学资源进行划分,可以将其分为校内资源和校外资源。

（1）校内资源，指学校范围之内的资源，主要包括校内教职工、学生、图书馆（室）、实验室、专用教室、教学设备和教材教辅等。

（2）校外资源，指超出学校范围以外的资源，主要包括家长、社区专家、公共图书馆、博物馆、展览馆、科技馆、科研院所和自然环境等。

校内和校外资源对小学课程与教学实施都很重要，但它们在性质上有所区别。就开发与利用的频率和便捷性而言，校内资源应该占据主要地位，校外资源则更多地起辅助和补充作用。然而，由于校外资源的开发与利用通常被忽视，所以应该对其予以足够的重视。

（二）文字性和非文字性资源

根据载体形式不同，小学课程与教学资源可以分为文字性资源和非文字性资源。

（1）文字性资源以文字为载体。教科书上的文字，就是常见的文字性资源。各种图书、期刊和报纸上的文字，也可以成为文字性资源。

（2）非文字性资源以图片、实物、二维码、音频、视频和活动等为载体，又可分为实物资源、活动资源和信息化资源。实物资源形式多样，有自然物质、人类生产生活过程中创造出来的物质以及为教育教学活动专门制作的物品。活动资源包括教师的言语活动和体态语言、班级集体和学生社团的活动、各种集会和文艺演出、社会调查和实践活动以及师生间和生生间的交往等。信息化资源以计算机网络技术为基础，是一种数字化资源，具有信息容量大、智能化、虚拟化和网络化等特点。随着教育现代化的推进，信息化资源是富有前景的资源类型。

随着技术的发展，智能技术在优化数字化课程与教学资源开发方面体现出一定的优势，比如，深度挖掘学生学习情况数据，发现学生学习的强项与薄弱点以及所需资源类型等，将智能分析结果与系统资源进行比对，有针对性地推送相应资源，满足学生个性化学习需要。

（三）条件性和素材性资源

根据功能特点不同，可以将小学课程与教学资源划分为条件性资源和素材性资源。

（1）条件性资源不是形成课程与教学本身的直接来源，只是为课程与教学的正常运作提供保障。比如，基本安全而又必需的教学场地、物资和设备等，就属于条件性资源。它是课程与教学实施的前提条件，没有这样的条件保证，就谈不上课程与教学的实施。

（2）素材性资源作用于课程与教学并且能够成为课程与教学的素材或来源。比如，知识、技能、经验、活动方式与方法、情感和价值观等，就属于素材性资源。

小学课程与教学目标的实现，既有赖于条件的建设，也有赖于素材的开发。一味追求条件性资源更新速度的做法，是不明智的。尤其是，当条件性资源已经达到一定标准后，要量力而行，不可盲目拔高要求。为追求一时的政绩和表面效应，过分热衷于学校条件性资源建设，而忽略素材性资源建设的做法，需要警惕。广大教师创造性地开发和利用多样化的素材性资源，有利于促进课程与教学的优化发展。

（四）教授化和学习化资源

根据价值取向不同，小学课程与教学资源可以分为教授化资源和学习化资源。

（1）教授化资源主要服务于教师的"教"，意在提高教师传递知识的清晰度，实现知识传递的高效率与高效益。

（2）学习化资源主要服务于学生的"学"，意在为学生"学"的进程提供资源支持，为学生学习营造一个意义建构的生态化学习环境。学习化课程与教学资源的提出，彰显了为学习而教和以学习为本等教育价值取向。

二、 小学课程与教学资源开发的理念

提高小学课程与教学资源开发和利用的水平，在很大程度上有赖于树立正确的理念，澄清常见的误解。

（一）教材是基本的课程与教学资源

教材是最基本的课程与教学资源，但不是唯一资源。如何用好教材呢？首先，要研究教材，挖掘教材的深度。教材体现了国家意志，凝聚了大量专业编者的心血与智慧。因此，教师在尊重教材的基础上，读懂教材，理顺知识结构，领会编写意图，才能深入挖掘教材的"精彩"以便提升教学效果。其次，要整合资源，拓宽教材的广度。教材不可能也没必要为师生提供全部教学素材，所以，教师要注意根据学生的具体情况，对教材进行适当的拓展。就教材上的一篇课文或一个知识点，可以根据需要拓展相关内容。比如，教学《赠汪伦》时，可带学《别董大》《送孟浩然之广陵》和《送元二使安西》等几首古诗，让学生在朗读、体味、比照中明白：这几首诗都是送别诗，但送别方式各异。《赠汪伦》是以歌相送，流淌的是朋友之间的深情厚谊；《别董大》是以话相送，鼓舞朋友充满信心；《送孟浩然之广陵》是以目相送，流露的是与朋友的依依惜别之情；《送元二使安西》是以酒相送，表达的是对朋友远行的深情体贴。不管用什么方式相送，其实都是以心相送，以情相送。又如，在教学"因数和倍数"时，教师可以给学生介绍"完美数"及"数论"的相关知识，既开阔学生的数学视野，也激发他们对数学的热爱。

（二）教师是重要的课程与教学资源

在传统的课程与教学体系中，教师的资源意识不够明确，不仅造成课程与教学资源的开发和利用不足，而且导致大量的资源被闲置。新课程改革赋予教师课程开发者的角色，教师不仅是素材性资源的重要载体，而且是课程与教学实施的基本条件性资源。在一定程度上，各类课程与教学资源都有赖于教师全面地整合和优化，才能最终由潜在的资源成为现实资源，进而成为服务于学生学习的学习化课程与教学资源。从这个意义上说，教师是重要的课程与教学资源，带动着其他资源的优化发展，教师的资源开发意识和能力决定着课程与教学资源的识别范围、开发和利用的程度以及发挥效益的水平。

（三）多样化开发课程与教学资源

多样化地开发和利用课程与教学资源，主要体现为两方面。

（1）"全方位"的开发对象观，避免开发对象的"狭窄化"。大量不同类型的、鲜活的资源都应该进入开发视野。当然，这些资源需要教师根据实际情况，进行合理的选择和使用。

（2）"多元化"的开发主体观，避免开发主体的"单一化"。比如，就英语课程资源的开发与利用而言，教师除自己开发相关资源外，还可以鼓励和支持学生参与课程与教学资源开发，设立班级图书角、制作班级小报和运营班级微信公众号平台等，深化资

源的交流和运用。家长和社区代表等也可以支持学校开发课程与教学资源。比如,为相关资源的开发与运用提供合理建议。相关社会人士还可以成为课程与教学资源开发的重要保障者。比如,学校组织学生参观博物馆、历史遗迹等场所,离不开相关社会人士的支持、指引与配合。

 案例分析

◎案例

不圆中的圆
——化"差错"为宝贵教学资源

师:请大家用圆规画一个直径是 4 厘米的圆,边画边想:我们是怎么用圆规画圆的?

(学生开始画圆,教师巡视并收集画得不圆的作品,刚展示一幅,学生就笑了起来)

师:(意味深长地)孩子们,圆的样子都是一样的,但不圆的样子就各有各的不同。想想,这些"不圆"是怎么创作出来的?

(学生争先举手)

师:大家先不说,再想想,我们继续欣赏几幅作品。

师:(疑惑地)怎么回事?为什么会画成这样呢?

(接下来,展示几幅作品,虽然很圆,但大小明显不一)

生:怎么大小不一样呀?

师:(微笑)从这些作品,我们是不是能看出画圆并不是一件容易的事呢? 小组讨论一下,用圆规要注意什么?

(学生交流汇报)

师:是啊,圆心只能"一中",半径一定"同长"。当我们真正理解"圆,一中同长也"的时候,才知道以前我们学的"圆心"和"半径"是多么重要。

◎分析

华应龙老师主张把"差错"化为一种教学资源,将"差错"理解为"就差一点儿,错了",而非"不正确"。这一说法暗含"差错中有很多正确的、积极的地方"。学生在数学课堂中出现的差错,是其关于数学知识的自主的、大胆的、真实的往往又是独特的建构、创造和迁移,让差错再往前走一步就是正确。"化错",可以归纳出"猎错—辨错—完错—究错—焐错"五个步骤。

第一,在自然状态下"猎错",即甄选、包容和悦纳差错。

第二,以明察眼光"辨错",即辨识差错隐藏的灵动思考和有效资源。

第三,用耐心等待"完错",即让学生在交流、讨论和辩驳中自我完善。

第四,在错因里层"究错",即深究差错出现的缘由。

第五,在关键地方"焐错",即进行导误,引导学生探究发现隐藏的错误。

资料来源:华应龙,等.小学数学化错教学案例[M].北京:中国人民大学出版社,

2018:序言3-5,174-176.

三、 小学课程与教学资源开发的策略

小学课程与教学资源的开发和利用是一项颇具挑战性的任务,需要掌握敏于发现、勤于研究和善于捕捉等主要策略。

(一)敏于发现

美到处都有,不是缺少美,而是缺少发现美的眼睛。就课程与教学资源来讲,同样如此。课程与教学资源到处都有,缺少的往往是发现资源的意识和能力。

课程与教学资源珍贵,而"敏于发现"资源的"眼睛"更珍贵。即使在经济条件相对落后的农村,如果"敏于发现",也能开发和利用大量的课程与教学资源。以一个山区小镇的小学为例,老师们开发和利用农家五谷杂粮资源来建设自己的校本课程"工艺美术课——谷物粘贴画"。他们发动学生从自家带来红豆、黄豆、芝麻、小米、大米等十多种粮食作物,由学校准备纸张、铅笔、乳胶等材料。老师指导学生画稿、粘贴、装裱,活泼可爱的小兔、山羊、熊猫就成了孩子们的杰作。该校学生创作的粮食粘贴画在景区被抢购一空,创作的"十二生肖"图在全国第二届"世纪之星美术书法摄影大赛"中获银奖和铜奖。粘贴画所用的原料除了粮食作物是学生自带以外,纸张、装裱、乳胶等费用都来自学校的勤工俭学活动。全体师生利用课余时间、节假日集体到山坡上采集橡壳、橡籽,采荆条编筐,挖草药,开荒栽树、种菜。①

(二)勤于研究

开发和利用课程与教学资源,不仅需要教师敏锐地发现一些现成的资源,还需要教师"勤于研究",创新性地利用现成资源和创造性地开发新资源。

比如,小学数学老师通常会遇到一个让人困扰的问题,即不管老师怎么想办法教,怎么告诫学生不要粗心,学生还是经常会出现计算错误。就这个问题,一位老师曾经生动地描述了他如何勤于研究进而创生出个性化课程与教学资源,从而突破学生的学习困难。他回忆道:"面对这个问题,我十分头痛,四处找寻解决之道。后来,一个偶然的机会,我找到一本苏联数学家普乔柯的《小学算术教学法》,真是欣喜若狂。普乔柯认为,口算教学有非常重要的意义,加强口算练习可以减少学生的计算错误。普乔柯还在书中介绍了一种口算练习条,练习时挂在黑板上,各条的位置可以调换,组成很多口算题目,省去教师书写小黑板或做口算卡片的麻烦。从此,我有意识地加强了对学生的口算训练,并依样画葫芦地在课堂上使用普乔柯介绍的这种口算练习条,真的产生了意想不到的效果,就连班里最粗心的学生通过这样的训练也不大会算错了。一学期后,我又发现这样的方法不是很方便,口算条挂在黑板上,学生看不清,而且学生一会儿抬头看题,一会儿埋头做题,会影响计算速度,也会影响他们集中注意力。能不能将它改成一张表格,给每个学生发一张,让他们照着表格练习口算呢?口算表的构思一旦形成,我是吃饭也想,走路也想,睡觉也想,真的达到了废寝忘食的地步。我很快设计出第一张口算表,边使用,边修改。此后,我还按照各年级的不同需要,设计出各种不同的口算表。从此,学生的数学成绩得到大幅提高,我的名气也在全县慢慢传

---

① 徐玉斌.略论农村小学艺术课程资源的若干问题[J].教育研究,2002,(7):82-84.

开,还由此受到县文教局的表扬。"①

（三）善于捕捉

敏于发现和勤于研究,立足于教师在课前预先设计好一定的课程与教学资源。然而,教师与学生、学生与学生、学生与文本等的互动均可以形成生成性的课程与教学资源。开发和利用课程与教学资源,教师要重视和善于捕捉课堂上随机生长出来的稍纵即逝的资源,因势利导,演绎教学的精彩。

一名小学低年级音乐教师曾在课堂上因学生的"插嘴"和"捣乱"而不知所措,只能大喝一声要求学生停止讨论。在课后,这名教师进行反思,其实学生"插嘴"和"捣乱"时往往抒发的是他们当下最真实的体验和感悟,应当好好关注。在学生跟着老师的琴声齐唱《海》这首歌曲时,台下传来了翻书的"哗哗"声,老师停顿下来,问学生为什么这样做。学生说:"我想把海浪声请到歌曲中来,这样歌曲会更好听。"老师采纳了这位同学的建议,请部分学生在歌曲的恰当位置模仿发出海浪的声音,即兴创作了二声部。② 有的时候,学生对音乐的再创造能力让人刮目相看,教师要减少用"压"和"堵"的方式制止学生表达情感,避免生成性的课程与教学资源白白流失。

捕捉课堂上随机出现的课程资源以形成新的教学"生长点",有时也会陷入误区,必须加以警惕。比如,当"新"情况一发生,教师就立即中断计划中的后续教学,开始围绕"新"情况进行讨论。一位教师执教《塞翁失马》时,有学生在讨论中提出"塞翁丢失的是公马还是母马",教师有些兴奋,马上放弃计划,抓住这一问题让学生讨论。结果一堂课在争论"马的公母"中过去了,令人啼笑皆非。因此,"善于"捕捉课程资源,需要建立在两个基础之上:一是捕捉前的鉴别,二是捕捉后的引导。前述例子,既没有对资源进行分析鉴别,也没有运用教育智慧对其进行顺势引导,势必背离课程与教学资源开发与利用的本真诉求,导致课堂的低效甚至无效。

本章小结

课程实施是指在现实意义上,调和与平衡影响课程实施的诸多因素,采纳、调适与应用课程方案,创造教育新文化的过程。教学实施是指将具体教学方案付诸实践的过程,旨在将教学理想有效转化为教学现实。课程与教学实施主要受历史文化背景、主体、对象、管理和环境五类因素的影响。

课程实施的模式多种多样,有代表性的主要有研究—开发—推广模式、关注为本采纳模式、兰德变迁模式、组织发展模式和情境模式。研究—开发—推广模式把课程实施视为一种理性化和技术化的过程,认为课程改革就是由学科专家与课程专家针对具体的学科或课程问题进行研究,并根据研究结果开发新课程方案,然后把方案投入学校推广使用。关注为本采纳模式认为,所有的变革都起源于人的变革,该模式由关注阶段、使用水平和革新形态三个关键维度组成。兰德变迁模式认为,成功的课程实施实际上是一个相互调适的过程,由启动、实施和合作三个阶段组成。组织发展模式强调学校组织的发展,强调提升学校组织解决问题与自我更新的能力,强调进行团队

---

① 邱学华.邱学华与尝试教育人生[M].北京:北京师范大学出版社,2006:4-5.
② 洪赟.小学音乐课堂"二度教学设计"的研究与实践——由学生课堂"插嘴"引发的思考[J].北方音乐,2017,(5):159-160.

工作并形成组织文化。情境模式认为应该把课程作为教师在复杂的情境中所创生出来的东西加以考察,应该用对教师有意义的观点来解释课程实施的过程、结果与情境。

关于课程实施的推进策略,比较有代表性的观点有钦和本恩、麦克尼尔分别提出的三维策略。钦和本恩认为课程实施的策略有实证—理性策略、权力—强制策略、规范—再教育策略三种基本类型。麦克尼尔考虑到课程改革可能由处于不同层面的(如国家、地方、学校、课堂)机构、集体或个人发起,提出了自上而下、自下而上和自中而上三种课程实施策略。教学实施可通过做好备课管理、提升上课质量和解决教师关切的问题来推进。在课程实施过程中要重视教师的改变,需要关注教师对课程改革的认同感、在课程改革中的效能感和在课程改革中的情绪。课程实施要力图在教育实践中实现"课程变迁",从变迁理论、变迁类型、变迁阻力和变迁认同四方面对课程变迁进行分析,有助于理解怎样消除课程变迁过程中的阻力,保证课程实施顺利进行。

提升课程与教学实施的质量,要重视课程与教学资源的开发与利用。小学课程与教学资源按照不同的分类依据可分为不同的类型:以空间分布为依据,可分为校内和校外资源;根据载体形式不同,可分为文字性和非文字性资源;根据功能特点不同,可分为条件性和素材性资源;根据价值取向不同,可分为教授化和学习化资源。为提高小学课程与教学资源开发和利用的水平,需要树立"教材是基本的课程与教学资源""教师是重要的课程与教学资源"和"多样化开发课程与教学资源"等理念。小学课程与教学资源的开发策略主要有:敏于发现、勤于研究和善于捕捉等。

一、单项选择题

1. 认为"所有的变革都起源于人的变革,教师随课程实施的推进,所关心的事项存在规律性变化"的课程实施模式是(   )。

A. 情境模式　　　　　　　　　B. 系统模式

C. 兰德变迁模式　　　　　　　D. 关注为本采纳模式

2. 认为"成功的课程实施,实际上是一个相互调适的过程"的课程实施模式是(   )。

A. 情境模式　　　B. 系统模式　　　C. 兰德变迁模式　　　D. 组织发展模式

二、名词解释题

1. 课程实施

2. 课程实施的研究—开发—推广模式

三、简答题

1. 简述课程与教学实施的影响因素。

2. 简述促进课程变迁认同的有效策略。

3. 简述小学课程与教学资源的类型。

四、论述题

1. 论述推进教学实施的有效策略。

2. 论述小学课程与教学资源开发的理念。

1. 崔允漷.学校课程实施过程质量评估[M].上海:华东师范大学出版社,2017.

全书分三部分。第一部分从探索课程实施的本质出发,系统梳理了 40 年来有关学校课程实施研究的文献,深入分析了世界各国和地区在评估学校课程实施时所采用的各种框架,建构了一种全新的学校课程实施互动模型。第二部分从教师—方案、教师—学生、学生—方案的互动出发,探讨其合理性与可行性。第三部分基于上述的课程实施过程评估框架与技术,开展应用的、拓展的专题研究,从互动视角出发选取学校课程实施过程中的关键议题,如课堂教学形态、课堂学习品质、教—学—评一致性等进行深入研究,试图验证学校课程实施互动模型的合理性,解释学校课程实施过程的丰富意义。

2. 于泽元.课程变革中的学校课程领导[M].北京:人民出版社,2014.

本书通过田野研究,深入揭示教师投入课程变革的原因以及学校课程领导发挥的影响力。本书内容主要有:第一章"导论",介绍学校课程领导在新课程改革实施中的意义、教师投入对新课程改革的重要性等。第二章"研究的设计与方法",介绍研究目的、问题和框架等。第三章"教师对新课程改革投入的案例分析",介绍教师投入新课程改革的个案研究、教师对工作场景的控制、教师对社会场景的把握以及教师投入课程改革作为身份运作的策略性选择过程。第四章"学校课程领导影响的案例分析",介绍学校课程领导措施对教师投入新课程改革的作用等。第五章是"面向教师主体的学校课程领导",总结案例分析的结论并对案例进行讨论。

3. 杨龙.以学习为中心的课程实施[M].上海:华东师范大学出版社,2018.

从教育的角度来讲,卓越是一种目标、一种行为、一种心态、一种习惯、一种品质和一种生活方式。卓越凸显了学校课程变革的核心理念、目标定位以及更高标准。该书紧紧围绕"卓越教育",架构"全景式课程",通过 44 篇课程纲要,直观展现学校课程变革应如何让课程适应每一位学生的发展。

第六章　小学课堂教学设计

1. 识记
◆ 小学课堂教学设计的基本步骤
◆ 教学方案的主要栏目
2. 领会
◆ 分析教学背景的要点
◆ 小学常用的教学方法
◆ 组织教学过程的要点
◆ 小学常用的教学原则
◆ 小学常用的教学策略
◆ 自主学习、合作学习、探究学习、项目式学习、深度学习
3. 应用
◆ 应用本章所学的内容,设计一份课堂教学方案

12 学时

小学数学课堂上的"智慧人"①

在小学数学课堂上,教师要求学生完成比一个数少几的数的应用题:学校有 8 朵红花,黄花比红花少 3 朵,黄花有多少朵? 学生很快列出了算式:8-3=5(朵)。

求比 8 少 3 的数对于孩子们来讲并不是一件十分困难的事,但许多教师却对孩子们提出了明确要求,请他们看图列式后说清 8-3=5(朵)算式的意义。课堂上孩子们皱着眉头毫无表情地机械重复着:"把 8 朵红花看作一个整体,分成两部分,一部分是与黄花同样多的部分,另一部分是比黄花多出的部分。从 8 朵红花中减去比黄花多出的 3 朵,就是和黄花同样多的 5 朵,也就是黄花的朵数。"

原本一道很简单的算式,却让七八岁的孩子说出一大堆令成年人都费解的道理。孩子们本来对这种板着面孔的文字应用题就有几分畏惧,再加上教师过分的要求,使孩子们心理上产生了厌烦情绪。这样的数学课怎么会令孩子们喜欢呢? 这样的数学教学怎么去培养学生的创造性思维呢?

就此,吴正宪老师尝试不让学生模仿成年人的语言千篇一律地叙述解题思路,而是用孩子们喜欢的"捉迷藏"方式突破教学难点。例如:"饲养小组有 10 只白兔,黑兔比白兔多 6 只,白兔和黑兔一共有多少只?"她让孩子们展开想象的翅膀,尽情地体验学习的乐趣。

当例题出现后,吴老师在第二个已知条件的后面顺手贴了一幅"智慧人"的图片,他正眨着智慧的双眼向小朋友们喊话。老师请大家猜一猜"智慧人"可能会喊什么? 一个男孩子跑到讲台前,双手叉开放到嘴边,学着小智慧人的样子喊开了:"喂,小朋

---

① 吴正宪. 吴正宪与小学数学[M]. 北京:北京师范大学出版社,2006:70-71.

友们,你们先要把黑兔的只数求出来呀,不然后面就麻烦啦。"吴老师追问了一句:"为什么先要把黑兔的只数求出来呢?""不先求黑兔的只数,怎么能求黑兔和白兔一共有几只呢?"一句话,道出了本题的解题关键。同学们顺利地完成了此题。

吴老师又把"黑兔比白兔多6只"改为"黑兔比白兔少6只"。一个梳着两条牛角辫的小姑娘勇敢地跑到讲台上,也学着小智慧人的样子喊开了:"喂,小朋友们,题目中的'多'字已经变成'少'字啦,可要当心呀,千万别上当!"银铃般的喊声传遍教室的每一个角落,同学们审题可认真了,不大的工夫,又完成了第二道题的解答。

第五章"小学课程与教学实施设计"主要关注小学课程与教学实施的模式、推进策略与资源开发等问题。聚焦到课堂层面,小学课堂教学设计是小学课程与教学实施设计的一项重要工作,做好课堂教学设计能促进小学课程与教学的有效实施。因此,本教材专列一章论述小学课堂教学设计。习近平总书记在中共中央政治局第五次集体学习时强调:"大力培养造就一支师德高尚、业务精湛、结构合理、充满活力的高素质专业化教师队伍。"①高素质专业化教师要能够精心设计课堂教学,潜心教书育人。上述案例中吴老师用"智慧人"引导学生明确算式意义,理清解题思路,取得了明显的教学效果,让死板枯燥的机械式学习变为生动活泼的游戏式学习,这体现了教师的教学智慧。为了做好小学课堂教学设计并取得较好的教学效果,需要熟悉课堂教学设计的基本步骤,掌握小学常用的教学原则和教学策略并理解学生的学习方式。

第一节 小学课堂教学设计的基本步骤

小学课堂教学设计要考虑的事项林林总总,本节主要介绍如何一步一步落实具体的设计任务,进而完成一份教学设计。一般来说,小学课堂教学设计的基本步骤包括"分析教学背景""确定教学目标""开发教学资源""选用教学方法""组织教学过程"和"形成教学方案"等。

一、分析教学背景

进行课堂教学设计,并不是直接提笔写教学设计方案,而是要先开展一系列的教学背景分析。概括而言,分析教学背景主要包括"课程标准分析""教学内容分析"和"学生情况分析",可简称为"研标—读本—析生"。

(一)课程标准分析

在过去很长一段时间里,我国一直沿用一套"教学"概念体系,如教学计划和教学大纲。2001年,新一轮基础教育课程改革开始实施,制定了国家课程标准。这是新课程的重要文件,它对学生在知识与技能、过程与方法、情感态度与价值观等方面应达到的基本要求做出了明确阐述。2022年,教育部印发新修订的义务教育课程标准,对各门课程的性质、理念、目标、内容、学业质量和实施进行了阐释。新颁布的课程标准强化了课程育人导向。各门课程标准基于义务教育培养目标,将党的教育方针具体化、细化为本课程应着力培养的核心素养,体现正确价值观、必备品格和关键能力的培养

---

① 习近平.加快建设教育强国 为中华民族伟大复兴提供有力支撑[N].人民日报,2023-5-30(1).

要求。同时,研制了学业质量标准。各门课程标准根据核心素养发展水平,结合课程内容,整体刻画不同学段学生学业成就的具体表现特征,形成学业质量标准,引导和帮助教师把握教学的深度与广度,为教材编写、教学实施和考试评价等提供依据。新颁布的课程标准还增强了指导性。各门课程标准针对"内容要求"提出"学业要求"和"教学提示",增加了教学和评价案例,不仅明确了"为什么教""教什么""教到什么程度",而且强化了"怎么教"的具体指导,做到好用、管用。①

课程标准是指导教学的纲领性文件,是课堂教学设计的一个基本依据。教师进行教学设计,要深入研读课程标准,领会相关要求。通过研读课程标准,教师能够领会本节课的教材内容在整个课程标准中的地位和作用,就不会孤立地看待和处理本节课的教学定位,进而较好地把握本节课的教学目标、广度和难度等。比如,《义务教育语文课程标准(2022 年版)》要求,第一学段开始"学习默读",第二学段"初步学会默读",第三学段提出"默读有一定的速度,默读一般读物每分钟不少于 300 字"。由此,整个小学高年段的语文课堂教学设计,在处理默读方面,就有了基本的准绳,即高年段的语文课堂在一定程度上应该静下来,给学生充分的时间和空间去静心读书、静心思考。课程标准,给了教师一种方向感,它既为教学确立了一定的质量底线,又为教学预留了灵活实施的空间,它要求教师"像专家一样"整体地思考课程标准、课堂教学与相关评价的一致性,并在自己的专业权力范围内做出正确的教学决定。然而,在现实生活中,一些教师很少深入研读课程标准,要改变这种状况需要人们不断地探索和努力。

(二)教学内容分析

一般情况下,教师在进行教学设计时,手里都有教材,即有一定的教材内容作为教学设计的基础。当然,也有一些课堂教学是没有教材的,这样的教学设计需要教师根据具体的教学目标去自行选择和组织教学内容。教学内容分析的总体要求是:教师要超越孤零零地分析某一个具体教学内容的方式,整体性地理解整套教材的编排体系与主要特色,以便更好地体会教材的编写意图,进而合理、科学地使用教材,实现所教课程的教学目标。具体而言,教材内容分析主要包括分析教材内容的前后联系和分析教材内容的编写意图。

1. 分析教材内容的前后联系

杜威说:"比较聪明的教师注意系统地引导学生利用过去的功课来帮助理解目前的功课,并利用目前的功课加深理解已经获得的知识。"②分析教材内容的前后联系,即弄清所学内容与先前内容及后续内容的关系,把握本节课内容的独特地位和作用,做到"瞻前顾后"和"以旧引新",实现课堂教学内容的有效衔接。

以统编版教材的课文《梅花魂》的分析为例。《梅花魂》是小学语文五年级下册第一单元的第四课。本单元以"童年往事"为主题选编了四篇课文。《古诗三首》描写了古代乡村中的儿童生活,《祖父的园子》回忆了"我"在园子里无拘无束的童年生活,《月是故乡明》描写了作者在故乡生活时的童年乐事,抒发了作者成年后对童年和故乡的怀念之情。《梅花魂》由思乡情升华为爱国心,在情感与表达方式上传承前篇。

① 中华人民共和国教育部.义务教育课程方案(2022 年版)[M].北京:北京师范大学出版社,2022:3-4.
② [美]杜威.民主主义与教育[M].王承绪,译.北京:人民教育出版社,2001:178.

本文是归国华侨陈慧瑛的回忆录,描写了远在异国的外祖父通过梅花寄托款款思乡情、浓浓爱国意。课文高度的审美性和思想性,给学生以有益的熏陶。而且,梅花作为花中四君子之一,已经成为一种具有中国特色的、代表高风亮节的独特意象,围绕这样的意象,作者所写的几件事彼此之间构成一个统一的整体,为题目中的"魂"字服务。①

2. 分析教材内容的编写意图

教材为什么要这样编写,其背后蕴藏的意图是什么,需要教师进行深入的思考和把握。对教材内容编写意图的分析,要站在宏观的立场,熟悉整套教材的编写意图。每套教材都有内在的内容编排体系,这是编写者在对课程的全面分析与考量的基础上构建的教材特色之一。

(三)学生情况分析

学情包括学生原有的知识水平基础、学习习惯和学习方法以及学生的兴趣、爱好、思想情况、个性特点、身体状况等。学情分析时,要注意分析学生的已有基础、分析学生的现有理解能力和分析学生掌握的日常概念。

1. 分析学生的已有基础

学生并不是带着空空的脑袋到课堂的,他们通过家庭生活、社会生活以及以往的学校生活,已经有了一定的基础。教师在进行教学设计时,需要正确分析和把握学生的知识起点、技能水平和思维特点等。

2. 分析学生的现有理解能力

只有准确分析学生的现有理解能力,教师才能设计出适宜于学生理解的教学。比如,在小学,分数应用题长期以来一直是难教难学的内容。尽管教材降低了学习难度,但是从一线教学的实际情况看,情况仍不容乐观。一位数学老师就此现象进行过专门探讨。他说,出现这种情况的原因就在于教师将分数应用题人为地另起炉灶,"单位'1'、对应量、分率"等专用"术语"让学生晕头转向。事实上,分数应用题就是将倍数关系以分数形式呈现的倍数问题,其数量关系、分析方法与过去所学的倍数问题完全一样,打通这两类问题的联系,完全可以收到事半功倍的效果。有一次,朋友的女儿向他抱怨:"不懂老师讲的分率是什么意思。"他请她做三道题:① 男生有 20 人,女生人数是男生的 2 倍,女生有多少人?解答后请她指出一倍数、倍数等基本概念与数量关系。② 男生有 20 人,女生人数是男生的 1.5 倍,女生有多少人?与第①题比较,本题只存在倍数由整数变为小数这种变化。③ 请她将第②题中的 1.5 改成分数。将一倍数与单位"1"、倍数与分率进行比较,建立联系,她立即就明白了分率和倍数只是意义相同的两种不同说法而已。② 可见,教师应当在准确把握学生现有理解能力的基础上,不断锤炼与不同理解能力的学生进行对话的能力。

3. 分析学生掌握的日常概念

学生在日常生活中,已经对某些事物和现象等形成了自己的理解和认识,这些理解和认识通常被称为日常概念。例如,很多学生认为,物质的燃烧一定要在空气中才

---

① 窦桂梅.回到说课[J].江苏教育(小学教学版),2009,(4):23-25.
② 王凌,余慧娟.关于数学教育若干重要问题的探讨——对话特级教师王凌的读书笔记[J].人民教育,2008,(7):39-45.略有改动.

能进行;催化剂一定能加快反应速率;"糖类"一定是甜的;商品就是摆放在商店里卖的东西,等等。日常概念是教学设计必须加以分析的前提条件,它们影响着学生知识的掌握、观点的接受、能力的建构、态度的转变和思想的形成。

日常概念与学校教学中要求学生掌握的科学概念并不完全一致,日常概念对科学概念的形成可能具有积极作用,也可能产生负面影响。在洞察学生的"略有所知"或"略有错知"的基础上,教师的教学设计就能因势利导,有针对性地帮助学生建立起科学概念。

比如,为了帮助学生纠正相应的日常概念,教师不仅要通过适当的质疑或反例的设计去引出概念冲突,还必须提供正面的范例,让学生对正确的观念和错误的观念进行比较,从而促使其做出自觉的"选择"。比如,在"生态平衡"的学习中,学生往往有这样的日常概念,即狼和狐狸等是"不好"的动物,应该消灭掉。为了树立正确的生态观念,教师在教学中可以举美国黄石公园引狼入园以维护生态平衡等反例。

在实际教学中,如果教师做一个"有心人",在日常观察中了解学情,在平时交谈中考察学情,在作业批改中发现学情,在专门研究中体悟学情,那么对学情的定位就会更加精准。

除了上述"研标—读本—析生"之外,分析教学背景还需考虑大量其他要素。比如教学环境如何?如果要采用合作学习,有没有适宜的桌椅条件?又如,教师自身的特点是什么?如果要采用讨论法,自己能不能较好地组织和引导学生讨论?总之,较为详尽而深入地进行教学背景分析,有助于教学设计顺利而有效地展开。

二、 确定教学目标

关于确定教学目标,本书第三章已有介绍。需要注意的是,课时教学目标是对学期教学目标和单元教学目标的具体化,它的确定需要教师具有宏观意识、整体思维,在通观前两种目标的基础上,在分析课程标准、教材内容和学生情况等前提下慎重进行。

在确定教学目标的过程中,还需要明确教学重点和难点,进而在接下来的教学设计和实施中突出教学重点,突破教学难点,提高教学成效。

教学重点,是教学内容中最重要、最基本的中心内容,是知识网络中的联结点,是教师设计教学活动的主要线索,具有贯穿全局、带动整体的作用。教学重点的确定,需要对课程标准和教学内容有较深刻的认识。

教学难点,是学生感到难以理解或接受的内容。一般来说,重点不一定是难点,难点也不一定是重点,但有时两者是统一的。教师可以从教学内容的抽象性与学生思维的形象性之间的矛盾以及教学内容的深化与学生思维的定势之间的矛盾等方面入手,确定教学难点。

三、 开发教学资源

教学并不是"照本宣科"。卢梭(Rousseau, J. J.)说:"教育的艺术是使学生喜欢你所教的东西。"[①]夸美纽斯说:"应该用一切可能的方式把孩子们的求知与求学的欲望激发起来。"[②]确定教学目标之后,紧接着的任务就是根据目标开发多样化的教学资源,保证教学有效、生动、富有魅力地展开。关于开发教学资源,本书第五章第四节已

① [法]卢梭.爱弥儿论教育[M].李平沤,译.北京:商务印书馆,1978:349.
② [捷]夸美纽斯.大教学论[M].傅任敢,译.北京:人民教育出版社,1984:107.

有介绍。教育部印发的义务教育课程标准(2022年版),各课程标准中对本门课程的教学资源开发给出了指导建议,值得认真研读和体会。

四、 选用教学方法

开发教学资源的同时,教师还要考虑,选择什么样的教学方法来利用教学资源,使外在于学生的教学内容内化为学生的个体经验,进而使学生经由教学达到预期的学习结果和标准,有效地实现教学目标。教学方法是一个内涵较为丰富的概念。《教育大辞典》将教学方法定义为:① 某种教学理论、原则和方法及其实践的统称。② 师生为完成一定教学任务而在共同活动中所采用的教学方式、途径和手段。① 根据教学方法的媒介特征及学生学习活动的特点,可以将教学方法分为以语言传递信息为主的方法、以直接感知为主的方法、以实际训练为主的方法、以欣赏活动为主的方法和以引导探究为主的方法。② 这是一种较为常见的教学方法分类。正所谓:教学有法,但无定法。万能的方法是没有的,只依赖于一两种方法进行教学无疑是有缺陷的。教师在选用教学方法时,要坚持综合化,形成具有内在有机联系的教学方法组合。许多成功的教学设计和实施,都是综合运用了讲授法、问答法和探究法等多种多样的教学方法。

 拓展阅读

教学方法的另一种分类

有学者认为,各种各样的教学方法形成了一个庞大的体系,从抽象到具体,具有层次性特征。据此,教学方法可分为原理性教学方法、技术性教学方法和操作性教学方法。

1. 原理性教学方法,是人们将教育、教学、学习思想应用于课程实施领域的一种指导性的方法取向。诸如启发式教学方法、发现教学方法、设计教学方法等,都是解决教学规律、教育哲学思想、新教学理论观念与学校教学实践间的连接问题,是教学理念在教学实践中方法化的结果,不具有固定的程序和步骤。这类教学方法中的程序和步骤,是高度抽象化和概括化了的,不具有操作性,不能直接运用于学校各个科目的教学,需要通过影响教学主体的思想、观念与态度,渗透到各门课程所含科目主题具体教学的设计和实施中。

2. 技术性教学方法,是一类在教育思想与学校课程实施之间发挥技术中介作用的教学方法。诸如讲授法、谈话法、演示法、实验法等,每种方法都适用于学校各门课程或几门课程的教学。该层次的教学方法具有技术性特点,上接受原理性教学方法的指导,下与学校不同课程的科目主题内容相结合构成操作性教学方法,发挥着中介作用,因此,被称为技术性教学方法。

3. 操作性教学方法,是学校教育中各门课程各自独有的各种具体教学方法的总和。诸如劳动技术课的工序教学法,音乐课的视唱教学法,外语课的听说教学法和语

① 顾明远.教育大辞典(简编本)[M].上海:上海教育出版社,1999:187.
② 李秉德.教学论[M].北京:人民教育出版社,1991:201-217.

文课的分散识字法等。该层次的每种方法,具有内容特定性,只适用于特定的科目主题教学,与各门课程的具体教学内容相结合,有基本固定的程序和方式,教师一旦掌握便可立即操作应用。

资料来源:黄甫全.现代课程与教学论[M].3版.北京:人民教育出版社,2014:345.

(一) 以语言传递信息为主的方法

以语言传递信息为主的方法主要包括讲授法、谈话法、讨论法和读书指导法。

1. 讲授法

讲授法是教师通过口头语言向学生描绘情境、叙述事实、解释概念、论证原理和阐明规律的教学方法。它是教师使用最早的、应用最广的教学方法,可用于传授新知识,也可用于巩固旧知识,其他教学方法的运用几乎都需要同讲授法结合进行。[①] 讲授法的优点主要有:操作简单方便;可以在较短的时间内传递较多的知识,省时省力;可以使学生系统掌握所学知识;有利于教学活动有目的有计划地进行。其局限主要有:比较容易养成学生被动听讲的学习习惯,不太利于培养学生的问题解决能力和创新思维能力;对教师个人的语言素养要求较高;较难考虑和照顾学生之间的个体差异。

为了提升讲授法的效果,在选用时可注意如下几点:① 讲授内容坚持少而精。善于抓住关键、重点、难点内容进行讲授,不要面面俱到,"胡子眉毛一把抓"。② 讲授语言力求准确、清晰、流畅、生动、优美。讲授时避免枯燥乏味,杜绝流利的废话,力求讲能够打动人心的语言,并在适宜情况下具有一定的幽默感。③ 与其他教学方法配合使用。连续讲授的时间不要太长,其间可以通过设疑布障、边讲边问、相互讨论等方式,激发学生积极思考,消除学生听讲疲劳和注意涣散等现象。④ 使讲授内容直观化。教师在讲授过程中可以通过多媒体提供图像、视频、动画等多种信息,将抽象的教学内容以具体、形象化的方式呈现出来,促进学生的理解。同时,注意板书。好的板书设计是讲授法的重要辅助手段,它可以增强讲授的效果。⑤ 讲授之中预留理解时间。由于小学生的注意力有限,教师要避免连续长时间的讲授,给予学生一些思考和理解的时间。⑥ 注意指导学生有效地听课和记笔记。

2. 谈话法

谈话法又称问答法,是教师根据教学目标和教学内容向学生提出问题,要求学生回答,并通过问答的形式来引导学生获取或巩固知识的方法。[②] 问答法的优点主要有:有助于教师了解学生的思维过程,便于培养和优化学生的思维能力;有助于教师了解学生的学习情况,便于教师对教学进行调控,做到因材施教;有助于锻炼学生的问题解决能力和语言表达能力;有助于促进师生之间的情感交流,建立积极互动、共同提高的师生关系。其局限主要有:与讲授法相比,完成同样的教学任务,它花费更多的时间;当学生人数较多时,很难照顾到每一个学生;教学中不确定性较强,需要教师具备较灵活的教学技巧。

---

① 中国大百科全书编委会.中国大百科全书·教育[M].北京:中国大百科全书出版社,1985:142.
② 黄甫全.现代课程与教学论[M].3版.北京:人民教育出版社,2014:347.

选用问答法时,需要注意以下几点:① 把握好提问的时机和分寸,抓住重点、关键点设问,忌随意提问。教师要认真拟定谈话提纲,精选谈话题目,有的放矢,特别要善于发现"课眼",据此来设计问题,以收"牵一发而动全身"的效果。② 设计的问题要层层递进,把学生的思维一步步引向新的台阶,应关注学生对问题的理解和阐释,注重在对话和交流中产生更多的思维碰撞。③ 教师要注意培养学生的问题意识,逐渐将提问权交给学生,培养学生发现、分析和解决问题的能力。④ 问答之后,教师要做好总结,对不完整的回答给予补充,对零散的意见给予综合,对表面的认识给予深化。

3. 讨论法

讨论法是学生在教师指导下为解决某个问题而进行探讨、辨明是非真伪以获取知识、形成技能和发展能力的方法。[①] 讨论法的优点主要有:学生借助讨论掌握的知识较为牢固;在讨论中学生处于主动地位,能够很好地发挥主动性和积极性;发言内容可不受教材的限制(但要围绕讨论中心),有利于发挥学生的独立思考能力和创造精神;讨论过程中学生可以听取不同的发言,相互取长补短,共同提高,形成灵活运用知识来分析问题、解决问题的能力;学生能逐渐掌握讨论技巧,形成相互合作的团队意识;讨论有利于提高学生的口头表达能力。其局限主要有:讨论容易流于形式,有时会出现偏离主题的情况;对教师的教学技巧要求较高;花费的时间较长;学生人数较多时,较难保证讨论的效果。

为了提升讨论法的效果,在选用时可注意如下几点:① 选好讨论的内容。不讨论简单易懂、无需讨论的内容,避免讨论"泛滥成灾";不讨论无从下手、高不可攀的内容,避免讨论"无功而返"。要把讨论放在学习的重点和难点处,放在学生思维的敏感区。② 重视讨论的引导。教师不急于当"裁判",匆匆指出各种意见的正确或错误,而是让学生畅所欲言,充分辩论。同时,教师要善于将偏题的讨论引回正题,善于将表面的讨论引向深入。③ 做好讨论的小结。教师要通过简要地概括各类不同的观点,明确指出应得的结论及其依据。对于讨论中出现的错误、片面和模糊的认识,教师要予以澄清,使学生能够获得正确的观点和系统的知识。对有争议的问题,教师在表明自己观点的同时,允许学生保留自己的观点。

4. 读书指导法

读书指导法,是教师指导学生通过阅读课本、参考书以及课外读物等以获取知识或巩固知识,培养阅读习惯和能力,养成自学能力的方法。[②]

运用读书指导法的基本要求:[③]① 教师提出明确的教学目标和要求。在读书的过程中要让学生带着任务、问题去学习,这样才能提高学生学习的主动性。② 教师教给学生读书的方法。比如,帮助学生学会做标记、提问题、写摘要、写提纲和读书心得等。③ 教师组织学生交流读书的感受。

(二)以直接感知为主的方法

以直接感知为主的方法主要包括演示法和参观法。

---

① 黄甫全. 现代课程与教学论 [M].3 版.北京:人民教育出版社,2014;347.
② 黄甫全. 现代课程与教学论 [M].3 版.北京:人民教育出版社,2014;347.
③ 靖国平,邓银城. 课程与教学论教程[M].武汉:华中科技大学出版社,2012;203-204.

1. 演示法

演示法是通过教师的示范、展示直观教具或实验等,促使学生掌握某种技能、操作程序或深化对某一问题认识等的教学方法。演示法的优点主要有:增强教学的直观性,有助于学生获得感性认识,理解课本上的概念、原理和规律;为学生提供观察学习的机会,有助于培养学生的观察力;随着现代科学技术的发展,演示手段和方法的多样化,有助于激发学生的学习兴趣。其局限主要有:演示需要较多时间准备相应资源,费时费力;现有教室布置较难满足演示要求,有时学生人数较多,不能靠近观察,一些学生不易看清演示过程;某些情况下,可能出现演示失败的情形,这会影响学生的学习状态和情绪;学生观看演示,比较容易激动,教师较难控制课堂气氛。随着信息技术的快速发展,教学内容中可供演示的范围将大大增加,演示法将发挥越来越重要的作用。

为了提升演示法的效果,在选用时可注意如下几点:① 做好演示准备。根据教学要求,选好演示的工具和材料。最好先尝试演示几遍,有效避免演示失败的情况。② 做好演示指导。教师要让学生知道看什么、怎样看,需要考虑什么问题,进而使学生主动、积极、自觉地投入观察与思考。③ 讲求演示时机。过早地把演示教具拿出来,会分散学生的注意力,削弱新鲜感,降低学生对它的兴趣。④ 与讲授和提问等方法配合使用。

2. 参观法

参观法是教师根据教学内容的需要,组织学生去实地观察学习,从而获得知识或巩固、验证已学知识的方法。[1] 参观法可使课堂教学与实际生活紧密联系起来,有利于学生开阔视野,更好地理解所学内容。随着人工智能时代的到来,以虚拟现实为代表的新技术拓展了参观法的途径。增强现实技术、虚拟现实技术、实景地图、基于真实数据的虚拟空间、数字博物馆等新技术的发展和普及,使学生足不出户便可"走遍"大江南北,"巡游"世界各地。

(三) 以实际训练为主的方法

以实际训练为主的方法主要包括练习法、实验法和实习作业法。

1. 练习法

练习法是学生在教师的指导下,通过完成作业的方式,掌握知识与技能、获得体验等的教学方法。练习法的优点主要有:有助于学生形成、巩固和提高各种技能技巧;有助于学生增进对知识的理解;有助于学生训练、发展顽强的意志和认真负责的品质。其局限主要有:较为费时;如果全体学生的练习题目一样,则较难关注每个学生的具体学习需要;如果练习机械重复,则难以维持学生的学习动机。

为了提升练习法的效果,在选用时可注意如下几点:① 控制练习数量,忌题海战术。如果学生做的练习量大质低,势必造成学生课业负担过重,甚至导致厌学情绪。教师要精心选择和设计练习题目,做到新知识及时练、易混知识对比练、相关知识结合练、主要知识加强练。② 注意练习层次,忌整齐划一。如果练习题不符合学生的实际能力和需要,或太难,或太深,学生的兴趣和情绪就会受到影响。为了面向全体,大面积提高教学质量,在教学中可设计层次性练习,使之适合不同学习水平的学生。③ 提

---

[1] 靖国平,邓银城.课程与教学论教程[M].武汉:华中科技大学出版社,2012:204.

升练习乐趣,忌单调乏味。富有趣味性的练习题,具有一定吸引力,能使学生感受到练习的乐趣。④ 做好练习反馈,忌只练不结。教师要及时掌握学生的练习情况,深入分析学生出现问题的原因,并以适当的方法予以指导。

2. 实验法

实验法是教师指导学生运用一定的教学设备,进行独立作业,体验并观察事物和过程的发生与变化,探求事物的规律,以获得知识、形成技能技巧的方法。① 运用实验法要做好实验前的准备,注重实验过程中的指导以及实验后的总结。

3. 实习作业法

实习作业法是学生在教师的组织和指导下,综合运用所学的理论知识进行实际操作或其他实践活动,以获得知识和形成技能技巧的方法。运用实习作业法要做好前期准备,注重实习作业过程中的全面指导以及后期总结和反馈,培养学生自我监控和自我评估的习惯。②

(四)以欣赏活动为主的方法

以欣赏活动为主的方法,简称欣赏法,是指教师创设一定教学情境,利用特殊内容或艺术形式,使学生体验事物的真善美,进而培养学生正确的态度、兴趣和审美能力等的方法。③

根据不同的学科性质,欣赏法在具体的教学实践中,表现出三种类型:一是艺术美和自然美的欣赏,如对音乐、文学作品和大自然的欣赏;二是道德行为的欣赏,如对历史、语文等教材中关于某人或某事所表现出的道德品质的欣赏;三是理智的欣赏,如对科学研究中追求真理、严密论证、发明创造、探索精神的欣赏。④

(五)以引导探究为主的方法

探究法也称研究法,是教师不把现成的结论告诉学生,而让学生在教师的指导下发现问题、探究问题、获得结论等的教学方法。比如,教小学生学习圆周率 $\pi = C : d$ 时,老师不直接告诉学生结论,而是引导学生自行测量若干圆形物体的直径与周长,进而发现不同圆的周长与直径之比是一个常数。最后,老师再提示学生,这个常数就是"π"。探究法的优点主要有:有助于激发学生的学习兴趣,培养学生的问题解决能力和创造思维能力;有助于促进学生对相关知识的记忆;有助于学生在探究中受到科学方法和科学精神的教育,并发展自己的个性。其局限主要有:运用这种方法,花费时间相对较多;对教师的课堂管理能力要求较高。

为了提升探究法的效果,在选用时可注意如下几点:① 选好探究课题。课题要有一定的难度和研究价值,需要学生经过多次尝试才能解决。② 提供必要的资源。探究并不是让学生凭空想象,而是借助于一定的资源进行思考探索。③ 进行一定的指导。学生在课堂上的探究不同于科学家的发现,学生的探究需要教师适时的启发、点拨和总结。

———————————

① 黄甫全.现代课程与教学论〔M〕.3 版.北京:人民教育出版社,2014:348.
② 黄甫全.现代课程与教学论〔M〕.3 版.北京:人民教育出版社,2014:348.
③ 李秉德.教学论〔M〕.北京:人民教育出版社,1991:212.
④ 扈涛.教学方法导论〔M〕.北京:华文出版社,2008:86.

角色扮演法

角色扮演法是学生在教师指导下,通过扮演相应角色,加强对学习内容的理解等的教学方法。

比如,在"长江的开发"教学中,教师在展示一些长江开发利用中出现问题的文字图片资料后,请各小组成员分别自主选择"水利部长""船长""商人"和"游客"等角色,进行换位思考,怎样使长江更好地发挥"水能宝库"和"黄金水道"的作用,并选派代表表演。

角色扮演法的优点主要表现为:有效地激发学生学习的主动性,营造活跃的课堂氛围;为学生提供参与和体验的机会。

其局限主要有:角色扮演有时需要教师亲身示范,如果教师不具有一定的表演才能,示范会不恰当;学生如果表演失当,常容易被其他同学嘲笑与批评;角色扮演要求教师在各方面都做好充分准备,能应对各种突发场景。

为了提升角色扮演法的效果,在选用时可注意如下几点:① 平时注意培养学生进行角色扮演的能力,教给学生一些扮演技巧。② 在角色扮演完毕后,教师一定要进行适当的评价和总结,使学生的知识、技能和体验等得到升华。

资料来源:曾文婕.新编课堂教学设计[M].北京:北京师范大学出版社,2023:102.

五、 组织教学过程

教学过程是以教学目标为导向,遵循一定教学规律而开展的教与学相统一的活动的时间进程,体现为具有时间先后和逻辑顺序的一系列步骤、阶段、环节。它是一条主要线索,将教学资源开发、教学方法选用等"串连"起来,最终达成教学目标。

由于历史传统、文化背景、哲学与心理学基础和实践状况存在各种差异,关于教学过程的主要环节,无论在理论上还是在实践中,均有不同的观点。孔子、荀子、赫尔巴特、杜威和凯洛夫(Каиров,И. А.)等都曾论述过有关教学过程的原理。这些理论,是深化认识教学过程的重要基础,是设计组织教学过程的宝贵资源。

赫尔巴特提出教学过程四阶段说:① 明了(或清晰)。当一个表象由自身的力量突出在感官前,兴趣活动对它产生注意;这时,学生处于静止的专心活动;教师通过运用直观教具和讲解的方法,进行明确的提示,使学生获得清晰的表象,以做好观念联合,即学习新知识的准备。② 联合(或联想)。由于新表象产生进入意识,激起原有观念的活动,因而产生新旧观念的联合,但又尚未出现最后的结果;这时,兴趣活动处于获得新观念前的期待阶段;教师的主要任务是与学生进行无拘束的谈话,运用分析的教学方法。③ 系统。新旧观念最初形成的联系并不是十分有序的,因而需要对前一阶段由专心活动得到的结果进行审思;兴趣活动正处于要求阶段;这时,需要采用综合的教学方法,使新旧观念间的联合系统化,从而获得新的概念。④ 方法。新旧观念间的联合形成后需要进一步巩固和强化,这就要求学生自己进行活动,通过练习巩固新习得的知识。[1] 后来,莱因(Rein, W.)将其发展为五阶段,其顺序是准备、呈现、联想、

---

[1] 吴式颖.外国教育史教程[M].北京:人民教育出版社,1999:329-330.

概括和应用。这就是教学过程的五阶段说。这些步骤为19世纪末20世纪初欧美的教师们所接受，成为一套固定的格式，西方世界绝大多数教学都是依此进行的。①

凯洛夫划分的综合课的环节是：第一，组织教学（2分钟）；第二，检查家庭作业（3~8分钟）；第三，把本课新课业的题目和目的告诉学生（5~10分钟）；第四，阐述新教材（10~20分钟）；第五，巩固新教材（10分钟）；第六，布置家庭作业（5~8分钟）。②凯洛夫的这一观点，在我国产生了较深远的影响。

随着理论研究和实践探索的深入，在综合已有认识的基础上，可以将教学过程划分为"明确教学目标""激发学习动机""感知教学材料""理解教学材料""巩固知识经验""运用知识经验"和"测评教学效果"七个基本环节。教学过程的每一环节，既相对独立，各自发挥着独特作用，又彼此关联，产生着相互作用。③

（一）明确教学目标

在分析教学背景的基础上，教师确定出一堂课的教学目标。除自己明确目标之外，教师还可以通过创设问题情境等途径，使学生感到有需要他们去掌握的新概念、新法则等，进而产生强烈的求知愿望和学习动机。一些教师会在教学伊始采用多种方法让学生认识、理解和认同教学目标，将教师的教学目标转化为学生的学习目标。如果只有教师知晓"教学目标"，教师就需要花费大量精力努力"拉着"学生达成"教学目标"，同时，学生也要花费大量精力揣摩教师的意图。相反，教学目标转化为"学习目标"，则可以让师生在课堂上成为学习伙伴，朝着共同的目标而努力。教师可以与学生深入讨论或共同创建学习目标，帮助学生使用"学习目标"为自己的学习导航。当学生把学习目标作为自己的坚定追求并内化为自己的学习动力时，便可以自我激励和自我赋能，积极主动地投入学习之中。

（二）激发学习动机

洛克（Locke, J.）曾说："教员的巨大技巧在于集中学生的注意，并且保持他的注意；一旦办到了这一点，他就可以在学生力所能及的范围以内，尽速前进了；否则他的一切纷扰忙碌，结果就会很少，甚至没有结果。"④学习动机是引发和维持学生学习行为的重要力量。在教学过程中，尤其要注意激发学生的学习动机。这一环节也可以不与上一环节做鲜明区分，而是通过设计一个活动，既明确教学目标，又激发学习动机。

（三）感知教学材料

在教学过程中，学生主要是以学习书本知识来认识客观世界和发展身心的。书本知识一般以抽象的理性知识为主，具体表现为概念、定理、公式和原理等。学生要理解和掌握它们，必须以一定的感性材料为支撑。否则，学生对所学的知识难免感到抽象、疑惑，甚至一知半解、囫囵吞枣。感知教学材料，就是对教学材料进行初步的把握，将教学材料承载的抽象的知识与直观、生动的形象结合起来，形成关于客观事物的正确表象，从而有利于对抽象知识的理解。

教学过程中学生获得感性知识的途径和形式，可以分为直接感知和间接感知两

---

① 李定仁.教学思想发展史略[M].兰州:甘肃教育出版社,2004:94.
② 李定仁.教学思想发展史略[M].兰州:甘肃教育出版社,2004:95-96.
③ 黄甫全.现代课程与教学论[M].3版.北京:人民教育出版社,2014:323-326.
④ [英]洛克.教育漫话[M].傅任敢,译.北京:人民教育出版社,1985:166.

类。通过参观见习、实验实习等直接感知有关对象,学生可获得大量的感性认识和直接经验,为理解抽象的书本知识创造条件;通过直观教具的使用、生动形象的语言描述、引导学生回忆等间接感知办法,可帮助学生用所获得的感性知识来理解抽象的知识。

例如,教学"万以内数的认识",老师可以给学生播放一段录像片,上面有:世界第一大洋——太平洋的平均深度大约是 4 028 米;世界跨径最大斜拉桥——上海杨浦大桥全长 8 354 米……学生通过观看这些壮丽的图景,形象地感知了图中的每一个数字,体验了数的运用,认识了自然界与数的关系,加强了数感。

(四)理解教学材料

在教学过程中,不能让学生的认识仅仅停留在感性层面,而要引导他们把所感知的材料同书本知识联系起来,进行思维加工,实现由感性认识上升到理性认识的飞跃。理解教学材料这一环节的重要任务,就是启发学生、引导学生开展积极的思维活动。

为此,教师工作的重心通常放在给学生提示思路,引导学生自主探索、学习思维方法和提升思维能力等方面。在学生的认识活动中,除了思维这一核心要素之外,还有观察、记忆和想象等要素的参与,所以,在教学过程中对学生观察力、记忆力、想象力等的培养也是不可忽视的。

(五)巩固知识经验

巩固知识经验,是指学生把所学的知识经验牢固地保存在记忆中。学生以学习书本知识、接受间接经验为主,如不及时地巩固强化,就会产生遗忘,不利于对后续知识经验的学习理解,也难以做到学以致用。

在教学过程中,教师不仅要向学生提出记忆的要求,而且要教给学生有效记忆的方法。教师尤其要注意将巩固知识经验与死记硬背区分开来,帮助学生认识和掌握记忆的基本规律,分清机械记忆和理解记忆的特点和作用,着重培养学生理解记忆的能力,使他们掌握或形成适合自己的记忆知识经验的方法。

(六)运用知识经验

将所学知识经验运用于实践,是帮助学生加深对书本知识的理解、形成分析问题和解决问题能力的关键环节,尤其对培养学生的独立性和创造性有着重要的作用。在教学过程中,教师引导学生运用知识经验的形式有练习作业、实验实习等,还可以与社会实践、生产劳动等联系起来,相互配合和相互促进。其中,练习作业是常见的一种运用知识经验的形式,但一定要注意练习作业的内容、类型与方式,努力避免一味地简单重复和机械模仿,力求灵活多样和变革创新。

多年来,许多教师都视"运用知识经验"为"老师布置作业—学生完成作业",往往没有"设计"作业的意识,自然投入到作业"设计"上的精力和智慧就微乎其微。于是,很多教师布置的作业,都是"机械重复多,实践应用少""现成内容多,创意研制少"以及"统一任务多,自主选择少"。这样缺乏趣味的作业,令学生望"业"生畏,苦不堪言。可以说,广大教师逐步从作业"布置"转向作业"设计",在作业内容与形式上进行改革和创新,进而逐步实现作业方式的多样化,让更多有趣味的、创造性的作业成为学习的主要形式,使学生从单一、枯燥的机械练习中解脱出来,已成为目前教学设计必须解决的一个迫切问题。

（七）测评教学效果

教学效果测评，是保证教学过程良性循环、争取理想教学效果的重要环节。教师在教学过程中，一般可以通过观察、提问、检查作业等方式，来了解学生掌握知识、形成技能和学习态度等方面的状况，获得有关的反馈信息，进而及时改善教学过程，优化教学活动。

在测评教学效果时，教师可通过设计表现性任务，制定相应评估量规（参见表6-1），从多维度评估学生学习水平。

表6-1 "我们城市中社区的变化"五分钟陈述评价量表①

维度	层级		
	优秀	合格	有待改进
知识/理解 20%	陈述采用相关而准确的细节支持论点，表现出对历史的深入理解 研究透彻而且超出了教师提供的文本内容	陈述所运用的知识总体上准确，只有微小偏差，而且总体上与论题相关 研究较为充分但几乎没有超出教师提供的文本内容	陈述缺少与论题相关的、准确的信息，甚至没有用到教师提供的文本内容 几乎没有研究成果
思考/探究 30%	陈述围绕论点进行，体现了对社会问题的高度认识和优秀构思能力	陈述具备完整结构和中心论题，但分析并不深入，未能完全紧扣论题	陈述不具备完整结构，未紧扣中心论题
沟通 20%	陈述在传达观点方面富于想象力且效果很好 陈述人能有效应对受众的反应和问题	陈述技巧能有效传达主要观点，但想象力不够 未能回答受众提出的部分问题	陈述未能吸引受众的兴趣，需要传达的内容不清晰
视觉辅助工具使用 20%	陈述采用了适当、简明的视觉辅助工具，而且陈述人在陈述时适当提到并介绍了这些工具	陈述包含适当的视觉辅助工具，但太少且不便使用、难以理解 陈述人在陈述时未提到并介绍这些工具	陈述未使用视觉辅助工具或视觉辅助工具不适当、太小或太混乱以至于无法理解 陈述人陈述时未提到这类工具
陈述技巧 10%	陈述人声音足够清晰响亮，并通过眼神交流、生动的语调、手势和身体语言来吸引受众	陈述人声音足够清晰而响亮，但往往音调低沉 有时未能有效使用眼神交流、手势和身体语言	陈述人说话声音太小或言辞模糊，以至于无法让人理解 未尝试通过眼神交流、手势或身体语言吸引受众

以上教学过程的七个基本环节，反映了教学过程的时间连续性特征，是各个学段、

---

① ［美］史蒂文斯，［美］利维.评价量表:快捷有效的教学评价工具(第2版)［M］.陈定刚,译.广州:华南理工大学出版社,2014:11.略有改动.

各门课程的教学一般都要经历的共同环节，可以被称为"基本范式"。由于教学情况的复杂多样，教学过程的基本环节也就不可能是一成不变的，会因时因地因人因课因条件不同而衍生出无数"变化范式"。这就需要人们根据实际情况深入开展具体研究，以创造出更多有效的教学过程结构"变式"。

六、 形成教学方案

在分析教学背景、确定教学目标、开发课程资源、选用教学方法以及组织教学过程的基础上，就可以按照规范的结构撰写出教学方案。

根据篇幅大小，教学方案可分为详细方案（简称"详案"）和简要方案（简称"简案"）：① 详案。篇幅比较大，一个方案常常有数千字甚至上万字，对教学过程的每一个细节均进行详细思考、研究和撰写。就教学经验不够丰富的新教师和年轻教师而言，最好撰写和使用详案。② 简案。篇幅比较小，一个方案常常只有几百字甚至几十字，一般只需规划出教学活动中的关键内容，不再将教学过程的所有细节描述出来。它一般为经验丰富的老教师所使用。

根据形式不同，教学方案可分为条目式方案和表格式方案：① 条目式方案，以顺序排列的条目为结构形式。其主要特点是，有大致固定的条目及其结构顺序，在每一个条目之下设计和安排相关内容，每一个条目的容量具有伸缩性，可因人因材因校制宜。② 表格式方案，以特制的有专门栏目的表格为结构形式（参见表6-2）。其主要特点是，有特定的栏目及其结构，在每一个栏目之中设计和安排相关内容。它具有鲜明的提示性，比较适合新教师使用。

具体而言，一份教学方案主要包括以下栏目：课题名称、教学目标、重点难点、教学方法、教学用具、教学时间、教学过程和板书设计等。除以上这些常规栏目之外，教师也可以根据具体需要，增添一些栏目，比如本节课的教学内容、教学理念、背景分析以及教学过程的设计意图等。同时，教学设计方案还可以根据具体的使用情况，记录学校、班级、科目、课本、教师和日期等信息。

教学方案设计应凸显素养导向，比如，在教学背景分析方面，除了注重对课程标准中的学科素养、课程内容与学业质量标准等进行分析之外，还要深入挖掘学生与内容主题相关的生活经验，明确学习起点与学习需要，激活已有知识经验和好奇心，为核心素养发展创造条件。在教学目标方面，设计素养导向的教学目标，需要整合"知识与技能""过程与方法"以及"情感态度与价值观"三个维度进行撰写，并且注意不同学科内容在素养目标的设定上应有所侧重。在教学过程与方法方面，突出学生学习活动与素养目标之间的关联，学习活动之间形成有意义的活动序列和线索，教师不能仅采用"教师讲、学生听"的方式，而要有意识地设计主动探究活动，为学生发展素养创造条件。

设计好教学方案并付诸实施之后，应当及时对其进行评价修改。评价应以实施检验为基础，总结成功所在，反思不足之处。在进行评价时，最好能写"教学后记"或"教学反思"，以便条理分明地清理出经验与教训。在评价的基础上，就可以有针对性地对已有方案进行修改，撰写出修改稿，为下一次上课做好准备。所以，有人提出：一份完整的教学设计方案，在课后反思的基础上才能完成，方案的最后一个栏目应该是"教学后记"或"教学反思"。

表 6-2　表格式教学方案示例

课程名称		课题名称			
学校/班级		任课教师		教学日期	

教学背景	（课程标准分析、教学内容分析、学生情况分析）
教学目标	（教学目标与教学重难点）
教学资源	（教学资源类型及其使用方法）
教学方法	（采用的教学方法与使用意图）

教学过程	环节 1		设计意图：
	环节 2		设计意图：
	环节 3		设计意图：
	⋮		⋮

板书设计	
教学后记	
其他事项	

　　教学方案形成之后，任课教师可以多争取机会，面对同事、同行或专家，讲述自己的教学设计及其理论依据等，然后由听者评说，大家共同讨论，确定改进意见，进而修改并完善教学设计。通过开展说课活动，教学设计的质量将得到大幅度提升。如果说"分析教学背景""确定教学目标""开发教学资源""选用教学方法""组织教学过程"和"形成教学方案"是教学设计的基本步骤，那么"开展说课活动"则是进一步优化教学设计的可选步骤。

第二节 小学常用的教学原则与教学策略

为了更好地设计小学课堂教学,应该了解指导教学设计的教学原则和一系列常用的教学策略。

一、小学常用的教学原则

教学原则是为了实现教育目的、反映教学规律,在总结实践经验的基础上提出的指导教学的基本要求。此处主要介绍小学常用的教学原则。[①]

(一)科学性和思想性相统一原则

该原则要求切实把先进的科学的文化基础知识和基本技能教给学生,养成他们爱科学、学科学、用科学的优良风尚,同时要紧密结合学科教学发展他们的智力、体力和审美力等,培养他们辩证唯物主义的世界观、人生观、价值观和良好的道德品质、心理素质。教师要将社会主义核心价值观融入教学之中。比如,在我国经典文学篇目的教学过程中,要让学生领略中华文化魅力,引导学生形成文化自信与爱国精神。在小学数学教学过程中,要结合分配问题、统计问题渗透诚信、公正等价值观。

(二)理论联系实际原则

该原则要求学校既要不断加强基础理论知识的教学,又要尽可能地联系实际来讲清基本概念,并通过教学实践活动促使学生掌握基本技能和一定的直接知识,做到学懂会用、学以致用。对于教师而言,教师要有效利用情境创设等方法,带领学生进入真实问题情境,让学生了解知识的应用情境,积累知识运用经验。学生也不能完全依赖教师讲授的方式来获取知识,而是要结合实践情境理解和体会理论知识的内涵与生成过程。

(三)传授知识与发展能力相统一原则

该原则要求在教学中不仅要传授知识,更要重视培养学生的能力。因此,要警惕现实教学中已经出现的学生掌握了知识却没有形成相应能力的情况。

(四)教师主导作用和学生自觉性积极性相结合原则

该原则提出在教学中既要充分发挥教师的主导作用,又要充分调动学生学习的主动性,认真引导学生自觉掌握基础知识和基本技能,真正培养他们具有独立思考的能力和科学的学习方法。运用这条原则,要注意处理好教师主导与学生主体之间的关系:① 明确教师的"教"是为学生的"学"服务的,学生的学习需在教师的领导下进行;② 学生的知识经验有待丰富,要发挥学生的主体作用,仍需教师为其创造学习条件与机会。如今,项目式学习、研学旅行等活动受到重视。在这些活动中,教师要担任指导者、协助者、监督者等角色,指导学生开展动手操作、直观感知、调查研究、实验操作等活动,让学生在这些活动中自觉获取知识、锻炼能力,成长为独立思考、善于沟通、勇于探究的自主学习者。

(五)直观性与抽象性相统一原则

该原则指在教学中既要促使学生通过各种感官去具体感知客观事物和现象,形成鲜明表象,又要引导他们以感知材料为基础,进行抽象思维,形成正确的概念、判断和

---

① 车文博.教学原则原理及其实施策略[M].北京:首都师范大学出版社,2010:60-404.

推理。

（六）系统性和循序渐进性相结合原则

该原则指按照课程内在逻辑和学生智力、体力发展的顺序性进行教学,连贯地、循序渐进地引导学生掌握各门课程的知识、技能与技巧的完整体系。

学生的认知与心理发展呈现从不成熟到成熟的发展特征,因此知识要按照由简单到复杂、由容易到困难、由浅显到深入的顺序来编排与教学,保证对知识的学习既在学生的能力范围之内,又能促进其能力提升,还要根据学生的学习倾向与接受能力把握学习节奏与进度。

在教学过程中,学生不仅需要习得知识,还要构建知识之间的联系,形成相应的知识框架。近年来兴起的"大概念教学"强调使用学科核心概念或观念将各种零散的知识、原理、技能、活动统整在一起,形成有关联的课程内容组块。大概念往往被分解为若干小概念,学生从一个个小概念开始学习,逐步构建知识框架,深化思维方式。[①] 这种教学改革在一定程度上体现了系统性教学原则的要求,注重教学与学习的有序性。

（七）理解性和巩固性相结合原则

该原则要求教师在教学过程中使学生既要注意真正理解和领会基础知识,又要注意将这些知识记得牢固,将技能和技巧保持长久,以便在将来学习和工作需要时能够迅速地、熟练地用来解决问题。

理解知识与巩固知识具有密切联系,知识巩固要建立在理解的基础上。学生复习巩固并非机械背记,而是要先理解知识,再进一步内化与应用。机械性记忆可能会在短时间内让学生记住知识点,但是这类记忆往往缺少意义加工,并不能让学生深层理解与运用知识,所获知识也难以满足能力发展需要。学生对学过的知识要经过练习巩固加以深刻理解与熟练掌握,以便更好地用其解决实践中的问题。

（八）统一要求与因材施教相结合原则

该原则要求教师在教学中要根据相关规定,面向全体学生,对学生有统一的要求;又要从学生的实际出发,尊重个别差异,做到因材施教。

统一要求与因材施教这两者并非相互对立。教师在保证学生参与学习、达到标准的同时,要为每位学生提供个性化指导,有效促进学生的个性化发展。教师在统一要求的基础上,可以有差异地设置合理的教学目标、选择适宜的教学内容、采用恰切的教学方式和合适的教学进度,使所有学生都在原有基础上得到最佳发展。

二、 小学常用的教学策略

教学策略是指在课程与教学目标确定以后,依据学生的学习规律和特定的教学条件,有针对性地选择与组合相关的内容、媒体、评价技术、技能技巧、方式方法和各种手段等,以便形成具有效率意义的特定教学方案的原理、原则和方式。[②] 教学策略有广义和狭义之分。广义的教学策略包括教师教的策略和学生学的策略以及师生互动的策略;狭义的教学策略指教师教的策略。小学常用的教学策略主要分为学习策略、教授策略和互动式教学策略。

① 吕立杰.大概念课程设计的内涵与实施[J].教育研究,2020,(10):53-61.
② 黄甫全.现代课程与教学论 [M].3 版.北京:人民教育出版社,2014:341.

（一）学习策略

学习策略是指在特定的学习情境中学习者指向学习目标,结合自身特点而采取的学习活动方式,并具体化为有关学习的规划和采取的学习措施。它既可以内隐的规则系统存在,也可以外显的操作程序或步骤表现。① 学习策略根据不同的标准,可以分为不同的类型。

1. 根据学习策略的涵括成分分类

根据学习策略的涵括成分分类,学习策略可为认知策略、元认知策略和资源管理策略(如表6-3所示)。② 这是一种较为常见的分类方式。

（1）认知策略。包括复述策略、精细加工策略、组织策略等。① 复述策略是指为了在记忆中保持信息而对信息进行重复识记的策略;② 精细加工策略是在意义理解基础上的信息加工策略,是将所学新信息与头脑中已有知识联系起来以增强记忆效果的一种学习策略;③ 组织策略是指将经过精细加工提炼出来的知识点加以构造,形成知识结构的更高水平的信息加工策略。

（2）元认知策略。包括计划策略、监控策略、调节策略等。① 计划策略是根据认知活动的特定目标,在一项认知活动之前计划各种活动,预计结果,选择策略,想出各种解决问题的方法,并预估其有效性;② 监控策略是指学习者根据学习目标对学习进程、所采用的方法、效果、执行计划情况等方面进行有意识监控的策略;③ 调节策略是指根据学习进程的实际情况对计划、学习进程、所用的策略等进行调整的策略,包括调整预先的目标或计划,有意识地矫正学习行为,局部目标尚未达到时采取补救措施等。

为了提升小学生特别是低年段学生的元认知策略,教师有必要针对小学生的元认知特点,对小学生进行专门的元认知策略训练。具体方法有:③① 言语引导法。一是教师引导学生口头报告"我已经知道什么,要做什么,有什么更好的方法"等,使学生明确学习任务。二是教师适时提问,引导学生回答"下一步该做什么,这种方法是否可以做到"等,让学生阐述和理清自己的思维过程,对学习过程进行监控。② 提问单方法。教师将引导语言用"提问单"的形式呈现给学生,让学生依据提问单整体把握学习过程。

（3）资源管理策略。包括时间管理、学习环境管理、努力和心境管理等策略。① 时间管理策略包括统筹安排学习时间、高效利用最佳时间、灵活利用碎片时间;② 学习环境管理策略主要是创设更有利于开展学习活动的环境,学习时,尽量减少可能的干扰和分心的因素;③ 努力和心境管理策略包括激发内在动机、选择有挑战性的任务、调节成败的标准、正确认识成败的原因和自我奖励等。

表6-3　学习策略按涵括成分分类④

认知策略	复述策略(如重复、抄写、做记录、划线、默念等)
	精细加工策略(如想象、口述、总结、类比、答疑等)
	组织策略(如选择要点、列提纲、组块、画草图等)

① 张大均,郭成.有效教与学的策略[M].北京:人民教育出版社,2011:15.
② 陈琦,刘儒德.当代教育心理学 [M].2 版.北京:北京师范大学出版社,2007:365.
③ 苏成栋.小学生的学习策略[M].贵阳:贵州民族出版社,2013:78-80.
④ 改编自:顾援.课堂教学中的学习策略[J].教育理论与实践,2000,(11):41-49.

元认知策略	计划策略(如设置目标、浏览、设疑、回忆经验等)
	监控策略(如自我测查、集中注意、监控领会等)
	调节策略(如调整阅读速度、复查等)
资源管理策略	时间管理(如定时间表、设置目标、调整作息等)
	学习环境管理(如寻找固定、安静的学习场所等)
	努力和心境管理(如自我强化、坚持不懈、自我调整等)
	其他人的支持(如寻求教师、伙伴、小组帮助等)

2. 根据学习策略对认知的影响分类

根据学习策略对认知的影响,可以分为降低认知负荷的学习策略和提高认知负荷的学习策略。①

(1)降低认知负荷的学习策略。又分为降低外在认知负荷和降低内在认知负荷的学习策略。① 降低外在认知负荷的学习策略,主要包括运用简化策略、图解策略、组织策略等。简化策略就是删掉学习材料的枝节、修饰等无关紧要的内容,突出主题;图解策略是指用图画的形式来呈现材料;组织策略就是对材料进行一定的归类与整理。② 降低内在认知负荷的学习策略。由于内在认知负荷一般与学习材料的复杂性和学习者的知识经验有关,降低内在认知负荷的学习策略主要指向减少学习材料的复杂性和信息要素的数量。例如,将解决问题的中间过程记录下来,可以大大减少大脑记忆负担。

(2)提高认知负荷的学习策略。主要是促进学生对学习内容进行更高级的认知加工,如归纳、比较、推理等。提高认知负荷的学习策略主要有精细加工策略、元认知策略等。

 拓展阅读

促进学习的新策略:体感学习策略

具身认知(embodied cognition)的身体观揭示肢体动作在认知过程中起着重要的作用。儿童在学习新的概念时,如果伴随着手势,知识的保存时间更长。肢体动作可以促进语言学习,加上手势的学习方式比仅听、说、读的学习方式更有效,而且记忆保持的时间更长。在学习中合理利用肢体的具身作用可有效地促进学习效果,这种利用具身作用来促进学习效果的方法可作为学习策略的一种新类型,称其为体感学习策略(embodiment-based learning strategy)。

资料来源:刘电芝.高效学习的追求:学习策略的研究与实践[J].中国教育科学(中英文),2019,(6):81-99.

---

① 刘电芝.高效学习的追求:学习策略的研究与实践[J].中国教育科学(中英文),2019,(6):81-99.

（二）教授策略

教授策略是指教师在教学中采用的促进学生知识和技能发展的策略。常用的教授策略主要有呈现、转化和指导策略。①

1. 呈现策略

教学中有许多新的较难理解的概念、原理和规则，需要教师运用举例、对比、解释和总结等有效策略加以呈现，以促进学生理解。

2. 转化策略

转化策略主要是指教师将教学内容转化为特定的问题情境，激发学生学习的兴趣和内驱力。转化策略的主要特征是创设人化情境和物化情境。人化情境，主要是教师在教学过程中努力创设能够促进师生互动、生生互动和学生自己动脑、动手的教学情境。物化情境主要有生活展现情境、实物演示情境和音乐渲染情境等，激发学生的学习兴趣。

 案例分析

◎**案例**

尽享多元识字的乐趣

为了让学生体验到识字的乐趣，华老师充分利用班级家委会 QQ 群分享识字中的精彩瞬间，利用"识字小故事"分享交流识字中的创意片段。

生1：椰——一棵树上长了两只不一样的耳朵。

生2：泽——土又喝了水，长出了尾巴。

生3："纸"字为什么没有"点"呢？因为拿到一张白纸，上面什么也没有，才能任你在上面写、画。

生4："低"字为什么有一"点"呢？《静夜思》中"低头思故乡"，一低头，思念家乡的眼泪就落下来了。

◎**分析**

华老师鼓励学生真实地记录生活中有趣的识字故事，有字形的有趣发现，有字义的突然领悟。这使学生逐渐学会用形象记忆、编顺口溜等方法来识记生字，激发了学生的识字热情，发展了学生的识字素养。

资料来源：华燕.发展低年段儿童识字素养的课外策略研究［J］.基础教育参考，2019,（8）:44-46.

3. 指导策略

小学教师常用的指导策略有练习指导、阅读指导和活动指导等。练习指导是指教师帮助学生完成练习，进而了解学生对知识、技能的理解程度和运用的熟练程度，保证教学顺利进行。阅读指导是指教师在学生独立阅读教学材料时，帮助学生理解阅读内容、掌握阅读方法和策略。活动指导是指教师在学生独立进行操作或实践活动时给予引导和帮助，比如指导学生设计活动方案等。

---

① 黄甫全.现代课程与教学论［M］.3 版.北京:人民教育出版社,2014:355-357.

(三)互动式教学策略

互动式教学策略是以增强师生互动、生生互动为基本特征的教学策略。

1. 课堂交流策略

课堂交流策略主要有"提问"和"讨论"两类。

良好的提问可以激发学生参与教学活动的积极性,促进思考。所提问题的质量,一般可以从两个维度判断:一是问题与核心知识的一致性程度,二是学生在问题指引下思维水平的提升程度。[①] 提升小学教师课堂提问效能的主要策略有:根据教学目标,确定提问顺序;找准教材切入点,科学设计问题;针对学生回答,选择反馈策略;运用鼓励性评价,塑造尊重氛围。[②]

讨论是师生、生生之间相互作用的活动过程,意味着学生在积极参与学习。① 在讨论之前,学生需要认真阅读将要讨论的材料,师生共同协商要完成的目标。② 在讨论过程中,教师需要提出核心问题,学生要有理有据地陈述自己对于核心问题的最初看法。同时,每位学生认真倾听,对其他同学的看法进行评价或回应。③ 在讨论的末尾,学生以自己最认可的理由阐述对核心问题的最终立场。教师在整个讨论过程中可从旁协助,在某些时候进行必要的指导和介入。[③]

2. 社会调节教学策略

社会调节学习指群体活动或人际互动过程中的调节模式,关注学习者如何通过与小组成员的互动,理解学习任务、设定目标、制订计划、实施策略,并通过对学习表现进行监控和评价,实时修订目标、计划或策略。[④] 在协作学习情境中,社会调节学习包括自我调节、同伴调节和集体调节三类形式。表6-4呈现了三类社会调节学习在调节目标、实施主体和调节内容上存在的差异。

表6-4 协作情境中的自我调节、同伴调节和集体调节[⑤]

维　　度	自我调节学习	同伴调节学习	集体调节学习
调节目标	个人的目标	同伴的目标	小组集体的目标
实施主体	学习者本人	小组部分成员	小组所有成员
调节内容	学习者个体自身的任务理解、策略使用、任务目标、学习计划、情感、动机、学习评价等	小组部分成员的任务理解、策略使用、学习目标、学习计划、情感、动机、学习评价等	小组集体共同的任务理解、任务知识、任务目标、策略使用、任务评价等

① 陈薇,沈书生.小学数学教学中深度问题的研究——基于专家教师课堂提问的案例分析[J].课程·教材·教法,2019,(10):118-123.

② 沈小碚,袁玉芹.影响小学教师课堂提问效能的因素分析及其策略研究[J].课程·教材·教法,2013,(8):36-41.

③ 郑明璐,伍新春,李虹,等.协作推理讨论——培养"集体智慧"的课堂教学模式[J].教育学报,2014,(2):58-64,84.

④ Järvelä S., Järvenoja H., Malmberg J., et al. Exploring socially shared regulation in the context of collaboration[J]. Journal of Cognitive Education & Psychology, 2013,12(3):267-286.

⑤ 苏友,李艳燕,包昊罡.国际视野下社会调节学习研究历程、焦点及趋势[J].现代远程教育研究,2020,(6):33-43.

维　度	自我调节学习	同伴调节学习	集体调节学习
示　例	学生 A：我不理解这个任务是要做什么 学生 B：我感觉有些焦虑，也许我应该分解下任务	学生 A：你做的内容似乎跟大家的不一样。你确定你做对了吗？（任务理解） 学生 B：你似乎感到有些焦虑，你是怎么应对的？	学生 A：同学们，我们的任务目标是什么？我们是不是理解错了？ 学生 B：我们应该怎么做才能减少大家的焦虑？

为了支持社会调节学习，教师可以在教学过程中采取适当的策略：① 设计相应的脚手架或支持工具。比如，指导学生排列任务优先级、分配角色任务，提供有关学习活动准备、计划和监控等方面的脚手架。② 强调可视化呈现小组学习过程。教师可以适时提醒学生记录小组讨论过程，比如个人观点的表达、同伴的反馈、对学习任务的理解和分工，尽可能全面收集学习过程数据。①

第三节　小学的学习方式

伴随着终身学习和学习型社会理念的兴起，人们逐渐将目光聚焦到"学习"上，"学习方式"开始得到越来越多的关注。通俗地说，对学习方式的关注，可以理解为对学生"怎么学"的重视。学生"怎么学"，会影响教师"怎么教"。学习方式，泛指学习者在各种学习情境中所采取的具有不同动机取向、心智加工水平和学习效果的一切学习方法和形式。② 随着社会发展，人们对教育的期待越来越高，对人才素质的要求也越来越高，这就意味着需要不断完善学习方式，推动学习方式变革。在这样的背景下，要辩证地看待传统学习方式与新兴学习方式之间的关系。传统学习方式与新兴学习方式之间不是相互独立、彼此排斥的关系，关键在于要找到每种学习方式的适用范围和边界，在合适的情境中恰当使用。倡导学生自主、合作、探究的学习方式，并不意味着彻底否定接受学习和记忆背诵。在选择学习方式时，师生应根据实际情况考虑各种方式之间的适配性并加以综合应用，使各种方式互相补足。本节主要介绍小学常用的学习方式及一些新兴的学习方式。

一、常用的学习方式

2001 年开始实施的新一轮基础教育课程改革要求改变课程实施过于强调接受学习、死记硬背、机械训练的现状，倡导学生主动参与、乐于探究、勤于动手，培养学生收集和处理信息的能力、获取新知识的能力、分析和解决问题的能力以及交流与合作的能力。自主学习、合作学习和探究学习，是新课程改革所倡导的新的学习方式。③

① 苏友,李艳燕,包昊罡.国际视野下社会调节学习研究历程、焦点及趋势[J].现代远程教育研究,2020,(6):33-43.

② 庞维国.论学习方式[J].课程·教材·教法,2010,(5):13-19.

③ 钟启泉,崔允漷,张华.为了中华民族的复兴 为了每位学生的发展《基础教育课程改革纲要(试行)》解读[M].上海:华东师范大学出版社,2001:259.

（一）自主学习

自主学习是学习者根据自己的学习能力、学习任务的要求，积极主动地调整自己的学习策略和努力程度的过程。[①] 自主学习是与被动学习相对的一种学习方式，强调学生对学习的主动选择、主动规划和主动监控，重视培养学生在学习方面的独立自主性。有学者将自主学习的特征概括为三个方面：主动性、独立性和自控性。[②] ① 主动性。学生对学习的内在需要，主要表现为学习兴趣和学习责任。② 独立性。表现为学生在不依赖他人的情况下独立解决问题。③ 自控性。表现为学生对学习的自我计划、自我调整、自我指导和自我强化。

学生开展自主学习，需要具备一定的内部条件。[③] ① 自主学习必须以一定的心理发展水平为基础，要"能学"。比如，学生的元认知能力未发展起来，就不能将自己的学习活动作为意识的对象，并进行自主监控和自主调节，也就不能进行自主学习。② 自主学习必须以学生的内在学习动机为前提，要"想学"。内在学习动机是评判学习是否自主的一条重要依据。在没有外部压力或要求的情况下，学生如果缺乏内在的学习动机，就不可能自觉确定学习目标，启动学习过程，自主学习也就无从谈起。③ 自主学习必须以学生掌握一定的学习策略做保障，要"会学"。面对既定的学习任务，如果学生缺少相应的问题解决策略，即使具有较强的学习动机，学习也不可能得到顺利进行。因此，拥有充足的学习策略并能熟练地运用这些策略，是自主学习不可缺少的条件。④ 自主学习必须以意志控制为条件，要能够"坚持学"。在学习过程中，学生难免会遇到一些困难和干扰，这就需要学生用意志努力地控制自己，将学习坚持下去。

同时，学生的自主学习也需要教育指导等外部条件。我国开展了许多以指导学生自主学习为目标的教学探索。比如：上海育才中学的"读读、议议、练练、讲讲"八字教学法，中科院心理研究所的"自学辅导教学"研究等。这些探索重视培养学生的自主学习习惯与能力，在一定程度上推进了自主学习的发展进程。

长期以来，不少学生在应试教育背景下养成了依赖老师的意识和习惯，缺乏自主学习的能力和方法。如果教师把自主学习流于形式，放任学生自由学习，不仅不会达到自主学习的效果，还会使学生茫然无措，陷入矫枉过正的歧途。自主学习并不意味着教师放任不管，反而要强调教师对学生的指导。教师指导学生进行自主学习要做到：激发学生学习动机，指导学生制定计划和目标，指导学生自我学习，指导学生自主解决问题，指导学生自主评价，指导学生自我拓展。[④]

（二）合作学习

合作学习是指学生在小组或团队中为了完成共同任务，有明确的任务分工的互助性学习。合作学习强调社会互动。相对于个体独立的学习，合作学习是更具社会性的学习。学习者不仅要在完成任务中贡献自己的力量，保证自己学有所成，还要帮助其他学习者，发挥各种社交技能共同完成任务，学习过程中充满了各种可能的互动。合

---

① 靳玉乐.自主学习[M].成都:四川教育出版社,2005:3.
② 余文森.论自主、合作、探究学习[J].教育研究,2004,(11):27-30,62.
③ 庞维国.论学生的自主学习[J].华东师范大学学报(教育科学版),2001,(2):78-83.
④ 靳玉乐.自主学习[M].成都:四川教育出版社,2005:138-180.

作学习致力于将课堂与学校看成是人际交往的主要场所,倡导师生之间、生生之间对话交流,在情感上融为一体,能力上彼此补益,任务角色上多样体验,活动中能自主调节,真正形成一个"学习共同体",从而开辟了一条解决如何愿意学、乐意学的新途径。①

对合作学习的基本要素,不同学者有不同的看法(见表6-5),但都看重"责任到人"。责任到人、人人尽责,是合作学习区别于小组学习的根本标志。合作学习常流于形式,出现"搭便车"等问题。导致这些问题的原因之一,就在于责任混淆不清,每个人"要为自己的学习负责,也要对同伴的学习负责"的承诺机制尚未确立或形同虚设。每位小组成员都确立起主人翁地位,在活动中体会到自己的独特作用并看到同伴的才能,合作的局面才会出现,合作的意识才可能形成。②

表6-5 不同学者对合作学习基本要素的看法③

代表人物	合作学习基本要素
约翰逊兄弟(Johnson, D. W. & Johnson, R. T.)	积极互赖
	责任到人
	面对面促进性互动
	人际和小组技能
	小组自治
斯莱文(Slavin, R.)	小组目标
	责任到人
	成功机会均等
卡甘(Kagan, S.)	积极互赖
	责任到人
	公平参与
	同时互动

在前人研究的基础上加以概括,合作学习具有六大核心要素:④① 反思。当对所学内容进行有意识的反思或加工整理时,学生接收到的信息才与其头脑中已有的知识和概念框架建立起联系。② 个体成就。教师要设计出能够让学生切实承担起各自责任的学习任务。即便是在需要小组共同完成的项目、表演或展示活动中,也要明确学生的个体责任,确保每位学生获得学习成就。③ 协作。布置一项普通的学习任务时,如为小组取一个响亮的名字、设计一个小组目标或口号等,也能够促进学生团队合作

---

① 盛群力.合作学习的创新特色[J].全球教育展望,2004,(5):52-55.

② 马兰,盛群力.究竟是什么促成了合作——合作学习基本要素之比较[J].教育发展研究,2008,(18):29-34.

③ 马兰,盛群力.究竟是什么促成了合作——合作学习基本要素之比较[J].教育发展研究,2008,(18):29-34.

④ [美]威廉姆斯.合作学习有讲究[M].谭文明,译.北京:教育科学出版社,2021:14.

意识的形成。然而,当小组面临的学习任务具有足够的挑战性,需要组内每一位成员认真思考和努力时,才有可能形成更深层次的协作。④ 高阶思维。不能仅仅满足于学生对课堂提问给出正确答案,而应当进一步探询和追问学生是怎样得到这一答案或结论的。⑤ 情感纽带。在生生、师生之间建立情感纽带。⑥ 社交技能。小组成员必须知道如何实现有效领导、如何制定决策、如何建立互信、如何相互沟通、如何管理冲突以及如何积极主动地运用这些技能。

　　合作学习在发展和应用过程中为教学改革提供了新的路径,使教学活动不只是认知的过程,同时是交往互动的过程。但是,在实践中,对合作学习仍然存在一些误解。比如,将合作学习简单等同于小组讨论,课堂上匆匆忙忙"走过场"。又如,一些所谓"合作学习",往往是以个别学习成绩突出的学生为主角,其他学生"搭便车"充当"看客",久而久之形成"好的越来越好,差的越来越差"的恶性循环。还有,一些老师主要关注对小组成员进行任务分工,忽视对学生互动、交流等合作技能的针对性指导。

　　合作学习绝不仅仅是把学生分成若干个组,让学生以小组为单位自己学习。教师对合作学习的指导非常重要,这是避免合作学习走向狭隘化、形式化和表面化的关键。其一,教师要重视激发学生合作学习的内在动机,引导学生体验合作带来的共享、共赢价值,帮助学生提升自身的合作学习能力。其二,教师可以基于信息技术支持等,帮助学生拓展合作学习的途径,营造支持性的合作学习文化,促进学生的合作学习由表面走向深入。其三,教师自己也要不断提升组织和指导学生开展合作学习的能力。

 拓展阅读

促进"真合作"的学习常规

　　许多合作流于形式,教师抛出一个所谓"有价值"的问题,让学生围在一起"讨论讨论",然后由小组派代表汇报结果。在讨论过程中,学生之间没有角色分工,部分学优生处于主宰地位,边缘生则处于弱势地位。这种合作学习缺乏有序性和实效性,可称为"假合作"。为了促进学生之间的"真合作",有教师提出以下组内和组间合作学习常规。

　　1. 小组内的合作学习常规

　　为了避免只顾自己而不顾他人,学生要遵守以下细节常规要求:

　　(1)靠。小组成员要将小脑袋靠拢在一起,这样才能确保每个组员的发言能被其他成员听到。

　　(2)摆。每位发言者必须将其要展示的个人学习成果摆在小组的中间,并用手指着来解释自己的观点。发言完毕后将其收回,再轮到下一位发言者摆放。

　　(3)析。每一位发言者需解释自己所展示的答案背后的理由,也就是分析自己是怎样思考的。

　　(4)轮。小组内进行编号,按编号顺序轮流发言,以确保每一位学生平等参与。

　　(5)赏。如果认为小组成员的回答清晰、合理,就用掌声来给予欣赏和鼓励。

　　(6)辨。如果认为小组成员的回答不够合理,则提出自己的观点,在辨析中统一认识,帮助薄弱学生。

（7）记。每一位同学的发言都要整理并记录下来进行分析。

2. 组间的合作学习常规

（1）全组亮相。过去我们习惯于让小组派代表发言，其实这个所谓的代表，往往就是在小组中起主宰作用的少数学优生，而小组中的其他学生（尤其是学困生）也因有人代表发言而更加处于"事不关己"的状态。他们的自信心、表达、辨析能力也就得不到锻炼，久而久之，两极分化便会更加明显。我们主张全组同学出来亮相，每人都承担一定的汇报任务，每人都对小组有一份责任感和自豪感。这个常规一旦形成，将大大促进全员参与，增强学生的主体意识。

（2）由展示的小组组织课堂。请一个小组出来汇报时，其他小组可能会因失望而发出叹息声甚至不满声，这时可以将组织课堂的主动权交给出来汇报的小组。我们的做法是，出来汇报的小组需养成一出来就表扬的习惯，表扬两三个坐姿最端正的听众，以此来使整个课堂安静下来，便于台下学生聆听和相互交流。

（3）侧身汇报。四人小组将合作学习支架用投影展示出来，两两相对站在屏幕的两边，轮流用教鞭指着屏幕侧身汇报。这样的汇报要求更能集中台上和台下学生的注意力，且不会遮掩投影中的图像，使展示过程更加清晰明了。

（4）邀请质疑。一个小组汇报的过程中，其他小组可能会产生不同的意见，我们将邀请台下同学质疑的权利也交给汇报组，由学生邀请学生提问、解答，使学生真正成为建构知识的主人。

（5）总结结论。每一个小组的发言必须对合作学习任务进行总结。

资料来源：孙颖.基于协作建模的小学生数学学习常规培养策略的探索[J].教育导刊,2011,(8):71-74.

（三）探究学习

对探究学习，有很多不同的定义。有学者认为，探究学习即从学科领域或现实社会生活中选择和确定研究主题，在教学中创设一种类似于学术（或科学）研究的情境，学生通过自主、独立地发现问题、实验、操作、调查、信息收集与处理、表达与交流等探索活动，获得知识、技能、情感与态度的发展特别是探索精神和创新能力的发展的学习方式。和接受学习相比，探究学习具有更强的问题性、实践性、参与性和开放性。经历探究过程以获得理智能力发展和深层次的情感体验，建构知识，掌握解决问题的方法，是探究学习要达到的三个目标。① 也有学者提出，实际的探究学习是复杂多样的，其定义随着研究者和应用者思考和应用范围的不同而不同，因而，探究学习的定义应该是描述性和开放性的，即探究学习是指学生在教师指导下，为获得科学素养以类似或模拟科学探究的方式所进行的学习活动。②

为了促进学生的探究学习，教师可以考虑采用以下几种策略：

第一，营造民主氛围，创设学生探究的条件。减轻学生的顾虑，使其在平等、包容

---

① 钟启泉,崔允漷,张华.为了中华民族的复兴 为了每位学生的发展《基础教育课程改革纲要（试行）》解读[M].上海:华东师范大学出版社,2001:261-262.
② 靳玉乐.探究学习[M].成都:四川教育出版社,2005:7.

的心理状态下进行学习,学生才可能勇于探究,敢于和乐于表达自己真实的见解和质疑。因此,师生应该共同努力创设真诚、理解、宽容的师生关系,教师要尊重和鼓励学生的质疑精神和求异思维。

第二,培养问题意识,激发学生探究的欲望。在探究学习中,教师不能直接将答案或结论告知学生,而是要创造适当的学习环境,让学生经历发现问题、提出问题、分析问题和解决问题的过程,学生在这个过程中探究和建构知识并增长能力,养成探索未知世界的积极态度等。

第三,开展实践活动,培养学生探究的能力。教师应以实践活动为载体,使学生在亲身参与中持续提高发现问题、提出问题、分析问题和解决问题的能力。

 案例分析

◎案例

学科实践,让"自主、合作、探究"迭代升级

二十多年来,新课程所倡导的"自主、合作、探究"理念极大地推动了课堂转型,攻破了过去"一言堂""满堂灌"的课堂形态,学生积极参与、自主探究。但比较突出的问题是,探究缺乏严谨性与学科典型性,存在"虚假探究"的现象。

所谓"虚探究",就是没有目标导向的"为了探究而探究",譬如在短短的一节课中,教师会安排四五个探究活动:内容理解要探究、知识点整理也要探究……小探究很多,思维含量少,探究学习的质量无法保证,真正指向素养和能力培育的环节难以展开。

所谓"假探究",即用错误的方法开展探究,这主要存在两个问题:① 盲目套用探究程式,忽视了学习方式的丰富性,探究学习以"探究五步法""科学探究七要素或程序"的形式出现,教师在实施探究学习时关注更多的是上述步骤或程式有没有完成,而不是关注探究本身的目的与意义。② 采用与学科无关的、"包治百病"的探究方式,达不到应有的效果,最典型的是用"不言语"的方式学习语言,用"不科学(实验)"的方式学科学,用"不艺术"的方式学艺术。由此,探究学习的学科性不强,没有很好地与学科融合,也就是说没有"学科味"。

◎分析

反思起来,出现上述问题至少有两个原因:① 没有澄清一些先进理念的"来源"和"去向"问题,导致实践中出现浅层次行动。如新课程启动时没有很好地给教师解释清楚为何要把"过程与方法"作为目标,"过程"从哪里来、是什么、到哪里去等问题。② 没有告诉学科教师将先进理念和具体学科合二为一的策略与做法。如语文教师不知道"过程与方法+语文"是什么,历史教师不知道"自主合作探究+历史"到底怎么做……导致教师认为这些理念"与学科无关、与我无关",是"要我做的",不是"我要做的"。

当下流行的自主、合作、探究如何迭代?义务教育课程方案与课程标准强调素养导向、学科育人,重组课程内容,创建学业质量标准,探索与素养目标和内容结构化相匹配的、学科典型的学习方式,推进以学科实践为标志的育人方式变革。所谓学科实践,指的是具有学科意蕴的典型实践,即学科专业共同体怀着共享的愿景与价值观,运

用该学科的概念、思想与工具,整合心理过程与操控技能,解决真实情境中的问题的一套典型做法。

学科实践超越了传统知识授受的学习方式和探究学习,代表学习方式变革的新方向。学科实践既注重学科性,也注重实践性,因此,强调学科实践并不是抛弃"知识",而是要以一定的知识储备为基础。学科实践更强调通过实践获取、理解与运用知识,倡导学生在实践中建构、巩固、创新自己的学科知识。学科实践不仅要求学生具有强烈的自主性,而且强调真实的社会性。探究学习的本意是模拟学科专家进行科研的过程,虽然不要求学生通过探究获得全新创见,但希望能够通过探究的过程使学生理解、运用和应用知识,感受知识创生、验证、传播与分享的过程。从这个意义来说,探究学习本质上也是一种实践形式。值得一提的是,学科实践并非是对探究学习的否定和取代,而是体现了人们对学科教育理解的进一步深化,呼唤"源于实践、在实践中、为了实践"的真正的学科探究。

资料来源:崔允漷,张紫红,郭洪瑞.溯源与解读:学科实践即学习方式变革的新方向[J].教育研究,2021,(12):55-63.

二、 新兴的学习方式

近年来项目式学习和深度学习等受到重视,为小学生的学习方式变革带来新方向。

(一)项目式学习

2019年发布的《中共中央、国务院关于深化教育教学改革 全面提高义务教育质量的意见》强调,"探索基于学科的课程综合化教学,开展研究型、项目化、合作式学习"。项目式学习,得到广泛的重视和关注。项目式学习,也叫项目化学习、项目学习或基于项目的学习。国内外学者对项目式学习的定义众说纷纭。概括而言,项目式学习是以学科的概念和原理为中心,以完成项目作品为目的,在真实世界中借助多种资源开展探究活动,并在一定时间内解决一系列相互关联的问题的一种新型的探究性学习模式。[①] 项目式学习的目的是增加学生的投入,帮助他们发展对重要知识的深层次理解,使学生在实践中学习、实现想法并解决问题。在项目式学习中,学生能够像科学家、数学家、经济学家、作家以及历史学家一样,参与到真实且有意义的问题当中。[②]项目式学习具有六大特征:[③]

1. 驱动性问题

从一个需要解决的问题开始学习,这个问题就成为驱动性问题。驱动性问题被用来组织并推动项目活动,提供一种情境,以便学生可以探究学习目标并根据目标进行实践。好的驱动性问题能引发学生的学习愿望,使学生认识到有一个重要的问题真正需要去解决。在整个项目式学习过程中,教师持续地回顾驱动性问题,可以把学生参

---

① 吴琼.基于项目式学习的国家课程校本化重构[M].广州:广东教育出版社,2016:6.
② [美]索耶.剑桥学习科学手册(第2版)(上册)[M].徐晓东,等,译.北京:教育科学出版社,2021:285-286.
③ 本部分参考:[美]索耶.剑桥学习科学手册(第2版)(上册)[M].徐晓东,等,译.北京:教育科学出版社,2021:286-310.

与项目学习所探索到的各种观点联系起来。

好的驱动性问题有五个特征：① 具有可行性。学生能够通过设计并执行研究方案来解决问题。② 具有价值性。包含丰富的学科内容，与重要的学习目标相匹配，与专家真正的研究方式相似。③ 具有情境性。具有真实且非常重要的情境。④ 具有意义性。所要探究的问题对学生来说是有趣且令人兴奋的。⑤ 具有伦理性。所要探究的问题，不会对个体、集体或环境造成伤害。

开展项目式学习时，可以由教师选择驱动性问题，也可以由学生和教师一起选择驱动性问题。

2. 关注学习目标

投入时间开展项目学习，要能保证学习目标的实现，这就要求学生能够达到关键的学习标准并通过相应的评估。比如，在科学类的项目式学习过程中，学生要对一些核心概念产生深度理解且使用这些核心概念来完成相关推论，要将对核心概念的理解与应用同科学实践整合起来。因为核心概念对理解很多现象来说是必要的，对未来的更高阶的学习也是必要的。

3. 参与实践

学生通过参与实践对驱动性问题开展探究。问题解决过程是学科领域中专家行为的核心，学生在探究驱动性问题的过程中学习并运用重要的学科思想。

尽管科学家们没有按照固定的步骤来获得新的科学理解，但是所有的科学家都使用了证据、模型和理论来解释并预测发生在自然界中的各种现象。但遗憾的是，很多研究发现，学生在建构科学解释的过程中存在困难。比如，很难理解什么是证据，很难使用适当的证据进行推理。因为许多老师习惯了教科书中"菜谱式"的实验过程并采用现成的实验数据。对此，教师需要注意为学生提供更多机会使用和解释真实的数据，并锻炼学生使用已有的证据描述和论证结论所需的复杂思维能力，让学生积累更丰富的相关经验。

4. 协作

学生、教师以及共同体成员参与协作性的活动，一同寻找解决驱动性问题的办法，这与专家解决问题时所处的复杂的社会情境相类似。

5. 使用技术工具来支持学习

技术工具给学生提供了脚手架，帮助学生参与在一定程度上超出他们能力的活动中。学生利用技术工具可以接触到互联网上真实的科学数据、通过网络与别人协作、收集数据、为数据绘制图表并分析数据、创建模型、共享并搜索信息、制作各类作品。

6. 创造人工制品

学生要创造解决驱动性问题的一系列有形产品，这些有形产品是同伴共享的学习产物，是学生知识建构的外在表现。学生创造的人工制品，包括实体模型，计算机模型，报告，记录研究过程的视频、游戏、戏剧、网站以及计算机程序等。人工制品要能体现驱动性问题的解决，支持学生发展与学习目标相关的理解，并展现学生对学习目标的理解。

项目式学习关注人工制品的创造，主要有如下原因：① 通过创造人工制品，学生可以建构和重构自己的理解。学生在创造人工制品并对人工制品进行反思时，会积极运用专家思维。② 由于学习发生的过程是非线性的，不能基于细小的片段信息来实施评价,教师可以通过了解学生创造人工制品的过程来评价学生一些高阶能力的发展状况。③ 当学生向外界展示自己创造的人工制品时,他们创造出别人可理解的人工制品的动机也得到了加强。④人工制品是具体而明确的,这有利于学生共享他们的作品并获得教师、同伴、父母以及他人的反馈。

（二）深度学习

针对学生机械学习、被动训练和死记硬背等问题以及本应指向学生全面发展的教育活动被有限的、重复性的知识学习和应试策略训练替代等困境,深度学习对核心素养发展的重要作用被彰显出来。在培育学生核心素养的政策引领下,深度学习的研究与实践呈增长态势。

深度学习在人工智能等多个领域都得到广泛关注,人们对其的界定也多种多样。在课程与教学论领域,深度学习主要作为落实立德树人根本任务、促进学生核心素养发展的重要路径。① 这一类型的深度学习,必须满足以下几个要点:① 深度学习是教学中的学生学习而不是一般的学习者的自学,必须有教师的引导和帮助;② 深度学习的内容是有挑战性的人类已有认识成果;③ 深度学习是学生感知觉、思维、情感、意志、价值观全面参与的、全身心投入的活动;④ 深度学习的目的指向具体的、社会的人的全面发展,是形成学生核心素养的基本途径。② 基于这样的认识,深度学习就是指"在教师引领下,学生围绕着具有挑战性的学习主题,全身心积极参与、体验成功、获得发展的有意义的学习过程。在这个过程中,学生掌握学科的核心知识,理解学习的过程,把握学科的本质及思想方法,形成积极的内在学习动机、高级的社会性情感、积极的态度、正确的价值观,成为既具独立性、批判性、创造性又有合作精神,基础扎实的优秀的学习者,成为未来社会历史实践的主人。"③该定义的前一句话是对深度学习性质的界定与判断,后一句话是对深度学习的任务与目的做出规定。

关于深度学习的研究与探讨,为教育实践带来启示。概括而言,深度学习在实践层面倡导"四个避免"。④ ① 避免"以一代多"。不能以单一的认知维度的学习,代替知情意等多维度的学习。② 避免"以偏概全"。不能仅仅立足于学习方式层面,将深度学习窄化或简化为一种操作流程,认为"走了流程"就是开展了完整的深度学习活动。③ 避免"以知僭创"。深度学习不仅关注学生知道什么、理解什么,更重视学生能做什么、能不能运用已知在解决问题过程中创造新知。④ 避免"以学蔽教"。不能只看学生个体的努力,深度学习需要教师革新课程与教学并改变评估方式,不能以让学生自己学习遮蔽教师有效的教。可见,在师生关系上,深度学习不是将教师边缘化和学生主体性绝对化,而是迈向师生主体间共生关系的新阶段。

深度学习有利于推动育人方式改革。主要原因有:⑤

（1）从根本上说,深度学习改变了对学习结果的认识,兼顾认知与非认知维度,强调认知、情感和意志等在学习活动中整体发挥作用并获得发展,这就将学习结果定位

---

① 郑葳,刘月霞.深度学习:基于核心素养的教学改进[J].教育研究,2018,(11):56-60.
② 刘月霞,郭华.深度学习:走向核心素养[M].北京:教育科学出版社,2018:31.
③ 刘月霞,郭华.深度学习:走向核心素养[M].北京:教育科学出版社,2018:32.
④ 曾文婕.深度学习究竟是什么——来自历史、共时和未来维度的探问[J].教育研究,2023,(3):52-62.
⑤ 曾文婕.深度学习究竟是什么——来自历史、共时和未来维度的探问[J].教育研究,2023,(3):52-62.

得更加全面、高远和激励人心。核心素养是关于学生知识、技能、情感、态度、价值观等多方面要求的结合体,是适应个人终身发展和社会发展需要的必备品格与关键能力①,是个体在与各种真实情境持续的社会性互动中不断解决问题和创生意义的过程中形成的,这与深度学习对学习的认识是一致的②。核心素养在学生理解与运用已学内容解决问题的实践过程中生成,深度学习的结果广泛地体现为勇于探究、问题解决、责任担当和乐学善学等核心素养的发展而非单纯获得知识,这就充分释放出深度学习的育人价值。在一定意义上,深度学习的结果就是核心素养的发展。对学习结果认识的改变,牵动了对学习目标、内容、教师教学和评估的认识发生改变,有利于助推育人方式改革。

（2）深度学习能够在一定程度上改变教育功利化倾向。教育功利化倾向具有片面性和短视性等特征。③ 片面性,表现为重视局部收益,轻视整体利益,窄化育人目标,唯分数论。深度学习不再只看重认知维度的学习结果,还将情感和意志等非认知维度学习结果的重要性凸显出来,突破了视学习为知识学习的"小学习"观念,确立了视学习为发展学生核心素养的"大学习"观念,有利于促进学生全面发展,在重视知识学习的同时高度关注学生人格健全、性格滋养与品格完善等。这样,教育目标就指向于培育"完整的人",而不是指向于塑造"单向度的人"。短视性,表现为重视眼前利益,轻视长远利益,更强调眼前利益的实现程度。深度学习强调全面提升认知与非认知维度的素养及整体看待学生与其所处的世界,体现出对学生和社会长远发展和可持续发展的重视,彰显了学习的未来之维,连通了师生过去经验、当下行动和未来可能的脉络,进而在兼顾未来需要的视野下做出"为何学""学什么"和"如何学"等问题的当下抉择。可见,深度学习有助于祛除"重育分轻育人"痼疾,可以成为推动育人方式改革的力量。

本章小结

小学课堂教学设计的基本步骤包括"分析教学背景""确定教学目标""开发教学资源""选用教学方法""组织教学过程"和"形成教学方案"等。

为了更好地设计小学课堂教学,要了解指导教学设计的教学原则和一系列常用的教学策略。教学原则是为了实现教育目的、反映教学规律,在总结实践经验的基础上提出的指导教学的基本要求。小学常用的教学原则包括"科学性和思想性相统一原则""理论联系实际原则""传授知识与发展能力相统一原则""教师主导作用和学生自觉性积极性相结合原则""直观性与抽象性相统一原则""系统性和循序渐进性相结合原则""理解性和巩固性相结合原则""统一要求与因材施教相结合原则"。教学策略是指在课程与教学目标确定以后,依据学生的学习规律和特定的教学条件,有针对性地选择与组合相关的内容、媒体、评价技术、技能技巧、方式方法和各种手段等,以便形成具有效率意义的特定教学方案的原理、原则和方式。教学策略有广义和狭义之分。广义的教学策略包括教师教的策略和学生学的策略以及师生互动的策略;狭义的

① 辛涛,姜宇,林崇德,等.论学生发展核心素养的内涵特征及框架定位[J].中国教育学刊,2016,(6):3-7,28.

② 郑葳,刘月霞.深度学习:基于核心素养的教学改进[J].教育研究,2018,(11):56-60.

③ 崔保师,邓友超,万作芳,等.扭转教育功利化倾向[J].教育研究,2020,(8):4-17.

教学策略指教师教的策略。小学常用的教学策略主要分为"学习策略""教授策略"和"互动式教学策略"。

伴随着终身学习和学习型社会理念的兴起,"学习方式"开始得到人们越来越多的关注。学习方式,泛指学习者在各种学习情境中所采取的具有不同动机取向、心智加工水平和学习效果的一切学习方法和形式。常用的学习方式包括"自主学习""合作学习"和"探究学习"。新兴的学习方式包括"项目式学习"和"深度学习"。在选择学习方式时,师生应根据实际情况考虑各种方式之间的适配性并加以综合应用,使各种方式互相补足。

一、单项选择题

1. 教师通过口头语言向学生描绘情境、叙述事实、解释概念、论证原理和阐明规律的教学方法是(   )。

A. 讲授法　　　　B. 谈话法　　　　C. 讨论法　　　　D. 读书指导法

2. 教师根据教学内容的需要,组织学生去实地观察学习,从而获得知识或巩固、验证已学知识的教学方法是(   )。

A. 演示法　　　　B. 参观法　　　　C. 练习法　　　　D. 实验法

3. 教师不把现成的结论告诉学生,而让学生在教师的指导下发现问题、探究问题、获得结论等的教学方法属于(   )。

A. 以语言传递信息为主的方法　　　　B. 以实际训练为主的方法

C. 以直接感知为主的方法　　　　　　D. 以引导探究为主的方法

4. 提出教学过程四阶段说(明了、联合、系统、方法)的教育家是(   )。

A. 赫尔巴特　　　B. 凯洛夫　　　C. 莱因　　　　　D. 杜威

5. 将所学新信息与头脑中已有知识联系起来以增强记忆效果,这种学习策略是(   )。

A. 监控策略　　　B. 精细加工策略　C. 调节策略　　　D. 组织策略

二、名词解释题

1. 教学重点

2. 系统性和循序渐进性相结合的教学原则

3. 深度学习

三、简答题

1. 分析教学背景的要点。

2. 简述教学方案的主要栏目。

3. 选用讲授法开展教学的基本要求有哪些?

4. 简述探究法的优点及其局限。

5. 简述教学过程的基本环节。

四、论述题

1. 论述合作学习的核心要素。

2. 论述探究学习的内涵及实施策略。

3. 论述项目式学习的内涵及其基本特征。

推荐书目

1. 张菁.教学过程设计的价值取向研究[M].北京:北京师范大学出版社,2017.

该书系统地梳理了中外教育史上主要教学理论关于教学过程设计的主张,分析了不同教学过程设计所呈现的价值取向及其演变的主要趋势,考察了当前课堂教学过程设计的主要类型、形态及价值取向,审视了教学过程设计价值取向存在的偏差,呈现了当前主流教学过程设计以及创新性教学过程设计价值取向的现实图景。全书包括导论、教学过程设计价值取向的演变趋势、教学过程设计价值取向的现实图景、教学过程设计价值取向的结构分析与制约因素、教学过程设计价值取向的应然探寻与实现路径、结语。

2. [美]埃斯蒂斯,[美]明茨.十大教学模式(第7版)[M].盛群力,徐海英,冯建超,等,译.上海:华东师范大学出版社,2019.

该书共十六章,主要介绍"直接教学模式""概念获得模式""概念发展模式""因果关系模式"和"词汇习得模式"五种基本教学模式,"整合教学模式""苏式研讨模式""合作学习模式""探究教学模式""共同研讨模式"五种高级教学模式,并呈现了在小学、初中和高中应用这些模式的课例研究。

第七章　小学校本课程设计

1. 识记
◆ 校本课程纲要的主要栏目
2. 领会
◆ 校本课程设计的兴起
◆ 校本课程设计的流程
◆ 小学校本课程设计常见的问题与对策
◆ 小学校本课程设计的模式
3. 应用
◆ 应用本章所学内容,评析小学校本课程设计案例
◆ 应用本章所学内容,设计一份校本课程设计方案

9 学时

一次真实的面试经历

我是华南师范大学小学教育专业 2010 级的一名本科生。2013 年 12 月的一天,冬日暖阳,我收到了珠三角某一线城市教育局的小学教师招聘面试通知。当时,我就在想,面试官会面对众多求职者,我该如何突出自己的优势和特色,给他们留下深刻的好印象呢?经过一番思考,我打算用四个字来介绍自己的优势——爱、教、研、管,分别指对教育的热爱,具有教学、研究、班级与课堂管理胜任力。

经过精心准备,我从容地来到现场。他们一边埋头看我的材料,一边听我自我介绍。我是这样介绍的:"……随着课改的实施与发展,学校越来越需要具备校本教育研究能力的老师,而我就是这样的人。我具备研究能力,也曾与同学合作设计了一门校本课程,这项成果还发表在学术期刊上。"说到这里,面试官的头当即抬了起来,还就此追问更详细的内容并最终肯定了我的能力。可见,小学对能够胜任校本课程设计的人才非常重视。在大学里跟着导师所开展的校本课程设计实践与研究,也给我提供了很好的学习空间和成长机会。

在我国,世纪之交的课程改革赋予了学校进行校本课程开发的权力。2023 年《教育部关于加强中小学地方课程和校本课程建设与管理的意见》颁布,该意见指出:"中小学地方课程、校本课程是国家课程方案规定开设的课程,是基础教育课程体系的重要组成部分","激发地方和学校课程建设活力,构建以国家课程为主体、地方课程和校本课程为重要拓展和有益补充的基础教育课程体系,增强课程适应性,实现课程全面育人、高质量育人"。校本课程设计,是落实国家课程方案的一项重要工作。

第一节　校本课程设计概述

分析校本课程设计的兴起、校本课程设计的流程以及小学校本课程设计常见的问

题与对策,有利于更加深入地理解如何进行校本课程设计。

一、 校本课程设计的兴起

校本课程设计,在国外于20世纪70年代兴起,主要受教育民主化与校本管理运动等的影响。伴随着社会的发展,校本管理开始兴起与普及。校本管理,又叫自主管理型或现场本位管理,要求将责任与任务等下放给学校。然而,这种学校管理革新并不必然生成优质的课程。因此,人们提出要加强校本课程设计。

在我国,校本课程设计则是在世纪之交才凸显出来的研究课题,与三级课程管理制度的建立直接相关。经过多年的发展,校本课程设计对学校教育革新的重要意义已经凸显出来,它在推动课程民主,打造学校特色,满足学生学习需要,促成教师专业发展,促进家校协作,确保国家课程、地方课程和校本课程三类课程协同育人等方面具有不可替代的价值。

概括而言,校本课程设计实质上是学校根据自己的教育哲学,为满足学生的实际学习需要,校长、教师、课程专家、学生、家长以及社区人士等共同参与,对校本课程的目标、内容、实施和评价等要素进行全面的系统化设计。

二、 校本课程设计的流程

从已有课程实践来看,校本课程设计的基本流程主要包括以下环节。

(一)成立机构

成立学校校本课程设计委员会或工作小组,为校本课程设计做好准备。该机构引领学校校本课程设计的总方向,拟定相关的规章制度并审核各门校本课程等,以便明确各方责任,合理规划、规范组织课程设计工作。学校要强化审议审核制度建设。①

其一,坚持"凡设必审""凡用必审"原则。学校审议审核的内容主要包括学校课程实施方案、校本课程纲要、校本课程学习材料(含数字资源)等。其中,对校本课程学习材料的审核重点关注学生学习相应课程时使用的读本、选用的出版物等教学材料、课外读物、资源包、活页等。

其二,严格审议审核标准。依据教育部发布的《中小学教材管理办法》等有关规定,重点从思想性、科学性、时代性、规范性、协同性等方面加强审核,提高建设质量。① 在思想性方面,要以习近平新时代中国特色社会主义思想为指导,坚持正确的育人导向,始终在政治立场、政治方向、政治原则、政治道路上同党中央保持一致。② 在科学性方面,体现培养目标要求,满足学生多样化发展需求,课程结构合理,内容准确无误,资源适宜可用,密切联系学生的学习、生活和思想实际,符合学生认知特点和学习规律,体现学习方式变革要求。③ 在时代性方面,注重反映马克思主义中国化时代化最新成果,关注经济社会发展新成就、科技发展新进展,体现课程改革新理念、课程建设新趋势。④ 在规范性方面,课程设置合理,课程要素齐全,文字表述、插图等符合相关规定。⑤ 在协同性方面,国家课程、地方课程和校本课程三类课程功能定位准确,内容无交叉重复、错位、脱节等现象。

其三,规范审议审核行为。学校负责组织专业力量完成相应审议审核任务。审议

---

① 参见《教育部关于加强中小学地方课程和校本课程建设与管理的意见》。

审核要组建政治立场坚定、专业造诣精深、人员结构合理、相对稳定的专家队伍；科学确定审议审核标准、规则，注重政治性和专业性双重把关，细化审议审核程序及各环节具体责任。

（二）情境分析

对学生需求和学校课程资源等进行调查分析、充分论证，进而确定校本课程建设的方向、重点学习领域、科目与形态等。主要包括两项工作：① 需求评估。通过洞察社会发展要求、了解教育发展趋势、分析学生情况、征求学生想法、梳理教师建议和收集家长意见等，在综合各方反馈信息的基础上，做出明智的判断，确定校本课程设计的方向。这主要是探讨校本课程建设的必要性。② 资源调查。弄清楚校本课程建设的条件和限制，如各种课程材料、设备、资金情况及社区潜在资源等。这主要是探讨校本课程建设的可能性。校本课程建设，要注意充分挖掘当地自然、社会、人文、科技资源。

（三）确定课程目标

在情境分析的基础上，综合考虑学校办学理念、学生学习需要、教师现有水平、家长和社区的课程期待等，研制出校本课程的总体目标和阶段性目标。

课程目标的确定，要以习近平新时代中国特色社会主义思想为指导，坚持为党育人、为国育才，发展社会主义先进文化、弘扬革命文化、传承中华优秀传统文化，落实有理想、有本领、有担当的时代新人培养目标，遵循教育教学规律和学生成长规律，把培育和践行社会主义核心价值观融入课程建设全过程。①

（四）选择和组织课程内容与结构

校本课程内容设计涉及的范围广、要素多。在一定意义上，任何承载人类真、善、美价值的文化，都有利于学生的成长与发展，都对学生具有潜在的价值，都可以并有可能成为校本课程的内容。但是，由于文化的无限性与学生学习的有限性存在永恒矛盾，受学生现状、教师精力、学校条件等多种因素制约，往往只有那些契合学生现有发展状况、为学生迫切需要的内容，才对学生体现出现实的价值，才能成为现实的校本课程内容。

 拓展阅读

校本课程内容的特点

校本课程内容的选取区别于国家课程或地方课程，它没有现成的内容可以直接使用，也无法简单照搬国家课程和地方课程的内容。校本课程内容呈现出以下四个特点：

1. 校本课程内容开发的主体性。学校是校本课程开发的主体，一般来说，校本课程内容是学校主观预期的结果在课程开发产品中的体现。需要注意的是，主观预期要与课程内容确立的客观依据综合起来考虑，通过开展校情、学情调查和校内学生需求分析等一系列活动，才能开发合理的校本课程内容。

---

① 参见《教育部关于加强中小学地方课程和校本课程建设与管理的意见》.

2. 校本课程内容设计的适宜性。作为学校自主开发的内容,应更贴近学生实际,满足校内学生的不同需求,符合学校的实际办学条件。校本课程内容应灵活生动,内容性质也应丰富多样。例如,可以划分出必修和选修课程内容、学科课程内容和综合实践活动课程内容等,还可以对同一课程划分不同水平层次,供学生自主选择。

3. 校本课程内容选择的地域性。学校当地的历史文化和风土人情,学校自身的办校历史和办学成就等都可以成为校本课程内容。按照因地制宜的原则选取内容,可以凸显校本课程内容的特色,提升内容的针对性与实效性。

4. 校本课程内容生成的动态性。校本课程内容并非固定不变,可以在实践中不断推陈出新。及时调整和改造课程内容,创生新内容,是校本课程开发的应有之义。

资料来源:李臣之.校本课程开发[M].北京:北京师范大学出版社,2015:110-112.

究竟从人类文化中选择哪些精华进入校本课程,并将其编排为适合学生学习的课程内容,这主要涉及"选择课程内容"和"组织课程内容"两大主要策略。

其一,选择课程内容,是从丰富的人类文化领域选择切合课程设计方向和课程目标的内容精华。比如,"数学魔法学院"校本课程设计,着眼于将数学知识与技能渗透到魔术活动中,让小学生在观赏魔术、体验魔术、感悟魔术、揭秘魔术、交流魔术和创造魔术的过程中,增长数学知识,训练数学技能,发展数学思维并增强对数学的热爱之情。课程设计者阅读了大量记载数学魔术的文献并自主研发出了一系列数学魔术,在充分考虑小学生发展水平的基础上,选择适合学生学习的部分魔术作为课程内容。

其二,组织课程内容,指纳入课程的内容不能是四分五裂、七零八落的,而要按照一定的逻辑组织起来,便于学生学习。"数学魔法学院"校本课程设计,以"数学魔法学院"的开学、学习和毕业为时间线索,以"数学魔术的道具使用"为模块单位,进行课程内容的组织。具体课程模块包括"迷幻卡片月(以卡片为道具的主题学习活动)""机灵硬币月(以硬币为道具的主题学习活动)"和"狡猾棋子月(以棋子为道具的主题学习活动)"等。

归纳而言,设计课程内容时,"选择课程内容"要求教师在提升知识修养特别是所教课目的专业知识修养上下功夫。教师只有具备较深厚的知识修养,熟悉相关学科领域的人类文化,才有可选择的范围和材料,也才有选出优质课程内容的智慧与洞见。"组织课程内容"则需要教师在组织逻辑上做文章,教师只有研究拟定出组织课程内容的内在逻辑,才能有效而适当地将各种课程内容组织起来。

以上主要是一门校本课程的内容选择与组织。如果学校要设计多门校本课程,就需要设计多门课程的结构,并注意解决以下这些问题:根据课程目标,学校需要设计出哪些门类的校本课程?这些课程应该设计为学科课程还是活动课程、分科课程还是整合课程、限定选修课还是任意选修课、直线型课程还是螺旋型课程?等等。此外,还需要考虑学校设计的校本课程如何同国家课程、地方课程之间发生关联,形成优质的课程结构,以便更好地发挥课程的育人功能。

 **案例分析**

◎ **案例**

构建适合学生核心素养发展的校本课程体系

唐山市从 2000 年开始进行小学校本课程开发与建设实验,参与的城乡小学多达 100 余所,课程内容和形式十分丰富。参与实验的学校开发出了特色鲜明、优势突出的校本课程,做到了一校一课,课程总门数达到 200 多门。根据这些课程着重培育的核心素养,可将其分为五大类,每一类由相对独立的一个或多个课程群组成(参见表 7-1)。

表 7-1　五大类课程

课程类型	内　涵	核心素养	课程名称
品德养成类	以社会主义核心价值观为统领,对学生进行个人修养、社会关爱、家国情怀的培养,逐步认知、理解、践行社会责任,使学生具有良好的品德和行为习惯	社会责任国际理解	感恩博爱、生命教育、君子文化、文明礼仪、法制规则、低碳生活、国际理解教育等
文化传承类	旨在对家乡优秀传统文化的理解、欣赏、弘扬,进而提升到对国家文化的认同与自信	国家认同人文底蕴	唐山陶瓷、乐亭皮影、乐亭大鼓、评剧艺术、玉田泥塑、滦州文化、满族风情、红色传统、阅读与欣赏、亲近古诗词等
科学探究类	旨在培养学生科学精神核心素养,使学生具有崇尚真知、理性思维、勇于探究的意识和能力	科学精神学会学习	科技遨游、快乐探索、思维训练、绿色未来、海之韵、身边大自然等
尚美健体类	把在艺术领域学习到的知识技能,通过用艺术语言进行个性化的表达	审美情趣身心健康	河北民歌、瓷盘绘画、中国结、剪纸、书法、多姿多彩的空竹、腰鼓、竹竿舞、健美操、乒乓球、校园足球、篮球等
生活技能类	建构一个贴近学生真实学习社会生活世界的途径,使个体能够采取正确的、恰当的行为,有效地处理日常生活中的需要和挑战	实践创新	乐学厨艺、采撷四季润泽生命、开心小农场、理财、去远方、集邮、交通安全等

◎ **分析**

当前,许多学校开发了多门校本课程,但这些课程常以"碎片化"形式存在,尚未形成较为完整的课程体系。上述案例为校本课程体系化提供了思路。围绕核心素养培育,整体规划,将课程分为五类,分类实施,有利于将课程目标细化分解,定向选择,构建出各有侧重、合作共生的区域性整体课程。

资料来源:王立宽,胡玉平,张翼.构建适合学生核心素养发展的校本课程体系——以唐山市小学校本课程开发为例〔J〕.课程·教材·教法,2016,(7):108-115.

需要注意的是,校本课程原则上不编写出版教材,确需编写出版的应报教育行政主管部门备案。①

(五)对课程实施与评价提出建议

对校本课程实施与评价的步骤、方法、途径或行动策略等进行设计,并预见到将会发生的问题或遭遇的困难,制定出相应的预防措施,把问题解决在萌芽之中。

学校是本校落实国家课程政策的责任主体。要依据国家课程方案和省级义务教育课程实施办法,立足学校办学理念,分析资源条件,对学校课程实施工作做出总体安排,形成课程实施方案。学校要对有效实施国家课程、规范开设地方课程、合理开发校本课程等做出全面具体安排,明确每个年级开设科目、课时分配、教学组织形式等,推动各学科、各环节、各方面力量协同育人。鼓励将劳动、综合实践活动、班团队活动、地方课程、校本课程等整合实施,相关内容统筹安排,课时打通使用。②

在校本课程评价方面,要按计划、严要求、巧设计、重实践成效,采用多样化的评价策略,对任课教师的教学、学生的学习、学校的课程管理水平等进行全面评价。学生、课程设计委员会、教师、专家学者、教育行政部门、家长和社会人士都是评价的主体。学校要依据收集到的评价信息,进一步改进校本课程的设计思路、实施过程及评价方式等。尤其需要重视的是,③校本课程评价设计要建立以过程评价、综合评价为主的评价制度,改进评价方式,强化实践导向,注重体验、探究、制作等活动过程,有效利用作品、制品、产品等综合反映学生素养发展状况,原则上不进行纸笔测验。

(六)拟定学校课程管理文件

在完成以上步骤后,拟定出《学校课程实施整体方案》《校本课程设计方案》《学校课程开发委员会章程》《校本课程开发审核制度》《校本课程教学班管理办法》和《教师工作量计算办法》等文件。每一门校本课程都应拟定相应的《课程纲要》(参见表7-2),主要包括课程简介、课程背景、课程目标、课程内容与结构、课程实施、课程评价等栏目。

表7-2　校本课程纲要示意表

课程名称		开课教师	
开课年级		课时	
课程简介	200~300字。		
课程背景	为什么要开设本课程?可从学校的办学理念、学生需求、已有资源以及教师个人教育哲学与家长建议等多方面予以分析。		
理论基础	本课程以哪些理论为基础?这些理论如何支撑或影响本课程的目标、内容、媒介、实施或评价设计?可以涉及哲学、科学、心理学或文化及社会基础中的一种或几种理论。		
课程目标	考虑学生需求,找准目标定位,直击学习困难等。		

---

① 参见《教育部关于加强中小学地方课程和校本课程建设与管理的意见》.
② 参见《教育部关于加强中小学地方课程和校本课程建设与管理的意见》.
③ 参见《教育部关于加强中小学地方课程和校本课程建设与管理的意见》.

课程 内容 与结构	勾勒课程内容的主题、范围及水平要求,重视课程内容的选择标准与组织逻辑,将外 在内容转化为学生活动,建议用一张图来说明课程结构。	
	1	
	2	
	3	
	⋮	
	课程 结构 图	
课程媒介	注意设计促进学生深度学习的图表或活动指引单等。	
	1	
	2	
	3	
	⋮	
课程实施	设计具体的实施方式、常规或网络环境开发措施及让学生适当领导课程实施的策略。	
	1	
	2	
	3	
	⋮	
课程评价	设计具体的评价策略,收集相关证据说明课程成效的方法等。	
	1	
	2	
	3	
	⋮	
就某一课程 内容开展相 应活动的案 例设计		
其他事项		

三、 小学校本课程设计常见的问题与对策

我国的校本课程设计虽然取得了明显成就,但还存在一些困境,梳理和正视这些问题,有助于找到解决问题的对策。

(一) 避免"价值迷失"的设计,推动"价值引领"的设计

当学校及教师怀疑校本课程的价值,却碍于课程政策和上级要求不得不进行设计的时候,校本课程设计就失去了关键的价值根基,教师就会产生空虚感、疲惫感、失衡感和宿命感,其结果必然是身陷迷途和虚无之境。"虚无主义意味着什么?——意味着最高价值自行贬值。没有目的,没有对于目的的回答。"①由此,就没有学校最需要、最适合开设什么校本课程的思考和调研,什么课程都行,怎么开设都行,从而走上价值迷失的虚开设之路。在实际的校本课程设计中,学校及教师未开展相应的需求调研和深入论证,想当然地确定一个校本课程的主题,这种情况确实存在。

针对这一困境,倡导和践行价值引领的实设计就尤为重要。"为什么要开设校本课程"这一价值问题,始终影响着校本课程的效用发挥和发展进程。这就要求学校及教师基于学生真实的课程需要来设计校本课程。比如,一所学校的教师为了确定校本课程的目标和门类,开展充分调研,要求学生就自己"欠缺的或需要学校提供帮助的课程"做出选择,在此基础上,才确定出校本课程的具体选题和目标等。

(二) 避免"流于粗放"的设计,推动"追求精细"的设计

有些学校及教师设计的校本课程,在一定程度上存在流于粗放、不够深入的问题。在这方面,已有深刻的教训。一所学校数学组的教师,将已有的综合实践活动案例整合为 10 个单元,分别为学会购物、小小设计师、美丽的家园、发现规律、妈妈的"小助手"、旅游天地、快乐时光、特别行动、数学工具、生活中的"巧算"。然而,专家论证时基本持否定态度并指出了不足:内容逻辑线索不清晰,体系存在缺陷,与现行国家数学课程的教材重复甚至有雷同之处。出现这些问题的原因主要有:校本课程设计时未能充分深入地研讨课程内容选择标准、课程内容逻辑体系以及校本课程与国家课程之间的协调等。②

校本课程设计不能浅尝辄止。为了提升校本课程设计的品质,走向追求精细的设计,需要重视三项工作:① 不断提升教师的课程意识和课程设计能力。意识提升,重在解决教师"愿不愿"设计校本课程的问题;能力提升,主要解决教师"能不能"设计校本课程的问题。② 重视对校本课程的评价。让校本课程在持续的评价、反馈和改进中不断提升自身的品质。③ 让校本课程设计有理论支撑。例如,有学校拟设计"小学低年级社会综合课"校本课程,并没有凭感觉随意罗列出几条目标,而是追求精细和规范。他们专门查阅了文献,发现关于课程论的著作中介绍了确定课程目标的基本模式是:先确定教育目标的来源,即从学生发展、社会发展、学科发展和生态发展四个维度来选取一般的目标;然后以教育哲学(理念)和学习心理学作为两把"筛子",对原来选出的一般目标进行筛选,最终确定具体的课程目标。据此,教师们结合学校特色和

---

① [德]尼采.权力意志——重估一切价值的尝试[M].张念东,凌素心,译.北京:商务印书馆,1991:280.

② 邓雪霞.校本课程开发:问题及对策——以《身边的数学》开发过程为例[J].人民教育,2009,(22):38-41.

学生实际情况,从"立足学生发展""适应社会发展""吸收课改成果"和"满足生态需要"等方面进行了"课程目标的初步选取",再以"教育理念"和"学习心理"筛选课程目标,进而确定了学校小学低年级社会综合课程的具体目标,并围绕目标选择和组织了相应的课程内容。① 这样的校本课程设计,就显示出深厚的理论底蕴,具有很强的规范性和有效性。

(三)避免"闭门造车"的设计,推动"巧借外力"的设计

许多学校及教师设计校本课程时,会选择关起门来,自行琢磨。这实际上丧失了让校本课程设计保持生机和活力的"源头活水",在课程理念的提炼、课程目标的拟定、课程内容的选择、课程结构的设计、课程资源的获取、实施平台的搭建、评价信息的收集等方面,会捉襟见肘,从而使校本课程设计成为"死水一潭"。

问渠那得清如许,为有源头活水来。在校本课程设计面临困境时,要善于借助外在的力量如课程专家、学生家长和社会人士等来探明方向、整合资源、突破难题,即推动"巧借外力"的设计。比如,有学校附近就有"少年农学院",学校决定利用这一优势设计校本课程,但教师对具体怎样设计、以何种形式呈现课程内容等问题还是比较迷茫。就此,学校先后邀请了省教研室及高校专家来校交流。在与专家互动的过程中,教师们逐渐明确了思路和操作步骤。② 可见,巧妙借用校外力量,能够为校本课程设计注入新的活力。

(四)避免"独立割裂"的设计,推动"整体关联"的设计

一些学校的校本课程设计,存在不太考虑校本课程与国家课程、地方课程的关联,而是与国家课程、地方课程相割裂而独立存在,这就导致校本课程未能与国家课程、地方课程形成密切联系,学校未能建成一套有机的整体性课程体系。

因此,需要加强校本课程与国家课程、地方课程的关联,使学校中的各类课程更加浑然一体。比如,有小学长期开设校本"国学"课程,在深化过程中,关注到了与国家语文课程的整合,故而思路豁然开朗,建构出"一主两翼"的课程主题。以国家语文课程的教材单元主题为主线,将已有的校本"国学"课程具体化为"古诗词"和"经典美文"两门课程,其内容都按语文教材单元主题来重新编排并加以充实。这样,以一门国家语文课程为主,以两门校本课程为翼,学生的学习得以从一点延伸开去,既不是一盘散沙,也不会过于束缚。

第二节 小学校本课程设计的模式

在长期的校本课程设计过程中,人们创造出各种各样的模式。根据不同的分类依据,校本课程设计模式有不同的类型。有人根据设计动因分类,将其分为"学校内部自发"和"响应外部命令"两大类型。还有人从设计主体、范围和特性这三个维度对校本课程设计的多样化模式进行归类:① 从涉及的设计主体来说,校本课程设计可分为教师个人、教师小组、教师全体以及与校外机构或个人合作四个层次;② 从涉及的设

---

① 高颖,马会萍,张琦.北京景山学校校本课程"小学低年级社会综合课"的研究与实践[J].课程·教材·教法,2010,(5):87—92.

② 高霞.条件主导模式校本课程开发的案例剖析[J].课程·教材·教法,2010,(2):19—23.

计范围来说,校本课程设计可分为全部课程、部分课程、单门课程以及一门课程的具体学习活动四种规模;③ 从涉及的设计特性来说,校本课程设计可分为选用、改进、整合、补充、拓展和创新六种特性。这样,校本课程设计实际上构成一种三维度与多层次交叉的立体网络结构,可以区分出 96(4×4×6)种不同形式。本节主要介绍小学校本课程设计常用的一些模式,包括按设计性质划分的三种模式和按主导因素划分的四种模式。

一、 按设计性质划分的模式

在现实生活中,一些小学创用了许多有效的校本课程设计模式。从课程设计性质入手总结提炼的三种实践模式很有代表性,分别为选择模式、整合模式和创新模式。这三种实践模式,校本化程度由低到高,操作程序由简单到复杂,每种模式各具特点,既具有相对的独立性,又存在一定的交叉性与互补性。

(一) 课程选择模式

课程选择,主要指结合本校的实际情况,从国内外众多优质的课程项目中挑选出可以引进的课程。常见的课程选择是"科目选择"和"课程学习材料的选择"。科目选择,即本校师生发现其他学校开设效果优异的课程,而本校也有条件和能力开课,就将其引入学校。比如,有小学引进了其他学校优质的"媒介素养"课程。课程学习材料的选择,即从其他学校配套的校本课程学习材料中加以选择,选出适合本校某一门课程的学习材料。对校本课程学习材料的审核重点包括学生学习相应课程时使用的读本、选用的出版物等教学材料以及课外读物、资源包、活页等。

校本课程设计的选择模式,需要落实以下四项工作:① 做好相应课程的分析与评估,确保选择引进的是优质课程;② 课程学习材料的审核,坚持凡设必审、凡用必审的原则,对拟选用的读本、出版物等教学材料、课外读物、资源包、活页等全套材料,从思想性、科学性、时代性、规范性、协同性等方面加强审核;③ 课程目标、内容、实施和评价等要进行校本化处理,使之更适合本校师生的需要;④ 在实践反思中不断丰富完善。

(二) 课程整合模式

课程整合模式,是以超越不同学科知识体系而关注共同要素的方式来安排学生学习的课程设计活动。常见的有学科本位、儿童本位和社会本位三种课程整合模式。①

1. 学科本位课程整合

学科本位课程整合,主要以学科作为整合的基本切入点。依据学科知识的相关程度,可分为"学科内整合"与"学科间整合"。

(1) 学科内整合,一般来说,在常规的课堂教学中就可以完成,时间跨度较短,涉及范围较窄,多是在某一个班级或几个班级进行,如"生活中的数学"。

(2) 学科间整合,需要课堂教学与课外活动相结合,时间跨度较长,涉及范围较广,参与学生多是一个年级或几个年级,如"鼓的文化艺术"(音乐、美术整合),"节约用水"和"回收废纸"(数学、道德与法治整合)等。

---

① 本部分三种模式主要参考:熊梅,脱中菲,王廷波.校本课程开发实践模式探索[J].教育研究,2008,(2):61-65,80.有改动.

2. 儿童本位课程整合

儿童本位课程整合,主要以儿童现实的直接经验、儿童的需要和动机、儿童的兴趣以及心理发展为核心,其目的在于促进儿童的经验生长和人格发展。比如,有学校在综合实践活动课程领域中,依据儿童与自然、儿童与社会、儿童与自己三个维度,低、中、高年级分别以珍重生命、热爱家乡、关爱自己为主题,确定各年级的学习主题。一年级的学习主题是"生命探秘",二年级的学习主题是"自然探险",三年级的学习主题是"东师附小——智慧的摇篮",四年级的学习主题是"长春的小博士",五年级的学习主题是"我的志向",六年级的学习主题是"12 岁的我"。

3. 社会本位课程整合

社会本位的课程整合,以社会生活经验为中心,通过主题形式统整课程内容,通过师生、生生之间的合作共同完成学习任务,通过研究性的学习让学生经历发现问题、解决问题的过程。比如,有学校以南湖公园为基础,从自然体验、社会体验、文化体验三个角度构建了校本课程设计体系。课程整体设计分为自然资源的学习和文化资源的学习两大领域,各年级根据各领域中的具体内容确定了学习单元的主题。其中,四年级重点研究自然资源中的动物和植物。学生成立了研究小组,制订了详细的计划,并邀请学校的科学教师和大学生物系的教师参与指导研究过程。语文老师对如何观察动物和植物进行指导,教学生如何记录观察笔记,如何撰写研究报告等。学生在家长陪同下,观察秋天和冬天南湖的植物和动物的差别。学校召开研究成果交流会,鼓励学生积极发表自己的研究成果。

(三)课程创新模式

课程创新,指创造性地开发全新的课程或者课程单元。运用课程创新模式,需要学校具备和创造一定的基础与条件:①

(1)研究和了解国家课程政策与制度,了解国内外校本课程设计的趋势和特点,从而准确把握校本课程设计的方向。

(2)基于学校的办学传统、特色以及现有的条件资源,使校本课程设计的创新模式更具有基础性、继承性与发展性。

(3)教师具有崇高的教育理想、信念、价值追求以及课程意识和课程设计能力,为课程创新提供智力支持。

(4)量力而行,重在实效,因校制宜,因师制宜,避免因盲目追求创新而不考虑学校和教师自身的能力与条件,从而造成教师负担过重、教学低效的恶果。

为了让校本课程保持长久的生命力,学校及教师需要不断迎难而上,慎重尝试,开展课程创新。有的学校在课程创新的过程中已经设计出新颖的课程内容。如开设"儿童哲学"课程,系统培养小学生的思维能力;设置"古诗新唱"课程,配合国家课程古诗教学的进度,带领学生编创谱曲,演唱古诗。为了激发学生的学习兴趣,可以为校本课程精心拟定一个生动、醒目的名称。

二、 按主导因素划分的模式

根据主导因素不同,当前小学的校本课程设计可以区分出学校条件主导模式、学

---

① 熊梅,脱中菲,王廷波.校本课程开发实践模式探索[J].教育研究,2008,(2):61-65,80.有改动.

生需求主导模式、问题解决主导模式和办学目标主导模式。随着校本课程设计的深入,这些模式正在逐渐整合,进而形成一种更加综合的开发思路。

（一）学校条件主导模式

学校条件主导模式,指校本课程设计以学校现有条件为主要依据和核心。学校优先考虑的问题是"我们有哪些可利用的独特资源"和"我们能做什么"。主要有五个步骤:

（1）分析优势,确定主题。分析学校的有关条件,在明确学校课程资源优势的基础上,确定具体的课程主题。

（2）拟定课程目标。主要包括确定校本课程的总目标以及各年段、各单元的具体目标。

（3）研制课程内容。选择符合课程主题、有助于支持课程目标达成的课程内容,并以一定的逻辑将内容组织起来。

（4）课程实施设计。主要包括确定课程实施的基本策略、主要方式、课时分配和教学组织形式等。

（5）课程评价设计。主要是对如何调查校本课程的成效以及如何基于评价结果改进课程等进行设计。

 案例分析

◎**案例**

"少年农学院"校本课程

无锡市藕塘中心小学有着独特的资源优势。学校门前有15亩①地,已经建成"少年农学院",作为无锡科普试验基地。院内有农业科普教育长廊、小课题研究方桌试验田、小桃园、梅桩盆景种植基地、植物园、葡萄种植长廊、红领巾小花房及蔬菜种植试验大棚等,今后还将建成小小农展馆、茶文化陈列室等。在此背景下,该校采用了条件主导模式对校本课程的主题、目标、内容、实施与评价进行设计:

1. 根据学校资源优势确定校本课程主题

在分析学校独特资源优势的基础上,学校确立了四个课程主题:茶文化研究、花与生活、无锡水蜜桃、蔬菜的种植与管理。经过多番打磨,最终确定为四个主题单元:茶香四溢,花与生活,桃之韵,谁知盘中菜。这四个主题单元之下,又确定了一系列的次级主题。其中,"谁知盘中菜"主题单元划分为种菜浇菜、大棚种菜、读菜说菜和做菜品菜四个次级主题,图7-1呈现了该主题单元结构。

2. 基于学生学情制定多学段目标

学校为每个主题单元设置一个总目标,在总目标的指导下确定低、中、高三年段的具体目标,具体目标要根据学生的年龄特点和心理特点来设置,因此,各年段的具体课程目标是螺旋式上升的。表7-3呈现了"谁知盘中菜"单元目标。

---

① 1亩≈0.066 7公顷。

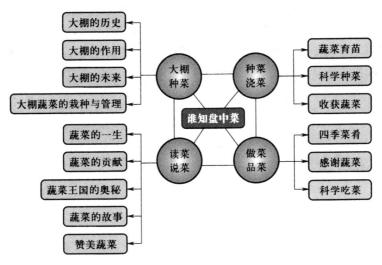

图 7-1　"谁知盘中菜"主题单元结构图

表 7-3　"谁知盘中菜"单元目标

单元	谁知盘中菜
总目标	（1）认识家乡常见的蔬菜,能根据实物说出它们的名称,参与种植、管理、收获、食用的一系列过程,特别是研究农学院 3~5 种蔬菜的生长过程 （2）了解蔬菜的营养价值和经济价值,收集有关蔬菜的儿歌、童谣等相关的资料 （3）初步学会一些烹调方法,会自己制作 3~5 种菜肴 （4）通过观察、调查、参加劳动等活动,培养学生合作、操作、交往、探究、表达等能力,激发学生爱劳动、爱自然、爱社会的情感
低年段	（1）认识 3 种农学院种植的蔬菜,能根据实物说出 5 种以上蔬菜的名称,知道吃蔬菜的好处 （2）在教师的指导下,能参与种植一种盆栽蔬菜,通过观察、实践,培养学生观察、合作、动手操作能力 （3）在亲近自然中,培养学生喜欢蔬菜、热爱劳动、勤于思考的习惯
中年段	（1）认识 5 种以上的蔬菜,并能根据实物说出 10 种以上蔬菜的名称 （2）参与两种蔬菜的种植、管理、收获的全过程,并有体验、有收获 （3）能制作 1~2 种蔬菜冷盆,感受劳动的乐趣 （4）通过社会活动,培养学生交往、表达能力,激发学生对自然、对社会的热爱
高年段	（1）认识 10 种家乡常见的蔬菜,了解常见蔬菜的生长过程及营养价值、经济价值,了解有关蔬菜的文化 （2）参与 3~4 种蔬菜的种植、管理、收获的全过程,并有体验、有收获;通过实践分析并与其他学科的整合,掌握有关知识,会熟练烹饪两三种菜肴 （3）在实践活动中,培养学生勤于思考、勇于实践的习惯,通过社会活动,培养学生交往、合作、表达能力;懂得有劳动、有付出,才有收获;激发学生爱劳动、爱自然、爱社会的情感

3. 从多学科视角选择和组织课程内容

为了达到课程目标,教师围绕各级主题展开讨论,对主题内容进行细化。选择和组织具体课程内容时,会考虑到科学、艺术、社会等学科的整合。表7-4呈现的"茶香四溢"单元内容有种茶、采茶、制茶的科学知识,有欣赏茶具的审美活动,也有品茶、赏茶等茶文化研究。

表7-4 "茶香四溢"单元内容

活动内容	具体内容 (含教学策略等)	教学时间	情境布置 (含教学资源的运用)	指导要点及注意事项
认识茶具	(1)欣赏茶具 (2)收集茶具 (3)交流对茶具的了解情况	1~3周	上网 平时收集	(1)调查前先设计好调查问卷;调查时注意礼仪;调查后及时做好资料的整理汇总 (2)外出参观时注意安全 (3)活动时注意资料的保存、保管
制茶工艺	(1)采茶实践 (2)收集炒茶方法 (3)炒茶实践	4~6周	勤建茶场 上网	
茶道	(1)走近茶道 (2)走进茶道	7~9周	上网	
沏茶工艺	(1)调查平时的沏茶方法 (2)走进沏茶技艺 (3)亲自动手 (4)茶渣处理:①寻找处理方法;②绿色行动	10~14周	调查实践	

4. 以"先实验后推广"为原则设计课程实施方式

以"先实验后推广"为原则,校本课程实施可从课程实验、方法选择、评价与时间安排方面加以设计。先在低、中、高年段各选一个实验班展开实验,效果不错之后,才在全校铺开,时间安排在每周四下午的最后两节课,相关教师参与听课、评课。表7-5呈现了课程实施的具体安排。

表7-5 课程实施表

项目	内容	目标	操作思路与方法
课程实验	学生是否欢迎,教师是否胜任	检验校本课程的可行性和操作性,并进一步完善课程	通过问卷调查、小规模实验的方法,先在低、中、高三个年段各选取一个班进行实验
方法选择		选择恰当的教学方法,最大限度体现其价值	采用行动研究方法,以沙龙、研讨方法,帮助教师选择适当的教学方法

项目	内容	目标	操作思路与方法
评价	课程目标、内容及学生活动手册质量等	全面评价课程质量，发现不足，及时修正	在校教科研专家具体指导下，由主课题组进行论证，并负责修改
时间安排		合理安排时间，切实落实课程目标的实现	以日课表形式，即以课时为单位，交叉安排不同课程的授课时间

5. 以改善实施效果为目的设计课程评价

为了改善课程实施效果，学校设计了家长评价与教师评价活动。家长评价方面，调查家长对校本课程实施情况的态度。教师评价方面，组织教师在课后对校本课程的执行情况、遇到的问题等进行全方位分析，提出进一步修改和完善建议。

◎分析

在我们周围有很多可以利用的课程资源，如学校的一小块绿地、一个小池塘等，都有育人价值。面对丰富的课程资源，如何充分合理地利用，使之成为课程的有机组成部分，实现其应有的课程意义与价值就显得尤为重要。

校本课程设计要挖掘学校的特色资源，因地制宜。藕塘中心小学利用本校独有的15亩地作为校本课程设计的一个切入口，是一个运用本校独特课程资源进行课程设计的典型案例。

资料来源:高霞.条件主导模式校本课程开发的案例剖析[J].课程·教材·教法,2010,(2):19-23. 有改动.

学校条件主导模式虽然便于操作，但是经常会出现一些问题。运用该模式需要避免的问题主要有:[1]

（1）价值取向的偏颇。比如，一所地处刺绣、印染之乡的小学，通过校本课程，仅仅让学生掌握一些刺绣工艺或印染技术。这就将学生当成操作工或手艺人在培养，而忽略了其他重要的能力和情感等的培养。

（2）活动设计的单一。一些学校的校本课程，只注重知识学习和技能学习，未能充分运用现有课程资源开发出丰富的学习活动。还有一些学校在活动设计上浅尝辄止。比如，为了培养学生爱校情感，就设计带领学生围着校园走一圈的活动。一个有深度的主题探索，不可能是短短十几分钟的参观活动就能完成的，这样难以培养学生的高级情感，更谈不上情感的内化。

（3）操作程序的不恰当省略。一些学校在实际的校本课程建设过程中，简化或省略了对课程实施、课程评价等环节的设计和落实。

---

① 高霞.条件主导模式校本课程开发的案例剖析[J].课程·教材·教法,2010,(2):19-23.

传统文化类校本课程设计要避免两大误区

2017年，中共中央办公厅、国务院办公厅印发了《关于实施中华优秀传统文化传承发展工程的意见》，并发出通知，要求各地区各部门结合实际认真贯彻落实。该意见明确指出，"坚持以社会主义核心价值观为引领，坚持创造性转化、创新性发展，坚守中华文化立场、传承中华文化基因"。一些小学对"中华优秀传统文化教育怎样与学校课程建设深度结合"这一问题进行了有益探索，也为全面加强和改进学校美育工作及加强劳动教育提供了适宜路径。传统文化类校本课程设计要避免两大误区。

（1）避免将传统文化"知识化"的常见误区。要注重学生对传统文化的深层体验，不能仅仅将传统文化视为静态化的知识，导致将传统文化"知识化"，以传统文化知识掌握为导向进行课程设计。

优秀的传统文化类校本课程不能将课程目标仅仅定位为简单的知识传递，不能片面强调对传统文化符号的机械记忆，而要将传统文化与学生的身心发展水平、生活实践相结合，有利于传统文化的内涵与学生的精神世界发生深层次触碰，让学生与传统文化产生共鸣，有助于学生文化品格的建构。

（2）突破将传统文化"技能化"的常见误区。要注重文化育人，避免走入将传统文化传承等同于某项特殊技艺的学习，将传统文化"窄化为"技能操作的误区，即以学生实际操作为主要活动方式，以完成一个作品为目标。如果课程设计走入"技能化"误区，虽然让学生实际参与了作品制作过程，但对作品背后的文化内涵以及作品不同式样的寓意讲解甚少，传统文化的历史价值、人文价值等就较难与学生脑中已有的文化内容发生联系，会导致课程只停留在学习技术的层面。

比如，有一门优秀的传统文化类校本课程——"钧瓷"，很有参考价值。该课程重视钧瓷文化本身所具有的文化感染力与育人价值，以掌握钧瓷技艺为手段，帮助学生养成实事求是、严谨细致、精益求精、追求卓越的做事态度，增强劳动观念，发展创造性思维，形成用技术解决问题的良好习惯。而且，"钧瓷"课程强调在美育中增强师生的文化自信，引领师生树立正确的人生观、价值观和世界观，将学生培养成为有理念、会设计、能动手、善创造的社会主义建设者和接班人。

（二）学生需求主导模式

学生需求主导模式，指校本课程设计以学生的实际发展需要为主要依据和核心。基本步骤为：

（1）分析学生。应了解学生的年龄、社会经济背景、知识与能力的准备等情况。

（2）分析资源与限制。应掌握教师人数、教师经验、教师知识与能力、经费、外部支持、弹性课程表、家长与学生以及教育管理者的态度和要求等。

（3）拟定课程目标。包括拟定课程总目标，并研制出各年段、各单元的具体目标。

（4）选组课程内容。根据课程目标选和组织课程内容。注意选择学生喜闻乐见的内容，有利于激发和维持学生的学习动机。

（5）设计课程实施。对课程实施方式等相关问题做出设计,要考虑如何分配资源、人员、设备与时间等。

（6）设计课程评价。对课程评价方式等相关问题做出设计。要注意确定评价的方法或工具,如采用前后对比的方式对学生的学习结果进行评价,以便判断课程方案的成效。评价时应兼顾知识、技能、情感、态度、价值观等多方面的目标,建构客观、科学的指标作为评价依据。如果具备相应的条件,可考虑运用实验控制组作为参照,借用态度与成就测验、学生学习投入量表等了解课程成效;还可以设置专门的评价小组进行长期的课程成效跟踪调查。

（三）问题解决主导模式

问题解决主导模式,指校本课程设计以解决课程问题为主要依据和核心。该模式认为,学校条件主导模式过于宽泛,学生需求主导模式则过于理想。事实上,课程问题集中发生在班级之中和课堂之上。因此,有效的校本课程设计应当以解决课室里的实际问题为基本途径,具体步骤有"发现问题""分析问题""确立目标""寻找解决途径""找到解决对策,拟定课程主题""课程目标、内容、实施和评价设计"等。该模式以教育教学现场为焦点,问题分析是不可或缺的一环。运用问题解决主导模式时,学校除了善用校内现有的资源外,也可以寻求校外资源的协助,只是校外人士的角色必须是咨询与合作性的,而不应是主导与决定性的。

问题解决主导模式在校本课程设计中使用时机颇多。班里学生思想观念、行为习惯出现问题时,教师就可以设计相应的课程进行疏导。如班主任看到学生浪费纸张现象严重,就领着学生创生"垃圾筐里的算术"这一课程。师生先一道清点废纸,再让学生进行一系列计算,当算出全国小学生一天废弃掉的纸张能做上百万个作业本的时候,学生的心灵被震撼了!接下来教师鼓励学生就此问题"出谋划策"。

这类课程也可以解决学科教学中学生遇到的学习困难。一位教师发现班里学生不太会归纳文章中心思想,就自行设计了"怎样归纳中心思想"的课程,引导学生通过各种方式总结出"看文章题目"与"看文章的开头和结尾"等六种归纳中心思想的方法。

针对不同学段或不同时段之间存在的课程目标、教材内容或教学方法"脱节",教师也可以开发出衔接过渡类校本课程,帮助学生更好地完成幼小衔接、小中衔接或一学期之内前后学习内容的顺利过渡等。这类课程可以形象地称为"课程补丁"。例如,有学校开发的为期三周的校本课程,包括语文类的识字课、注音阅读课、观察说话课、"观察、说话、阅读"综合课,数学类的趣味数学课和野外数学启蒙课,分门别类地对相应内容的学习方法予以指导,并使授课形式多样化,以缓解小学一年级学生突然面临学习内容增多及学习压力较大的窘境。

（四）办学目标主导模式

办学目标主导模式,指校本课程设计以学校的办学目标为主要依据和核心,优先考虑办学目标,其他因素服务于该目标。比如,一所小学的办学目标是"为学生的终身幸福奠基",因此,在1~6年级开设了"幸福课"作为校本课程。该模式尤其重视校本课程设计中的目标设计部分,具体步骤为:成立课程设计委员会或相关工作小组,承担相关的规划与决策;确定参与课程设计工作的成员和开发程序;经由参与成员集体讨论,拟定课程方向、目标与计划;据此进行课程设计的具体工作。其他基本步骤与学校条件主导模式基本相同。

以上多种校本课程设计模式表明,校本课程设计的关键点有"持续""多样""可行性评估"和"准备"等。① 校本课程设计是一种动态而持续的过程,不是僵化而线性的行动步骤。学校必须分析、确定和把握课程设计的工作步骤,根据本校的实际情况做出适当的决策,进行灵活的调整。② 校本课程设计的实施步骤是多样化的,涉及的工作范围也不一样,所以,没有哪种模式是万能的或是可以优先选用的。学校在设计具体的课程方案时,应依照学校的情况或方案的性质,采用某一模式或多种模式,并进行必要的修改与调整。③ 校本课程设计旨在解决学校的教育教学问题,提升办学品质,而不是追求教育时尚。因此,学校进行课程设计时,一定要先评估课程设计的必要性与可能性。否则,必然导致校本课程设计的失败。④ 学校准备程度的高低往往是校本课程设计成败的关键。这些准备工作除学校时间与空间的重组外,营造学校气氛、与校内外人士和机构合作、争取社区人士与学生家长的支持与合作等也是不可忽视的方面。

本章小结

校本课程设计是学校根据自己的教育哲学,为满足学生的实际学习需要,由校长、教师、课程专家、学生、家长以及社区人士等共同参与,对校本课程的目标、内容、实施和评价等要素进行全面的系统化设计。校本课程设计在国外于 20 世纪 70 年代兴起,主要受教育民主化与校本管理运动等的影响。在我国,校本课程设计则是在世纪之交才凸显出来的研究课题,与三级课程管理制度的建立直接相关。校本课程设计的基本流程主要包括成立机构、情境分析、确定课程目标、选择和组织课程内容与结构、对课程实施与评价提出建议、拟定学校课程管理文件六大环节。小学校本课程设计的常见问题和解决策略有:避免"价值迷失"的设计,推动"价值引领"的设计;避免"流于粗放"的设计,推动"追求精细"的设计;避免"闭门造车"的设计,推动"巧借外力"的设计;避免"独立割裂"的设计,推动"整体关联"的设计。

常用的小学校本课程设计模式包括按设计性质划分的三种模式和按主导因素划分的四种模式。按设计性质划分的模式有:课程选择模式,主要指结合本校的实际情况,从国内外众多优质的课程项目中挑选出可以引进的课程;课程整合模式,是以超越不同学科知识体系而关注共同要素的方式来安排学生学习的课程设计活动,常见的有学科本位、儿童本位和社会本位三种课程整合模式;课程创新模式,指创造性地开发全新的课程或者课程单元。按主导因素划分的模式有:学校条件主导模式,指校本课程设计以学校现有条件为主要依据和核心;学生需求主导模式,指校本课程设计以学生的实际发展需要为主要依据和核心;问题解决主导模式,指校本课程设计以解决课程问题为主要依据和核心;办学目标主导模式,指校本课程设计以学校的办学目标为主要依据和核心。

思考题

一、单项选择题

1. 以超越不同学科知识体系而关注共同要素的方式来安排学生学习的课程设计活动,这种小学校本课程设计模式属于(　　)。

　　A. 课程选择模式　　　　　　　　　B. 课程整合模式

C. 课程创新模式　　　　　　D. 学校条件主导模式

2. 以学生现实的直接经验、需要、动机、兴趣及心理发展为核心,以促进学生的经验生长和人格发展为目的,这种校本课程设计的整合属于(　　　)。

A. 学科本位课程整合　　　　B. 儿童本位课程整合

C. 社会本位课程整合　　　　D. 问题本位课程整合

3. 以社会生活经验为中心,通过主题形式统整课程内容,通过师生、生生之间的合作共同完成学习任务,通过研究性的学习让学生经历发现问题、解决问题的过程,这种校本课程设计的整合属于(　　　)。

A. 学科本位课程整合　　　　B. 儿童本位课程整合

C. 社会本位课程整合　　　　D. 问题本位课程整合

二、名词解释题

1. 校本课程设计

2. 问题解决主导的校本课程设计模式

三、简答题

1. 简述校本课程设计的流程。

2. 运用学校条件主导的课程设计模式需要避免的主要问题有哪些?

3. 简述学生需求主导的校本课程设计模式的基本步骤。

四、论述题

论述我国小学校本课程设计常见的问题与对策。

推荐书目

1. 李臣之.校本课程开发[M].北京:北京师范大学出版社,2015.

该书介绍了校本课程开发的历程与实质、设计与开发、领导与管理以及欧美校本课程开发的发展趋势等内容。全书共十章,分别是"校本课程开发:历程与经验""校本课程开发的实质、价值与取径""校本课程目标设计""校本课程内容选择""校本课程组织""校本课程评价""校本课程领导""校本课程实施的知识管理""校本课程实施的动力保障"和"欧美校本课程开发的发展趋势"。

2. 曾文婕.微型课程论[M].北京:北京师范大学出版社,2018.

该书围绕微型课程"为何微""何以微"与"如何微"等问题展开论述,力求将原理阐述、方法分析与案例解读相结合,为高等院校师生和中小学教师理论提升提供参考。本书分为八章:第一章"起源论",剖析微型课程的历史、逻辑与价值起源。第二章"概念论",辨析"微课""微课程"等概念,提出作为总称的"微型课程"概念。第三章"基础论",凸显微型课程开发必备的理论基础。第四章"类型论",梳理出教学资源类、转化学生类、延伸升华类等微型课程类型。第五章"模式论",分析微型课程开发的三大模式及其子模式。第六、七、八章分别探讨微型课程的设计、实施与评价。

第八章　小学课程与教学环境设计

1. 识记
◆ 课程环境
◆ 教学环境
◆ 小学课程与教学环境设计的基本要求
◆ 常见的小学课程与教学环境分类
2. 领会
◆ 课程与教学环境相关概念之间的关系
◆ 小学课室环境设计
◆ 小学校园环境设计
◆ 技术支持下的小学学习环境设计
3. 应用
◆ 能够应用本章所学内容,分析一所小学的课程与教学环境特点和建设状况,挖掘存在的问题与不足,进而尝试提出优化对策

建议学时

9 学时

案例导读

校园环境建设体现"孝文化"①

　　杭州市丁桥镇是汉朝孝子丁兰的故里,丁兰孝母的故事被当地百姓代代相传,而且也造就了丁桥镇这个社区的百姓敬重父母的良好社会风气和文化传统。丁桥镇的几所幼儿园、小学和中学,在校园环境的设计中都凸显了"孝文化",把学校所在社区的优秀文化体现在学校环境的方方面面,无论是路边的石刻还是走廊墙上的标牌、图画,都以醒目、生动的方式记载着丁兰孝母的故事,同时,还呈现了中华民族有关孝顺父母的其他经典故事或经典文句。学生进入校园、生活在校园中,受到孝文化的熏陶,这有利于学生从小懂得敬重父母,形成健康的人格。这种校园环境建设,有利于传承中华优秀传统文化,回应党的二十大报告提出的要求。

　　环境,是课程与教学系统的重要构成要素之一。小学生总是在一定的环境中开展多种学习活动的。以上案例反映出在设计课程与教学环境时,可以从社区或乡村文化元素中选择积极的、对学生的成长具有典型教育意义的文化元素,以增加校园环境的教育寓意性。环境设计,对于提升课程与教学品质具有重要影响。因此,需要系统认识课程与教学环境的概念、特征和类型,把握小学课程与教学环境设计的发展趋势。

第一节　小学课程与教学环境概述

　　人类的生存与发展离不开环境,人的活动受到环境的影响。小学课程与教学环境

---

① 林刚.中小学校园环境的教育寓意性设计探究[J].教育研究,2013,(3):41-46.

的涵括面较广,体现出一些明显的特征。

一、 课程与教学环境的概念

在实际使用中,人们会选用教育环境、课程环境、教学环境或学习环境等不同的术语,指涉教育、课程、教学或学习等特定领域或层面的环境。由于这些领域或层面彼此交叠、难以分割,有时这些术语之间也交替使用。辨析相关概念,有利于深入理解课程与教学环境的含义。

(一)教育环境

在教育领域,环境既指直接或间接影响个体的形成和发展的全部外在因素,包括作为先天环境的胎内环境,作为后天环境的自然环境和社会环境等;也指以人——主体为中心围绕自我的所有事物,包括外部环境和内部环境,外部环境包括先天环境和后天环境,内部环境包括生理环境和心理环境。①

教育环境还可以区分为宏观教育环境和微观教育环境:① 宏观教育环境,指直接或间接影响人的个体孕育和发展的全部外在世界,包含自然环境和社会环境。而社会环境又包括社区环境、家庭环境和学校环境。② 微观教育环境,指为培育人而有意识地创设的环境,包括家庭教育环境、学校教育环境和狭义的社会教育环境。微观教育环境指向于培育人的目的,是有计划的、有组织的、人为创设的环境。论及小学课程与教学环境,主要是在微观教育环境的层面加以探讨。

(二)课程环境

课程环境指与课程有关、影响课程并通过课程影响学生和教师的所有因素。有学者指出,课程环境由教育政策、教育传统、教学材料、实践机会、教师和学生六种因素构成。② 这六种因素又可以分为三类:① 第一类因素,是由教育政策和教育传统构成的基础因素;② 第二类因素,是由教学材料和实践机会构成的资源因素;③ 第三类因素,是由教师和学生构成的参与者因素。参见图 8-1。

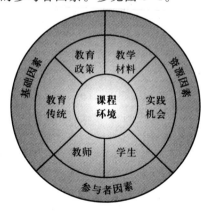

图 8-1 课程环境的构成因素③

---

① 顾明远.教育大辞典(增订合编本)(上卷)[M].上海:上海教育出版社,1998:604.

② Sun, G., Cheng, L. From context to curriculum: A case study of communicative language teaching in China [J]. TESL Canada, 2002,19(2):67-86.

③ 孙广勇.课程环境因素及其对课程改革的影响[J].教育探索,2006,(1):20-22.

（三）教学环境

教学环境指与教学有关、影响教学并通过教学影响学生和教师的所有因素。[①] 主要包括学校教学活动的时空条件、各种教学设备、校风班风和师生关系等。

（四）学习环境

纵观对课程与教学环境的研究,最初偏重对宏观教育环境的研究,后来转到微观层面的教学环境研究,近年来从教学环境研究深化至学习环境研究。如果说教育环境和教学环境的研究,更加注重从"教"的角度,站在教师教学的立场上看待环境,那么,学习环境研究则更注重从"学"的角度,站在学生学习的立场来设计环境。对学习环境的界定,大致有空间/场所说、资源/平台说、组合说、情况/条件说、功能/价值说五类。

1. 空间/场所说

"空间/场所说"将学习环境定位为一种"地点"或"空间",主要突出学习环境的物理特征。比如,有人认为学习环境主要指学习场所,包含学校图书馆、课堂、实验室、家中的书房等。

2. 资源/平台说

"资源/平台说"认为学习环境主要指能够为学生学习和交流提供的资源和平台。比如,网络技术平台、网络学习资源、网上学习社区等网络学习系统赖以存在和发展的全部外部条件。该定义拓展了学习环境的范围,不仅包括物理空间,还包括虚拟空间。

3. 组合说

"组合说"主张界定学习环境要从多方面加以综合考虑,有代表性的观点有：

（1）学习环境是"学习资源"和"人际关系"的一种动态组合。其中,学习资源包括学习材料(即信息)、帮助学习者学习的认知工具(获取、加工、保存信息的工具)、学习空间(课室或虚拟网上学校)等;人际关系包括学生之间的人际交往和师生之间的人际交往,学生不仅能得到教师的帮助和支持,而且学生之间也可以相互协作和支持。[②]

（2）学习环境是基于网络平台的(包括计算机、电信、卫星电视网络相融合的综合传输系统),以学习者为中心的,支持其学习活动的"显性"与"隐性"因素的总和。其中,显性环境又可以分为硬环境和软环境。硬环境是实现网络化学习的支撑平台,软环境是保证网络学习环境正常运行的基础软件和网络学习系统。隐性环境则由交互环境和学习氛围构成。[③] 这类界定开始关注到"人"的层面,将"物"和"人"综合考虑。

4. 情况/条件说

"情况/条件说"立足于更宽泛的角度界定学习环境,认为学习活动过程中赖以持续的情况和条件都是学习环境。其中,"情况"是学习活动的起点和某一时刻的状态;"条件"则是学习活动继续进行的保证,包括物质条件和非物质条件。物质条件主要

① 张楚廷.教学论纲[M].北京:高等教育出版社,1999:162.
② 何克抗,郑永柏,谢幼如.教学系统设计[M].北京:北京师范大学出版社,2002:190-191.
③ 李盛聪,杨艳.网络学习环境的构成要素及特征分析[J].电化教育研究,2006,(7):52-55,62.

指学习资源,非物质条件主要指学习氛围、学习者的动机状态、人际关系、教学模式和教学策略。[①]

5. 功能/价值说

"功能/价值说"主要从功能角度出发,认为学习环境的根本价值在于为学习者的学习服务。主要包括六种:[②]

（1）交流环境。学习者通过积极地构建目标、问题、意义、信息和成功标准而参与讨论的交流环境。

（2）信息传播环境。学习者通过接受信息参与讨论的信息传播环境。

（3）问题解决环境。学习者围绕项目和问题而工作的问题解决环境。

（4）培训环境。学习者进行练习以提高技能和增长知识的培训环境。

（5）表演环境。学习者为观众表演的表演评估环境。

（6）背诵和考试环境。学习者展现研究问题和回答问题能力的背诵和考试环境。

过去,"教育环境""课程环境"和"教学环境"常为人所提及。近年来,随着"学习为本"和"以学定教"等理念逐渐深入人心,"学习环境"受到重视,已成为课程与教学环境的一个研究热点。

二、 小学课程与教学环境设计的基本要求

有别于一般的环境,小学课程与教学环境设计的基本要求有:发挥育人功能、促进学生学习、线上线下混合、注意调节与控制以及兼顾预设与生成等。

（一）发挥育人功能

课程与教学环境要根据学生身心全面发展的需要和国家教育政策方针、学校培养目标而加以设计和组织,必须符合育人的各种规范要求。在一定意义上,小学有围墙,有专门的师资队伍,有国家教育政策方针的指导,有比较稳定的课程体系与教学规范,各种外部环境因素并不能随意进入课程与教学活动,课程与教学的环境因素在某种程度上都经过了一定的选择、净化和加工等纯化过程。因此,相对于其他环境,课程与教学环境比较纯洁。

（二）促进学生学习

学生的发展,要通过开展相应的学习活动来予以促进。小学课程与教学环境要为学生的学习服务,能够适应和满足学生的实际学习需要、激发学生的学习兴趣、支持学生高质量的学习活动。课程与教学环境以促进小学生主动而富有建构意义的学习为宗旨,才能确证自身的价值;而小学生的学习及其意义建构,也是在与课程与教学环境的互动中得以实现的。

"经验"是个体与环境相互作用的过程和产物。小学课程与教学环境设计,要注意通过课室、校园等环境的设计,将小学课程与教学内容"融化"到环境之中,使儿童一旦置身于这样的环境,就自然生发出特定的学习兴趣和意向。在课程与教学活动中,可以借助专门的媒体,让儿童主动地产生学习反应,从而与环境中某些特殊条件产生相互作用,获得特定的学习经验。

---

① 武法提.基于 Web 的学习环境设计[J].电化教育研究,2000,(4):33-38.
② ［瑞典］胡森,［德］波斯尔斯韦特.教育大百科全书(第4卷)[M].张斌贤,译.重庆:西南师范大学出版社,2006:489-493.

（三）线上线下混合

网络化课程与教学环境的兴起,正引发小学课程与教学的观念和形态发生前所未有的变革。但是,这并不意味着网络化课程与教学环境对传统课程与教学环境的颠覆甚至取代。虚拟的网络空间不能与人们既存的现实世界相脱离、相抗衡。一方面,现实世界是网络空间得以产生的客观基础;另一方面,网络空间是人类不断超越现实世界对其思维和行动的限制的产物。① 因此,课程与教学环境实质上是一个虚实"共生"的"混合体",虚拟的网络化课程与教学环境与现实世界的真实课程与教学环境常常是交织在一起的。儿童不仅可以在真实的环境(如课室、宿舍、图书馆等)中进行传统式学习,也可以在虚拟的网络环境(如虚拟学习社区、课程论坛、电子图书馆等)中进行在线学习。

（四）注意调节与控制

课程与教学环境并不是一个不与外界发生联系的封闭的系统。学校毕竟是社会的一个组成部分,特别是网络化环境的介入使得课程与教学环境更容易受到外界环境的制约和影响。当然,学校的课程与教学环境也会对外界社会产生不可忽视的作用。与其他一些自发形成的环境或自然环境相比,人们需要对课程与教学环境加以调节与控制。学校和教师要根据课程与教学的目的和需要等,不断对课程与教学环境进行适当的调节与控制,弘扬甚至创生其中有利于学生身心发展的积极因素,抑制和消除不利于学生身心发展的消极因素,持续优化课程与教学环境,保证课程与教学活动的顺利进行。在这种意义上说,课程与教学环境是一个特殊的开放系统。

（五）兼顾预设与生成

课程与教学环境可以做一些预先的设计,但预设并不能完全代替生成。因此,在做好预设的同时,要持续生成课程与教学环境。课程与教学环境的生成性主要表现在两个方面:一是课程与教学环境中的各种要素能针对不同的学习目标、不同的学习内容、不同的学习层次、不同的学习活动加以动态调整、改变,以适应儿童学习发展的需要;二是儿童在学习过程中生成的经验可以外化为显性的文化要素,与原有的课程与教学环境构成要素相互联系、相互作用,并创生出新的课程与教学环境。

 案例分析

◎**案例**

家庭—学校—社区协作实例

上海市闵行区浦江第一小学从家校社协作的角度,推动劳动教育课程建设与学习环境建设。

一、构建学校主导下家校社共同在场的格局

该校开发了涵盖"校内劳动""家务劳动"和"社会劳动"三大方面的劳动教育校本课程。劳动教育课程的实施促使学校联合家庭和社区,构建出学校主导下家校社共

---

① 冯鹏志.从混沌走向共生——关于虚拟世界的本质及其与现实世界之关系的思考[J].自然辩证法研究,2002,(7):44-47.

同在场的格局。

1. **构建学校劳动教育活动情境与制度环境**

（1）创设多种劳动活动情境。"校内劳动"课程包含我爱学习、小小岗位、DIY创作、STEM创客、美化教室和美化校园六个系列课程，涵盖日常学习、手工创作和环境清洁等多种劳动活动情境，促进学生形成劳动意识与技能。

（2）营造劳动实践制度环境。学校定人（人人参与）、定岗（人人均有班级劳动岗位）、定时（上午7:40—8:10、中午12:00—12:15、下午3:30—4:00），为学生提供劳动实践机会。

2. **开发家庭空间的劳动教育功能**

"家务劳动"课程包含了整理、美食系列、日常技能、中外小点、理财系列和工具使用六个系列课程。教师指引家长开展整理房间、家庭读书角建设、掌握日常劳动工具使用技巧等活动，有助于开发客厅、厨房与寝室等家庭空间的劳动教育功能，使学生在家庭环境中体验到劳动的乐趣。

3. **拓宽劳动教育课程实施的社会环境**

学校将劳动教育课程实施环境拓宽至校外，体现在两方面。

（1）挖掘社会资源。结合《上海市中小学生社会实践基地家庭护照》中相应的场馆和其他景点，梳理出150多个校外实践场馆，为劳动教育课程实施提供参考。

（2）围绕"社会劳动"课程主题拓宽学习环境。"社会劳动"课程包含小志愿者、岗位模拟、植物养护和美丽家园四个系列课程，使学生能接触到社会生活中真实、复杂的劳动环境。

二、推动家校社劳动教育资源的整合

推动家校社劳动教育资源的整合，创设更为丰富的劳动教育环境，具体体现在家校社教师资源与场地资源的整合。

1. **师资整合**

学校教师、家长和社区人员形成密切联系，班主任负责校内劳动知识和劳动技能的辅导，家长负责在家中指导孩子开展相应劳动教育课程并进行评价和监督，科技专家被邀请定期参与校本课程的教学，社区人员或志愿者担任社会劳动教育课程教师，形成校内外劳动教育师资队伍，保证学生在家校社环境中获得有效指导。

2. **场地整合**

学校利用校内有限的空间建设了"建龙在田"种植园，学生能够在种植园中开展植物创客、做植物笔记、研发多功能自动灌溉机等多种体验活动。而且，学校与闵行区青少年实践基地合作，让学生能够体验传统与现代相结合的劳动技术。

◎ **分析**

社区与学校的多重关系实质上表现为教育社会功能和社会教育功能的相互辐射和渗透。上海市闵行区浦江第一小学充分发挥家庭、社区的支持力量，拓宽各种资源渠道，形成了家校社联动多维实施劳动教育课程的模式，推动家校社劳动教育资源的整合，构建家校社共同在场的教育格局，为学生提供贴近真实生活、丰富有趣的劳动体验。

资料来源:张蕊.小学劳动教育:家校社三位一体见实效［J］.中小学管理,2020,（4）:22-23.有改动.

第二节　小学常见的课程与教学环境设计

本节在梳理小学课程与教学环境分类的基础上,介绍课室环境和校园环境这两类常见的小学课程与教学环境设计。

一、常见的小学课程与教学环境分类

由于分类标准不同,小学课程与教学环境可以有多种分类。这里从存在形态和空间要素两个不同角度简要介绍。

（一）以存在形态为标准分类

根据存在形态划分,课程与教学环境主要由物质环境和社会心理环境构成(参见图8-2)。

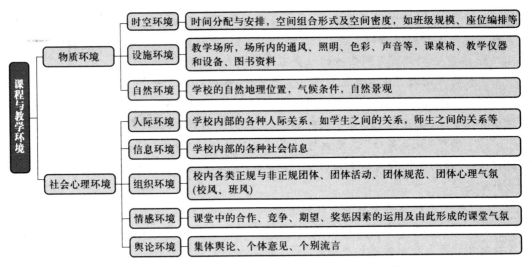

图 8-2　课程与教学环境的分类与整体结构示意图①

物质环境包含时空环境、设施环境和自然环境;社会心理环境包含人际环境、信息环境、组织环境、情感环境和舆论环境。需要注意的是,校风、班风和师生之间等,虽然在一定程度上属于"看不见、摸不着"的无形环境,但对课程与教学活动和学生发展有着不可忽视的重要影响。校风表现为学校的一种集体行为风尚。一所学校的学风、教风、领导作风、师生言谈仪表等无不与校风有关,积极的校风能使师生员工增强自觉性,努力工作、勤奋学习。反之,则容易使教学工作涣散、秩序混乱,使学校工作脱离正确的教育目标。班风指班级所有成员在长期交往中形成的一种共同心理倾向,能够塑造学生的态度和价值,影响其学习活动。② 师生关系影响着教师和学生的精神面貌和行为方式等。对未成年的小学生而言,他们的心智还没有完全成熟,良好师生关系的建立更多要依赖于教师,依赖于教师如何看待和对待学生。良好师生关系的建立,要求教师理解和尊重学生,将学生作为活生生的、具体的人来看待,在尊重和理解学生的

---

① 整理自:田慧生.教学环境论[M].南昌:江西教育出版社,1996:18-19.
② 田慧生.教学环境论[M].南昌:江西教育出版社,1996:26-27.

基础上引导学生自主成长,帮助学生成长为人格健全、精神和谐的人。[1]

（二）以空间要素为标准分类

从空间上看,小学课程与教学环境是一种特殊的实体性存在,主要包括课室(实验室、教学场地)环境、宿舍环境、校园环境、家庭环境和社区环境。

1. 课室环境

课室环境是当代小学课程与教学活动的主要而核心的环境,包括教师、同学、课室大小和形状、墙壁门窗结构、教师讲台与学生课桌椅的结构形式、课室空间的功能及其物品设备的设置、墙面的装饰、教学媒体设备及其装饰、照明和暖气或消暑用品的设计和结构等。实验室是专门用于实验教学的课室,其中还包括了实验仪器设备的空间安排等。教学场地则主要用于体育教学,其特点是开放性或大空间,还包括了体育器材和用品的安排等。

2. 宿舍环境

这里的宿舍,既指寄宿制小学里的宿舍,也指非寄宿制小学里的午休房。宿舍环境是学生生活和自学的主要场所,包括室友,床箱以及书桌柜架的设计和结构,门窗墙壁的结构和装饰,走道以及公用间的设计、结构和装饰,照明和暖气或消暑用品的设计和结构等。

3. 校园环境

广义的校园环境包括课室环境和宿舍环境,狭义的校园环境特指课室和宿舍外的学校环境。校园环境既包括教职工群体、学生群体及其层次结构,又包括教学楼、图书馆、行政楼、食堂、教职工公寓楼、学生公寓楼、体育场馆、道路、池塘、草地、林木、人文景观等以及它们的设计、装饰及其结构。学校要建设必要的体育、美育场地和劳动教育场(所)等,配齐设施设备,加强校园文化建设,发挥校园环境育人功能。

4. 家庭环境

家庭环境不仅是小学生学习的重要场所,也是其学习生活的重要资源,包括学生的父母、长辈、同辈甚至晚辈,房屋的设计、装饰及其结构,家庭的经济状况、家庭成员的结构及其职业等。

随着家校协作的发展和家长参与学校课程设计的推进,家庭环境对学校课程与教学的影响力度越来越大。

5. 社区环境

社区环境是学校教学和学生学习的重要资源。广义的社区环境包括家庭环境,狭义的社区环境特指家庭外的社区环境。社区环境涉及社区人员的类型及其结构,政治、经济、文化、科技、军事、宗教等组织和机构,建筑设计和装饰及其结构,公园、图书馆、美术馆、音乐厅、电影院、历史古迹、家禽家畜、庄稼菜蔬等各类人文环境,还包括社区所在地的地形地貌、江河湖泊、山峦田地、海洋岛屿、泉水滩涂、草地森林、沼泽沙漠、野生生物等自然环境。

课室环境、宿舍环境以及校园环境的设计主体是学校及其师生,学校和师生可以发挥聪明才智,将这三类环境进行设计、改造和创新,从而优化它们。家庭环境和社区

① 朱小蔓,等.当代学校德育对话录:情感的关切[M].成都:四川教育出版社,2022:89.

环境的设计主体主要是家长和社区人员。一方面,家长与社区人员应积极认同学校及其师生的教育活动和学习活动的价值,主动地对家庭和社区环境进行教育化和学习化设计、改造和创新;另一方面,学校及其师生也可以通过价值选择过滤这两类环境因素及其影响,还可以积极主动地影响家长和社区成员特别是社区代表,使其参与到家庭环境和社区环境的教育化和学习化设计、改造和创新之中。

二、 小学课室环境设计

课室环境极大地影响着学生的学习,教师需要着重对其加以设计与改进。

(一)课室空间的设计

在班级课堂里,怎样利用空间是非常重要的,教师要尽力使所有设备及工具得到最好的利用,方便学生使用。书橱、学生放置个人用品的柜子、各种放置实验用具和电教用品的设施等,都应该根据学生的年龄特征和学习需要进行特殊的安排。课室空间设计,主要有"场所型"和"功能型"两类。①

1. 场所型设计

在场所型设计的课室里,如何分配和安排学生的课桌椅子起决定作用,这需要与教学组织形式相配合。教学组织形式,是为实现一定的课程与教学目标,围绕一定的内容或学习经验,在一定的时空环境中,教师与学生之间相互作用的方式。在当前的社会历史条件下,流行的教学组织形式是班级授课制,它以课堂教学为基本形式。精心编排学生座位,就成为课室空间设计必须考虑的重要事项。

座位编排形式,实际上是教学空间的组织形式,它直接影响着师生与生生在教学活动中的相互作用、学生参与活动的积极性以及教学信息的交流方式与范围等。传统的课堂座位排列形式是秧田形(如图8-3),即一排排课桌面向教师的讲台,学生与学生前额对后脑,左肩邻右肩。这种座位排列最适合于集体讲授,但不利于学生之间的互动。目前,国内外的研究者正在积极探索如何编排学生座位才能更好地促进教学效果的提升,提出了圆形、马蹄形和模块形等排列形式。

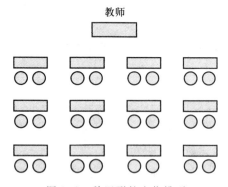

图8-3 秧田形的座位排列

圆形的座位排列(如图8-4)适合于课堂讨论,它可以大大地增加师生之间、生生之间的言语和非言语交流,促进学生间的社会交往活动。马蹄形的座位排列(如图

① Marsh, C. J. Key concepts for understanding curriculum[M]. 4th ed. London: Routledge, 2009: 176-177.

8-5),教师位于"U"形开口处,这种排列形式兼有秧田形和圆形排列的某些特点,既有助于充分增进师生之间的交流,又有助于问题讨论和实验演示,还可以突出教师对课堂的调控,发挥教师的主导作用。圆形和马蹄形的座位排列,一般要求班级规模不超过 25 名学生。如果学生人数超过 25 名,可以考虑采取同心圆形(如图 8-6)和双马蹄形的形式(如图 8-7)。模块形的座位排列(如图 8-8)则适合于小组活动,它有利于小组成员进行相互交流与合作,使小组成为真正意义上的"功能群体"。

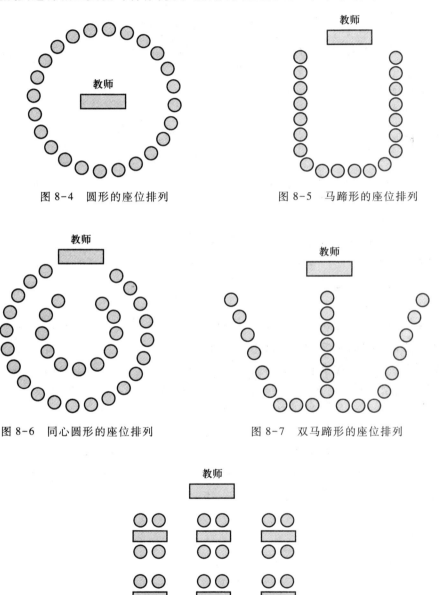

图 8-4　圆形的座位排列　　　　　图 8-5　马蹄形的座位排列

图 8-6　同心圆形的座位排列　　　　图 8-7　双马蹄形的座位排列

图 8-8　模块形的座位排列

除以上提到的几种形式以外,教师还可以充分发挥自己的创造性,设计出更多更新的形式。总之,不同的座位排列形式,具有各自的优势与不足,关键在于教师应当根据课程与教学实施的不同要求,灵活地加以设计与运用。通过长期的尝试、探索、反思与修正,教师可以找出最适合课程与教学需要、学生学习需要的座位排列形式。

 拓展阅读

课桌形制:课堂教学变革的突破口

不同形制的课桌对身体的束缚程度不同,不同的教学组织形式也要求课桌的摆放有所不同。

一、被课桌分离的身体和心灵

在教室里,学生坐在课桌前,以规范的坐姿面向老师,认认真真地听讲。课桌排列一行行、一列列,学生的身体被局限在狭小的空间内,不靠近过道的学生进出不方便,但给教师的课堂管理带来了便利,有利于教学秩序的维护和教学进度更好地执行。换言之,矩形课桌的形制及其秧田式的排列组合,更有利于规训学生的身体,以通过减少课桌之外多余的活动空间让身体更听话,更容易被控制。

二、课堂教学变革亟待创新课桌形制

基础教育新课程改革倡导自主、合作、探究的学习形式,而传统秧田式的课桌摆放形式只适合讲授型课堂的需要,所以变革学习方式要从改变课桌形制开始。启发式、交流式的教学方式和主动参与、合作探究式的学习方式更注重学生从课桌旁解放出来,从事"动手动脚"地参与知识建构的过程。

如果把矩形课桌改变成梯形课桌,这样就方便学生把课桌临时性地拼接在一起,组成一个近似圆形的学习小组。每个学生都方便从座位上走出来,与同学、老师交流和探讨问题。这更有益于学生之间的合作、交流,体现了学生的主体地位。除了矩形与梯形之外,课桌的形制还有很多种,比如圆形、椭圆形、三角形、马蹄形等。

不同的课桌形制意味着对学生身体的束缚程度不同,更意味着不同的课堂教学理念与身体观、知识观。课桌的形制规划了教室空间的布局,即通过课桌对空间进行区隔来形成学生的空间感与位置感。

资料来源:王硕,熊和平.课桌形制:课堂教学变革的突破口[J].全球教育展望,2016,(3):55-61.

2. 功能型设计

在功能型设计的课室里,空间分配依据的是,一定科目领域里的专门材料如何才能方便使用,或专门活动如何才能有效开展。这在小学低年级的一些特定科目领域里是较为普遍使用的。如果一间课室中有几种不同的功能区域,那么就需要进一步考虑每个区域应该如何安排并与其他区域相关。

随着学生学习需要多元化的发展,功能型的课室空间将受到越来越多的重视。学习角就是"功能型"空间设计的典型例子。简单说来,学习角就是课室里一组学生为完成指定的具体主题学习任务而在一起学习的地方。通常,每个学习角都有资源材料,而任务就写在有颜色的编码卡上,这样学生个体或小组就能全神贯注地学习而几乎不用老师的监管。

（二）课堂情境的创设

建构主义学习理论提出,情境、协作、会话和意义建构是学习环境的四大要素。[①] 课室环境设计,还需要结合具体的课堂教学,考虑如何有利于课堂教学的实施,其关键在于创设特定情境,加强学生的协作和会话,进而促进学生的意义建构。在这个意义上,课室环境设计还要着眼于丰富的情境创设。情境,是一种以情感调节为手段,以学生的生活实际为基础,以促进学生主动参与、整体发展为目的的优化了的学习环境。[②] 课堂情境创设,可以结合课堂教学内容,从优化课堂环境布置和整合多媒体技术等方面入手。

1. 优化课堂环境布置

优化课堂环境布置,主要是将一定的课程内容以艺术化的方式"融入"到课堂环境中去。比如,有的小学语文教师会根据单元主题的内容布置相应的课堂环境,让学生获得身临其境之感,从而激发情感体验,达到对课程内容具体而深刻的理解。学习《海底世界》课文时,会用海底动物、海底植物和海洋全景等具有"海底世界"元素的卡片或者贴纸等来布置课堂环境。这样,学生一旦置身于这样的环境,就自然生发出特定的学习兴趣和意向。

还有一些学校在课室中布置了"词汇墙",着眼于为学生的语言学习服务。教师根据不同的课程目标、教学内容以及课室空间和墙面大小,设计各种不同的词汇墙。如在课室墙壁的醒目处粘贴词汇形成词汇墙,利用木板、广告牌、纸箱和卡片等制作词汇墙。词汇墙的设计和制作要便于学生观看、触摸和移动,便于学生增删和移动词汇条目,也要便于学生根据词汇墙的内容说话、造句、作文、讲故事和做游戏。词汇墙中的词汇是根据词汇出现的频率筛选的,课堂用语、课本内容、教学活动和教学媒体以及真实语言中的常用词都是可供选择的对象。词汇墙上词条的保留时间,取决于课程与教学的要求以及学生的掌握程度。词汇墙上的不同颜色,可以表示不同的课程内容、词性、单元和课型。[③]

2. 整合多媒体技术

整合多媒体技术,主要是利用多媒体技术图文声像并茂的优势,再现或者模拟真实的自然、社会情境,以激起学生的好奇心、求知欲。比如,小学科学教师在讲授"火山与地震"内容时,可以利用视频播放地震发生的真实场面,展现诸如倒塌的房屋、大地的裂缝、扭曲的树木、改道的河流、支离破碎的山峰,更有不绝于耳的地下隆隆声。这些直观形象的画面给学生的视觉和听觉带来了极大的冲击,使学生瞬间对"什么是地震"有了深刻的认识,并急于探究"地震是怎样形成的"。紧接着,教师再利用三维动画模拟演示地壳受到巨大挤压力而断裂,释放出巨大能量,造成山崩地裂、房屋倒塌的震撼效果,使学生对地震形成的原理有了更深的理解。再如,借助于传感技术,学生在课堂里可以感受到外界的气候变化,感受到植物的生长,还可以在课堂里面仰望星

---

① 何克抗.建构主义——革新传统教学的理论基础(上)[J].电化教育研究,1997,(3):3-9.
② 阎乃胜.深度学习视野下的课堂情境[J].教育发展研究,2013,(12):76-79.
③ 李兆增.词汇墙教学方法简介[J].中小学外语教学,2006,(9):11-13.

空,开展各种科学探究学习活动。

（三）重视环境中的物理与心理因素

在设计小学课程与教学环境时,要重视环境中的物理因素与心理因素。①

1. 物理因素

课程与教学环境中的物理因素会对学生学习过程的情感状态产生作用,进而影响到学习效果。影响学生学习过程情感状态的物理因素,主要有颜色、声音、温度、装饰、桌椅舒适度和班级规模。

（1）颜色。课程与教学环境中各种设施的颜色会影响学生的视觉感受和智力活动。一般来说,浅绿色和浅蓝色会使人产生安静与和谐的感受,易于消除大脑疲劳;而红色与橙色则会容易过度刺激大脑兴奋,让学生产生不安宁的感觉。另外,课室的色彩可以相对丰富一些,很多项目可以加上颜色,如墙上配挂艺术画和书架上粘贴风景照等,都可以增强视觉效果。当然,这些都要根据课室的整体氛围来设计,避免零散纷乱。

（2）声音。声音对学习影响很大。噪声是一种让人产生不安或不适应的听觉刺激,会严重干扰学习活动的正常进行,影响学习效果。在噪声环境中学习的人,容易感到疲惫与注意力涣散,严重的还会发生多疑与易怒等情绪波动。因此,学校应该选择远离喧嚣的区域,尽可能安装隔音设备,减少噪声干扰。在教学过程中,适当地为学生提供音量适中与悦耳舒缓的背景音乐,能使学生紧张与疲劳的神经得到放松,让他们产生愉快的学习情绪。

（3）温度。适宜的温度是良好课程与教学环境的一个重要要求,它影响着学生的舒适水平、心理警觉以及学习效率等。一般情况下,中等温度范围（20℃～25℃）对学生的学习最有利,温度过高或过低都不利于学生的学习。高温会使某些学生感到困扰和不舒适,在一些极端的情况下,学生可能会昏昏欲睡甚至感到恶心;低温也会降低学生的学习情绪,甚至产生负面行为。因此,学校要根据实际情况,安装一些设备使环境的温度保持在理想的水平。

（4）装饰。课程与教学环境的装饰会影响学生的情绪、思维、美感和学习效率。装饰的形式应该多样化,植物、名家名画与学生教工书画作品等具有感染力的事物,能够给予师生美的熏陶和积极向上的精神感染,可以广泛采用。在课室装饰上,要注意与日常的教学活动密切结合,符合学生的学习心理。装饰不能太花哨,以致分散学生的学习注意力。同时,装饰要对学生起到耳濡目染和潜移默化的教育作用。

（5）桌椅舒适度。课室里的桌椅舒适度对学生的学习非常重要。学生感觉坐着不舒服,就会从学习任务上分心,以至于对教师及其教学产生消极态度等。

（6）班级规模。班级与课堂规模指上课时学生人数的多少。学生人数少,教师投放给每个学生的平均关注度就会增加,师生互动也会增加,学生的学习积极性相应地就会提高。小班化,有利于为学生学习创设优化的学习环境。

2. 心理因素

学生对课室空间和课堂情境的感受,直接影响其学习及其结果。要尽可能地探讨与建构更好的"人—境相适"关系,让课室环境和课程与教学具有更加充分的适切性,

---

① Marsh, C. J. Key concepts for understanding curriculum[M]. 4th ed. London: Routledge,2009:180-187.

以便获得学生心理上的认同,优化学生的心理体验,增加学生的学习满意度。为此,需要研究和优化个体学习心理、学生群体学习心理和教师群体学习心理以及其他有关群体学习心理,既包括与学习心理有关的师生个体心理和群体心理,还包括基于师生个体心理和群体心理而形成的学风、教风和校风等。除前述有关因素外,还有能力分组或重点班与非重点班、独立男校女校、男班女班、民校公校等,也会对学生的学习心理带来影响。

心理因素既是给定的,也是生成的。给定性,是课程与教学活动存在的前提条件;生成性,则为课程与教学活动的改进提供可能。

三、 小学校园环境设计

环境既是学校课程与教学价值追求的表达,也是条件性和素材性的课程与教学资源,进一步说,环境本身就是一种课程。课程与教学设计必然涉及校园环境设计。但在实践操作中,有的小学在校园环境设计时不太关心对课程与教学的支持作用,有的小学在课程与教学设计时不太重视建设相应的校园环境。为了让校园环境更好地服务于课程与教学,需要注重将教育寓意融入校园环境,建设促进非正式学习的校园公共空间。

(一)注重将教育寓意融入校园环境

校园环境设计不能仅仅停留于铺一块草坪或立一尊雕塑,而是要让课程与教学所传达的教育寓意更好地融入校园环境。概括而言,校园环境设计要以学生为主体,多从学生的视角去看、去体会,既讲求自然和谐,又注重知识性、科学性和童趣的融合,让校园环境的方方面面、角角落落都能够体现出积极的育人信息。具体而言,校园环境设计需要遵循并综合运用以下五条原则。[①]

1. 体现自然和谐性

体现自然和谐性,要求将自然界所具有的优美特征反映在校园环境中,使之有利于学生的培养。比如,种植梅、兰、竹、菊等具有象征意义的植物,并考虑同劳动教育、科学教育、价值观教育等结合,组织学生观察植物生长、撰写植物生长记录日志,引导学生体悟这些植物所代表的高洁品质。

2. 体现童趣与身心协调

体现童趣与身心协调,要求考虑小学生的身心发展特征,创设直观形象、富有创意的校园环境,提供交互性较强的设备设施,促进小学生视觉审美、想象力的发展并使其感到愉悦。比如,小学可以建设彩色滑梯、长笛座椅、柏树迷宫和陶艺花园等生动有趣的区域,满足学生与环境互动的需要。

3. 体现历史与文化认知

体现历史与文化认知,要求校园环境设计有意识地运用地域性文化、历史文化的元素符号和色彩,引导学生关注和热爱传统文化。比如,某小学在设计"篆刻文化"校本课程的过程中,借助校园环境来营造浓厚的篆刻文化氛围,建成了"三室一廊"。"三室"即篆刻工作室、篆刻活动室和篆刻陈列室。"一廊"即篆刻长廊,其上布置有齐白石、王羲之等书画大家的雕像和作品,让学生感受大师的优秀作品和高尚品格,同时培养民族文化精神。同时,学校把课室布置与篆刻文化结合起来,利用班级宣传栏、黑

---

① 林刚.中小学校园环境的教育寓意性设计探究[J].教育研究,2013,(3):41-46.

板报和学习园地对学生进行篆刻文化熏陶。[1]

4. 体现学校特色

体现学校特色,要求校园环境设计借助各种载体,充分记录和表现学校的历史特色,使学生体会到学校发展过程中所坚持、所传承的精神与价值观。比如,可借助校园浮雕墙或建立校史馆等方式,展示学校杰出校友获得的成就以及他们所展现的与学校育人理念、办学宗旨密切相关的优秀品质。

5. 体现社区或乡村文化

体现社区或乡村文化,需要借助校园内各种设施与景观来实现,让学生从校园环境中体验到自己生活的社会环境所具有的那种文化的亲切感,促进学生发展健康的独立人格并融入社会。比如,杭州市某小学坐落于西湖区,该校依托地理优势,着力营造西溪地域校本特色,以笋娃娃作为校园标识形象,建立由学生绘制的西溪火柿节的形象墙。

(二)建设促进非正式学习的校园公共空间

在过去很长一段时间里,教室外空间对学生成长的重要作用都在很大程度上被忽视了。事实上,教室外具有共享性、支持性、师生互动性的非正式学习空间对学生的深度学习具有积极作用。非正式学习具有成员开放、时间灵活、内容自主、方式自由和过程非结构化等特点。非正式学习空间的形态可以是开放、半开放或封闭的空间,校园中的门厅、走廊、架空层、草地等都有可能成为非正式学习空间。[2] 在进行校园环境设计时,需要注意建设促进非正式学习的校园公共空间。

走廊是一种典型的校园公共空间,过去人们设计的走廊主要具有"交通"的功能且较为狭窄,难以成为师生的非正式学习空间。[3] 近年来,人们注重在走廊上设置一些对应的区域和设施来吸引学生,支持学生开展一些拓展性和交流性的非正式学习活动。比如,设计涵盖美术、科学、书法等不同主题情境的走廊,陈列与各学科主题相关的学生作品、知识展板等,创造主题学习空间。还可以在走廊上设置桌椅、沙发和圆桌,使之成为教师与学生谈心、学生之间探讨交流问题的空间。

 拓展阅读

莲溪学校的校园文化

走进山东省五莲县莲溪学校的校园,清香悠远、品性高洁的莲文化扑面而来。

校园内,根据班级数放置了 18 个莲花盆,直径有 1 米多,里面栽培着不同品种的莲花。教学楼一层大厅以莲花形象为背景,撷取莲花的内涵,醒目地将"出淤泥而不染""中通外直"和"香远益清"等词语凸显出来。

教学楼每层都围绕莲文化做主题布置,四个楼层的展示主题分别为:识莲知、赏莲

---

[1] 谢卫东."篆刻文化":校本课程的开发与实施[M].上海:华东师范大学出版社,2010:150-152.

[2] 邵兴江,张佳.中小学新型学习空间:非正式学习空间的建设维度与方法[J].教育发展研究,2020,(10):66-72.

[3] 邵兴江,张佳.中小学新型学习空间:非正式学习空间的建设维度与方法[J].教育发展研究,2020,(10):66-72.

魂、品莲德、禅莲意。

在这种精心营造的校园文化环境中,莲溪学校把正直、清廉、德馨、高雅的莲文化与君子品格合二为一,通过构建以"君淑教育"为主题的德育课程,培养具有"莲"品格的君淑少年。

资料来源:赵庭.精心设计小课程,做好育人大文章——山东省日照市中小学校本德育课程开发纪实[J].中国德育,2017,(10):57-62.

 案例分析

◎**案例**

家校社携手设计学校建筑

江苏省常州市局前街小学畅通家长献计平台,广泛听取家长对校园建设的建议,让每一位家长都成为学校建设的一分子。比如:学校阅览室的建设采纳了家长们的建议,将图书馆分层、分区域设计,赋予其阅读、会议与活动等不同功能,让教师、学生与家长有一个相对安静的对话场所。学校体育馆、电脑房、创客中心,在确保学生安全的前提下最大限度开放,让社区能够广泛参与到学校课程建设中。家长们还参与了校园内道路的设计,经他们完善后的设计方案以古典园林为参照,多通路,少迂回,既做到了"交通顺畅",又保证了环境美观。

◎**分析**

学校建筑设计需要联结校园生活与社会生活,体现学校与家长、社区、社会的联系。学校在进行建筑、环境设计时,可以广泛征求家长、社区、社会的意见与建议,深入探索和挖掘学校建筑与教育空间可以展现的教育意蕴以及匹配新校园生活的多种可能。

资料来源:李伟平.打造新型教育空间:让学校建筑也能育人[J].中小学管理,2018,(2):34-35.

人的任何活动都不可避免地受到环境的影响。比如,社会环境决定着人的社会化程度,影响着人身心发展的内容、方向和水平。但是,人接受环境的影响是积极、能动的过程,人在能动反映环境的同时,还可以积极改造环境,以充分发挥环境中的有利因素,克服并消除其中的不利因素,从而创造一个能促进人类自身发展的良好环境。认识到人与环境这种相互作用的关系,主动发挥人对环境的积极作用,是进行小学课程与教学环境设计并对其加以持续优化的重要前提。

第三节　技术支持下的小学学习环境设计

人类正在迈进智能时代,近年来,技术支持下的小学学习环境设计受到较多关注。随着信息通信技术的迅猛发展,新技术支持下的小学学习环境设计随之发生巨大变化,计算机网络技术支持下的小学学习环境设计、移动互联技术支持下的小学学习环境设计、大数据技术支持下的小学学习环境设计和人工智能技术支持下的小学学习环境设计,陆续受到关注。①

一、 计算机网络技术支持下的小学学习环境设计

20世纪50年代起,计算机网络技术不断飞速发展,特别是万维网的出现,在多媒体资源的存储、管理和共享方式上产生了巨大改革,也为小学学习环境设计带来契机。②

(一)小学学习环境信息化

报纸书籍、录像带、收音机等传统教育设备得到快速数字化处理与转换,多形态、多类型、多样化的数字教育资源提升了学习环境信息化程度,为小学学习活动提供了信息化的环境支撑。小学还可以将课程与教学的校本资源网络化,实现信息的共建共享。

(二)小学学习环境的延展

相对于传统的学习环境而言,计算机网络技术支持下的小学学习环境得以延展。更多的优质课程与教学资源通过网络进入学习环境,师生可以在资源平台进行检索、查询、浏览和下载等操作。例如,国家基础教育资源网囊括了与小学各版本教材相匹配的多媒体教学资源,如教学设计、教学课件、课堂实录和习题等,资源类型主要有文本、视频和动画。师生可根据学科、版本和年级对资源进行筛选,便捷地查找、浏览和下载所需资源。

二、 移动互联技术支持下的小学学习环境设计

随着4G、5G等移动通信技术及智能终端的不断革新与发展,移动互联技术日趋成熟。移动互联技术具有开放、交互、聚合、共建共享的特点,驱动着多媒体技术、数据库技术和触控等多种技术的交叉融合,为小学学习环境设计带来了新的生长点。③

(一)信息设备进入小学学习环境

智能手机、平板电脑、电子阅读器等移动终端不断普及并得到广泛应用。除了传统的纸笔外,这些信息设备也成为小学生的学习工具。信息设备融入学习环境,在一定程度上实现了技术与教育环境的"无缝"衔接。

对小学生而言,学生可手持一台移动设备,利用其中的电子课本在线学习。电子课本是一类遵循学生阅读规律、有利于组织学习活动、符合课程目标、按照图书风格编排的电子读物。电子课本主要有两类:一类是直接在纸质教材基础上进行富媒体化加工,另一类是根据师生个性化需求重构教材内容再进行富媒体加工。④

在移动互联技术支持下,电子课本的功能特色主要体现为促进人机交互和人际交互。具体表现为:① 师生可以在电子课本中获取需要的教学资源,支持个性化教学活动;② 学生可以在电子课本上做笔记、插入书签、做标记和批注等,并与其他用户便捷地分享上述内容;③ 电子课本能记录学生的学习过程,便于学生、教师和家长了解学习进展;④ 家长对孩子作业的指导记录或建议等,也能够通过电子课本快速便捷地传

---

① 贺相春,郭绍青,张进良,等.网络学习空间的系统构成与功能演变——网络学习空间内涵与学校教育发展研究之二[J].电化教育研究,2017,(5):36-42,48.

② 张筱兰,郭绍青,刘宋.知识存储与共享学习空间(学习空间V1.0)与学校教育变革——网络学习空间内涵与学校教育发展研究之三[J].电化教育研究,2017,(6):53-58,70.

③ 张进良,贺相春,赵健.交互与知识生成学习空间(学习空间V2.0)与学校教育变革——网络学习空间内涵与学校教育发展研究之四[J].电化教育研究,2017,(6):59-64.

④ 龚朝花,陈桄.电子教材:产生、发展及其研究的关键问题[J].中国电化教育,2012,(9):89-94.

输到学校管理系统,实现家校互动。

 **案例分析**

◎**案例**

朵朵在"云上学校"的一天

又是阳光灿烂的一天,四年级的朵朵如常来到校园。

今天轮到她所在的年级到"彩云图书馆"借书,同学们把书放在还书机器的平板上,系统的语音提示和屏幕显示马上告诉他们书已经还好了。朵朵也已经想好要借哪本书,轻击键盘输入书名,电脑屏幕上的 3D 导航图就已经显示那本书所在的具体书架了,整个过程不超过五分钟。

第一节是数学课,到"云教室"使用"云课桌"上课是朵朵和同学们非常喜欢的事情。相较于 iPad,"云课桌"的优势在于学生们可以小组协作,合力完成教师布置的练习。有好几次朵朵跟同桌伙伴们共同完成的任务都是用时最短、正确率最高的,这些信息老师都能第一时间在自己的主屏幕上看到。当孩子们完成了这一阶段的任务,系统会推送更高难度的题目让大家挑战。朵朵和伙伴们都很有成就感。

第三节是体育课,课前大家都戴上了学校为同学们专门定制的"云手表"。老师带着大家做热身运动时,同学们的心率、血氧饱和度、运动量、疲劳度等身体相关指标就会通过"云手表"传输到操场两边的超大显示屏上,以图形化的方式实时呈现。这样教师就能知道学生们的体能情况,及时调整课程内容和运动强度,使每个学生都能进行适合自己身体情况的运动。朵朵是学校啦啦操社团的队员,老师常会根据她的体能情况,给她"开个小灶",适当增加运动量。现在朵朵自己也会看数据了。

下午的"快乐活动日",朵朵来到学校"云厨房"学习炒制八宝酱。她先把电磁炉上方的屏幕打开,观看提前录制好的教学视频学习制作方法,然后选食材、清洗、开火、炒制,如果忘记了某些步骤,还可以随时回看。炒酱的过程中,她也可以增加自己或家人喜欢的食材,做成私人定制版八宝酱。

◎**分析**

"云上学校"自建了校园物联网,以物联感知技术为基础,综合使用多种信息技术交互创设了新型小学课程与教学环境。对学生学业、行为和生理等数据进行伴随式采集,使得教师的教学由原先主要依靠个人经验向基于真实数据的科学把控转变。学生学习体验得以优化,教学效率得到有效提升。

资料来源:吴蓉瑾.打造一所"云上学校"培养有温度的"云端少年"[J].中小学管理,2019,(1):25-27.

(二)构建线上线下混合的小学学习环境

移动互联技术使得构建线上线下混合的小学学习环境成为可能。课室、图书馆等线下学习环境与基于网络平台的线上学习环境混合发展,小学生的学习活动可发生在线下物理环境与线上网络环境混合的学习环境之中。混合式的学习环境,支持学生在更充裕的时间、更广阔的地点多渠道进行学习,拓展了传统学习活动的时空。例如,在小学课堂讨论中,将智能白板与视频会议相结合,组成集数据、视频、声音等为一体的视频会议方案,可以为学生之间开展远程交流提供全新的体验。师生可以借助视频会议系统进行同步讨论,还可以在智能白板上进行各种注解,实时地传送给大家,使得问题的交流与讨论更加及时与全面。

学习理论的研究表明,人类学习历经了"学习即个体获得"的获得隐喻和"学习即情境参与"的参与隐喻,当下正在走向"学习即知识创造"的新型隐喻。① 这三大隐喻影响着技术在学习活动中发挥的作用,特别是学习的"知识创造"隐喻更是开辟技术支持学习的新方向。

1. 学习研究的突破:从获得隐喻、参与隐喻到知识创造隐喻

长期以来,学习被视为学习者个体"获得"知识、技能或习惯等的过程,这就是学习的获得隐喻。该隐喻促使人们将"心灵"(mind)看成可填充材料的"容器",将"学习"看成用这些材料填充心灵的过程。从根本上说,这是笛卡儿哲学的认识论,认为知识是在个体心灵中用逻辑手段加以处理的事物,心灵完全孤立于物质世界、文化和社会环境之外。

20 世纪 90 年代"学习即参与"的参与隐喻开始兴起。参与隐喻反对将学习与情境割裂,重视学习的情境性、境脉性、文化嵌入性与社会中介性,认为学习者学习一个主题,就是逐渐参与特定共同体活动,成为共同体成员的过程。这是人类认识论发展的一种具体体现,受到了人类学情境学习、分布式认知、文化心理学和话语心理学等的影响。在参与隐喻看来,认知分布在个体及其相应的环境之中,学习存在于由参与而建立的各种关系和网络之中,只有在人们参与文化实践的过程中,知识才能体现出来。在参与隐喻这里,知识为识知(knowing)所取代,获得和累积等术语由话语、互动、活动和参与等概念加以补充或直接替代。

近年来,网络化知识社会的迅猛发展向人类提出了新的严峻挑战。为了富有成效地从事知识密集型工作,个体、共同体和组织,都必须不断自我超越、发展新的能力、改进自己的知识与理解并进行创新,进而创造出新的知识。在这样的背景下,知识创造隐喻应运而生。学习不能仅是个体对已有知识的获得或建构,不能仅是个体成长为共同体成员的过程,也不能仅是二者的整合,一言以蔽之,学习不能被理解为仅仅是学习者消费和传承知识的活动,学习更应该成为学习者生产和创造知识的活动。集"消费者"和"生产者"于一身的学习者,被称为"生产性的消费者"。知识创造隐喻不是否定获得隐喻和参与隐喻,而是对其进行涵括式的超越,它不仅关注个体对已有知识的获得与继承,关注人与人之间的互动或人与环境之间的互动,而且强调共同体成员通过互动开发出"人造物"。"人造物"包括概念、观点、理论、计划、方案、产品等多种形式,学习者在学习过程中创造出的知识即是由这些人造物所承载。因此,学习的知识创造隐喻又称为"学习的人造物创造隐喻"。

2. 技术作用的革新:从提供资源、推进互动到促成"人造物"开发

三大学习隐喻已经受到认可,正在催促人们对技术在学习活动中发挥的作用进行相应革新。① 从获得隐喻的立场出发,技术支持学习就是加速信息的传递过程,为学习者

---

① 曾文婕,柳熙.获得·参与·知识创造——论人类学习的三大隐喻[J].教育研究,2013,(7):88-97.

个体的知识获得提供更多的资源。② 立足于参与隐喻,技术支持学习的聚焦点就是促进社会互动和共同体的建立。当前许多信息通信技术就是在发挥这一功能,类似网络论坛等技术平台及其使用,促成了学习者之间的交流对话,开辟了参与互动的网络空间,推动学习者走向面对面参与和网络参与整合的双重参与。③ 知识创造这一新型隐喻,则要求技术支持学习不仅仅是提供学习资源和推进互动交流,而必须考虑如何支持学习者的知识创造,如何促成"人造物"的开发。三大隐喻及其技术的作用见表8-1。

表8-1 获得隐喻、参与隐喻、知识创造隐喻的比较

	获得隐喻	参与隐喻	知识创造隐喻
主要关注点	学习者个体对知识的获取或建构	学习者参与社会性共同体的过程	学习者个体和群体对"人造物"的创造和开发
理论基础	传统的认知理论,个体知识建构论	情境认知,社会建构主义,实践共同体理论	中介性学习理论,文化历史活动理论,知识创造组织理论,知识建造理论
分析单位	个体	群体,共同体,网络,文化	在一定文化背景下创造中介性客体与"人造物"的个体和群体
技术的作用	促进信息传递的工具,为学习者个体的知识获得提供资源的工具	促进社会互动和共同体建立的工具	协作式知识创造和开发的工具

为了进一步明确不同学习隐喻下网络技术的作用,让技术更为有效地推进学习由"获得""参与"逐渐向"知识创造"迈进,有学者专门清理了技术支持学习的阶梯式演进层级,见图8-9。

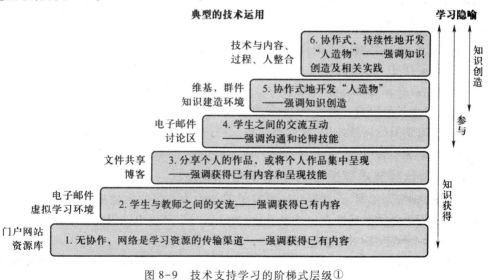

图8-9 技术支持学习的阶梯式层级①

① Minna, L. , et al. Main functionalities of the Knowledge Practices Environment (KPE) affording knowledge creation practices in education[A]. O'Malley, C. , et al. (Eds.). Computer supported collaborative learning practices: CSCL2009 conference proceedings[C]. Rhodes, Creek: International Society of the Learning Sciences, 2009: 297-306.

在第一和第二层级中,通常强调个体学习和学生对一些内容的吸收。在最低的层级中,网络技术主要作为学习资源的传输渠道,学生之间基本没有互动交流。比如学生通过门户网站上提供的自学教程来进行自学,批量下载网络课程上的文字、图片、音频、视频等资源来拓展学习,通过一些搜索引擎快速获得所需要的学习资源。在第二层级中,发生了互动,但主要限于教师和学生之间,学生之间的互动很不充分。比如学生通过一些虚拟学习环境提交作业给教师,教师通过电子邮件向每一位学生进行作业反馈等。

从第三层级开始,学生之间有了互动。比如学生将自己的作业提交到文件共享系统上与他人分享,学生也可以评论他人的作业,但是,学生一般不会回复评论或根据相应的评论修订自己的作业。可以说,这样的互动在很大程度上并不是一种实质性的协作,只是阅读他人的作业,是教师给学生安排的一种阅读任务。

在第四层级里,学生之间开始出现直接的、互惠式的互动交流。就一些学习主题,学生们在网络论坛中进行讨论,是较为普遍的情况。在这一层级里,讨论的组织主要有两种情况,一是过于松散,二是根据一些小主题或交流论辩的原则组织得过于结构化。这种互动交流的主要目的是,让学生锻炼沟通和论辩的技能,包括呈现和捍卫自己观点、接受不同论点或建设性地评论他人看法的技能等。自然地,教师也期望学生从讨论的这些话题里学到一些观点。

最富有挑战性的协作,发生在第五层级和第六层级,这时,协作者尝试通过共同努力,生产和改进具体的产品。所有成员都有责任参与到说明、计划、修订和开发共同产品的过程中。这些开发出来的产品,可以是一份报告、一份产品设计等,即是一个"人造物"。在第五层级中,学生们主要是开发出一些知识性的"人造物"。在第六层级中,除了开发知识性"人造物"外,学生们还进行联合式的反思和开发,会学习多学科的内容,并在实践中提升交流和互动的技能,以整合的方式发展起协作进行知识创造的各种胜任力和元技能。

在英文中,信息通信技术被称为"Information and Communication Technology"。在第一、二、三层级中,技术的作用主要集中于"Information"维度,即作为信息传播的工具,主要对应于获得隐喻。第四层级中,技术的作用开始集中于"Communication"维度,主要对应于参与隐喻。接下来,从实质上整合"Information"和"Communication",充分发挥技术对学习的支持作用,就需要以知识创造隐喻为引领,以灵活而有效的技术来保障和推动学习者对"人造物"的开发,这无疑是一个新兴的巨大挑战。

三、 大数据技术支持下的小学学习环境设计

近年来,以数据挖掘、云计算和学习分析等技术为支撑的大数据教育应用如火如荼。大数据作为一种数据样态和技术手段,为小学学习环境设计提供了新的视角。

(一)为个体定制个性化学习环境

2015 年发布的《国务院关于印发促进大数据发展行动纲要的通知》提出,要发挥大数据对变革教育方式和提升教育质量等方面的支撑作用。与学生学习相关的数据有多种类型:其一,学生的基本信息,如学生的姓名、性别、年级、兴趣和简历等;其二,学生的在线学习数据,如学生观看视频、发表帖子、完成试题和测验等行为的数据,反映学生在

学习过程中的具体情况;①其三,学生的生理数据,如学生在课堂上的心率、脑电、眼动和表情等。对收集到的海量数据加以分析,才能了解学生学得如何、是否愿意投入学习、是否仍然存在困惑等学情,避免出现"重教学信息采集,轻分析与运用"的情况。

以数据挖掘和机器学习为代表的大数据分析方法,正在逐渐替代传统的教育统计分析方法,聚类、决策树、人工神经网络和深度学习等方法也在不断发展中,有望成为未来大数据分析的有效工具。② 基于大数据收集和分析结果,有利于定制个性化的学习环境,支持教师做出更明智的教学决策,为学生推荐合适的学习资源,满足每位学生独特的学习需要。

 拓展阅读

支持个性化学习的"学习云空间"

"学习云空间"支持学生在个人专属领地开展自主学习,也支持学生参与群体协作并获取开放学习资源。学习行为大数据可视化机制(见图8-10)支持"学习云空间"对学生学习全过程产生的行为数据进行采集和分析,纵向挖掘某种学习结果的成因,个性化支持学生不断反省和调整自身学习行为。

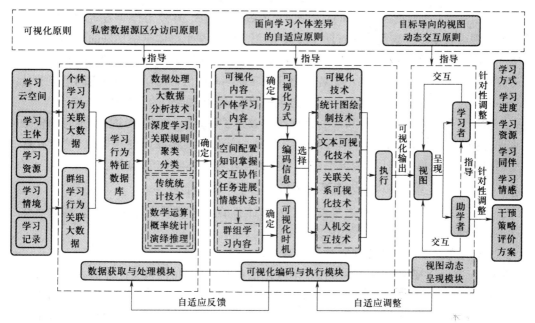

图8-10　学生学习行为大数据可视化机制

"学习云空间"的大数据可视化机制由三个模块组成:数据获取与处理模块(模块一)、可视化编码与执行模块(模块二)和视图动态呈现模块(模块三)。模块二依据模

---

① 吴文峻.面向智慧教育的学习大数据分析技术[J].电化教育研究,2017,(6):88-94.

② 王希哲,黄昌勤,朱佳,等.学习云空间中基于大数据分析的学情预测研究[J].电化教育研究,2018,(10):60-67.

块一的数据处理结果确定可视化编码信息,并在执行后于模块三输出。反过来,模块二依据模块三的可视化变更信息和调整可视化编码与执行方案,反馈给模块一,以更改数据源和数据处理方法。如此循环,各个模块实现自适应变更。

模块一:数据获取与处理属于可视化准备环节,主要采集学生基本信息、学习作品、测验和云空间学习生成的资源数据等,经过数据处理,输出体现学生个体差异、行为表现和学习情境的处理结果。

模块二:可视化编码与执行属于可视化加工环节,基于模块一输出的结果,结合美学和视觉感知效果设定可视化形式,再选择恰当技术手段,执行后输出。

模块三:视图动态呈现属于可视化输出环节,直接面向终端用户(如学生和教师等),将来自模块二的可视化编码信息以视图形式呈现,并允许用户根据自己的需要控制视图的展示形式。学生从中了解自己的学习进展,及时做出干预,如寻找更合适的学习资源和志趣相投的学习伙伴推进学习。

资料来源:黄昌勤,朱宁,黄琼浩,等.支持个性化学习的行为大数据可视化研究[J].开放教育研究,2019,(2):53-64.

(二)为群体定制协作学习环境

传统协作学习活动主要面临两大困境:① 教师难以全面理解每位学生的能力水平,导致分组不当;② 面授课程时间有限或课程人数规模较大,导致协作学习活动开展不够深入便匆忙收场。大数据技术有助于突破上述困境,为学生群体定制良好的协作学习环境。教师可以结合自身教学需求和学生学习大数据的分析结果,设计学生的分组规则,进而对学生进行分组。接着,组织各小组开展问题导向的研讨活动并进行组间汇报和分享。在此过程中,教师可以结合小组能力水平和特征,提供合适的学习资源与指导。

基于大数据的学习分析和诊断系统帮助教师了解各组学生学习进展,及时调整分组安排,营造高效的小组协作学习环境。在课堂上探讨不够深入的问题,仍可以在课后网络平台进一步研讨,学生产生的讨论数据也能被持续收集、记录和分析。

四、 人工智能技术支持下的小学学习环境设计

人工智能正以前所未有之势渗透于人类社会的方方面面。关注人工智能对小学学习环境的支持作用,已是大势所趋。

(一)虚拟现实和增强现实技术丰富学习环境

我国高度重视虚拟现实和增强现实技术的教育应用,2017年《教育部办公厅关于2017—2020年开展示范性虚拟仿真实验教学项目建设的通知》指出,要综合运用虚拟现实和增强现实等技术提高教学吸引力和有效度。其中,虚拟现实技术综合了人工智能技术和人机接口技术等,旨在为使用者带来真实的视觉、触觉、听觉和嗅觉体验。[①]该技术较普遍地应用于创造学习情境,具体包含创造仿真情境和假设情境。仿真情境支持学生进行反复练习和开展有一定危险性的实验等,假设情境则试图支持学生在虚拟场景中检验自己的假设,从而修正原有认识和提出新观点。研究表明,该技术能在一定程度上促进学生对知识的理解。但是,也有一些研究指出,该技术存在阻碍学生

---

① 刘德建,刘晓琳,张琰,等.虚拟现实技术教育应用的潜力、进展与挑战[J].开放教育研究,2016,(4):25-31.

对学习内容的迁移应用、分散学生对关键内容的注意力、导致认知负荷超载等问题。①

与虚拟现实技术提供纯仿真或假设的虚拟环境不同，增强现实技术是一种三维自然交互技术，能够将虚拟图形叠加在真实世界对象上，为学生创设高度沉浸的虚实融合情境。② 例如，增强现实技术可以应用于外语教学，不论学生在室内还是在室外都能为其创造学习情境，将虚拟的语言学习内容，如动画、视频和音频等叠加在实体环境中，引导学生完成相关听说读写任务。有研究表明，增强现实技术在促进学生知识理解和学习投入等方面有积极成效。③ 增强现实技术作为教学工具也存在一些问题有待解决，如要适应不同学习环境光线变化、保障位置标记稳定性和增大视觉覆盖区域等。④

（二）智能导学系统优化学习环境

依托人工智能技术研发智能导学系统，能以学生喜闻乐见的方式促进交流互动，辅助学生自主学习，优化学习环境。智能导学系统主要由知识库、学生模型、教学策略和推理模块等多部分组成。⑤ 这类系统能引导学生制订恰当的学习计划，根据学生的学习水平推荐合适的课程资源，甚至实现"一人一张课程表"，并在学生不同学习阶段提供个性化脚手架支持，还能与学生进行交互或促进学生之间发生交互。在外语学习领域，智能导学系统可以成为私人订制的学习伴侣，使用标准的发音与学生进行交流，营造适合学生的外语学习环境。

（三）人工智能教师营造新型学习环境

近年来，人工智能教师（简称"AI教师"）进入人们视野，走进真实的小学课堂与真人教师协作开展教学，营造极具科技感的新型学习环境。在时间分配上，AI教师授课占主要部分；在职责承担上，AI教师一方面要代理真人教师进行知识教学，另一方面要作为主要学习媒介整合课堂内的信息技术环境。

AI教师外观可爱、身躯小巧，使得学生愿意与之进行更为频繁的语言交流和肢体接触。AI教师还融文字、视频和音频等于一体，能集成和整合多种教学资源，创设生动逼真的教学情境，促进学生多感官参与学习。而且，AI教师能根据教学需要自由移动，调整自己在课室中的位置，还能摆动各个关节做具体动作，通过LED表情点阵反映情感变化。通过AI教师营造新型学习环境，学生在课堂上注意力不集中和学习热情不高等问题能够在一定程度上得到解决。AI教师基于专家系统存储学科知识，能够快速准确地回答学生提出的知识性问题。其使用的教学语言，经过多方多次严格审查，具有高度规范性，能够有效避免科学性错误出现。随着技术不断发展，未来的AI教师进行精细动作技能教学时可以保持高度一致性和规范性，控制恰当的演示速度，便于学生观察和模仿，还能不限次数地重复演示。

① 高媛，刘德建，黄真真，等.虚拟现实技术促进学习的核心要素及其挑战[J].电化教育研究,2016,(10):77-87,103.

② Azuma, R. T. A survey of augmented reality[J]. In Presence：Teleoperators and Virtual Environments, 1997, 6(4):355-385.

③ 陈颖博，张文兰，陈思睿.基于增强现实的场馆学习效果分析——以"AR盒子"虚拟仿真学习环境为例[J].现代远程教育研究,2020,(5):104-112.

④ 魏小东，孙靖宜.增强现实技术应用于第二语言学习的文献综述[J].电化教育研究,2021,(3):81-88.

⑤ 屈静，刘凯，胡祥恩，等.对话式智能导学系统研究现状及趋势[J].开放教育研究,2020,(4):112-120.

AI教师进课堂

　　AI教师相较于虚拟代理主体有着"具身存在"的特征。虚拟代理是指模拟现实世界中的人类或其他生物行为的图形实体,可以被安装在电脑或手机中。AI教师区别于虚拟代理,是物理实体智能机器人,能够进入动态的社会环境,实时感知和行动。许多虚拟代理具有与AI教师类似的功能。例如,中小学兴建的智慧教室依托物联网、云计算、大数据和泛在网络等新兴信息技术,也能够提供个性化的师生服务、开展智能化管理和促进多元交互。但是,二者带给学生的学习体验存在差异,对学生学习成效的影响也有所不同。有研究指出,"机器人不在的时候感觉像在'打电话',这和'同某个人同时处于同一空间'的感觉是不一样的"。有学者发现,机器人实体比虚拟形象更能带来社会临场感,且对学生学习收益的影响更为显著。以上研究结果表明,具身存在的AI教师相较于虚拟教学代理更有优势。

　　华南师范大学德育神经科学与人工智能实验中心与广州市和东莞市等地多所中小学合作,让AI教师在真实小学课堂开展语文、数学、英语等多学科教学工作。研究团队通过深度访谈、课堂观察和问卷调查等方法探究AI教师进课堂的主要成效。结果表明,AI教师进课堂能促使学生增强学习动机、增加学习投入和提升学习成效。

　　资料来源:曾文婕,周子仪,黄甫全.人工智能与课堂教学深度融合的新路向——以"AI全科教师主讲课堂开发"为例[J].教师教育学报,2021,(4):38-47.

　　小学课程与教学环境的涵括面较广,人们会选用教育环境、课程环境、教学环境或学习环境等不同的术语,指涉教育、课程、教学或学习等特定领域或层面的环境。有别于一般的环境,小学课程与教学环境设计的基本要求有:发挥育人功能、促进学生学习、线上线下混合、注意调节与控制以及兼顾预设与生成等。

　　由于分类标准不同,小学课程与教学环境可以有多种分类。以存在形态为标准分类,小学课程与教学环境主要由物质环境和社会心理环境构成。以空间要素为标准分类,小学课程与教学环境主要包括课室(实验室、教学场地)环境、宿舍环境、校园环境、家庭环境和社区环境。小学课室环境设计要关注课室空间的设计、课堂情境的创设以及环境中的物理与心理因素。小学校园环境设计要注重将教育寓意融入校园环境,建设促进非正式学习的校园公共空间。

　　随着信息通信技术的迅猛发展,新技术支持下的小学学习环境设计陆续受到关注。计算机网络技术支持下的小学学习环境设计,主要体现为小学学习环境信息化与小学学习环境的延展。移动互联技术支持下的小学学习环境设计,主要体现为信息设备进入小学学习环境与构建线上线下混合的小学学习环境。大数据技术支持下的小学学习环境设计,主要体现为为个体定制个性化学习环境和为群体定制协作学习环境。人工智能技术支持下的小学学习环境设计,主要体现为虚拟现实和增强现实技术丰富学习环境、智能导学系统优化学习环境与人工智能教师营造新型学习环境。

一、单项选择题

1. 下列选项中,属于社会心理环境的是( )。

A. 时空环境　　　B. 人际环境　　　C. 设施环境　　　D. 自然环境

2. 下列选项中,属于物质环境的是( )。

A. 人际环境　　　B. 舆论环境　　　C. 情感环境　　　D. 设施环境

二、名词解释题

1. 教学环境

2. 教学组织形式

三、简答题

1. 小学课程与教学环境设计的基本要求有哪些?

2. 简述课室空间设计的类型。

四、论述题

1. 论述小学校园环境设计的具体要求。

2. 论述大数据技术支持下的小学学习环境设计特点。

1. 刘邦奇,聂小林.走向智能时代的因材施教[M].北京:北京师范大学出版社,2021.

　　该书基于技术与教育融合的视角,结合我国教育信息化发展实际,从政策与理论、技术与教学模式、应用案例与产品案例三个维度,系统探讨智能时代因材施教的发展背景、理论基础、相关技术、教学模式、应用案例、相关产品及行业趋势等内容。该书立足于从"因材施教"到"可因材施教",向一线教师、各类学校和各级教育主管部门提供一套智能技术赋能的因材施教解决方案。

2. [美]爱普斯坦,等.学校、家庭和社区合作伙伴:行动手册(第三版)[M].吴重涵,薛惠娟,译.南昌:江西教育出版社,2012.

　　本书按照家校合作的行动者的实践逻辑展开,提供了详尽的一步一步的家校合作行动策略,详细描述了美国、加拿大家校合作的实践框架、组织架构、计划制订与实施。该书具有实践指导性,帮助教师选择有效的家校合作活动,从而为构建更好的小学课程与教学环境提供指引。

3. 李葆萍,杨博.未来学校学习空间[M].北京:电子工业出版社,2022.

　　本书兼顾理论研究与实践探索两类取向,将空间建设与空间育人功能融为一体,分门别类地展示各类学习空间的建设案例,共八章。第一章"未来学校与未来教育",第二章"学习空间的历史与发展",第三章"未来学校整体空间设计",第四章"未来学校教室空间",第五章"未来学校过渡空间和绿色空间",第六章"未来学校网络学习空间",第七章"未来学校非正式学习空间",第八章"可持续发展理念下的未来学校空间建设"。

第九章 小学课程与教学评价设计

1. 识记
◆ 小学课程与教学评价的含义与功能
◆ 小学课程与教学评价的对象与主体
◆ 小学课程与教学评价的主要类型
◆ 增值评价
◆ 综合素质评价
2. 领会
◆ 小学课程与教学评价的实施步骤
◆ 小学课程与教学评价的模式
◆ 小学教学评价的常见方式
◆ 小学学习评价的常见方式
◆ 小学课程与教学评价的发展趋势
3. 应用
◆ 能够应用本章所学内容,结合小学课程与教学实际进行相应的评价活动设计

12 学时

以评价促进学生学习的课堂①

下面是四年级练习课的一个环节。

华老师让学生判断课本上总复习的一道题:"4 个 1 平方米的正方形拼成的图形面积一定是 4 平方米。"有一个学生站起来说:"不一定。如果 4 个正方形摆成一排,或者是拼成一个正方形,那么它的面积是 4 平方米。可是,如果你角对角地拼,那它的面积就不是 4 平方米。"

所有听课的老师都一头雾水,同学们也都"啊"地一声,表示不理解和不赞成。发言的学生十分窘迫,华老师并没有急于否定,而是耐心地问他:"很难用语言表述,是吗?那就把你的想法画在黑板上。"(学生在黑板上画图)

随即,学生边指图边说:"这个图形的面积就大于 4 平方米。"原来,他把两个正方形中间的空隙也算入面积了。华老师没有简单地进行纠正,他问学生:"这一块到底算不算?这还得看究竟什么是面积。"一句话激活了学生相关的知识。学生纷纷发表观点,有的说:"面积是围成的平面图形的大小。"还有的说:"这个图形是这么围成的(该生指图形的周长),因此那一块不应该算在内,这个图形的面积还是 4 平方米。"最后,华老师总结道:"通过刚才的讨论,我们对面积的意义有了更深的认识。那么,同学们,是谁帮助我们复习了面积的知识?"全班同学不约而同地将视线集中到刚才出错的学生身上。这个学生如释重负,没有了先前的那种羞愧,体面地坐下了。

---

① 雷玲.小学数学名师教学艺术[M].上海:华东师范大学出版社,2008:73-74.有改动.

在课堂教学中,面对学生的差错,教师的心态是斥责、批评,还是欣赏、接纳,这反映出教师的评价观不同。学生出错是正常的,关键是教师怎样对待差错。如果教师抱着以学生发展为本的评价取向,就不会只想到去惩罚学生,仅盯住学生的错误,而会考虑到如何以学生的错误为资源,因势利导,帮助学生找到走出错误的路径并树立走出错误的信心。可以说,教师的智慧在相当程度上体现在对学生差错的认识和处理上。

在过去很长一段时间里,评价学生的课堂学习活动都以"奖优罚劣"为基本的价值取向。课堂上,学生的表现优秀,老师就以各种方式表扬学生,如奖励小红花等。反之,如果学生的表现不好,老师就以各种方式惩罚学生,如让学生站着听课等。如此,评价就成为奖优罚劣的代名词。但是,从根本上说,评价的目的在于促进学生学习,即以学生学习为基本立足点,为学生学习服务,力求使学生的学习潜能得到最大限度的发挥。评价改革是解决教育教学中深层矛盾的必由之途。作为小学教师,尤其需要关注如何通过评价创新来优化教学和促进学习。

第一节 小学课程与教学评价概述

本节主要介绍小学课程与教学评价的含义、功能、对象与主体,分析小学课程与教学评价的主要类型和实施步骤。

一、 小学课程与教学评价的含义与功能

"评价",可以通俗地理解为"评"某一事物或活动的"价值"。简要而言,评价=测量(量的记述)或非测量(质的记述)+价值的判断。小学课程与教学评价,指通过一定的方法和途径系统收集有关信息,依据相关标准,对小学课程方案、教材、教师教学和学生学习等进行价值判断的活动。

小学课程与教学评价主要有检查、反馈、激励和管理等功能。

(1)检查功能。也称鉴定功能或诊断功能。在小学教育相关政策和课程标准等指导下,依据一定的评价标准,收集信息,诊断当前课程与教学的运行状态,检查教师和学生的努力方向,纠正问题和偏差并总结经验教训。如检查学生的阶段学习成果是否达到目标要求,教师教学是否合格等。

(2)反馈功能。评价能够建立起反馈通路,为师生提供多方面的反馈信息,帮助师生调整教与学的进程、内容和方法等,不断提高课程与教学质量。

(3)激励功能。评价通常要做出能力水平高低和等级判断,这对师生的形象、利益及声望等有着直接的影响。合理利用评价的影响,可以促进教师精益求精,激励学生投入学习,还可以鼓励学生参与评价活动,不断提高自己的评价能力。

(4)管理功能。评价有助于全面了解课程与教学工作成效,有利于管理者依据评价信息做出明智的决策。

二、 小学课程与教学评价的对象与主体

小学课程与教学评价的对象主要包括以下六个方面:① 小学课程文本材料。主要涉及小学课程计划、小学课程标准、小学课程方案和教学方案、教材等。② 小学教师的教学。含对教学过程和效果的考核等。③ 小学学生的学习。学生的学习是否达

成课程与教学目标,学生的学习态度、情感体验、学习效果等都值得关注。④ 小学的课程与教学环境。学校的课程与教学环境影响着课程发展和教学改进,也是课程与教学评价不可忽视的部分。⑤ 小学课程与教学系统。将课程与教学系统作为评价对象,主要是考察该系统中教师、学生、内容和环境等各要素组成的整体效应。[1] ⑥ 小学课程与教学评价。这属于元评价,是对小学课程与教学评价本身的评价,是对评价经验的总结,有利于保证课程与教学评价质量。

 拓展阅读

课程观影响着课程评价观

有什么样的课程观,就有什么样的课程评价观。如果将课程理解为"文本形态"的课程,比如课程标准、课程方案、教材等,那么课程评价就是对这些文本进行价值判断的活动。如果将课程理解为"实践形态"的课程,比如教师与学生的教与学活动等,那么课程评价就是对教师教学和学生学习进行价值判断的活动。

当前,国内外课程改革和研究的主要趋势是,既关注文本课程,又强调实践课程。顺应这样的趋势,课程系统中的每一个方面、环节,都应该成为课程评价的对象,既涉及课程研制的"理论原则""主体需要评估""课程目标选择""课程内容选择""课程的组织结构""课程的实施过程"以及"课程评价的评价"各个环节,也涉及课程领域的"教师""学生"和"环境"等各种要素,还涉及"课程材料""教师的教学质量"以及"学生的学习和发展状况"等课程活动的产物。这就是广义的课程评价,包括课程设计、实施及其产品的评价,如对课程设计、教学过程、教材、学生成果目标、通过课程学生取得的进步、教学有效性、学习环境、课程政策、资料分配以及教学成果等的评价。狭义的课程评价,仅指课程产品的价值判断,如对课程文件、教材等的质量评定。广义上的课程评价,包含了教学评价。

小学课程与教学评价主体正呈现出多元化的趋势,主要包括教师、学生、学校领导、教育行政部门以及家长与社会人士。① 教师。教师参与评价,是小学课程与教学评价的必然要求,也是教师有效专业发展的途径。② 学生。学生要对课程、对教师的教学表现、对自己的学习表现进行评价。强调学生参与评价,是一种新兴趋势。③ 学校领导。学校领导参与课程与教学评价,有利于了解相关信息,使课程与教学决策能更好地执行。④ 教育行政部门。教育行政部门的主要职责包含开展课程标准评价、教材评价和教学评价等。⑤ 家长与社会人士。家长关心自己子女的发展,社会人士关心下一代的成长,都可以从独特的视角以各种形式参与到小学课程与教学评价之中。

---

① 黄甫全.现代课程与教学论［M］.3 版.北京:人民教育出版社,2014:459.

分数不是教育的"晴雨表"

基础教育阶段究竟应该如何评价学生？在首届教育监测与评估国际研讨会上，来自法国、美国、英国等近30个国家的专家和我国27个省(市)的专家对此进行了热烈讨论。

"评估应在哪些方面更加着力？是孩子的认知技能，还是孩子发现问题的能力以及应对压力的本领？""用一个数字评价学生是否全面？"专家们讨论十分热烈，大家的共识是："目标不是评价本身，而是改善学生能力""分数不是为了排名，只是为了给教师找到更好的育人方式"。

自20世纪50年代以来，越来越多的国家在深化理论研究的基础上，通过科学化测量工具及问卷调查、个案分析等各种方法，收集、分析有关学生发展、教育进步变化的数据，为本国教育服务。而在过去一段时间，我国基础教育存在着以考试成绩衡量地方"教育政绩"的倾向，那些原本只承担选拔功能的考试被错误地异化为教育问责的"杠杆"，甚至片面地成为教育质量的"晴雨表"，这种错误观念和做法给我国基础教育科学、全面、健康的发展带来了不少消极影响。

为了更好地推动落实立德树人根本任务，我国已制定《国家义务教育质量监测方案》，突出"五育并举"，拓展监测学科领域，构建全面覆盖德智体美劳教育质量的监测指标体系。

该方案要求，紧扣课程标准(或指导纲要)，监测学生各学科领域的发展水平及核心素养，系统挖掘影响学生发展质量的关键因素，精准服务教育质量提升。

该方案指出，强化结果运用。坚持问题诊断和示范引领并重，建立监测问题反馈和预警机制，督促问题改进；推广典型地区经验案例。推动各地建立结果运用机制，有效发挥监测诊断、改进、引导功能。

监测学科领域主要包括德育、语文、数学、英语、科学、体育与健康、艺术、劳动、心理健康。每个监测周期为三年，每年监测三个学科领域。第一年度监测数学、体育与健康、心理健康，第二年度监测语文、艺术、英语，第三年度监测德育、科学、劳动。监测对象为义务教育阶段四年级和八年级学生。

资料来源：(1) 姚晓丹. 分数不是教育的"晴雨表"——首届教育监测与评估国际研讨会召开[J]. 光明日报，2010-12-1(4).

(2) 教育部关于印发《国家义务教育质量监测方案(2021年修订版)》的通知. 教督〔2021〕2号，2021-9-15.

三、 小学课程与教学评价的主要类型

根据评价作用、评价标准和评价主体的不同，可以将小学课程与教学评价划分为不同的类型。

(一) 按照评价作用分类

按照评价作用的不同，小学课程与教学评价可分为诊断性评价、形成性评价和终

结性评价。①

1. 诊断性评价

诊断性评价是在某项课程与教学活动开始前的评价活动,旨在了解学习者的"学习准备"。比如,了解学习者所具有的学习水平、学习风格、学习困难、以往的学习内容和模式,甚至家庭环境等条件,为即将开展的课程与教学活动提供参考。所以,诊断性评价又称准备性评价。

2. 形成性评价

形成性评价也叫过程性评价,是在课程开发、教学过程、学习过程中对课程方案、教师的教、学生的学的动态状况进行评价,目的是及时了解活动进程的效果,及时反馈信息,及时加以改进。形成性评价重视过程中的及时反馈与改进,这是它和终结性评价的一个重要区别。比如,教师通过测试、练习和观察,在教学过程中了解学生个体的学习情况、每个学生在学习中所犯的错误或所遇的困难,进而为学生提供个性化的帮助。

3. 终结性评价

终结性评价是在课程与教学活动告一段落时,为了解并确定其最终成果而进行的评价。比如,评定学生学业成就。升学测试作为典型的终结性评价,具备选拔功能。

(二)按照评价标准分类

依据评价标准的不同,小学课程与教学评价可分为相对评价、绝对评价与个体内差异评价。②

1. 相对评价

相对评价是一种依据评价对象的集合来确定评价标准,然后利用这个标准来评定每个评价对象在集合中的相对位置。相对评价重视区分个体在群体中的相对位置和名次,适应性强,应用面广,适合于以选拔为宗旨的课程与教学评价活动。但是,其评价结果并不必然表示评价对象的实际水平,体现的只是个体在群体中的相对位置,容易导致激烈的竞争,以致对课程与教学活动产生负面影响。

2. 绝对评价

绝对评价是一种在评价对象群体之外,预定一个客观的或理想的标准,并运用这个固定的标准去评价每个对象,适用于以鉴定资格和水平为宗旨的课程与教学评价活动。在实际工作中,确保评价标准的稳定性、客观性和准确性,是提高绝对评价科学化水平的关键。

3. 个体内差异评价

个体内差异评价是对同一评价对象的不同方面或某方面的前后变化进行比较的评价。个体内差异评价照顾了评价对象的个体差异,不会给评价对象造成竞争压力,还可以综合、动态地考察评价对象的发展变化。其缺点在于,缺乏客观标准和外部比较。

(三)按照评价主体分类

依据评价主体的不同,小学课程与教学评价可分为内部评价和外部评价。

1. 内部评价

---

① 廖哲勋,田慧生.课程新论[M].北京:教育科学出版社,2003:411-412.

② 黄甫全.现代课程与教学论[M].3版.北京:人民教育出版社,2014:460-461.

内部评价是指评价对象作为评价主体对自我活动进行的评价。比如,由课程设计者对自己设计的课程进行评价。内部评价建立在对评价对象信任的基础上,能够激发评价对象的自尊心、自信心,增强其自我评价的意识和能力。而且,内部评价者了解自己设计和实施课程与教学的内在思路及技术处理方式等,内部评价有利于揭示问题的本质并及时反馈,评价的结果也能够较好地用于课程与教学设计等的修订和完善。内部评价的缺陷主要在于缺乏外界参照体系,不便进行比较,有的时候主观性较强,评价结果可靠程度较低。

2. 外部评价

外部评价是指作为评价对象之外的其他主体对评价对象的评价。如教育行政部门的视导评价,专家、同行的评价和社会评价等。来自外部的人员具有更为开阔的评价思路,外部评价可以取得比较客观和令人信服的评价结果。但是,外部评价的组织工作颇为繁杂,耗费时间和人力较多。

四、 小学课程与教学评价的实施步骤

小学课程与教学评价,需要进行科学的组织实施,主要包括"明确对象,研制标准""制订计划,确定方案""收集信息,整理资料""分析资料,做出判断""形成报告,推广反馈"以及"进行元评价,反思提升"等几个步骤。

(一) 明确对象,研制标准

开展小学课程与教学评价,首先要弄清楚评价什么、对谁进行评价、评价的具体项目是什么,然后根据目标研制评价的标准。

(二) 制订计划,确定方案

研制标准之后就要制订评价计划和方案。评价计划是对整个评价进程的时间上的统筹,而评价方案则将时间、地点、人员、资源、方法、技术、流程进行组合安排,作为评价进行的基本依据。

(三) 收集信息,整理资料

系统地收集有关信息进行事实判断是进行评价的重要前提,这些信息包括课程设置、活动组织的情况以及实施教学的资源与条件。有了评价方案之后,就要开始收集与学习活动相关的各种信息与资料。在收集资料时,要注意考虑先在因素、实施因素和结果因素。先在因素是指学习活动的前提条件,指学习进行之前业已存在的某种条件,例如学生的态度、已有经验、兴趣等。实施因素是指教学中学生与有关的人和事物之间的际遇。例如师生之间、学生之间的交流,各种教材的展示,班级讨论,练习、测验的管理等。结果因素是指教学所产生的全部影响,主要包括学生从教学过程中获得的能力、成绩、态度和积极性等,还包括教学对教师、管理人员等的影响以及资料的消耗、教学环境的效益、费用等信息。

(四) 分析资料,做出判断

由于小学课程与教学涉及面广、非常复杂,有时收集到的资料异常零散,特别是运用质性评价方法得到的资料更是如此。要从那些复杂和零散的资料中获得有价值的东西,就需要运用各种技术对资料进行梳理和分析,得出结果并做出判断。对评价资料的处理,既可以是量化的统计分析,也可以是质性的文本解读。但无论是哪一种,都是要探求学生、教师、课程以及学校发展的内在的表现,而不是表面的假象。

（五）形成报告，推广反馈

把上述工作及其成果按照一定的形式形成书面文件，做出评价报告，以便向教育教学决策者提出相应的意见和建议，向学生和教师提出反馈意见，肯定成绩，指明改进和努力的方向。小学课程与教学评价报告，应该注重的是学生、教师、课程以及学校的可持续发展，因此，尽管评价需要给出结果、等级或分数，但是更应该反映学生、教师、课程以及学校的动态发展和完善进程，并在这个进程中体现出小学学习活动的价值和学生的进步状况。也就是说，评价报告既是学生已有学习活动进程和结果的体现，同时要有意识地成为学生今后学习的基础和有机环节。

（六）进行元评价，反思提升

在评价工作结束的时候，为了使评价工作更加有效，提高今后的评价水平，需要对评价本身进行一次评价。这实际是一种评价的自我反思和提高，也是使评价工作向着更高水平演进的重要环节。这一过程又称为元评价。比如，进行元评价时，要考虑以上步骤中收集评价信息的信息源是否可靠等问题。信息来源的误差类型，包括采样引起的误差、信息来源的随机误差和系统误差等。因此，对课程与教学评价进行再评价是提高其科学性、增强其合理性的必由之路。对课程与教学评价过程的不断再评价，可以使评价者在评价过程中对评价的方法、手段、重点及标准不断予以调整，对评价所发挥的功能和作用有更加清楚的审视，以便深入反思与持续改进相应的评价。

第二节　小学课程与教学评价的模式

比较适合小学课程与教学评价的模式主要有：目标达成评价模式、差异评价模式、全貌评价模式、背景—输入—过程—成果评价模式、"法庭"评价模式和目标游离评价模式。

一、目标达成评价模式

目标达成评价模式，主要是基于目标开展课程与教学评价，旨在评价课程与教学目标达成的程度。目标达成评价模式最早的系统应用是在泰勒的"八年研究"中，基本程序如下：① 建立广泛的目的或目标；② 将目标加以分类；③ 用行为术语界定目标；④ 寻找能显示目标达成程度的情境；⑤ 开发或选择测量的技术；⑥ 收集学生表现的资料；⑦ 将收集到的资料与行为目标进行比较。[①]

这一模式又被称为泰勒评价模式或行为目标评价模式。"目标"是评价的出发点，也是判断课程与教学设计成败的主要标准。如果目标能够达成，课程与教学方案便是成功的，反之就失败了。

由于具有逻辑清晰、易于理解、便于操作等优势，该模式在国际课程与教学评价领域影响很大，在很长时间里都占据着主导地位。后人提出的评价模式，有不少都是在继承、发展、反思或批判该模式的基础上形成的。

二、差异评价模式

差异评价模式是由普罗弗斯（Provus, M. M.）提出的，可以用来对处于规划阶段

[①]　黄政杰. 课程设计[M]. 台北：东华书局，1991：368.

或实施阶段等各阶段的课程与教学进行评价,也可以用于对学校、学区、地区等各层面的课程与教学进行评价。该模式包括四种成分和五个阶段。①

四种成分是:① 确定课程的标准;② 确定课程的实际表现;③ 将课程的实际表现和标准加以比较;④ 确定课程的实际表现和标准之间是否存在差异。

五个阶段是:① 设计阶段。将课程设计与预先规定的标准进行比较。这二者之间存在的任何差异,都要向课程决策者汇报,决策者必须做出决定,如放弃、修订或接受该课程设计。② 安装阶段。将课程的实际运作情况与预先规定的安装标准进行比较,包括比较现有的设备、媒体、方法、学生能力和教职员资质等与规定标准之间的差异。这些差异都要记录下来,报告给决策者以便其采取适当的行动。③ 过程阶段。将具体的课程实施过程与预先规定的标准进行比较,包括比较学生和教职员的活动、作用发挥和交流等与规定标准之间的差异。发现任何差异,也要报告给决策者,使其能够做出适当的调整。④ 成果阶段。将课程成效与最初确定的目标进行比较,包括评价学生、教职员、学校和社区等取得的成果是否达到了最初确定的目标。这些信息有利于决策者判断课程的价值,进而做出继续、修订或终止课程的决定。⑤ 成本阶段。要与其他类似课程的成果进行比较,也要从成本—效益的角度分析该课程。必须考虑,课程的成效与投入的成本是否相当,这些成本包括财力、士气和时间等。对这些问题的回答具有经济、社会和政治的意义。

以上四种成分完全渗透到五个阶段之中,课程决策者收到各个阶段报告的差异信息之后,就要及时做出相应的决策,这些决策包括进入下一阶段,返回前一阶段,调整课程实际表现或修订规定的标准,从头开始或者终止课程等。参见图9-1。评价者的职责是向决策者汇报情况、指出问题以及提供改进建议。当课程的实际表现与规定标准出现了差异,课程决策者就成为做出决策的核心人物。

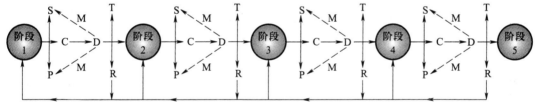

S=标准(standard)　　　　　P=实际表现(performance)
C=比较(comparison)　　　　D=标准与实际表现之间的差异(discrepancy)
M=修订或调整(modify or change)标准或实际表现(standards or performance)
T=终止(terminate)　　　　　R=重复(recycle)

图 9-1　普罗弗斯差异评价模式②

该模式关注到"应然"和"实然"之间的张力,重在比较课程设计和实施等应该达到的标准与实际表现之间的差异,采用分阶段的方式报告给课程决策者,对于及时做

① Ornstein, A. C., Hunkins, F. P. Curriculum: Foundations, principles, and issues(4th edition)[M]. Boston: Pearson, 2004:341-342.

② Ornstein, A. C., Hunkins, F. P. Curriculum: Foundations, principles, and issues(4th edition)[M]. Boston: Pearson, 2004:340.

出课程决策具有重要的意义。同时,该模式主张,当发现标准与实际表现的差异后,不仅可以改进实际表现,而且可以修订已有标准,这也是其特色之一。

三、 全貌评价模式

全貌评价模式是由斯塔克(Stake, R.)提出的。他认为,评价应该从三方面收集有关课程与教学的材料:前提条件,相互作用和结果。前提条件是指教学之前业已存在的、可能与结果有因果关系的各种条件;相互作用是指教学过程,主要是指师生之间和学生之间的关系;结果是指课程实施的效果。针对这三方面,都需要从"描述"和"评判"两个维度来开展评价。描述包括课程设计中"预先设想的事项"和"实际观察到的情况";评判包括"根据既定标准的评判"和"根据实际情况的评判"。参见表 9-1。[①]

表 9-1 斯塔克全貌评价模式

领域	描述矩阵		评判矩阵	
	预先设想的事项	实际观察到的情况	根据既定标准的评判	根据实际情况的评判
前提条件 (教师与学生的特征、课程内容、教材、社会背景等)				
相互作用 (交往流程、时间分配、事件序列、社交气氛等)				
结果 (学生成绩、态度、动作技能、对教师及学校的影响等)				

该模式既重视课程结果的评价,又重视"前提条件"和"相互作用"的评价,既关注预定目标的达成,又关注实际发生的情况,赋予了课程评价更广阔的视野。该模式还认为,评价者不仅应该评价各种人员所发挥的作用,而且应该尽量让这些人参与到课程评价中,对一些实际情况进行描述甚至判断,这就有利于受评者主体性的发挥。

四、 背景—输入—过程—成果评价模式

斯塔弗尔比姆(Stufflebeam, D.)很看重课程评价对课程决策的重要作用,认为不应局限于评价目标达成的程度,还要评价相应的背景、条件和过程,从而为课程决策提供更加全面的信息。他认为课程评价由背景(context)评价、输入(input)评价、过程(process)评价和成果(product)评价构成。人们通常取这四类评价的首字母,将该模

---

① 施良方.课程理论——课程的基础、原理与问题[M].北京:教育科学出版社,1996:158-159.

式简称为 CIPP 模式。其核心观点是,评价最重要的目的,不在证明而在改进。

具体而言,① 背景评价,具有诊断性,相当于"情境分析",主要是分析课程所处的社会背景等,以确定课程目标是否恰当。② 输入评价,主要是"可行性"分析,即在原有课程目标修订后,对目标所需要的条件进行评价,以保证目标达成的可行性。③ 过程评价,是在课程实施中获得信息反馈,进行及时处理和改进。④ 成果评价,重点判断课程目标的达成程度。

从实质上说,CIPP 模式期望通过课程评价,发展出一系列可达成预期目标的替代性方案或策略,供课程决策者从中选择,进而达成改良课程的理想。

 拓展阅读

运用 CIPP 模式,开展小学课程方案评价

小学课程方案评价,主要涉及四个层面:① 对学校课程设置总体方案的评价,包括对国家课程实施方案、校本课程开发方案等的评价;② 学校中某一门课程方案的评价;③ 学校中某一时段微型课程方案的评价;④ 学校中某一课时课程方案的评价。就小学课程开发现状而言,对教师开发的具体一门校本课程方案进行评价,是较为常见的。这样的评价,可以选用不同的评价模式来开展。运用 CIPP 模式对一门校本课程方案进行评价,是较多学者推荐的方式,具体包括以下四个步骤。

1. 背景评价(C)

背景评价的目的,主要是使校本课程目标合理、有效。具体体现为:既能满足学生发展的需要,又能适应社区发展的需要;既符合国家的教育方针政策,又凸显学校的办学特色;既能让学校得到提升,又能让学生的学习需要得到满足、教师得到专业发展;等等。

一般而言,主要从以下几个方面加以考察:① 课程目标与国家教育方针政策的关系;② 学校教育哲学在课程目标中的体现程度;③ 课程目标与社区政治、经济、文化发展的协调程度;④ 课程目标是否符合学生发展需求与学生学习的兴趣;⑤ 课程目标与教师自身的经验、发展水平的一致性;⑥ 课程目标是否能彰显学校的办学特色。

2. 输入评价(I)

输入评价主要是对校本课程方案的可行性进行评价,需要考虑以下方面:

其一,对课程目标的评价。具体包括:课程目标是否与教育目的和教育目标保持一致?课程目标是否阐述清楚?制定课程目标的价值观念是否清晰、便于理解?课程目标是否有价值?课程目标是否全面、科学、均衡、可行?课程目标对知识、技能、情感态度等的要求如何?各项目标之间是否协调统一,形成了一个有机的整体?课程目标是否有层次性,能适应不同学生的不同学习需要?必要时,是否允许对课程目标做出修改、删减或补充?课程目标是否细化成教学目标?教学目标是否分类?在目标之间出现的割裂和重叠现象是否引起注意并得到了修正?

其二,对课程内容选择与排列的评价。具体包括:是否选择了合理的课程组织思路?是否选择了有价值的课程内容?课程内容是否有利于实现已经确定的课程目标?课程内容的排列顺序是否建立在心理学、教育学等理论基础之上?是否符合小学生身

心发展的具体特点？

其三，对实施策略的评价。具体包括：是否向学生、学生家长和有关教师充分介绍了该方案实施的要求和步骤？实施策略是否有利于提高和培养学生学习的自主性、创造性？是否注意到了学生的个别差异？教学实施策略是否有一定的灵活性？

其四，对课程资源与条件的评价。具体包括：实施该方案所需要的课程资源是否具备？如果不具备，解决的办法和措施是什么？课程实施的成本是否太高？如果过高，拟用什么办法解决？课程成本与课程效益之间的关系是否平衡？是否合理有效地运用了学校、社区已经具备的课程资源？

其五，对学生学习评价方法的评价。具体包括：该课程方案是否从学生的知识、情感态度价值观和学习过程等方面对学生的学习进行了评价？评价的方法是否合理？评价收集信息的渠道是否畅通？评价是否成为教学的一个部分？评价能否真实地反映学生的学习状况？能否为进一步改进该方案提供有效的信息？

3. 过程评价(P)

背景评价和输入评价，都是对校本课程方案本身的质量进行评价，其实是对课程设计的评价。但是，方案设计得好，不一定能实施得好。因此，很有必要对校本课程方案的实施过程进行评价，目的是为了改进在方案设计时没有料想到的，或者说在实施过程中新碰到的一些设计上的问题，以便校本课程方案在实施过程中也能得到不断改进和完善。

对校本课程方案实施过程的评价，有些类似于课堂教学评价，但二者的指向不同。前者的评价目的是为了改进课程方案本身，是为了在实施过程中发现方案存在的问题与不足，进而为改进方案提供信息与建议；后者的评价目的是为了改进课堂教学。

从评价主体来看，对校本课程方案实施过程的评价可以有学生的评价、教师的自我评价、教师同伴的评价及学校课程委员会的评价等，人们可以根据具体评价对象的特点来设计相应的评价工具。

4. 成果评价(P)

校本课程方案的实施成效，要考察课程目标有没有达成，从而为改进课程设计与课程实施提供建议。同时，还可以从学校的外部效应和学校的内部效应两大维度来进行考察。外部效应，主要分析课程对社区政治、经济、文化的促进作用，对其他学校的借鉴意义，等等。内部效应，主要分析课程对学生的学习改进和个性发展，对学校特色凸显和教师专业发展等发挥的作用。成果评价的方法可以是访谈、问卷调查、作品展示和个案分析等多种形式。

资料来源：钟启泉，崔允漷. 新课程的理念与创新——师范生读本[M]. 北京：高等教育出版社，2008：169-172.

五、"法庭"评价模式

欧文斯(Owens,T.)认为，在评价领域，一个非常新的模式是创设一种冲突情境，而不是严格地写出所需采取的步骤。他借鉴法庭上的对手辩论做法，提出了"法庭"评价模式。这一模式可以包括各种评价活动，这些活动的核心是安排时间听取正反两方的观点。选出一个评价者或评价小组充当正方，提出支持课程的正面意见，其他的评价者或评价小组充当反方,强调课程中存在的问题。这种方式很像法庭审判,每一个受到课程影响的人都有机会在"法庭"上发表意见,这样,人们能获得关于课程的更加准确的看法,作为课程采纳与否的依据。①

该模式主张评价活动可以向公众开放,进而吸引更多的人参与到课程评价中来,发表自己的意见。而且,这种活动本身就对所有参与者具有教育意义,可以帮助人们深化对课程的理解。

六、 目标游离评价模式

斯克瑞文(Scriven, M.)认为,课程评价最应该关注课程的实际效果,而不是其预期效应,即预定目标的达成。在他看来,许多课程评价模式都只考虑到预期效应,忽视了非预期的效应。但是,在实践中,有的课程虽然达成了预期目标,却附带造成其他一些有害的后果,有的课程预期目标达成度不佳,但带来了其他重要的成效。所以,他明确提出,根据预定的目标进行课程评价,不仅没有必要,而且很可能是有害的。因为这会使评价者受课程目标的限制,大大缩小评价的范围,从而削弱评价的意义。据此,斯克瑞文提出了目标游离的课程评价模式。该模式主张把课程评价的重点从"预期的课程结果"转向"实际的课程结果",倡导重点评价课程产生的"非预期结果"。

该模式要求课程评价不能仅限于评价目标的达成度,还应当考虑"非预期结果",这就意味着,课程评价不仅要对照决策者的意愿来检查效果,还要广泛系统地收集民意,考察实际收到的效果。这一评价模式打开了评价者关注的视野,能反映更多的真实情况,也具有民主色彩。不过,这一模式也不能极端化地运用,即撇开目标去找所谓的实际效果。

 拓展阅读

指向"五育并举"人才培养目标的教材评价指标

指向"五育并举"人才培养目标的教材评价指标,包含思想性指标、知识能力指标、文化传承指标和教学适切性指标。该指标不仅体现主体需求,更体现时代特色,关注教材能否发挥塑造国民精神的重要作用,其评价指标和评价标准参见表9-2。

表9-2 指向"五育并举"人才培养目标的教材评价指标及其评价标准

教材评价指标	具体评价标准
思想性指标	监测大中小学教材能否体现马克思主义中国化最新理论与实践成果,能否把握正确的思想政治方向;监测教材是否有效融入了社会主义核心价值观元素,从而发挥教材塑造国民精神的重要作用
知识能力指标	系统监测大中小学教材是否能充分体现人类文化知识的科学性、时代性、前沿性,为培养具有扎实知识、前瞻思维、国际视野的创新人才提供有力支撑

① [美]奥恩斯坦,[美]汉金斯.课程:基础、原理和问题(第三版)[M].柯森,译.南京:江苏教育出版社,2002:353-354.

教材评价指标	具体评价标准
文化传承指标	系统监测大中小学教材能否有效体现中华优秀传统文化、革命传统文化和社会主义先进文化,是否将中华优秀传统文化蕴含的思想观念、人文精神、道德规范融入教材,使教材成为培养国民文化自信和文化创新力的重要载体
教学适切性指标	系统监测教材适应教学的状况,如教材组织结构、教材情境设计等,从而有效凸显教材在教学改革中的媒介作用,全面提升教材在教学中的育人育才功能

资料来源:唐丽芳,丁浩然.建构以质量为核心的教材评价体系[J].教育研究,2019,(2):37-40.

第三节　小学教学与学习评价的常见方式

小学教学与学习评价,需要遵循整体性、科学性和发展性原则,将教学与学习过程看成各要素有机联系的整体,全面收集相关信息,力求做出真实、准确的判断并能够起到改进教学与学习的作用。本节主要介绍小学教学与学习评价的常见方式。

一、小学教学评价的方式

小学教学评价,是依据一定标准,系统收集小学教学活动的事实信息并对其进行价值判断的活动。教学活动的质量在很大程度上决定着课程实施的成效,因而,教学评价是课程评价的一个重要组成部分。小学教学评价的主要方式有:观课评课和学生评教。

(一)观课评课

观课评课主要有三大任务:① 描述教与学的行为,诊断教学问题;② 帮助教师改进教学中存在的具体问题;③ 帮助教师优化日常的课堂研究行为。从根本上说,观课评课的起点与落脚点都是为了改善学生的学习。[①] 观课评课的主要方式有整体式、片段式和焦点式等。

1. 整体式观课评课

整体式观课评课,是对一节课的教学目标、教学内容、教学方法、教学手段和教学效果等各方面进行全面观察和评析。在操作过程中,可以在借鉴一些常用的课堂教学评价体系表(参见表9-3)的基础上,根据实际需要研制出相应的表格等工具用于观课评课。

表9-3　课堂教学评价体系表[②]

评价项目	评价要素(每项要素占5分)
教学目标	(1) 知识、技能、情感目标明确、具体
	(2) 具有本学科特点,符合课标要求和学生实际
教学内容	(1) 概念讲授正确,原理教学清晰
	(2) 教学容量恰当,主次分明,突出重点

---

① 崔允漷,郑东辉.课堂观察如何走入课堂[J].今日教育,2015,(11):38-40.
② 陈佑清,陶涛."以学评教"的课堂教学评价指标设计[J].课程·教材·教法,2016,(1):45-52.

评价项目	评价要素(每项要素占5分)
教学内容	(3)能抓住关键,突破难点
	(4)把握自身内在联系,小结归纳适时、恰当
	(5)选取例子典型恰当,重视学科基本能力培养
教学方法	(1)选取的方法恰当,创设的情境能激发学生主动学习和探究的兴趣
	(2)充分创设问题情境进行启发式教学,问题设计由浅入深,并充分体现本学科特点
	(3)把学科教学方法渗透在教学之中并适时总结,学法指导得当,体现个性差异
	(4)因材施教,分层指导,能根据学生反馈信息适时调整教学进度和难度;面向全体,体现三三式
	(5)能采取积极、多样的反馈评价方式,促进学生进一步学习的愿望,鼓励、表扬得当
教学手段	(1)教态自然,运用普通话教学,语言表达清晰简练、准确、生动,有感染力、有节奏感
	(2)板书工整,脉络清晰,布局合理,板图指图规范
	(3)电教媒体或挂图选用恰当、合理、有效,课件设计的字体大小、颜色搭配能关注学生眼睛健康
教学效果	(1)学生在讲、学、练等活动中参与度高,学习情绪饱满,思维活跃,讨论和回答问题积极
	(2)师生相互尊重,互动交流顺畅,学习气氛和谐
	(3)时间利用合理,按时完成教学任务
	(4)大部分学生双基落实,课堂上检测或运用的正确率高
	(5)能力、思想渗透得当,不同程度学生都有所获

　　在观课评课领域,应用较广的还有 LICC 课堂观察表。LICC 指课堂的四个要素,即学生学习(learning)、教师教学(instruction)、课程性质(curriculum)和课堂文化(culture)。遵循理论逻辑,将每个要素分解为 5 个视角,再将每个视角分解成 3~5 个可供选择的观察点,最终形成"4 要素 20 视角 68 观察点"(见表 9-4),这个体系为观课评课提供了框架。并不是每次观课评课都要观察和评析这 68 个点,但要意识到课堂教学是非常复杂的,充满着丰富的信息。而且,这个体系提示,个人的能力是有限的,观课评课需要合作。教师可以组成观课评课小组,小组成员合理分工,各成员按要求对不同要素、视角进行观察,完成观察任务并做好相关记录。加强合作,可以保证观课评课更为全面、记录更为详尽,有利于收集到更多的事实信息并予以系统梳理和分析,有利于为教学改进提供有益建议。

表 9-4　LICC 课堂观察表的 4 要素 20 视角 68 观察点①

要素	视角	观察点举例
学生学习 （L）	（1）准备 （2）倾听 （3）互动 （4）自主 （5）达成	以"达成"视角为例，有三个观察点： • 学生清楚这节课的学习目标吗？ • 预设的目标达成有什么证据（观点/作业/表情/板演/演示）？有多少人达成？ • 这堂课生成了什么目标？效果如何？
教师教学 （I）	（1）环节 （2）呈示 （3）对话 （4）指导 （5）机智	以"环节"视角为例，有三个观察点： • 由哪些环节构成？是否围绕教学目标展开？ • 这些环节是否面向全体学生？ • 不同环节/行为/内容的时间是怎么分配的？
课程性质 （C）	（1）目标 （2）内容 （3）实施 （4）评价 （5）资源	以"内容"视角为例，有四个观察点： • 教材是如何处理的（增/删/合/立/换）？是否合理？ • 课堂中生成了哪些内容？怎样处理？ • 是否凸显了本学科的特点、思想、核心技能以及逻辑关系？ • 容量是否适合该班学生？如何满足不同学生的需求？
课堂文化 （C）	（1）思考 （2）民主 （3）创新 （4）关爱 （5）特质	以"民主"视角为例，有三个观察点： • 课堂话语（数量/时间/对象/措辞/插话）是怎么样的？ • 学生参与课堂教学活动的人数、时间怎样？课堂气氛怎样？ • 师生行为（情境设置/叫答机会/座位安排）如何？学生间的关系如何？

2. 片段式观课评课

片段式观课评课，是对一堂课的某个片段进行有针对性的观察和评析。如专门针对导入、讲授、巩固、自学、讨论或练习环节，就教学理念、教材处理、教法选择、学法指导、能力培养、媒体使用和师生关系等某方面或几方面进行较深入的观察和评析。可采用"重点观察记录表"（参见表 9-5）进行记录。

表 9-5　教学片段重点观察记录表②

时间：　　年　月　日　午第　　节		学校与班级：		
授课教师：		教材版本与课题：		
观课主题： 片段任务	教师活动（语言、 工具、手段等）	学习活动 与效果	因果判断 与推测	困惑与问题

① 崔允漷.论课堂观察 LICC 范式：一种专业的听评课［J］.教育研究，2012，（5）：79-83.
② 陈大伟.怎样观课议课［M］.成都：四川教育出版社，2006：118.

3. 焦点式观课评课

焦点式观课评课,是对一堂课中某种与众不同的新做法进行观察和评析。比如评析这些新做法是否能起到积极作用、是否值得推广或是否是摆花架子等。

有时候因观课评课人员的角度不同,主题往往不够集中,评课难以深入。为了让评课更加深入,也会采用集中焦点的方式展开讨论。焦点式观课评课不再用预定的标准去框定和评价教师,而是帮助教师把想做的事情做好,研究和解决教师关切的问题。

随着教师专业发展的研究深化,观课评课之后还可以有研课和磨课的有效环节,小学观课评课活动正在从观课、评课向研课的发展方向进发。

 ## 案例分析

◎**案例**

"五度观察"量表诊断课堂

许多课堂观察为求"全"而制定了非常复杂庞大的体系,尽管能较全面地反映课堂教学情况,但较为耗时、费力,不适合一线教师"短平快"的教学研究活动。为此,浙江省义乌市实验小学利用学生的座位图,设计了课堂"五度观察"量表:

维度一:学生专注度。每2~4分钟,哪个位置的学生没有专注于当前的学习活动或注意力分散,就在该位置内记"×"。

维度二:学生参与度。哪个位置的学生举手,就在该位置内记"○"。

维度三:教师关注度。以记"正"字的方法记录某一位置的学生被教师指名回答问题的次数。

维度四:师生互动度。根据教师提问,快速数出举手要求回答问题的学生数量,在相应栏打√。

维度五:目标达成度。通过前后测比较来评价,前后测的问题采用同类问题。

该小学通过观察四年级数学小数除法单元第一课"精打细算",利用量化统计方法分析学生注意力分散的次数和举手的次数,举手次数较多的学生及其占比,师生交互次数,以及课堂问题出现的上课时间段等,发现学习的专注度和参与度成正相关,在举手10次以上的孩子中只有2位有开小差记录,比例只有其他学生的一半。

◎**分析**

课堂观察有助于增进教师对课堂的认识和理解。"五度观察"量表实现从"个人主观"到"群体客观"、从"定性模糊"到"定量精确"的转变,能够相对客观地分析课堂现象,帮助教师认识课堂的真实状态。

资料来源:朱向阳."五度观察"诊断小学数学课堂[J].人民教育,2018,(20):50-52.

(二)学生评教

学生的感受和经验是无法替代的,从学生的角度评教,对于认识和改进教学活动、提升课程实施和课程设计的质量,都有独特的重要作用。学生参与评教具有广阔的发展前景。对学生评教的含义主要有两种认识:① 学生评教就是学生对教师的教学效果进行评价;② 学生评教是学生对任课教师的所有教学活动进行评价,涉及教学态度、教学方法、教学组织安排、教学板书、语言表达、教姿教态、教学效果、作业量、作业批改和课后辅导等方面。第二种认识可以从更广泛的范围收集学生关于教学活动的描述和判断。

当前使用较多的学生评教方式是问卷调查,一般采用半结构式问卷,有的学校正在推行网络问卷调查。为了改变单一的问卷评价方式,也有学校辅助开展学生座谈会和学生个别谈话等评价活动。学生参与评教的方式较多,各种方式均有利弊,在具体操作中需要重点解决以下问题:如何让学生敢说实话? 如何防止个别学生对教师实施人身攻击? 如何综合考虑各种评价方式的优劣,做到优势互补? 怎样公布学生评教的结果才便于教师接受,使之真正成为改进教学的一种手段? 教师、家长、学校领导和教育行政部门如何使用学生评教的结果?

二、 小学学习评价的方式

小学学习评价,是在系统、科学地收集、整理、处理和分析学生学习信息的基础上,评定学生的学习与发展质量。在现实生活中,人们往往将学生学习评价完全等同于考试或测验。这是一种极其有害的错误认识,需要予以纠偏。考试或测验只是学习评价的一种方式而已。为了更好地开展小学学习评价,人们创用了许多方式。当前,小学学习评价的方式已呈多样化的趋势。

(一) 测验

测验是考核与评定学生学习情况的一种常见方式。比如,学业成就测验是常见的测验。测验题型包含客观题与主观题。客观题评分简单,阅卷速度快,比较适合识记和了解的目标考查。主观题能够反映学生的思考过程及解答的正确程度,更适合综合、分析等方面的能力考查。一份学科试题通常包含多种题型,分值占比有所不同。测验具有如下优点:① 高效,学生可以在相对较短的时间内回答一定数量的试题;② 覆盖面广,测验能够覆盖学科不同领域的重要内容;③ 实施和管理较为容易;④ 评分客观便捷,特别是选择题、判断题和填空题的评阅相对简单。[1] 然而,测验也有一些局限性,主要包括:① 影响学生学习动机,使低成就学生的自尊心受挫;② 影响教师的教学方式,使教师花费大量的时间和精力向学生传授应试技巧,造成学生在并不具备测验所需的高层次思维能力时参与测验;③ 影响学校的课程设置,容易让学校只重视考试科目和重要考点,忽视学生的创造性培养等;④ 影响学校教育的功能取向,当测验成绩影响学校的社会地位时,学校便重点选择单一的"知识传递"教育模式,使善于"死记硬背"的学生受益,而那些喜欢创造性学习的学生却被"淘汰"。[2]

过去通常采用测验来评价小学生的学习情况,后来,为了克服测验的局限性,出现了表现性评价和档案袋评价。

---

① 王健,李连杰,单中伟.基于评价三角理论的学业质量评价设计[J].中国考试,2019,(1):30-39.
② 曾文婕,周子仪,赖静.建构"以学习为中心的评估"——面向未来的中小学评估转型探析[J].教育发展研究,2019,(24):19-27.

（二）表现性评价

《义务教育课程方案（2022年版）》提出要"注重动手操作、作品展示、口头报告等多种方式的综合运用,关注典型行为表现,推进表现性评价"[①]。表现性评价,主要是评价者通过观察学生完成实际任务时的表现,并结合相应评价标准,来对学生的水平予以评价。其中,设计表现性任务是表现性评价的一个关键。表现性任务主要是能让学生表现或展示其知识与技能掌握情况、与人合作的能力、创新能力等的实践性学习任务。

1. 表现性任务的类型

表现性任务主要有以下几种类型。

（1）演示。按一定的要求做出相应的表现,以展示其能力。学生借此可以展示其能够使用知识与技能等来完成一项定义良好的复杂任务。如演示如何在网上查询和收集信息等,就是比较简单的表现性任务。

（2）口头表述和角色扮演。口头表述类的表现性任务能够反映和培养学生的口头表达能力、逻辑思维能力和语言概括能力,主要方式有演讲、辩论和朗诵等。角色扮演将口头表达、展示与表演等综合在一起。例如,学生基于他们对小说或历史人物的理解,通过扮演角色来展现人物立场和性格。

（3）模拟表现任务。这是为了配合或替代真实情境中的表现,局部或全部模拟真实情境而设立的表现性任务。一般来说,在完成模拟表现任务时,学生的综合素质可以得到较好的表现。学生在模拟情境中所显示出来的技能和能力,是其在未来真实情境中做出表现的一种准备。

（4）实验与调查。实验和调查可以评价学生是否运用了适当的探究技能与方法,是否形成了适当的观念框架,以及对所调查对象是否形成一种理论性的、基于学科知识的解释。为了评价这些能力,应要求学生在开始收集数据前进行估计与预测;收集、分析数据,展示分析的结果;在所收集证据的基础上得出结论并进行论证;有效地交流实验或调查的结果。

（5）作品创作。作品创作任务包括让学生创作一首诗歌或一幅画、写作一个具有创造性的小故事等。完成这类任务,要求学生不仅拥有相应知识与技能的储备,而且有较强的表现欲望、丰富的想象力以及充足的冒险精神。

（6）项目。通过项目类任务,可以评价学生综合运用知识的能力。项目可以由学生独立完成,也可以由小组合作完成。学生个人项目的结果可以是一件科技作品、一项收集（如收集剪报并分类）等。小组项目要求两个或两个以上的学生一起合作完成,主要是评价学生是否能够合作做出高质量成果,如完成一份调查报告等。

2. 表现性任务的设计要求

设计表现性任务应注意以下几点:[②]

（1）表现性任务与评价目标匹配。表现性任务是为实现评价目标服务的,因此,

[①] 中华人民共和国教育部.义务教育课程方案（2022年版）[M].北京:北京师范大学出版社,2022:15.

[②] ［美］格朗伦德.教学中的测验与评价[M].国家基础教育课程改革"促进教师发展与学生成长的评价研究"项目组,译.北京:中国轻工业出版社,2003:184-186.有改动.

表现性任务的设计要能够让学生展现出所要考察的表现过程与学习结果，以便评价者收集到学生学习的适宜证据。

（2）表现性任务与学习内容匹配。表现性任务主要用于评价认知、情意和社会互动维度等通过纸笔测验难以检测的复杂学习结果。对一些简单的知识掌握情况的评价，可以优先选择其他方式。

（3）设置生活化的任务情境。设置任务情境时要考虑能够引发需要学生展现的表现、激发学生的兴趣和符合学生的发展水平，能够帮助学生跨越知识与现实世界、现实生活之间的鸿沟。

（4）设计使学生能够理解任务的指导语。好的表现性任务要有清晰明确的指导语，使学生明确评价的要求和目的。含糊的任务指导语会导致学生产生与评价目标不一致的行为，影响评价的可靠性。

（5）可以参考 GRASPS 框架设计表现性任务。GRASPS 中每一个字母对应一个任务元素——目标（goal）、角色（role）、对象（audience）、情境（situation）、表现或产品（performance/product）和标准（standards）。[①] 参见表 9-6。

表 9-6　表现性任务设计的参考框架 GRASPS

组成要素	内涵	设计提示
目标	学生的任务是什么	你的任务是…… 目标是…… 困难和挑战是…… 需要克服的障碍是……
角色	学生在任务中扮演的身份	你是…… 你被要求去…… 你的工作是……
对象	学生在任务中服务的对象	你的客户是…… 要服务的对象是…… 你需要说服……
情境	任务发生的情境,在此情境中学生需要解决哪些问题、克服哪些挑战或完成哪些任务	你发现你所处的情境是…… 你面临的挑战包括解决……
表现或产品	判断学生是否达成目标的证据,包括:书面形式的实验记录、实验报告等;口头形式的演讲、讨论等;其他展示形式如图表、PPT 等	你会创造…… 你需要展示……
标准	对任务表现进行评估的标准	你的表现需要…… 你的工作需要通过……来评判 你的产品必须符合以下要求……

---

① ［美］威金斯,［美］麦克泰格.追求理解的教学设计［M］.闫寒冰,等,译.上海:华东师范大学出版社,2017:177.

3. 表现性评价的实施步骤

表现性评价的实施主要包含"确定评价目标""设计表现性任务""制定评价标准""完成表现性任务,收集表现信息""评定学生的水平"以及"运用评价结果改进教与学"等环节。

（1）确定评价目标。表现性评价目标应根据课程与教学目标、内容及学生的实际情况来确定。比如,进行作文评价时,可以从以下几个方面确定评价目标:作文内容（观点、情感、材料）、作文形式（结构层次、语言）、写作思维（敏捷性、流畅性、创造性等）、书写要求（是否工整、整洁）、写作态度（是否认真、按时完成）、写作习惯（审题习惯、拟提纲的习惯、修改习惯等）。[1]

（2）设计表现性任务。首先,进行任务分析,即分析学生的已有基础,明确学生要达成相应的学习结果将要经历的主要过程。其次,设置任务情境,即设计实施表现性任务的条件和场景。再次,撰写任务指导语,即给予学生完成任务的必要提示。最后,修改完善。要检查任务成分、任务情境、任务指导语与评价目标的一致性等,并对发现的不足做出相应调整。

（3）制定评价标准。评价标准的制定要始终围绕学生的"表现",保证评价的全面性和客观性。评价标准的制定要做到以下三个方面:一是评价标准要体现出对学生表现的过程性评价,贯穿学生整个表现性任务的完成过程。二是评价标准不能太高或太低,应体现发展的连续性和进阶性,能引领学生的表现逐步由低一级水平向高一级水平发展。三是评价标准的制定要从实际情况出发,需要先对表现性任务进行分析,了解构成表现成果的每个细节行为是什么,将关键的表现行为列出,以便进行观察和判断。

（4）完成表现性任务,收集表现信息。根据评价安排,被评学生通过完成表现性任务来展现自己的综合能力。教师要根据评价标准,观察和记录学生在任务完成过程中的表现,系统收集学生学习的关键信息,以便进行分析并做出判断。

（5）评定学生的水平。教师对收集的学生表现信息进行分析,运用评价标准评定学生所处的水平。

（6）运用评价结果改进教与学。教师根据评价结果改进自己的教学活动,同时为学生提供反馈并指导学生改进自己的学习活动。教师对学生的反馈,不是仅提供分数或等级,也不能打击学生的自信心,而要针对学生任务完成过程中的表现提出具体的改进建议,或基于评价标准生成个性化学习报告,帮助学生知道自己的优势和不足,明确接下来努力的方向和路径。而且,教师要特别注意引导学生开展自主反思。

表现性评价的实施有助于促进学生素养的形成。在上述步骤的基础上,运用表现性评价促进素养导向教学,还需要注意落实以下几点[2]:第一,以素养为轴,设计教学目标与评价任务。这要求超越知识与技能的"双基"目标设计,进一步整合"三维"目标,将学科核心素养分解到相应的教学任务中。第二,以表现性任务为核心,重构教学结构。这就要改变原来按照课时内容开展顺次教学的做法,以表现性任务引领学习进

---

① 李玉芳.多彩的学生评价[M].北京:教育科学出版社,2009:156.

② 齐华.重视表现性评价,推动素养导向的教学[J].基础教育课程,2019,(7):66-71.

程。第三,以表现性评价标准为载体,建立新型教学文化。评价标准不仅是教师教的工具,也是学生学的工具,更是师生围绕目标共同对话、协商解决问题的依据。

4. 表现性评价的优势与不足

表现性评价的优势主要有:

(1)它强调在模拟真实或完全真实的情境中运用所学的知识与技能等解决实际问题,反映的是学生问题解决与学习的真实面貌。

(2)它能够帮助学生创建有意义的学习情境,自主选择任务方案甚至自己支配时间,有利于增强学生的学习兴趣,提高学生的参与热情。

(3)它适用的范围较为广泛,对于学生的知识、情感以及复杂的能力都可以进行评价,能够较完整地反映出学生完成任务的过程与结果。

(4)它对学生的思考过程与学习方式等能够做出恰当的评价,并能找出造成学生学习差异的主要因素,有利于改进课程与教学。

表现性评价的局限性,主要有:

(1)表现性评价的设计和实施较为耗费时间。从表现性任务的设计到评价标准的制定都比较耗费时间,而且依据评价标准对学生表现做出评价的过程也较为繁琐。

(2)表现性评价对教师的要求较高。要设计出较好的表现性任务并保障评价的信度和效度,都有一定的难度,需要教师专门研习相应的评价原理与技术并通过具体的评价实践来不断增长经验。

(三)档案袋评价

档案袋评价,指有目的地汇集学生作品及对作品的反思记录,以便反映学生在特定课程领域的发展历程、重要成果及相应的努力、进步或成就。

1. 档案袋的内容要求

档案袋的英文名称是"portfolio",原意有"代表作选辑"之意。最初使用档案袋这种方式的是画家和摄影家,他们为了特定的目的将自己有代表性的作品汇集起来,以便向预期的委托人展示。自档案袋评价在学生学习评价领域兴起以来,虽然人们对档案袋的看法不太一样,但对档案袋内容的要求是较为一致的,主要有以下几点:[①]

(1)档案袋里的基本内容是学生的成果。主要包括作业、学习心得、反思材料、小组评价、教师建议等,可以是文字、图像或实物。

(2)档案袋里的内容是经过选择的。不是学生的任何东西都可以放进档案袋,档案袋要重视收集体现学生发展的作品样本等证据,即能够体现学生进步的发生过的标志性的事实,要能够展示学生的进步状况。而且,档案袋的内容设置具有一定的结构(图9-2是一份档案袋的目录单案例),体现着经过周密思考的评价目标和评价任务等。教师和学生可以根据实际情况,设置相应的档案袋内容结构。

(3)档案袋的内容要有真实性。内容必须是真实的,不能弄虚作假,伪造事实证据。这也是使用档案袋评价的基本前提和保证。

(4)档案袋的内容要有个性。档案袋的内容不能千篇一律,是提交者经过反思之后选择的最能代表其水平与进步过程的内容,能展示提交者的个性特长。

---

① 胡中锋,李群. 学生档案袋评价之反思[J]. 课程·教材·教法,2006,(10):34-40.

（5）参与档案袋内容收集的过程要成为学生的反思过程。档案袋内容材料的收集过程成为学生的反思过程,这就将收集材料的活动转化为有意义的学习经历,为学生的学习与成长提供了重要契机。

1. 这就是我(具体个性化的自我介绍)——自我认识
2. 我的奋斗目标(根据自我实际个别化的每学年目标)——自我目标
3. 我的学习(学习的发展状况、自我诊断与课外学习值得记录的内容)——自我评价
4. 我的社会实践及参加各种活动(参加各种社会及其他活动的记录)——自我评价
5. 我长大了(促进成长的知识、技能、兴趣、态度的事物,如:经历一件难忘的事等)
——自我评价
6. 我真行(展示各种成绩、作品、制作、奖状等)——自我赏识
7. 同学眼中的我(同伴的观察与评价)——他人评价
8. 家长眼中的我(家长信息)——他人评价
9. 老师眼中的我(教师与学生的交流)——他人评价
10. 我想说的话(对学校、班级、老师)——自我创新

(各个班级、每位学生都可以设计有个性、有童趣、有创意的栏目。)

图 9-2 小学生成长档案袋目录单①

2. 档案袋评价的实施步骤

档案袋评价的过程通常包含三大步骤,分别是档案袋的建立、档案袋评价工具的制定、利用档案袋展开评价。以小学作文标准产出型档案袋评价为例,具体如下:②

（1）建立作文档案袋。首先,教师先介绍档案袋制作的意义、方法和作文写作的目标,帮助学生认同档案袋评价,并在学习目标的指引下根据自己的喜好制作多彩多样的档案袋。其次,设定档案袋的内容。学生和教师预想档案袋要收集积累的内容,如学生课内习作、家长感言、评价荣誉表等。

（2）制作作文档案袋评价工具。根据课程标准中的作文教学课程评价标准、学生兴趣调查报告等,确定评价的维度与指标。如是否乐于表达情感,自信心是否提高,写作内容、方法及表达等是否进步,在此基础上,研制评价标准表。

（3）利用档案袋进行评价。教师、家长、学生一同参与评价。

3. 档案袋评价的优势与不足

档案袋评价和其他评价方式相比,具备多种优势:

（1）档案袋评价克服了传统考试所具有的片面性和单一性的缺点,强调评价与教学的有机结合,强调学生的学习过程评价,强调学生的参与,表现出强大的生命力。

（2）档案袋评价注重师生"实践—反思—发展"的过程,不仅让学生取得进步,教师通过此项活动也会加强反思与研究,从而得到提高。

---

① 整理自:陈丕君.小学生成长档案袋评价的应用与思考[J].上海教育科研,2007,(3):57-58.
② 朱琦,何敏.小学作文教学中"档案袋评价"的研究[J].当代教育科学,2009,(18):32-34.

（3）档案袋评价可以为课程与教学设计提供重要的资源与素材,促进教学与评价的有机结合,有利于师生自我评价与反思能力的培养,可以有效促进教师成长和学生发展。

（4）让教师、学生和家长自主参与评价,可以调动家长资源,端正学生学习态度,让学生享受到学习的乐趣、成功的喜悦,也为学生的发展创设良好的环境。

档案袋评价还是存在一些不足:

首先,师生规划档案袋内容结构、收集和整理档案袋材料的能力以及参与档案袋评价的积极性存在一定差异,要培养每一位师生的主动参与意识,调动每一位师生的积极性是一项很具挑战性的任务。

其次,档案袋的制作很繁琐,需要收集的内容多,对内容的选择、整理和分析都会花费师生大量的时间,而且对师生的专业水平也提出了较高要求。

 拓展阅读

"学习为本评估"的三种方式

课程是一段学习进程。推动中小学评估实现转型性变革,以突破"将评估重心置于学生考试分数上而不是放在学生学习上"的现实困局,有利于不断改进课程。华南师范大学教育科学学院课程与教学论研究团队与多所中小学协作,经过十余年的探索,建构了"学习为本评估"。学习为本评估,是一种新型的整体性评估形态,开启"善评者善教"和"善评者善学"的路径,综合运用学习段、学习性和学习化评估方式,优化师生的评估理解、体验和实践,最终改进教师的教与学生的学。学习为本评估主要包括学习段评估、学习性评估和学习化评估这三种方式。

1. 学习段评估

主要围绕"如何克服终结性评估的已有局限,推动学校从'育分'回归'育人'"这一问题,分析现有终结性评估重鉴别与筛选,呈现出评估形式与内容单一、评估结果分析与反馈较为乏力等特征,使得学校关注育分,进而建构改造终结性评估的学习段评估,并通过行动研究试行和改进,以便保障学校的育人成效。

学习段评估,指依据课程目标、既定学习目标或评估标准等,综合运用多种方法收集某一学习阶段结束时学生学习结果的信息,并通过数据分析,判定学生的达标程度如何,在此基础上,着重对这些数据做出适当解释,反馈给教师、学生、学校领导、家长或教育行政部门等,以便其改进相应的教学决策。基于对终结性评价的改造而创生的学习段评估,不止步于精确测量学生的已有学习情况,而是力争让评估的终结性、诊断性和形成性三重作用协同发挥出来,既回顾"过去做得如何",也关注"当前做得如何",更明确"如何做得更好"。学习段评估帮助师生以"成长型思维"看待学习而非以一锤定音的方式终止学习,让师生在关注"已经拥有什么"的基础上进一步思考"正在做什么和还能做什么"。

2. 学习性评估

主要围绕"如何克服形成性评估的已有局限,推进学生培养从'趋同化'走向'个性化'"这一问题,分析现有形成性评估沦为频繁的形成性测验和作品收集的形式主义,缺乏对学生学习的及时分析与个性化指导,难以支持学校突破学生培养趋同困境,进而提出升级形成性评估的学习性评估,并通过行动研究试行和改进,以便重学生差异,助力学生全面而有个性的发展。

学习性评估,指基于寻找、收集和解释学生学习证据,觉知学习目标与学生现有水平之间的"最佳差距",并通过改进教与学以弥合这种差距。许多教学活动基本按照"设计→实施→评估"这一顺序开展,评估发生在教学之后。还有一些教师打破上述惯常顺序,将评估前置,开发出"前置性评估→设计→实施→评估"的新次序。学习性评估不限于此,而是致力于将评估整合到教与学过程之中,贯穿于教与学的全过程,这有助于师生随时围绕"现在在哪里""要去哪里"和"如何到达那里"等问题对自身的教与学进行校准、调节和改善,也有助于学生将外在的要求转化为自己内在的预期学习目标及配套的评估标准,这样,外在的要求和学生内在的学习目标与相应的学习行动就结合起来了。

3. 学习化评估

围绕"如何走出学生自评乏力的困境,帮助学生成长为优秀的自主评估者,引导学生从'要我学'转向'我要学'"这一问题,分析学生自主评估和自主学习低效现状,提出建构指向学生自主学习的学习化评估,并通过行动研究试行和改进,提升学生的自主评估素养,改变学生盲目被动学习的局面。

学习化评估促使学习和评估一体化,让学生成为评估活动的主体,对学习活动展开自我评估和同伴互评,随时管理、反思、监控和调节自己的学习过程,在评估过程中获取有效的反馈信息,丰富评估活动经验,增长评估知识与技能,养成可持续发展的评估素养,成长为优秀的自我评估者和自主的终身学习者。相对而言,学习性评估和学习段评估主要由教师主导,学生只是参与其中;而学习化评估重视元认知驱动,主要由学生主导。

学习为本评估并不是一味否定或排斥已有的评估理论与实践,而是立足于学习为本,对已有的评估理论与实践进行涵括式超越,期望在一定程度上为评估及其理论发展提供新视野、新思路和新生长点。

资料来源:曾文婕,等. 评估促进学习何以可能——论新兴学本评估的价值论原理[J]. 教育研究,2015,(12):79-88.

第四节　小学课程与教学评价的发展趋势

概括而言,小学课程与教学评价的发展趋势是要改变"应试文化",解决过于强调"育分"而较为忽视"育人"的问题。中共中央、国务院印发《深化新时代教育评价改革总体方案》,明确提出"改进结果评价,强化过程评价,探索增值评价,健全综合评价"①,为小学课程与教学评价的发展指明了方向。

① 中共中央,国务院. 中共中央国务院印发深化新时代教育评价改革总体方案[N]. 人民日报,2020-10-14(1).

一、 改进结果评价，关注完整的学习结果

改进结果评价，是对功利性评价文化的反思。[①] 已有的结果评价，侧重发挥鉴别和筛选的功能，区分出达标和未达标的学生，并据此进行筛选和奖惩。结果评价在很大程度上被等同于考核、考试、给分数和排名次，分数和名次拥有对学生学习结果的主要解释权。这给学生带来高风险和高压力，导致学校为分数而办、教师为分数而教、学生为分数而学等乱象。改进结果评价，着眼于综合运用多种方法，全面收集某一阶段结束时学生学习结果的信息，通过数据分析，判定学生的达标程度如何，并在此基础上，着重对这些数据做出适当解释，反馈给教师、学生、学校领导、家长或教育行政部门等，以便其改进相应的教学和学习决策。与已有的结果评价相比，改进后的结果评价主要有两大特点：一是更加全面地认识学生的学习结果；二是对评价结果进行深入分析并加以形成性运用。

（一）转变对学生学习结果的认识，在关注显性素养的同时重视隐性素养

已有的结果评价，主要以分数反映学生的学习结果，陷入"只见分不见人"的迷误，导致过于关注显性素养而在较大程度上忽视隐性素养，在方法上也以纸笔测验为主。曾有 17 个国家（地区）的专家对 PISA 2012"以计算机为工具的创造性问题解决测试"结果开展研究，发现中国学生在阅读、数学和科学知识学习方面的表现与问题解决能力之间存在最严重的负相关，这也说明"高分低能"现象真实存在。[②] 当下，亟须改变对学生学习结果的认识，重视将隐性素养纳入评价，并运用多样化的评价方法。

学生的学习结果，既包括基础知识与基本技能等显性素养的提升，也包括高阶思维、品格和价值观等隐性素养的发展。显性素养可以通过纸笔测验来评，但隐性素养具有"不易评"的特征。在"不易评"的情况下，教师"不愿评"的畏难情绪随之而生，使得隐性素养陷入"说起来重要、评起来次要、忙起来不要"的困境。在"唯分数"和"唯升学"等背景下，"考什么就重视什么"的观念广为传播，为了能取得好成绩、升入好学校，教师和学生都更重视显性素养，隐性素养愈发被边缘化、虚化和忽略。关注显性素养是必要的，然而，隐性素养更不容忽视。有研究指出，只有重视隐性素养的提升，才能更长久稳定地促进显性素养提升，隐性素养比显性素养更根本、更重要。[③] 2022 年新颁布的课程标准也反映出对隐性素养的重视，虽然各课程要培养的核心素养不尽相同，但总的来看，学生通过学习要获得的素养有显性和隐性之分，而且隐性素养被置于重要位置。[④] 因此，转变对学生学习结果的片面认识，既关注显性素养维度的学习结果，也重视隐性素养维度的学习结果，就显得尤为重要。

而且，过多使用纸笔测验给学生评分赋等，会导致原本极具生机活力的学生整日穿梭于"题海"而感到压抑苦闷，难以发挥出育人价值。因此，评价方法也要有所改进。首先，运用表现性评价等方法开展对隐性素养的评价。表现性评价围绕与学生学习、生活相关的议题和话题设计评价任务，能够引发学生的隐性素养表现，进而帮助教

---

① 周光礼,袁晓萍.聚焦"四个评价"深化教育评价机制改革[J].中国考试,2020,(8):1-5.
② 张民选.基于国际评价改革趋势探讨基础教育高质量发展方向[J].中国基础教育,2023,(3):15-21.
③ 岳欣云,董宏建.论小学生数学隐性学力的提升[J].课程·教材·教法,2016,(10):63-68.
④ 曾文婕.新课标下学生学习评价的变革[J].湖南师范大学教育科学学报,2022,(3):12-15.

师判断学生的隐性素养发展到哪种水平。其次,改进纸笔测验,使之尽可能在关注显性素养的同时观照隐性素养评价。比如,考虑结合隐性素养评价需要,提升开放性试题占比、增强试题情境性,避免学生采取死记硬背的应试策略便能获得高分。

（二）加强评价结果的形成性运用,在鉴别的同时重视改进师生的教与学

已有的结果评价存在重结果、重分数的误区,主要发挥的是鉴别学生学业成就进而筛选出达标的学生的功能,而忽视了对评价结果的分析与运用。但是,获得评价结果,并不意味着评价的结束,更重要的是解读出评价结果内蕴的、改进师生教与学的"密码",从而对评价结果加以形成性运用。

从实质上看,已有的结果评价主要是证明学生已有学习活动的价值有无与高低,属于"证明价值"的"证价"活动;改进结果评价,需要在判断学生已有学习结果价值有无与高低的基础上,进一步通过判断而指导行动,通过行动创造价值,属于"创造价值"的"创价"活动。"创价"的核心在于,价值不是已然的存在,不是静观的对象,而是需要通过智慧指导行动以将其创造出来,使之成为存在的对象,价值是创造活动的结果。由此,评价不能主要是一种判断学生学习结果是否达到主流标准的手段,而应该调整次序,即评价要适应学生的学习需要,尽可能地促进学生学习。这样的评价,其重心不是"判断学习的价值",而是"创造学习的价值"。师生不再是"置身事外"等待评价结果之人,而是主动的"行动者"。通过在自觉确立价值命题、做出价值选择、进行价值判断的基础上实现价值创造,师生行动着,也实现着预期的学习价值追求。

评价结果的形成性运用,主要有两条路径:

（1）学生利用评价结果进行自我分析和自我改进。根据评价结果,学生可以了解自己在上一阶段的学习表现,并尝试解读学习表现背后的原因,为后续学习制定改进方案。为了帮助学生更好地进行自我分析与改进,教师可以为学生提供引导性工具支持。

（2）教师运用评价结果进行教学改进。教师可以根据评价结果梳理学生存在的共性问题,层层追问、深度反思教学尚存的不足。除了分析班级学生的共性问题,教师还可以分析学生存在的个别问题,在后续教学活动中为不同学生设计适宜的学习任务并提供个性化指导。不论是面向全体学生还是个别学生,教师都在运用评价结果调适自己的教,使之更好地促进学生的学习。

二、 强化过程评价，促进教—学—评的融合

结果评价在一定程度上具有滞后性。过程评价作为对结果评价的补充,本应动态追踪学生的发展过程,反映出全程化和重反馈的特点,为师生提供及时的、具体的、多维的改进信息。但在实践中,过程评价经常被异化为频繁开展测验,导致学生长期处于追求分数的高压力环境之中。而且,实践中的过程评价经常缺少反馈环节。强化过程评价应避免陷入上述误区,围绕学生"现在在哪里""要去哪里"和"如何更好地到那里"收集和解释评价信息,让学生得到反馈和指引,以弥合当前水平与预期目标之间的差距。[①] 由此,将评价融入教与学,真正在过程中实现边教、边学、边评、边改进,有利于发挥出评价促进学生学习的作用。

---

① 曾文婕,黄甫全,余璐.评估促进学习何以可能——论新兴学本评估的价值论原理[J].教育研究,2015,
（12）：79-88.

（一）将评价融入教与学，凸显教—学—评一致

强化过程评价，不是将评价作为一个环节"嵌入"教与学活动，而是力争将评价适当"融入"教与学的各个环节，实现边教、边学、边评、边改进。这样，师生在过程中就能及时发现并解决存在的问题，而不用等到某一学习阶段结束，进行结果评价时才发现问题。为此，教师需要随时思考"学生当下的学习情况如何""如何证明学生已经达到学习目标""学生的哪些表现能够作为判断依据""哪些任务能引发学生的这些表现"和"哪些方式和工具能收集这些表现""如何改进教学帮助未达标的学生实现目标"等问题，并据以调整自己的教学。学生需要随时思考"我现在在哪里""我应该去哪里""我怎么去那里""如何确信自己已经到达那里"和"怎么帮助未到的自己到达那里"等问题，并据以调整自己的学习。

在具体的实践中，教师可以采用课堂问答、汇报展示和随堂练习等多种方式将评价融入教与学，捕捉学生有价值的表现，分析学生目前的学习水平，探索出改进学生学习的策略并加以运用，促进教—学—评的有机衔接、协调一致。这样，有助于有效落实新课程改革要求，支持教师教学创新和学生学习方式变革。

（二）提升教师反馈质量，促进学生优化学习

过程评价要能真正促进学生的学习，需要教师基于通过评价所收集的学生学习证据，为学生提供高质量的反馈。然而，学生难以理解反馈内容、反馈无法支持学习改进等问题却比比皆是。这又导致教师产生挫败感，不愿再费时费力提供反馈。为了提升反馈的质量，教师需要结合学生特点给出适宜反馈，并与学生开展关于反馈的互动。

第一，结合学生特点给出适宜反馈，使学生乐于接受。对教师的反馈，不同学生会产生不同的反应。有的学生视反馈为教师提供的宝贵礼物，会用于改进自身学习；有的学生则难以接受反馈，并选择置之不理。学生对教师反馈的反应，受其效能认知、动机水平、努力程度和情绪状态等诸多因素影响。以效能认知这一因素为例，学生通常会在心中衡量自己能达到的最高成就水平，当学生认为自己无法达到教师反馈中所提的要求时，就会选择安于现状，不愿再根据教师的反馈付出进一步努力。再以情绪状态这一因素为例，学生对反馈的态度会受关系密切的同伴影响，当同伴获得更好的反馈时，学生就会产生焦虑而不愿去执行教师的反馈。[①] 因此，面对预期目标设定较低、容易满足的学生，教师提供反馈时要侧重引导学生树立与之能力相匹配的更高目标，并为其提供脚手架，支持其付出进一步改进自身学习的努力。面对时常表露出焦虑情绪的学生，教师提供反馈时要给予更多肯定和鼓励，引导同伴之间开展互助与合作。

第二，要加强与学生的互动，引导学生使用反馈改进学习。教师在提供反馈时，要考虑学生个人的学习目标和已拥有的学习资源，让学生感受到教师在与自己对话，是针对自己提供的个性化反馈。这样，学生更愿意珍惜教师的反馈并加以运用。同时，教师要赋予学生话语权，允许学生作为反馈使用者对反馈内容提出疑惑或质疑，敢于和乐于向教师、同伴寻求帮助。教师还可以通过提问了解学生对反馈的感受、对反馈的建议、依据反馈制订的行动计划和已经付出的行动等，以便跟踪学生使用反馈改进学习的情况。根据学生的回答，教师也能够对相应反馈进行调整，进而为学生的学习

---

① 曾文婕. 论生态型学习评估范式的建构[J]. 中国教育学刊, 2019, (2): 48-53.

提供更有力的支持。

三、 探索增值评价，引导学生成为评价者

增值评价是基于学生成绩增长实际结果和预期结果之差值，来对教师、学校等影响因素的效能和贡献度进行评价的一种理念，旨在满足对教育目标和结果及其实现进程的监测需求，以及对学校和教师促进学生学习的效能的研判需求。[①] 增值评价会收集学生在一段时间内不同时间点的标准化测验成绩，追踪学生在该时间段的学业变化，致力于通过数理统计模型进行复杂的数据分析，得到较为合理的评价结果，考察学校和教师对学生学业成绩的影响，实现对学校和教师教学效能较为科学、客观的评价。增值评价带来了评价"关注点"和"参照系"的改变，将学生当前成绩与过去成绩进行比较，不"以结果论英雄"，而是关注教师教学带来的成绩增值。这有利于给不同学校和不同教师设置合理可行的目标，缓和"生源大战"，促进教育公平。但需要注意的是：如果师生主要追求纸笔测验能测评的基础知识与基本技能的增值，就仍在走"唯分数"的老路[②]。进一步说，如果将增值仅仅理解为"分数"增值，就会窄化增值评价，让考试分数之外的学习增值被忽视，进而走入分数导向与片面评价的窠臼，强化"应试教育"倾向，阻碍学生全面发展。而且，如果学生主要在他人干预下被动追求分数增值，缺乏主动追求多维度增值的机会与意识，也不符合新时代的育人要求。因此，探索增值评价，要引导学生成为自主的评价者，关注自己在学习过程中取得的多方面的进步，唤醒自觉发展的意识，积极开展自评和互评，随时进行自我反思、监控和调节。

（一）淡化横向比较，鼓励学生关注自己的进步

"不比基础比进步"是增值评价的特点之一，[③]不同学生的基础和背景各异，仅对评价结果做横向比较无异于以多数人的"失败"去衬托少数人的"成功"，这样的评价往往有失公平。探索增值评价，要淡化对不同学生评价结果之间的横向比较，尤其是仅仅基于学生所得分数的横向比较，要更多地关注学生在学习过程中的进步。由此，学生的起点是否足够高显得不那么重要，而学习过程中产生的转变与进步得到重视。

以对学生英语写作能力的评价为例，传统评价主要关注学生英语写作能得多少分。增值评价应注重将学生英语写作能力细化为"写作目的""观点""组织""格式""语言"和"写作机制"等多个维度，各维度也区分出子维度，例如"组织"这一维度涵括"行文连贯、逻辑清晰""能使用合适的过渡语"和"能流畅自然地引出观点"等，进而分析自己在一段学习时间内这些维度上的发展变化。学生可以通过绘制学习进展图，生动呈现自己每周、每月、每学期在这些维度上的表现与变化。当进展图中的折线下滑时，学生产生危机感并积极寻找合适方法解除危机；折线发生持续上升时，学生则对自己采取的学习方式和策略感到满意，继续投入学习。由此，评价不仅服务于判断学生达标与否、进步与否，还引导学生认识到要提升自己的英语写作能力应该从哪些方面着手，也帮助学生养成关心自己学习、自主评价以及对自己学习负责的态度。

---

① 韩玉梅，等.探索增值评价的中国路向：基于美国实践经验的批判性分析[J].华东师范大学学报（教育科学版），2023，（2）：63-80.

② 王天平，牌代琼.新时代教育增值评价改革：从数据描绘走向价值呈现[J].中国考试，2022，（10）：31-38.

③ 辛涛."探索增值评价"的几个关键问题[J].中小学管理，2020，（10）：1.

尤其需要注意的是，要引领学生突破将"增值"圈定为"考试分数增值"的局限，帮助学生将自己在一段时间内是否发生深度学习并带来认知、情意、社会互动和自我调节等多维度的学习增值纳入评价范畴，鼓励学生关注自己在多方面的进步。

（二）避免安于现状，唤醒学生自觉发展的意识

长期落后的学生易自怨自艾、悲观失望，长期领先的学生则易自傲自满、停滞不前。这些状况，都与过去常用的评价方式有关。而且，不论是自怨自艾还是自傲自满，都易导致学生安于现状，缺乏自主进取意识，这是必须改变的。探索增值评价，引导学生自评和同伴互评，有助于唤醒学生的自觉发展意识，启发学生主动在学习过程中实现多维度的学习增值。

增值评价要促使学生积极参与和投入到学习活动之中，包括思考和设定多维度的学习目标、考虑和选择学习策略、监控和调整学习步调、检视和控制学习过程、开发和使用反馈信息，从而形成对学习活动的新理解，并将这些新理解与已有知识建立起联系，进而改进学习目标或策略等。在这个意义上，评价过程成为学生自我监控和调整学习的元认知过程，也是提升元认知水平的过程。由此，增值评价实质上成为学生一种特殊的自我认识和自我赋能，有利于学生为自己的学习活动提供明智的指导，并真实地改进学习活动，以促进自己的持续发展。

四、健全综合评价，运用智能技术赋能评价

综合评价是从全方位关照被评价对象的视角出发，通过构建科学合理的评价指标体系，对评价对象进行全面性、整体性的评判，综合反映评价对象的总体特征，全面考量和判断评价对象的价值。[①] 从评价导向上看，综合评价强调"综合"，这意味着将学生作为"整体的人"进行全面评价。而综合素质评价聚焦于学生综合评价中的整体性和全面性内容，涵盖的是学生素质发展中的基础性成分。[②] 因此，健全综合评价的一个关键在于，要有效落实综合素质评价。从评价技术上看，综合评价面对的学生众多，需要运用智能技术采集和分析海量数据。

（一）有效落实综合素质评价

综合素质评价主要有两种价值取向：一是育人取向的综合素质评价。主要指中小学日常开展的综合素质评价，基于学生在各种课程与教学活动中的表现，对学生的综合素质进行分析与评价，以发现和培育学生的良好个性，促进学生全面而有个性的发展。二是选拔取向的综合素质评价。主要指高一级学校招生中的综合素质评价，是基于学生综合素质档案或高一级学校综合素质测评对学生综合素质进行鉴定和甄别，以服务于高一级学校精准选拔优秀生源。[③] 面对以上两种取向，要始终坚持评价育人的根本目的，审慎对待两者的关系。小学阶段的综合素质评价要以育人取向为主。

小学综合素质评价的实施需把握以下要点：

（1）探索开展小学各年级学习成长情况全过程纵向评价、德智体美劳全要素横向评

---

① 刘邦奇,刘碧莹,胡健,等.智能技术赋能新时代综合评价:挑战、路径、场景及技术应用[J].中国考试,2022,（6）:6-15.

② 柴唤友,陈丽,郑勤华,等.学生综合评价研究新趋向:从综合素质、核心素养到综合素养[J].中国电化教育，2022,（3）:36-43.

③ 刘志军.新时代综合素质评价的创新实践[J].课程·教材·教法,2023,（2）:28-31.

价,主要包括思想品德、学业水平、身心健康、艺术素养、劳动与社会实践五方面。综合素质评价也是促进学校建构特色化育人格局的一项核心举措,可以结合地方和学校实际设置特色化育人目标、研制特色化评价指标体系,进而形成特色化的学生综合素质评价实施方案。比如,有学校研制出"紫荆花开 天天向上"小学生综合素质评价指南,包括"品德发展、身心健康、学业表现、审美情趣、劳动实践"五大维度,并细化出15项关键评价指标。[①]

（2）采用多种方式进行评价。一是量化与质性评价相结合。综合素质评价除了采用一般意义上的测验和问卷等量化评价方法外,还可通过档案袋评价和反思性日志撰写等质性评价方式,客观、真实、全面勾勒学生的成长轨迹,为学生"画像",规避学校评价"只见分数不见人"的流弊与不足。二是他人评价与学生自评相结合。教师要通过观察法和行为记录法等,对学生的行为习惯、学习习惯、劳动习惯、身心素质、美育实践和社会责任等进行评价,客观描述学生的进步、潜能和不足,避免形式化和应试化。学生要参与评价,总结反思个人感悟、展示交流成长记录等,并让反思和总结自主化与常态化。

（3）加强各学段综合素质评价的衔接。幼儿园与小学、小学与初中的综合素质评价应力争"无缝"衔接,体现评价的连续性和进阶性。为此,要加强各学段之间的沟通交流,科学制定评价指标,用好大数据"画像",实现成长与评价的一体化。

（二）运用智能技术采集和分析海量数据

党的二十大报告明确指出"推进教育数字化"。综合评价需要科学全面地记录和分析学生学习过程中产生的数据,这离不开智能技术的支持。

就数据采集而言,运用智能技术有助于采集课程与教学实施过程中的多模态数据,既有外显的行为数据,也有内隐的生理和心理等数据。多模态数据的采集主要包括以下五类:① 基于视频的数据采集。通过摄像头录制学生的面部表情和身体姿势等,采集学生的行为和心理数据,分析学生的专注度和情绪变化等。② 基于语言的数据采集。通过语音识别技术采集学生的语音数据,分析学生的交互状态和情绪状态等。③ 基于文本的数据采集。通过文字识别技术采集学生完成的作品,分析学生的认知水平等。④ 基于身体的数据采集。通过便携式脑电设备、智能腕表、皮肤电传感器等采集脑电、心率和皮电等生理数据,分析学生的情绪和状态等。⑤ 基于环境的数据采集。通过智慧校园系统采集学生的位置信息、所处环境的温度和湿度信息等。总体而言,智能技术能够支持在日常情境下采用非介入的方式采集数据,数据采集渠道得到拓展,数据采集的类型也更加丰富,不仅能采集横断面数据和静态数据,也能采集纵向追踪数据和动态数据,有助于满足综合评价的需要。

就数据分析而言,可以通过"事实标签—模型标签—高级标签"三级架构的数据标签体系对多渠道采集的海量数据进行加工分析。[②] ① 事实标签。相对静态、客观,仅对原始数据做简单的统计分析。以"艺术素养"为例,事实标签会统计学生艺术活动的参与次数、音乐课和美术课的考核情况等。以"劳动实践"为例,事实标签则会统计学生家务劳动参与次数、实践活动参与次数等。② 模型标签。需要构建相应模型,

---

① 王岚,杜毓贞,潘鑫.让成长看得见:以生为本的小学生评价改革实践创生[J].中国教育学刊,2023,(4):48-52.

② 黄炜,张治,胡爱花,等.基于"五育融合"的学生数字画像构建与实践分析[J].教育发展研究,2021,(18):44-51.

对数据进行深层分析。模型标签会依据知识图谱模型和学生认知模型等对学生多维度的发展进行解析。③ 高级标签。以前两类标签为基础,通过关联分析、趋势分析和归因聚类分析等为学生提供预警或指导。比如,为学生提供身心健康状况预警或规划学习路径、推荐鉴赏艺术作品等。

简言之,运用智能技术能够较为全面、综合、精准、公平地采集并分析海量学习数据,有利于人们较为全面地、持续性地把握学生的学习与发展状况,从而更好地发挥评价的鉴别和改进作用,助力学生的全面发展。

本章小结

小学课程与教学评价,是指通过一定的方法和途径系统收集有关信息,依据相关标准,对小学课程方案、教材、教师教学和学生学习等进行价值判断的活动,主要有检查、反馈、激励和管理等功能。小学课程与教学评价对象主要包括小学课程文本材料、小学教师的教学、小学学生的学习、小学的课程与教学环境、小课程与教学系统和小学课程与教学评价。小学课程与教学评价主体主要包括教师、学生、学校领导、教育行政部门以及家长与社会人士。小学课程与教学评价按照不同的分类标准,可划分为不同的类型:按照评价作用的不同,可分为诊断性评价、形成性评价和终结性评价;按照评价标准的不同,可分为相对评价、绝对评价与个体内差异评价;按照评价主体的不同,可分为内部评价和外部评价。小学课程与教学评价的实施步骤主要包括"明确对象,研制标准""制订计划,确定方案""收集信息,整理资料""分析资料,做出判断""形成报告,推广反馈"以及"进行元评价,反思提升"等。

小学课程与教学评价的模式主要有:目标达成评价模式,主要指基于目标开展课程与教学评价,旨在评价课程与教学目标达成的程度;差异评价模式,可用于对处于规划阶段或实施阶段等各阶段的课程与教学,以及学校、学区、地区等各层面的课程与教学进行评价;全貌评价模式,既重视课程结果的评价,又重视"前提条件"和"相互作用"的评价,既关注预定目标的达成,又关注实际发生的情况;背景—输入—过程—成果评价模式,重视背景评价、输入评价、过程评价和成果评价,期望通过课程评价,发展出一系列可达成预期目标的替代性方案或策略,供课程决策者从中选择,进而达成改良课程的理想;"法庭"评价模式,包括各种评价活动,这些活动的核心是安排时间听取正反两方的观点;目标游离评价模式,主张把课程评价的重点从"预期的课程结果"转向"实际的课程结果",倡导重点评价课程产生的"非预期结果"。

小学教学与学习评价,需要遵循整体性、科学性和发展性原则,将教学与学习过程看成各要素有机联系的整体,全面收集相关信息,力求做出真实、准确的判断并能够起到改进教学与学习的作用。小学教学评价是依据一定标准,系统收集小学教学活动的事实信息并对其进行价值判断的活动,其主要方式有观课评课和学生评教。观课评课的主要方式有整体式、片段式和焦点式等,学生评教的主要方式是问卷调查。小学学习评价是在系统、科学地收集、整理、处理和分析学生学习信息的基础上,评定学生的学习与发展质量。当前,小学学习评价的方式呈多样化的趋势,主要有测验、表现性评价和档案袋评价。

小学课程与教学评价的发展趋势体现为以下四个方面:"改进结果评价,关注完整的学习结果""强化过程评价,促进教—学—评的融合""探索增值评价,引导学生成为评价者"和"健全综合评价,运用智能技术赋能评价"。

一、单项选择题

1. 为了及时了解活动进程的效果,及时反馈信息和加以改进,在课程开发、教学过程、学习过程中对课程方案、教师的教、学生的学的动态状况进行评价,属于(　　)。

A. 绝对评价　　　　B. 诊断性评价　　　　C. 终结性评价　　　　D. 形成性评价

2. 由课程设计者对自己设计的课程进行评价,属于(　　)。

A. 绝对评价　　　　B. 相对评价　　　　C. 内部评价　　　　D. 外部评价

3. 主张把课程评价的重点从"预期的课程结果"转向"实际的课程结果",这种课程与教学评价模式是(　　)。

A. 目标达成评价模式　　　　　　　　B. 目标游离评价模式

C. 差异评价模式　　　　　　　　　　D. 全貌评价模式

二、名词解释题

1. 小学课程与教学评价

2. 档案袋评价

3. 增值评价

4. 综合评价

三、简答题

1. 简述小学课程与教学评价的对象。

2. 观课评课的主要方式有哪些?

3. 简述表现性评价的内涵和优势。

四、论述题

1. 结合实际谈谈小学课程与教学评价的实施步骤。

2. 论述小学课程与教学评价的发展趋势。

1. 胡中锋. 教育评价学[M]. 4 版. 北京:中国人民大学出版社,2023.

该书分为三篇。第一篇是教育评价的基本原理,介绍了教育评价的种类与发展阶段、教育评价方案的编制与实施、教育评价心理及其调控。第二篇是教育评价的方法,涉及量化评价法和质性评价法。第三篇是各类基础教育评价,包括教学工作评价、课程评价、教师评价、学生评价、学生品德评价、学生劳动教育评价、学校体育评价、中小学学校评价、学校美育评价和增值性评价等。

2. 曾文婕. 学习为本评估论[M]. 北京:人民教育出版社,2023.

本书分九章。第一章"学习为本评估的概念论",梳理评估范式的演变,区分"评估"与"评价"以及"学习为本"与"分数为本"等概念,进而厘清学习为本评估的含义。第二章"学习为本评估的价值论",将"促进学生学习"作为评估领域核心的价值取向和主导的实践诉求。第三章"学习为本评估的主体论",建构"善评者善教"和"善评者善学"的学本评估主体观。第四章"学习为本评估的内容论",基于整体主义学习观提出涵括认知、情意、社会互动和自我调节四维度的评估内容。第五章"学习为本评估的媒介论",探明符号媒介的心智形塑原理和交互连接原理以及社会媒介的经验融合原理。第六、七、八章为"学习为本评估的方式论",分别阐述学习段评估、学习性评估和学习化评估三大评估方式。第九章"学习为本评估的策略论",探讨学习为本评估融入教学的策略、基于学习为本评估的师生教学创新策略以及推动育人方式改革的学习为本评估策略。

第十章　小学作业设计

1. 识记
◆ 作业的含义与功能
◆ 作业设计的含义
2. 领会
◆ 作业设计的思想
◆ 作业设计的常见问题
◆ 作业设计的有效策略
◆ 素养导向小学作业设计的常见形态
◆ 素养导向小学作业设计的基本流程
3. 应用
◆ 应用本章所学的知识,分析当前我国作业设计存在的问题
◆ 应用本章所学的知识,设计素养导向的小学作业

6 学时

诗体数学题①

面对单调、划一的作业题,学生容易疲劳,产生消极应付的心理。为此,有教师开展作业设计,设计出诗体数学题,从形式到内容都使学生耳目一新。

比如,在学了"最小公倍数"后,设计如下诗体数学题:

三个女儿来看娘,

三五七天各一趟,

今日都往娘家走,

何日一齐再看娘。

这道题若用普通叙述法,需增加文字才能表达出来:一个老婆婆有 3 个女儿,大女儿 3 天来一次,二女儿 5 天来一次,三女儿 7 天来一次,她们某日恰好在娘家聚齐,请问姐妹三人再次聚齐,至少需要多少天? 比较而言,数学诗只有 28 个字,一句"三五七天各一趟"省略了许多繁琐的叙述,叙述简洁明了,却更有韵律,而且能让学生眼前一亮。

又如,学了"百分数"之后,可以让学生阅读优美诗文并完成相应的计算作业。如题:

春水春池满,

春时春草生,

春人饮春酒,

春鸟弄春色。

---

① 肖川.名师作业设计经验(数学卷)[M].北京:教育科学出版社,2007:3.

（1）请朗读这首诗，看看哪个字出现得最多。

（2）"春"字出现的次数占全诗总字数的百分之几？

（3）课后找一首诗，使某一个字出现的次数至少占10%，然后有感情地朗读。

课后，学生既要找诗，又要读诗，还要计算。学生经历了找、读、算的过程，感受会是丰富的，得到较多的收获。

多年来，许多教师都习惯于将现成的作业"布置"给学生，不太重视"设计"作业。而且，很多老师布置的作业，都是"机械重复多，实践应用少""现成内容多，创意研制少"以及"统一任务多，自主选择少"。这样缺乏趣味的作业，令学生望"业"生畏，苦不堪言。可以说，广大教师逐步从作业"布置"转向作业"设计"，在作业内容与形式上进行改革和创新，进而逐步实现作业的多样化，让更多有趣味的、创造性的作业成为作业的主要形式，使学生从单一、枯燥的机械练习中解脱出来，已成为目前课程与教学设计必须解决的一个迫切问题。

2021年，教育部印发《关于加强义务教育学校作业管理的通知》，同年，中共中央办公厅、国务院办公厅印发《关于进一步减轻义务教育阶段学生作业负担和校外培训负担的意见》，要求提高作业设计质量，坚决克服机械、无效作业，杜绝重复性、惩罚性作业。2023年，教育部发布《基础教育课程教学改革深化行动方案》，要求引导教师提高作业设计水平。随着基础教育改革不断深化，作业设计的重要性日益凸显。作业设计，是教师必备的一项专业能力。

第一节　作业设计概述

掌握作业的概念与功能、作业设计的概念以及作业设计的思想，有利于有效开展作业设计。

一、作业的概念与功能

作业和作业设计是两个相互关联的概念。开展作业设计，需要先了解作业的概念与功能。

（一）作业的概念

作业有广义和狭义之分。广义的作业"泛指为完成某种学习任务而布置的各类练习的通称"[①]，包括课堂作业和课外作业。狭义的作业主要指"课外作业"。人们常讨论的"作业"，主要是狭义的作业。

（二）作业的功能

概括起来，作业主要有巩固、诊断、学情分析和改进四大功能。

巩固功能，指作业有助于巩固课堂所学，避免遗忘。巩固功能是作业的常见功能。

诊断功能，指作业完成情况能反映学生学习的优势和存在的问题，能够帮助教师诊断教学目标达成情况。

学情分析功能，指作业有助于教师深入分析学生知识结构和认知能力等学情相关

---

① 顾明远.教育大辞典(增订合编本)(下卷)[M].上海:上海教育出版社,1998:2175.

的深层信息,探明背后的现象、规律及原因。

改进功能,指教师可以根据学生对作业的完成情况,为学生提供个性化学习指导并改进教学方案,从而提升学习效果。

二、 作业设计的概念

作业设计是教师根据一定的目标,通过选编、改编和创编等方式,对作业的目标、内容、形式、实施及改进等进行系统规划和安排的活动。

理解这一概念,需要把握三个要点:

(1)作业设计是为了完成一定的目标。

(2)作业设计有一定的方法。选编、改编、创编是常用的方法。选编是教师从已有的教材课后练习题及相关教学参考资料中,选取恰当的内容最终形成作业。在这个过程中,教师并未对已有的作业资源进行改变。改编是教师以教学目标、作业目标为依据,根据学生的学习情况,通过改变教材课后练习题及相关教学参考资料中的问题呈现方式、问题条件、转换题型等方式形成作业。创编是教师根据教学目标、作业目标,根据学生学习情况,自主设计作业。

(3)作业设计具有动态性和系统性。作业设计不是一个线性过程,教师要在综合考虑教学目标和学生的学习需求等基础上确定作业的目标和形式,并在作业实施和评价的过程中动态调整作业设计,通过迭代不断提升作业设计的质量。

三、 作业设计的思想

历史上主要出现了作业即游戏活动、作业即教学巩固、作业即学习活动和作业即评价任务四种作业设计思想。[①]

(一)作业即游戏活动

"作业即游戏活动"的思想来源于学前教育领域,以福禄培尔(Fröbel,F. W. A.)和蒙台梭利(Montessori,M.)为代表。其主要观点有:

(1)在作业设计目标上,强调作业对儿童感知觉和动作技能训练的价值。福禄培尔让儿童利用作业材料进行手工和构造活动,包括折纸、放置木棍、串珠、刺绣和绘画等手眼协调动作的训练。蒙台梭利的作业训练范围比福禄培尔更加广泛,不仅包括手眼协调,还涵盖视觉、听觉、触觉和味觉等感官训练。

(2)作业重视动手操作和实践参与。

(3)在作业的完成方式上,强调作业要符合儿童兴趣,并且能让儿童自愿完成,重视教师对学生完成作业过程的指导和支持。

"作业即游戏活动"重视作业对儿童身心发展的价值,强调作业的趣味性、自愿性和实践性,在今天看来依然有一定的意义,游戏化作业有利于激发小学生的学习兴趣。但是,这种设计思想将作业主要局限于训练感知觉和动作技能。当前,作业涵盖的范围更广。

(二)作业即教学巩固

"作业即教学巩固"的思想认为作业是对学生所学知识与技能的巩固。赫尔巴

---

① 本部分内容参考:王月芬.重构作业:课程视域下的单元作业[M].北京:教育科学出版社,2021:22-51.

特、凯洛夫以及行为主义学派为该思想提供了教育学和心理学基础。

概括而言,"作业即教学巩固"的主要观点有:

(1)在作业设计的目标上,重视发挥作业的巩固和管理作用。例如,在赫尔巴特的教学阶段理论中,"方法"阶段主要就是通过练习巩固新学的知识。凯洛夫明确指出:"家庭作业主要是通过阅读教科书和完成各种练习来巩固知识、技能和技巧。"①凯洛夫也重视作业的管理功能,认为作业可以促使学生上课认真听讲,因为学生如果上课不认真听讲,下课后就无法完成家庭作业。

(2)在作业的形式上,强调使用书面作业。

(3)在作业完成时空上,将作业从学校延伸至家庭。

(4)在作业的完成方式上,以学生独立完成为主。受行为主义影响,"作业即教学巩固"思想下的作业设计强调通过反复练习巩固知识。

"作业即教学巩固"的思想把作业视为教学的一部分,以服务课堂教学为目的,把作业拓展至课堂教学时间之外,重视学生完成作业过程中的独立性,对我国教学实践产生了较大的影响。但是,这种思想影响下的作业设计存在过度重视对知识与技能的机械训练和提供书面作业等倾向,使用不当会导致"惩罚性作业"和"题海战术"等问题。

(三)作业即学习活动

杜威、克伯屈(Kilpatrick,W. H.)等人将作业视为一种"学习活动",较为系统地论述了作业的价值和设计方法,形成了"作业即学习活动"的思想。

"作业即学习活动"的主要观点有:

(1)在作业设计的目标上,反对把作业视为教学巩固和学生管理的工具,认为作业应该关注对儿童兴趣、道德和能力的培养。杜威曾指出,"作业不是指为使儿童坐在桌子边不淘气、不懒散而给予他的任何一种'忙碌的工作'或练习",而是"复演社会生活中进行的某种工作或与之平行的活动方式",比如"通过以木块和用具进行的商店工作"等。②

(2)由于该观点把作业与活动关联,因此,在作业形式上重视采用非书面作业。

(3)在作业的完成时空上,重视校内作业和校外作业的互补。

(4)在作业内容上,注重整体性、情境性和真实性。"整体性"是指作业设计要关注学生的整体发展,而不能仅仅强调技能训练或知识巩固。"情境性"和"真实性"具有一定的联系,是指作业设计应该注重创设真实的问题情境,以便培养学生解决现实生活中真实问题的能力。

"作业即学习活动"强调以跨学科方式、创设真实的问题情境、关注学生等思路进行作业设计,有一定的启发价值。但是,这种作业设计思想也存在一定的局限性。例如,对教师提出了较高的要求,加上缺乏对教师系统的指导,导致在实践中落地困难。而且,以活动方式完成作业,所获得的知识存在生活化、碎片化等问题,难以形成系统的知识体系。

---

① [苏]凯洛夫.教育学[M].陈侠,等,译.北京:人民教育出版社,1957:214.
② [美]杜威.学校与社会·明日之学校[M].赵祥麟,任钟印,吴志宏,译.北京:人民教育出版社,2004:91.

（四）作业即评价任务

"作业即评价任务"把作业视为诊断教学效果和改进教学方法的手段,以泰勒、布卢姆和加涅等人为主要代表。

"作业即评价任务"的主要观点有:

（1）在作业设计的目标上,强调通过作业判断学生达成目标的情况,从而反思教学目标制定的合理性,改进课程设计、教学设计与教学行为。

（2）在作业设计过程上,强调应该进行系统设计。例如,重视作业目标的设计,认为作业目标应该是"可测量"和"具体的"。强调作业内容要紧扣作业目标并且对同一内容设计不同的作业,以便考察学生的不同能力。重视对作业结果的分析反馈,从而改进教学乃至课程设计。

"作业即评价任务"超越了"作业即教学巩固"的工具论和"作业即学习活动"的活动论,回归教育存在的核心价值——促进学习,为人们重新认识作业的价值提供了新视角。

第二节　作业设计的常见问题与有效策略

开展作业设计,要避免作业设计的常见问题并掌握作业设计的有效策略。

一、作业设计的常见问题

当前,作业设计存在诸多问题,主要表现为作业设计取向偏差、作业数量过多、作业内容脱离生活、作业形式单调统一和作业批改刻板简单。在进行作业设计时,对这些问题要加以避免。

（一）作业设计取向偏差

概括而言,作业设计取向存在的偏差具体表现为:

（1）片面强调作业的巩固功能。有的教师在作业设计时过于重视作业巩固课堂知识与技能的功能,忽视作业的其他功能,忽略作业的趣味性,作业被异化为单纯的知识演练与技能熟化过程。一项关于教师作业设计与实施的调查显示,教师普遍认可作业"巩固课堂学习内容"的功能,最不认同作业能够"保持或提高学生学习兴趣"。[①]

（2）过度强调作业的管理功能。有的教师把作业视为管理或惩罚学生的一种手段,最典型的表现就是布置惩罚性作业。这样的作业,势必扼杀学生的学习兴趣、降低学生的学习幸福感。

（二）作业数量过多

受应试教育的影响,许多教师为了追求考试成绩,认为作业是"多多益善"。加之教师之间作业布置缺少整体统筹和相互沟通,作业总量难以控制,导致学生作业负担不断加重。过量的作业使学生长时间伏案学习,活动时间无法得到保证,给学生身心健康带来了严重影响。

（三）作业内容脱离生活

作业要使学生有机会在真实的生活情境中运用知识解决问题。然而,许多教师设

---

① 王月芬,张新宇,等.透析作业:基于 30000 份数据的研究[M].上海:华东师范大学出版社,2014:107.

计的作业内容主要涉及书本知识,脱离学生生活。这样的作业,难以体现生活意义和生命价值,既不能使学生产生浓厚的学习兴趣,也不利于学生将所学知识与技能运用到解决现实问题之中去。

（四）作业形式单调统一

教师要充分考虑不同学生的个性化需求,设计出多样化的作业满足学生需求。然而,当前作业设计形式单调统一的问题依然存在,主要表现在两个方面:

（1）以书面作业为主。实践中,受"以考定教"的影响,作业通常被设计为有标准答案和固定解题模式的书面化作业,较少有非书面作业。单纯的书面化作业难以培养学生的动手操作和实践应用能力,可能导致学生即便掌握了丰富的知识也难以用知识解决实践问题。

（2）全班作业形式统一。有的教师给全班所有学生布置题量、内容和标准统一的作业,导致优等生"吃不饱"、中等生"吃不好"和学困生"吃不下"的问题。

（五）作业批改刻板简单

作业批改刻板简单是指仅采用"√"或"×"对作业完成情况进行正误判断。这种批改方式,会使学生忙于追求标准答案或正确答案,不利于创造性思维的培养。教师在批改作业时,不能仅批对错,而要尽可能适当指出学生存在的错误及其原因;不写无关痛痒的评语,而要结合作业本身的质量和学生差异化特点,适当使用建议性、指导性和激励性的评语予以学生指导;也不要忽视对作业批阅的记录,应注重对学生典型错误及可能原因加以记录、归纳与分析。① 否则,学生得不到及时和细致的反馈,会导致问题日渐积累,影响学生的学习质量提升。

二、 作业设计的有效策略

开展作业设计,应该做到:在观念层,重塑作业设计理念;在实操层,加强作业内容、形式和评价设计并深化作业资源建设;在工具层,借助技术减负提效。

（一）重塑作业设计理念

作业设计的质量,在一定程度上受制于教师所秉持的作业设计理念。因此,做好作业设计需要树立科学的作业设计理念。在发展核心素养的背景下,开展作业设计活动,应以培养学生核心素养为导向,挖掘作业促进学生学习的价值及实现方式,对作业的目标、内容、形式、评价等进行深入研究和系统设计,彰显作业独特的育人价值,杜绝机械性作业、重复性作业和惩罚性作业对学生身心带来的负面影响。

（二）加强作业内容设计

作业内容设计要符合聚焦作业目标、内容科学准确、题目精准典型、唤醒生活经验、激发思维活力和加强学科整合六项要求。

1. 聚焦作业目标

作业内容要围绕作业目标而展开。在实践中,作业内容与作业设计目标并不是简单的一一对应关系,有些作业内容可能会达成多个作业目标,有些作业内容可能只能达成一个目标。教师可以借助可视化表格(参见表10-1)等方式检查内容是否与目标一致。如果发现内容与目标不匹配,就要分析问题的原因,并根据分析结果予以调整。

① 王月芬.重构作业:课程视域下的单元作业[M].北京:教育科学出版社,2021:188.

表 10-1 作业内容与作业目标一致性分析表

教学目标	教学内容	作业目标	作业题号	作业题型	是否与目标一致

2. 内容科学准确

作业的题目要符合课程标准要求,难度适宜,数量适中,选择的材料、数据等无误。同时,要对作业的完成条件和方式等做出明确规定,没有歧义。

3. 题目精准典型

作业内容设计要在熟悉教材、理解作业编排意图的基础上,认真分析教材各单元、各课时的作业内容,紧扣教材重难点和学生学习的薄弱点,精心设计有代表性、能够触类旁通、举一反三的优质习题,避免陷入"题海战术"。

4. 唤醒生活经验

创设贴近生活的作业情境,有助于唤醒学生的生活经验,帮助学生将所学内容与现实生活关联起来,提升分析与解决问题的能力。例如,有教师在学生学习拼音后,设计如下作业:同学们,你们已经掌握汉语拼音了,你们可以请拼音帮忙,学会很多的新字新词。你们还可以留意生活中的广告,比如食品、玩具包装袋上的文字等,自主地学会很多新字,试试吧。你们会发现学语文真有意思,祝你们早日成为"识字大王"。还有教师设计如下作业:奶奶的一瓶药,标签上写着:250 mg×100 片。医生开的药方上写着:每天 3 次,每次 50 mg,吃 15 天。问题:你认为这一瓶药够吃吗?

应该注意的是,作业设计也不能忽视对学生基础知识的巩固和基本技能的训练。作业的设计,既不能因循守旧,抱着传统题型不放,也不能全盘抛弃,一味选择与学生生活实际相联系的题或是实践探究题,而应从辩证的视角去设计练习题。作业改革并不是对传统作业的全盘否定,而是对作业观念的合理更新。

5. 激发思维活力

如果作业设计总是局限在封闭的学科知识内,以具有固定答案或唯一结论将学生的思维限制在标准答案范围内,将难以培养学生的探究意识和发展学生的创新思维。为打破封闭性作业对学生思维的桎梏,激发学生思维活力,可以设计开放性作业。开放性作业是与封闭性作业相对的、没有固定答案或唯一结论的一种作业形式。相较于封闭性作业,开放性作业更有利于考察学生思维的灵活性和广泛性,考察学生的实践能力和创新意识以及情感、态度与价值观。作业设计的开放性,主要包括作业内容开放、完成方式开放和作业答案开放。

第一,作业内容开放。由于学生的知识背景、兴趣爱好不同,所以,在作业内容的选取上要给学生发挥创造性提供一定的空间。例如,在语文写作作业设计时,可以把写作题目"我的爸爸"改为"介绍一个你熟悉的人"。

第二,完成方式开放。跳出纸笔作业的局限,解放学生的手脑,鼓励学生用多种方

式完成作业。例如,有位教师在学生学习了《家》之后,设计了这样的作业①:

背一背,我是"背诵大王",我能将《家》有感情地背下来;

写一写,我是小诗人,我和同学们一起合作写一首新的《家》;

画一画,我是小画家,我要画我的《家》;

唱一唱,我是小小歌唱家,歌唱我们美丽的祖国。

第三,作业答案开放。突破固定答案的限制,设计一题多解或答案不唯一的作业,为学生思维的发散和个性化创造提供一定空间。例如,有位教师在学生学习了"按比例分配"后,设计了如下作业②:

小丽一家 3 人和小欣一家 2 人周末相约到崂山风景区度假,两家合住一套面积120 平方米的民宿,其中 30 平方米的客厅和 10 平方米的卫生间公用。小丽家所住房间面积为 50 平方米,小欣家所住房间面积为 30 平方米。如果每天住宿费是 600 元,怎么分配比较合理?

基于这个问题,就会出现"两家平均分配""按照人数比 3∶2 分配"和"按照住房面积比 5∶3 分配"等多种答案,仔细分析就会发现,每种答案都有一定的合理性。这就使学生的思维不再局限于寻求"唯一解",而是在全面分析每一种解决方案之后寻找"最优解"。

6. 加强学科整合

以学科整合的视角设计作业内容,要求打破分科作业的传统,统筹不同学科教师、不同学科内容设计作业任务,让学生有机会调动多学科的知识和经验解决问题。例如,有教师在学生学习了"统计图"之后设计如下作业:③从网上搜集几个省市新冠疫苗接种的数据,并完成近一周这些省市疫苗接种人数的统计表,据此设计成适当的统计图,分析这些省市接种人数变化情况,并谈谈你的看法;写一封疫苗接种倡议书,倡导大家为筑起防疫屏障贡献自己的力量。这个作业内容将信息技术、数学、语文、科学等多学科知识整合到一个任务中,学生在完成作业的过程中可以培养数据收集、整理、分析、呈现等多种能力。

(三)注重作业形式设计

作业形式设计要注意科学性、多样性和层次性。

1. 科学性

作业形式设计要有一定的科学依据,认知心理学、发展心理学、教学理论等都可以为作业设计提供科学的理论基础。例如,有教师基于布卢姆教育目标分类学理论中认知领域的目标层次,把作业分为识记、再现、熟练、应用和综合五个级别,每个级别对应不同的作业类型和要求。具体如下④:

Ⅰ级水平:识记。以复述强化本课(单元、章、年级)所学知识内容为主,表现在作业题设计上是一个指向明确的提问,不必对所学内容做进一步的加工处理。

① 周萍.小学:充满快乐情趣的作业[J].广东教育,2005,(23):20-21.
② 郭圣涛.小学数学作业要以"质"提"效"[J].人民教育,2021,(21):68-70.
③ 郭圣涛.小学数学作业要以"质"提"效"[J].人民教育,2021,(21):68-70.
④ 黄华,顾跃平.构建初中数学作业设计框架,提高作业设计和评价的品质[J].课程·教材·教法,2013,(3):81-85.

Ⅱ级水平：再现。以巩固本课（单元、章、年级）所学方法为主，表现在作业题设计上是相对单一的操作要求，只需再现课堂教学所学。

Ⅲ级水平：熟练。以强化主要的技能为主，表现在作业题设计上可以是一些核心知识、方法的组合运用，在知识点上有一定综合性。

Ⅳ级水平：应用。以形成性训练各类问题的解决能力，表现在作业题设计上可以是各类问题的解决，也可以超越学科内容本身与实际相联系。

Ⅴ级水平：综合。体验学科思维方式，表现在作业题设计上可以是对一些过程性的问题解决与思考、对一些事例现象后学科本质的认识等。

2. 多样性

为了培养学生综合能力，满足学生的个性化需求，需要设计多样化的作业，主要包括：综合设计书面作业和非书面作业以及灵活设计个性化作业。

第一，综合设计书面作业和非书面作业。书面作业既包括主观性作业，也包括客观性作业，有选择题、简答题、论述题、读后感、随笔、论文、观察报告、评论、调查报告等。非书面作业形式灵活多样，包括口头作业、实践作业、表演创造作业等。以上两种形式的作业各有优势，相互补充，应该根据教学目标和作业目标综合设计书面作业和非书面作业。由于非书面作业可以调动学生多种感官，有助于培养综合能力、发展核心素养，当下正倡导教师积极探索非书面作业设计。

 拓展阅读

设计建构"非书面家庭作业"生态链

浙江省某小学经过十年改革与探索，作业已成为撬动课堂教学、教师教研和评价方式变革的支点，形成了"知识拓展""科学探究""生活技能"和"体艺修身"四种非书面作业。

1. 知识拓展作业：由单调的"做"过渡到个性化的"学"

放弃家庭作业"做"的传统属性，运用阅读、游戏、实践、调查等方式，以个性化的"学"来拓展运用知识。例如："个性化悦读作业"是由学校建立阅读卡，把阅读内容分解到每月每周每天来完成，学生完成相应学习，可获得幸福积分；班级设立阅读银行或阅读存折，学生看书越多，阅读积分越高；以小区为单位成立读书会，定期开展活动，并带动一大批家长参与其中。

2. 科学探究作业：由"书面思维"迁移到"综合实践"

从"书面"走向"非书面"，探究将作业从对课本知识的检验迁移到社会综合实践。数学组的绿豆养殖"宝贝豆豆计划"，科学组尝试"蚕宝宝成长记录"，美术组、科学组、语文组联合实施"藤蔓计划"，重点在于培养孩子们的综合素养与应用能力。

3. 生活技能作业：由"空洞说教"转化到"生活体验"

在生活中玩耍交往，发展能力，养行育德，引导学生协作力、探究力、思维力协调发展。生活技能作业包含力所能及的家务、生活必需的技能、德育公益、亲子互动的亲情作业等。在此类作业中，学生的体格、意志力及与社会的融合度等方面都能够得到增强。学校、家庭、社会形成教育合力,使得家校社协同育人成为可能。

4. 体艺修身作业:由"课堂学习"演变到"自然习惯"

体艺修身作业促使学生养成良好的习惯,形式多样:跳绳、踢毽子、仰卧起坐,饭后与父母散步半小时,观看婺剧片段,与父母聊聊金华地方戏剧等。

资料来源:李武南,等.非书面家庭作业:基于儿童发展的作业变革与十年探索[J].人民教育,2021,(3-4):53-55.

第二,灵活设计个性化作业。大一统的作业形式难以满足学生的个性化需求,个性化作业正受到重视。个性化作业设计,需要考虑学生的学力差异、认知风格、学习需求和人格特质等。例如,有教师根据学生的认知风格设计个性化作业,建议给场依存性学生布置听说类口头作业、表演作业等,给场独立性学生布置解决问题的调查类、探究类、实践类作业,让学生发挥长处,获得发展。①

3. 层次性

学生之间的差异和差距是客观存在的,教师可以通过层次化作业使每个学生达成适合自己的学习目标。当前,较为广泛采用的是分层作业,将作业分为易、中、难三种层次,学生可以根据自己的实际水平选择对应层次的作业。例如,有教师在教学《送孟浩然之广陵》这首诗后,设计了如下作业:① 背诵、默写古诗《送孟浩然之广陵》。② 请问《送孟浩然之广陵》描写了怎样的一幅画面? ③ 回忆作者李白的另一首古诗《赠汪伦》,比较两首诗中所描绘场景的异同。② 以上三个层次的作业分别面向不同的学生。第①题属于识记层面,面向学困生;第②题属于理解层面,面向中等生;第③题属于综合层面,面向学优生。教师也可以向学生布置同样内容的作业,但是对不同学生提出不同要求。例如,翻译英语句子,对学困生的要求是"信",对中等生的要求是"信"和"达",对学优生的要求是"信""达""雅"。

(四)重视作业评价设计

作业评价设计要重视作业评价内容和作业评价方式。

1. 作业评价内容设计

在作业评价内容上,不仅要关注学生"有没有完成"和"正确与否",还要重视学生的作业完成过程以及完成作业过程中表现出来的学习品质。例如,在数学运算作业中,错误的运算结果可能源于不正确的运算步骤,如果教师在作业评价时只关注学生正确与否,就不会意识到应该指导学生改变运算步骤从而避免同类问题。而且,作业的"完成"和"正确"固然重要,学生对作业的主动投入也一样重要。因此,完成作业、做对作业和主动投入等都是作业评价设计应该关注的内容。

2. 作业评价方式设计

在作业评价方式上,要考虑前置作业评价标准、改进作业批改方式和创新作业讲评方式。

第一,前置作业评价标准。将作业评价标准明确呈现给学生,可以为学生完成作

---

① 王广木,蒋慧芳.校本作业:在个性化漫溯中回归育人本真[J].中小学德育,2021,(8):9-11.
② 肖正德."减负"背景下有效作业的设计策略探究[J].课程·教材·教法,2014,(4):50-55.

业提供一种导向,更充分地发挥作业促进学生学习的作用。例如,有教师在布置作业"书写张贴一副春联"时,先简明阐释:"贴春联是春节重要的民俗。自己亲自撰写张贴春联,春节会更有意思。"进而列出评价标准——合格:软笔书写,正确张贴;优秀:在合格基础上,做到内容原创,合乎规范。教师还可以结合实际情况,提供评价维度和等级更为丰富的评价标准。

第二,改进作业批改方式。传统作业批改中的"√"和"×"符号及简单化评语,较难激发学生检查作业的兴趣和改进学习的活动。因此,可以对作业批改符号和评语进行改进。在作业批改符号上,打破仅用"√""×"等符号的传统,灵活使用表情"☺☺☹"、星星"☆"、手指"👆👇"等符合小学生心理特点的趣味化符号。例如,在学生作业亮点之处用👇★☺等符号,在出错点用☹标记。

教师对学生作业的批改,还需要根据学生表现出来的水平,通过撰写评语等方式给予学生指导。比如:有的学生比较粗心,可以在他的作业本上写上"搬开你前进的绊脚石——粗心,奋勇前进""希望你早日和细心交朋友""你的字写得可真漂亮,要是能提高正确率,那肯定是最棒的"或者"再细心一些,准行"。这样,既不打击学生的自信,也可以纠正不良倾向,培养严谨的学习态度。对作业的批改,教师不能局限于单次的批改结果,而要引导学生参与到跟踪评价的过程中,对连续多次作业批改情况进行记录和反思,绘制学习进展图,让学生直观看到自己的进步情况,吸引学生坚持关注自身学情、持续开展自我评估并改进学习。

针对"生硬批改多,人文关怀少"的常见问题,教师对学生作业的评价可以适当多一些人文关怀,因为作业背后站着的是一个个鲜活的生命。教师的评价,既可以使一个意气风发的学生变得心灰意冷,也可以使一颗颓废的心重新燃起希望之火。具有人文关怀的评价,有利于激发学生的学习动机,触发学生健康、向上、积极的心态,进而促使学生不断进步。比如一位教师布置学生写作文,班上一名学生只写了 300 来个字,而且字迹潦草,错别字连篇,但是文章的构思较为新颖。按惯例,这样的作文打个 60 分也就差不多了,但这对学生肯定不会有什么触动。于是,老师给他打了这样一个分数:"95-20-15",并在每一个分数下面分别做了解释:95 分——构思新颖,有创新精神;减20——字数未达到规定数;减 15——书写太潦草,还有错别字。同是一个 60 分,但两者不可同日而语。这个带着减号的 60 分,不仅肯定了学生的创新精神,而且较为具体地指出了作文中存在的问题,形象而生动,比单一的 60 分更具针对性、激励性。学生从这个分数中,不仅看到了老师对他的信任,而且看到了自己的希望和努力的方向。

第三,创新作业讲评方式。选择有代表性的作业进行讲评。有代表性的作业主要包括学习进步明显的、作业完成认真的、值得借鉴的作业、普遍出错的题目等。有教师依据布卢姆目标分类法,精准定位作业目标的不同认知层级,对属于"记忆"层级、答案标准统一的作业,采用"放手"的方式让学生自评。对属于"理解"层级、有明确要点及方向的作业,采用"引导"的方式让学生互评。属于"应用""分析""评价"和"创造"等高层级的作业,则由教师"集约"讲评。例如:作文教学的反馈与评价往往属于"创造"层级,教师就要选取有代表性的文章进行集中讲评,以结构巧妙、选材有新意或其他能够代表共性问题的作文为靶子进行分析解读,从而以点带面,让学生掌握提高写作水平的技巧与方法。[①]

（五）深化作业资源建设

高质量的作业设计，不仅需要教师投入大量时间和精力，还要求教师具备作业设计能力。但实际上，教师工作任务繁重且作业设计水平参差不齐。因此，有必要进行作业资源建设。目前，我国国家中小学智慧教育平台已上线小学语文、小学数学、小学英语的基础性作业，供广大教师免费使用。地方教育行政部门也可以组织教研人员和骨干教师研制作业设计样例。在明确作业设计理念、目的、原则、主要观点和要求的基础上，对不同学科的作业进行设计，在区域"教育云资源平台"汇集成作业设计样例集，供教师灵活选用。

在学校层面，可以根据本校学生特点和学习需求进行作业设计，逐渐形成校本作业资源库。为确保作业设计质量，一方面要借助国家和地方作业资源库，根据实际需要进行选编和改编；另一方面，以学科组和年级组为单位建立研发小组，推动校本作业资源库在实际使用中不断优化。

（六）借助技术减负增效

智能技术为作业的"减负增效"带来前所未有的契机，对作业设计、作业管理、作业批改和作业讲评等都有助力。[②]

第一，支持作业设计从"一刀切"转向"分层分类"。智能技术可以提供海量题库，提升教师筛选和甄别作业的效率，使教师可以更便捷地进行分层分类作业设计。在分层设计上，教师可以根据学生的学习能力，在系统中设置基础组、拓展组、挑战组等小组，对每个小组分层推送作业。在分类设计上，教师可以根据每节课的上课主题，从系统提供的海量题库中按照条件筛选必做题和选做题，实现分类推送。

第二，辅助作业管理由"杂乱随意"转向"系统规划"。在智能技术的支持下，教师可以按照上课进度对每星期、每月、每学期的作业进行系统规划。完成在线作业或把纸质答案上传至系统平台，可以节省教师收作业的时间和精力。教师还可以随时在系统中查看已交作业、未交作业、迟交作业名单，无需费时费力人工统计作业的上交情况。

第三，推动作业批改从"繁杂低效"转向"快捷高效"。智能技术可以批改选择题、判断题或唯一答案的填空题等有固定答案的题目，教师可以将更多的时间用于批改开放题。由于作业批改在系统上进行，也便于教师随时输入文字进行点评。

第四，助力作业讲评由"大水漫灌"转向"精准滴灌"。过去的作业讲评主要依赖于教师的个人经验和对作业批改的大致印象，常常关注的是作业中的共性问题，较难照顾学生的个别差异。在智能技术的支持下，教师通过后台统计数据，可以精准掌握全班学生或每位学生每道题的完成情况，据此开展作业讲评。例如，在课堂上重点讲解全班学生的高频错题，向特定学生推送微课讲解低频错题，从而实现作业讲评的"精准滴灌"。

---

① 焦憬.多类型·重反馈·成体系：学校作业设计的三个维度[J].中小学管理,2022,(7)：47-49.
② 廖伟梁,阮婷婷,王立新.运用智能技术促进中小学作业"减负增效"[J].教育与装备研究,2022,(5)：65-68.有改动.

第三节　素养导向的小学作业设计

《基础教育课程教学改革深化行动方案》提出,教学方式变革行动要聚焦核心素养导向的作业设计等重点难点问题。本节主要介绍素养导向的小学作业形态和作业设计基本流程。

一、素养导向小学作业的常见形态

人们从不同角度探索了素养导向的作业形态。择要而言,在作业设计思路上,以单元作为单位,设计单元作业。在作业完成方式上,强调学生主动探究,设计探究性作业。在作业完成周期上,注重促进学生持续学习,设计长周期作业。

（一）以单元为单位,设计单元作业

以单元为基本单位设计作业,避免了以课时为单位的零散设计等问题,有助于知识的结构化、问题解决的综合化,从而有利于培育学生的核心素养。

单元一般是指同一主题下相对独立且自成体系的学习内容。这个主题可以是一个观念、一个专题、一个关键能力或一个真实问题,还可以是一个综合性的项目任务等。单元作业设计既可以把教材自然章节作为一个单元,也可以从某个专题或学科关键能力等角度重组单元。相较于课时作业设计,单元作业设计具有如下优势:① 增强同一单元内不同课时作业之间的衔接性与递进性。对一个单元不同课时的作业内容与要求进行统筹思考,有利于加强不同课时作业的关联。② 促进单元作业要素的整体设计。单元作业设计有利于对单元内各课时作业的目标、内容、类型、时间和难度等要素进行整体设计,也有利于统筹考虑随着课时的推进如何设置课时作业难度等。

单元作业主要有两种样态:①

（1）单元作业作为课时作业的累加。这种单元作业要求不同课时的作业之间要体现一定的相关性、逻辑性和递进性,这对教师而言是比较容易理解和操作的。较之原先从课时角度设计作业,这已经是迈出了一大步。比如,有教师在设计沪教版小学英语五年级上册"我的未来"单元作业时,在单元视野下设计了"了解各种不同职业—思考自己的梦想职业—了解他人的梦想职业—全面规划自己的梦想职业"四项递进性课时作业。单元作业设计主要强调以单元为单位来设计作业。在单元视角下,各课时作业之间以单元主题统整起来,要体现关联和进阶,避免低阶的重复性作业,以便为高阶思维等的培养腾出空间,减少学生负担。

（2）体现单元整体要求的综合性作业。要求学生综合运用单元核心知识和方法等完成作业,往往需要学完整个单元的全部内容后才能完成。这种单元作业设计带有单元整体性、内容结构化和综合运用等性质。比如,整理一个单元的知识结构图、运用一个单元所有知识解决一个真实的项目任务等。

（二）强调学生主动探究,设计探究性作业

核心素养很难仅仅通过教师言传口授和学生听讲形成,而是需要学生通过能动参

---

① 王月芬.重构作业:课程视域下的单元作业[M].北京:教育科学出版社,2021:109-110.

与和独立完成学习活动来培育。① 探究性作业重视学生自主探究与问题解决的过程,具有促进学生核心素养发展的功能。

探究性作业要求学生运用操作、猜想、分析、实验、推理、归纳、发现等方式,独立或合作进行问题解决。探究性作业主要有五个特征:

(1) 问题导向。探究性作业是对"问题"的探究,立足学生已有学习和生活经验,并鼓励学生自主发现和提出问题。

(2) 形式多样。探究性作业在组织形式、探究方式以及完成形式等方面表现出多样性。

(3) 重视过程。探究性作业重在探究过程,强调将解决问题的内隐思维过程以画图和讲故事等方式进行显性表达,以便学生明晰和反思相应过程。

(4) 学生主体。以学生为主体,鼓励学生主动参与探究活动过程,以自己的经验和知识为基础,通过探寻和发现、体会和践行,建构新知识,并运用已学知识解决新问题。

(5) 结果开放。探究性作业的结果通常是开放的、个性化的,没有唯一性。学生常以不同的表达方式和思考路径展示不同的问题解决结果。

在具体实施中,并非每一节课后都要设计探究性作业,而是要对单元教学目标充分解读,根据该单元基础性练习的内容剖析学生还需要经历怎样的思考过程,然后进行相应的探究性作业设计。探究性作业有利于落实课堂教学难以达成而需要通过课外探究活动辅助达成的素养培育目标。

 案例分析

◎ **案例**

"认识时间"单元探究性作业设计

单元探究性作业设计主要包括如下步骤:本单元原有学习内容分析、常见习题分析以及探究性作业设计。以人教版小学数学二年级上册第七单元"认识时间"为例,呈现探究性作业设计的过程。

一、本单元原有学习内容分析

单元原有学习内容分析,旨在明确本单元的知识与技能和承载的核心素养。这一单元学习新的时间单位"分",需要引导学生借助观察、操作等活动认识几时几分,依托画流程图、按时间顺序表达等措施解决关于时间的实际问题,发展学生的量感和推理意识。单元学习内容分析图如图 10-1 所示。

二、常见习题分析

常见习题分析,需要梳理教材及配套作业上的习题,明确各类习题的练习要求。这有助于教师把握常见习题所指向的素养目标,进而在常见习题的基础上通过改编、

---

① 陈佑清,胡金玲.核心素养导向的课程与教学改革的特质——基于核心素养特性及其学习机制的理解[J].课程·教材·教法,2022,(10):12-19.

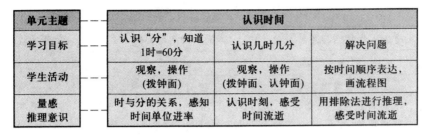

单元主题	认识时间		
学习目标	认识"分",知道 1时=60分	认识几时几分	解决问题
学生活动	观察,操作 (拨钟面)	观察,操作 (拨钟面、认钟面)	按时间顺序表达, 画流程图
量感 推理意识	时与分的关系,感知 时间单位进率	认识时刻,感受 时间流逝	用排除法进行推理, 感受时间流逝

图 10-1　单元学习内容分析图

调整和新编等手段开发探究性作业,以便更好地促进学生素养发展。对本单元教材及配套作业上的习题进行整理,发现现有习题可分为三类。

1. 认读类

看图读取并记录时间,用于检测学生能否正确认读时间,属于比较机械的训练。练习建议:学生互拨时钟进行练习或看钟面认读写时刻,引导学生形成在生活中随时看钟面认读时间的习惯。做两三题即可达成目标。

2. 填写类

要求填写经过时间,检测学生是否会正确计算经过时间,是否掌握时针走 1 大格是 1 时,分针走 1 小格是 1 分。这属于简单推算,是比较机械的训练。练习建议:教给学生计算经过时间的方法,引导学生认识时和分之间的进率为 60。建议全部完成。

3. 推理类

要求学生根据信息进行推理,可采用时间顺序罗列,也可以采用排除法解决。练习建议:要求学生在选择正确答案的同时,写出推理过程。建议全部完成。

三、探究性作业设计

探究性作业设计,包括作业目标、内容、类型、布置时机、指导方式和评价标准的设计。

首先,确定本单元探究性学习目标,根据目标确定作业类型和作业设计点。如表 10-2 所示。

表 10-2　单元探究性学习目标、作业类型及作业设计点

探究性学习目标	探究性作业类型	探究性作业设计点
结合直观操作演示,知道钟面上分针走 1 小格是 1 分钟,初步认识几时几分,会读写几时几分和几时半,会与"角"对接	知识关联类	设计"钟面与角"作业,感知知识间的相互关联,帮助学生形成知识网络
培养珍惜时间、合理安排时间的习惯	实践体验类	设计"周末的活动安排"作业,体验珍惜时间、合理安排时间的重要性
进一步提升归纳整理的意识,提高总结能力	归纳整理类	设计单元内容梳理的作业,提升整理归纳的能力

接着,围绕本单元作业设计点,设计出如下三份探究性作业。具体内容如表 10-3 所示。

表 10-3 围绕作业设计点设计探究性作业

名称	钟面与角	周末的活动安排	我的收获
作业类型	知识关联类	实践体验类	归纳整理类
作业内容	钟面上藏着很多角。请你在钟面上各画一个锐角、直角和钝角,写写它们在钟面上表示的时间	今天我们学习了"认识时间",你能给自己设计一张周末的时间安排表吗?看谁的安排更合理	这一单元的知识学完了,你有哪些收获呢?写一写、画一画,看谁掌握的本领多
作业目的	沟通"角"与"钟面上的时间"的关系,关联知识点,形成完整知识网络	通过画图或列表设计周末时间安排表,提升时间意识,形成珍惜时间的习惯	整理知识,发展梳理知识的能力
布置时机	"认识几时几分"之后	"认识几时几分"之后	单元复习之后
作业指导	探究时,引导学生按照要求画钟面、写时间和辨角	引导学生先罗列周末需完成的任务,思考何时做这些事比较合理,引导其合理划分时间,制订周末时间表,提醒其劳逸结合	放手让学生自行整理
作业水平	☆正确画钟面,写出相应时刻并对接到角(一类角) ☆☆正确画钟面上的时刻,写出时间并对接到角(两类角) ☆☆☆正确画钟面写时间,正确区分锐角、直角和钝角	☆写清楚何时做什么事 ☆☆比较合理地安排时间 ☆☆☆合理安排时间,做到劳逸结合	☆完成主要知识点的梳理 ☆☆完整地梳理单元知识,做到不遗漏知识点 ☆☆☆在完整梳理知识的基础上,进行拓展应用

◎分析

该案例中的单元探究性作业展示了如下特点:第一,依据单元探究性学习目标研制作业,以确保探究性作业指向素养目标的达成。第二,作业的素材来源于教材内容的改编和整合,避免作业的盲目性和随意性,也避免出现"无效作业"和"过高难度的作业"。第三,不同层次的学生基于自身知识经验解决问题,展现个性化思考和结论。

资料来源:周春萍.单元视角下数学探究性作业设计(二年级)[M].北京:教育科学出版社,2022:103-112.有改动.

(三)促进学生持续学习,设计长周期作业

即时性作业指向短期的成效,容易导致学生对问题的思考浮于表面,难以促进素养发展。相比之下,长周期作业要求学生进行长期的目标导向计划,以主动、坚持的学习态度投入到学习过程之中,为学生持久思考与探究创造更多时间与空间,有利于促进学生素养发展。

长周期作业指围绕一个中心主题、观点、问题或任务设计,使学生在较长一段时间内持续地、综合运用相关的知识与技能等解决问题的学习任务。长周期作业主要有三

个特征①：

（1）主题性。长周期作业以来源于学生发展需求、真实问题或学科重要内容的主题，关联和整合一系列具体学习活动。

（2）长程性。长周期作业包含一系列阶段和步骤，学生需要完整经历准备、计划、实施、总结和反思的过程，且持续较长一段时间，至少需要几天时间甚至一个月或一个学期。

（3）生成性。完成作业的过程可能出现新的目标、问题、方案和结果等，教师需要根据实际情况对作业设计加以适当调整。

 案例分析

◎**案例**

长周期作业："校园数据地图"

长周期作业时间跨度长，为了确保学生对长周期作业保持兴趣并持续投入，教师不仅要合理设计长周期作业任务，也要全程为学生提供必要的支持。

1. 促进学生参与长周期作业主题的确定

学校发布长周期作业主题"校园数据地图"。制作这张地图，首先需要确定选题、实地测量并大量收集数据，然后要用具有说服力的数学方法表达出来。环顾校园，哪些话题可以做成我们的"校园数据地图"呢？

确定好作业主题后，学校向学生征集作业子话题，比如低年级学生喜欢研究"校园蜗牛聚集地"和"校园遗失物品"等话题，而高年级学生则更关注"校园绿化分布"和"大课间热门打卡地"等话题。

2. 注重对长周期作业任务加以分解

长周期作业任务要不仅体现作业内容的重难点，引导学生用数学思维解决问题，还要为学生提供适当的学习支持，保证其能够持续开展深度探究，促进其自我监督与反思。对此，学校将长周期作业任务分解为五个具体的、可操作性强的子任务（见表10-4）。

表10-4　子任务表

子任务名称	子任务主要内容
"选择/认识工具"任务	说明借助何种工具获取数据，工具特点以及使用方式等
"选择测量时间/地点"任务	明确选择在什么时间和地点测量数据并阐述选择原因等
"采集/测量数据"任务	记录数据采集过程的信息，思考影响结果的因素等
"数据整理/地图绘制"任务	确定用于绘制地图的数据，明确地图要说明的问题等
"评价/复盘"任务	思考测量结果不同的原因，形成对测量与统计的理解等

---

① 教育部基础教育司义务教育高质量基础性作业体系建设项目组.学科作业体系设计指引［M］.北京：教育科学出版社，2022：44.

3. 为学生提供学习支持

教师要充分考虑到学生在完成长周期作业过程中可能遇到的各种问题,为学生提供有研究价值的参考书、数据库、电子资源和各类数学工具。各类辅助资源要时刻配备齐全,让学生根据自身作业完成情况自主选择,确保学生能够顺利完成多样化、专业性的长周期作业。

◎分析

案例中的长周期作业为学生提供丰富的学习体验和有力的学习支持。学生完成长周期作业任务的过程,也是用数学的眼光观察现实世界、用数学的思维思考现实世界并用数学的语言表达现实世界的过程,有助于促进核心素养的发展。长周期作业为学生的知识迁移、思维发展和能力提升注入了独特的"养分"。

资料来源:袁晓萍. 长周期作业:为学生掌握学科思想方法注入独特养分[J]. 人民教育,2021,(3-4):64-67. 有改动。

单元作业、探究性作业与长周期作业等作业类型在促进学生素养发展方面有着独特的作用,但它们并不是彼此割裂的,而是存在交叉与融合的关系。如探究性作业和长周期作业都可以在单元视角下开发,形成单元探究性作业和单元长周期作业,帮助学生围绕单元主题开展自主的持续学习;为了充分发挥探究性作业培养学生自主探究和问题解决能力的优势,也需要考虑安排长周期的作业任务。教师可以把握不同作业的价值,根据所培育核心素养的特点、学生完成作业的实际能力和条件来整合多种作业形态并创造出一些新形态,凸显作业的育人价值。

二、 素养导向小学作业设计的基本流程

以单元作为作业设计的基本单位,有利于对学生在作业过程中的素养发展历程加以整体规划。下面以单元作为基本单位,呈现素养导向小学作业设计的基本流程。具体而言,要在做好单元整体规划的基础上,将素养培育要求落实到五个环节:研制单元作业目标、设置单元作业情境与任务、编排单元作业内容、开发单元作业评价标准以及开展作业审查与改进。

(一) 研制单元作业目标

单元作业目标主要反映一个单元所有作业需要达成的育人功能。研制素养导向的单元作业目标主要有两方面要求。

一是明确单元作业着重培养的核心素养。研制单元作业目标时,不能机械套用核心素养的名称,而是要明确单元作业指向核心素养的哪些成分以及有哪些具体要求等。以义务教育阶段语文课程标准中的"语言运用"核心素养为例,"语言运用"表现为学生在语言实践中初步具有良好语感,了解国家通用语言文字特点和运用规律,具有正确规范运用语言文字的能力,能在具体语言情境中有效交流和沟通。[1] 可见,"语言运用"包括识字写字、阅读、书面表达和口语交际等多方面表现。在研制单元作业目标时,不能笼统地说针对"语言运用"的培养,而要更为具体地明确是针对素养的哪

---

[1] 中华人民共和国教育部. 义务教育语文课程标准(2022 年版)[M]. 北京:北京师范大学出版社,2022:4-5.

些成分,是阅读还是书面表达抑或是口语交际。①

二是注重将单元作业对应的核心素养目标具体化。教师不仅要理解学科核心素养的含义,还要依据课程标准中的课程目标与学业质量标准等,结合教材、教学进度和实际学情,用可操作、可观测的语言阐述单元作业对应的核心素养目标。比如,教师在开展统编版小学语文六年级下册第二单元的教学时,可针对"语言运用"核心素养在阅读方面的表现,结合课程标准中第三学段课程目标"阅读叙事性作品,了解事件梗概,能简单描述印象最深的场景、人物、细节,说出自己喜爱、憎恶、崇敬、向往、同情等感受"②和学业质量标准"结合作品关键语句评价文本中的主要事件和人物,提出自己的观点或看法"③等,研制出"能就印象深刻的人物和情节交流感受,对人物做出简单的评价"这一单元作业目标。由此,核心素养转化为单元作业的具体目标,成为单元作业设计的指引。

(二)设置单元作业情境与任务

在研制出素养导向单元作业目标的基础上,教师需要关注哪些情境以及何种任务有利于学生发展和展现核心素养。情境创设是否恰当、任务设计是否合适,要看情境与任务能否有效激活并提升学生在情境中运用特定核心素养,做出具体目标行为解决问题的能力。

单元作业情境与任务设置存在的常见问题有:① 情境或任务与素养培育要求不匹配。如为了促进"语言运用"这一素养在口语交际方面的发展,却设置"看到同学们不爱护校园环境的情况,给校长写信提建议"的情境与任务,唤起的是学生的书面语言表达行为,而不是原本所针对的口语交际行为。② 设置"虚假"情境。有的教师在三角形认识作业中设置了"一块正方形玻璃掉到地上,玻璃摔成了两个三角形"的情境。这里有了情境设计,但情境过于虚假,缺乏真实性,因为涉及的事情是生活中不太可能发生的。

为了让作业更好地促进学生核心素养的发展,教师要注意情境与任务同素养培育要求相匹配,尽可能设置真实的情境与任务,使之与学校、家庭与社会生活产生关联。比如,一项数学作业创设了"全屋设计"情境,要求学生小组合作完成"为房间重新规划家具位置"的任务,并从"估测""实际测量""按比例制作模型"和"规划调整"等方面进行设计汇报。这样的作业情境与任务能够引导学生综合运用几何直观、空间观念、模型意识、应用意识等来解决现实生活中的问题,促进数学核心素养的发展。④

(三)编排单元作业内容

编排单元作业内容时,教师可以根据作业内容的认知水平、知能领域与学生差异将单元内不同作业的内容加以分类、关联与排列,使单元作业共同指向核心素养的培育。单元作业内容编排主要有三种方式。⑤

---

① 赵德成.什么样的作业是好作业:作业设计新理念[J].课程·教材·教法,2023,(6):45-53.
② 中华人民共和国教育部.义务教育语文课程标准(2022年版)[M].北京:北京师范大学出版社,2022:12.
③ 中华人民共和国教育部.义务教育语文课程标准(2022年版)[M].北京:北京师范大学出版社,2022:41.
④ 焦憬.多类型·重反馈·成体系:学校作业设计的三个维度[J].中小学管理,2022,(7):47-49.
⑤ 王红霞.单元作业:核心素养导向下作业设计的迭代与重构——以第二学段为例[J].语文建设,2023,(6):25-29.

一是层级递进式。单元内作业之间呈现出一种层级递进的关系,体现了从易到难、由浅入深的学习过程,在作业难度不断提升的过程中循序渐进地实现素养目标。这就意味着单元内不能仅有指向识记等低阶目标的作业(如背诵、简单运算、抄写类作业等),也要有对应于综合应用和创造等高阶目标的作业(如探究性作业、项目式作业和跨学科作业等),而且要以递进的方式加以编排,以帮助学生实现核心素养发展的进阶。比如,有的教师依据语文课程标准划分出的基础型、发展型和拓展型三类学习任务群,设计三类作业:基础性作业重在强化学生语文知识的积累与梳理,为语言运用奠定基础;发展性作业侧重渗透学习策略,发展学生的思维能力,使学生逐步具备自主学习的能力;拓展性作业则引导学生在迁移运用中提高审美创造能力,厚植文化自信。[①]

二是模块组合式。单元内作业形成相对独立的作业模块,每个作业模块指向不同的知能领域并能够形成合力,共同指向核心素养的培养。一位语文教师设计统编版四年级下册第四单元"作家笔下的动物"的作业时,安排了四个作业模块,分别指向四个方面的培养:"识字与写字"方面,学生完成情境提示中的新词选择或书写等;"阅读与鉴赏"方面,学生阅读拓展资料,鉴赏不同作家对动物的描写;"梳理与探究"方面,安排"语文园地"任务,学生体会"明贬实褒"和"以物喻人"的语言表达等;"表达与交流"方面,学生完成"我与动物"相关习作任务。各作业模块在语文能力培养方面各有侧重,互为助力,共同促进学生在文化自信、语言运用、思维能力和审美创造方面的发展。

三是个性自选式。单元作业内容的编排关注学生个体差异,为学生提供具有一定选择性、差异性的作业,满足不同学生的学习需要。比如,有教师在开展统编版小学语文三年级下册第三单元教学时,设置"中华传统文化荟萃园"的作业模块,根据完成方式的不同,设计出"我是小小解说员"(如介绍名胜古迹等)、"我是小小创意家"(如绘制关于传统节日的海报等)以及"我是经典说唱人"(如古诗改编为情景剧等)三类作业,学生可从作业群中选择自己适合的、擅长的一两项作业来完成。虽然作业内容、完成方式不同,但都注重让学生理解和传承传统文化,指向"文化自信"这一核心素养的培育。

在实际操作中,教师可以根据实际需要综合运用以上三种编排方式并创造出一些新的编排方式,使单元作业更好地支持素养培育。

(四)开发单元作业评价标准

单元作业评价标准旨在刻画学生完成本单元作业后与素养相关的学习结果,其开发主要包括两个部分:一是建立评价学生表现的不同维度,不同维度之间相互独立,均指向所评价的核心素养。二是在每个维度下划分不同表现水平。划分水平时,教师可参照学业质量标准等,结合单元作业目标与内容,描述每一个表现水平的特征。比如,小学语文教师在设计单元作业评价标准时,可以将语文核心素养的四个方面(文化自信、语言运用、思维能力与审美创造)作为评价标准的维度,分析学业质量标准与本单元作业相关的要求,结合单元作业目标以及各项作业内容(如识字写字、阅读、书面表

---

① 肖猷莉,张晓岚,任明满.小学语文单元作业设计与优化策略[J].语文建设,2022,(16):37-40.

达、口语交际等作业），具体刻画学生在完成单元作业后的整体素养表现，并将不同素养维度的表现水平划分为优秀、良好、合格和有待改进等多个层级。

单元作业评价标准可以作为学习指南，学生在完成作业过程中可以结合评价标准进行自我评价与自我调控，不断向素养目标靠近；也可以作为作业批改的重要依据，教师在批改作业过程中据此判断学生当前的素养表现。

（五）开展作业审查与改进

作业设计初步完成后，需要从三个方面对作业进行审查与改进。

（1）教师审查。教师试做作业，审查作业是否出现科学性、原则性错误，是否符合学生的认知基础，从学生视角设想学生会如何理解和完成作业以及学生在完成作业过程中可能遇到的问题。

（2）专家审查。学校邀请校外专家就作业能否及如何更好促进核心素养发展提出意见和建议。

（3）学生反馈。教师访谈部分学生，请学生说说自己完成该作业的基本认知过程以及对该作业的看法和建议等。如果教师审查、专家审查或学生反馈结果显示作业不能有效激活与特定核心素养目标相匹配的行为，或者难度不适合，教师就需要对作业设计予以修改，完善后才能投入使用。

素养导向小学作业设计不是一个线性流程，应在实践过程中，结合教师、专家与学生的反馈，不断对作业予以修改与完善。

本章小结

作业的含义有广义和狭义之分。广义的作业"泛指为完成某种学习任务而布置的各类练习的通称"，包括课堂作业和课外作业。狭义的作业主要指"课外作业"。人们常讨论的"作业"，主要是狭义的作业。概括起来，作业主要有巩固、诊断、学情分析和改进四大功能。作业设计是教师根据一定的目标，通过选编、改编和创编等方式，对作业的目标、内容、形式、实施及改进等进行系统规划和安排的活动。历史上主要出现了四种作业设计思想："作业即游戏活动"的思想强调作业对儿童感知觉和动作技能训练的价值；"作业即教学巩固"的思想认为作业是对学生所学知识与技能的巩固；"作业即学习活动"的思想，反对把作业视为教学巩固和学生管理的工具，认为作业应该关注对儿童兴趣、道德和能力的培养；"作业即评价任务"把作业视为诊断教学效果和改进教学方法的手段。

当前，作业设计存在诸多问题，主要表现为作业价值取向偏差、作业数量过多、作业内容脱离生活、作业形式单调统一和作业批改刻板简单。为了避免这些问题，作业设计应该做到：在观念层，重塑作业设计理念；在实操层，加强作业内容、形式和评价设计并深化作业资源建设；在工具层，借助技术减负提效。

人们从不同角度探索了素养导向的作业形态。择要而言，在作业设计思路上，以单元作为单位，设计单元作业。在作业完成方式上，强调学生主动探究，设计探究性作业。在作业完成周期上，注重促进学生持续学习，设计长周期作业。以单元作为基本单位，素养导向小学作业设计要在做好单元整体规划的基础上，将素养培育要求落实到五个环节：研制单元作业目标、设置单元作业情境与任务、编排单元作业内容、开发单元作业评价标准以及开展作业审查与改进。

一、单项选择题

1. "作业即游戏活动"思想的主要代表人物是福禄培尔和（　　）。

A. 凯洛夫　　　　B. 蒙台梭利　　　　C. 赫尔巴特　　　　D. 加涅

2. "作业不是指为使儿童坐在桌子边不淘气、不懒散而给予他的任何一种'忙碌的工作'或练习"，而是"复演社会生活中进行的某种工作或与之平行的活动方式"，这反映的作业设计思想是（　　）。

A. 作业即游戏活动　　　　　　　　B. 作业即教学巩固

C. 作业即学习活动　　　　　　　　D. 作业即评价任务

3. 强调通过作业判断学生达成目标的情况，从而反思教学目标制定的合理性，改进课程设计、教学设计与教学行为，这种作业设计思想属于（　　）。

A. 作业即游戏活动　　　　　　　　B. 作业即教学巩固

C. 作业即学习活动　　　　　　　　D. 作业即评价任务

二、名词解释题

1. 作业

2. 作业设计

3. 长周期作业

三、简答题

1. 简述作业的功能。

2. 简述作业内容设计的基本要求。

3. 探究性作业的基本特征有哪些？

4. 简述作业设计的有效策略。

四、论述题

1. 论述作业设计的常见问题。

2. 论述素养导向小学作业设计的基本流程。

推荐书目

1. 王月芬. 重构作业:课程视域下的单元作业[M]. 北京:教育科学出版社,2021.

全书共八章,分别为"作业与学生发展""国内外作业的内涵与价值""作业思想的历史发展脉络""作业文本分析与作业现状""课程视域作业观""课程视域下单元作业设计与实施策略""课程视域下单元作业设计策略的可视化"和"作业研究总结与展望"。

2. 马燕婷,胡靓瑛. 核心素养导向的作业设计[M]. 上海:华东师范大学出版社,2021.

本书列举了多种聚焦核心素养培育的作业设计,包括单元类作业、合作类作业、体验式作业、自主式作业、创智类作业、主题类作业、游戏式作业、表达类作业、制作类作业、非正式作业、跨学科作业、探究类作业、专题类作业和想象类作业等。

后　记

　　经全国高等教育自学考试指导委员会同意,由教育类专业委员会负责高等教育自学考试《小学课程与教学设计》教材的审定工作。

　　《小学课程与教学设计》自学考试教材由华南师范大学曾文婕教授担任主编。

　　参加本教材审稿会并提出修改意见的有深圳大学靳玉乐教授、山东师范大学车丽娜教授和北京师范大学周序副教授。全书由曾文婕教授修改定稿。

　　编审人员付出了大量努力,在此一并表示感谢!

全国高等教育自学考试指导委员会

教育类专业委员会

2023 年 12 月

郑重声明

高等教育出版社依法对本书享有专有出版权。任何未经许可的复制、销售行为均违反《中华人民共和国著作权法》，其行为人将承担相应的民事责任和行政责任；构成犯罪的，将被依法追究刑事责任。为了维护市场秩序，保护读者的合法权益，避免读者误用盗版书造成不良后果，我社将配合行政执法部门和司法机关对违法犯罪的单位和个人进行严厉打击。社会各界人士如发现上述侵权行为，希望及时举报，我社将奖励举报有功人员。

反盗版举报电话　（010）58581999　58582371
反盗版举报邮箱　dd@ hep. com. cn
通信地址　北京市西城区德外大街4号
　　　　　高等教育出版社知识产权与法律事务部
邮政编码　100120

读者意见反馈

为收集对教材的意见建议，进一步完善教材编写并做好服务工作，读者可将对本教材的意见建议通过如下渠道反馈至我社。

咨询电话　400-810-0598
反馈邮箱　gjdzfwb@ pub. hep. cn
通信地址　北京市朝阳区惠新东街4号富盛大厦1座
　　　　　高等教育出版社总编辑办公室
邮政编码　100029

防伪查询说明

用户购书后刮开封底防伪涂层，使用手机微信等软件扫描二维码，会跳转至防伪查询网页，获得所购图书详细信息。

防伪客服电话　（010）58582300